MYP b▮
4▮

SECOND EDITION

Spanish

Language acquisition

EMERGENT/
PHASES 1–2

J. Rafael Ángel

Series editor: Paul Morris

HODDER
EDUCATION
AN HACHETTE UK COMPANY

Orders: please contact Bookpoint Ltd, 130 Park Drive, Milton Park, Abingdon, Oxon OX14 4SE. Telephone: +44 (0)1235 827827. Fax: +44 (0)1235 400401. Email education@bookpoint.co.uk Lines are open from 9 a.m. to 5 p.m., Monday to Saturday, with a 24-hour message answering service. You can also order through our website: www.hoddereducation.com

ISBN: 978 1 3983 1122 0

© J. Rafael Ángel 2020
First published in 2016
This edition published in 2020 by
Hodder Education,
An Hachette UK Company
Carmelite House
50 Victoria Embankment
London EC4Y 0DZ
www.hoddereducation.co.uk

Impression number   10 9 8 7 6 5 4 3
Year   2024 2023 2022

Cover photo © Photodisc/Getty Images/ World Landmarks & Travel V60
Illustrations by Jim Eldridge and Martin Sanders/Oxford Designers & Illustrators and DC Graphic Design Limited
Typeset in Frutiger LT Std 45 Light 10/14pt by DC Graphic Design Limited, Hextable, Kent
Produced by DZS Grafik, printed in Bosnia & Herzegovina

A catalogue record for this title is available from the British Library.

Índice

Cómo usar este libro

En cada capítulo, el marco de estudio se genera a partir de la unión de un *concepto clave*, y *conceptos relacionados* encuadrados en un *contexto global*.

¡Bienvenido(a) a la serie by Concept de Hodder Education! Cada capítulo se ha diseñado para acompañarte en un proceso de indagación conceptual en el mundo de la lengua española y en los contextos globales que permiten interactuar con nuevas ideas, desarrollar nuevos escenarios de aprendizaje y crear significado.

El *Enunciado de Indagación* revela el marco de la indagación, y las preguntas de indagación sirven de guía a lo largo de la exploración a medida que aparecen en cada capítulo.

| Cultura | Significado, Contexto, Convenciones, Pronunciación | Identidades y relacio… |

1 ¿En cuántos países del mundo se habla el españ…

Las personas manifiestan su **identidad** por medio de su lengua y de acuerdo con su **contexto** cultural.

EN ESTE CAPÍTULO VAMOS A INVESTIGAR LAS SIGUIENTES PREGUNTAS:

Fácticas: ¿En qué lugares se habla español como lengua materna? ¿Qué diferencias existen entre el español que hablan las personas de diferentes países? ¿Qué palabras utilizamos para comenzar y terminar una conversación? ¿Qué letras y fonemas del español no existen en tu idioma?

Conceptuales: ¿De qué manera usamos el idioma de acuerdo con las relaciones que tenemos? ¿Qué diferencias existen entre las culturas de los países hispanohablantes?

Debatibles: ¿Por qué el español se ha vuelto una segunda lengua en muchos países? ¿Hasta qué punto son similares los estilos de vida de las personas en los países hispanohablantes?

EN ESTE CAPÍTULO VAMOS A:

■ **Descubrir:**
   ■ los sonidos básicos de la lengua hispana
   ■ palabras necesarias para estructurar conversaciones simples.
■ **Explorar:**
   ■ características de algunos países donde se habla español.
   ■ diferentes formas de expresar una palabra o idea.
■ **Actuar y:**
   ■ reflexionar sobre nuestras estrategias para aprender español
   ■ autoevaluarnos para decidir qué método funciona mejor.

2   Spanish for the IB MYP 4

Sugerencia

Estas indicaciones recomiendan puntos gramaticales que puedes repasar, o te invitan a indagar y descubrir detalles específicos sobre diferentes temas.

ACTIVIDAD

Algunos enfoques del aprendizaje esenciales en la asignatura de Adquisición de Lenguas en el PAI se han identificado en cada tarea con el fin de orientar tu trabajo.

Cada actividad tiene un enfoque especial que te permite poner en práctica diferentes destrezas de aprendizaje.

■ Enfoques del aprendizaje

■ Las actividades que encontrarás en este libro te brindarán la oportunidad de utilizar el idioma de manera personalizada. Todas las actividades se han diseñado para apoyar el desarrollo de los enfoques del aprendizaje. Tu profesor podrá indicarte cómo se relacionan con los objetivos de Adquisición de Lenguas en el PAI.

VOCABULARIO SUGERIDO

Al principio de cada capítulo, encontrarás un *vocabulario sugerido* que te ayudará a contextualizar, sustentar y desarrollar tus ideas de forma efectiva.

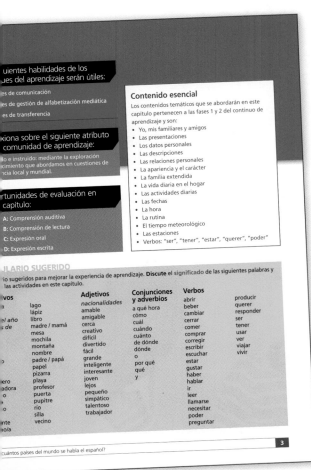

uientes habilidades de los
...les del aprendizaje serán útiles:

...es de comunicación

...les de gestión de alfabetización mediática

...es de transferencia

...xiona sobre el siguiente atributo
...comunidad de aprendizaje:

...lo e instruido: mediante la exploración
...cimiento que abordamos en cuestiones de
...ncia local y mundial.

...rtunidades de evaluación en
...capítulo:

A: Comprensión auditiva

B: Comprensión de lectura

C: Expresión oral

D: Expresión escrita

JLARIO SUGERIDO

...io sugeridos para mejorar la experiencia de aprendizaje. **Discute el significado de las siguientes palabras y**
...las actividades en este capítulo.

...vos		Adjetivos	Conjunciones y adverbios	Verbos	
...a	lago	*nacionalidades*	a qué hora	abrir	producir
	lápiz	amable	cómo	beber	querer
...el año	libro	amigable	cuál	cambiar	responder
...s de	madre / mamá	cerca	cuándo	cerrar	ser
	mesa	creativo	cuánto	comer	tener
	mochila	difícil	de dónde	comprar	usar
	montaña	divertido	dónde	corregir	ver
	nombre	fácil	o	escribir	viajar
...o	padre / papá	grande	por qué	escuchar	vivir
	papel	inteligente	qué	estar	
	pizarra	interesante	y	gustar	
...ero	playa	joven		haber	
...adora	profesor	lejos		hablar	
...o	puerta	pequeño		ir	
	pupitre	simpático		leer	
...o	río	talentoso		llamarse	
	silla	trabajador		necesitar	
...nte	vecino			poder	
...no/a				preguntar	

...cuántos países del mundo se habla el español?

3

Contenido esencial

Los contenidos temáticos que se abordarán en este
capítulo pertenecen a las fases 1 y 2 del continuo de
aprendizaje y son:

- Yo, mis familiares y amigos
- Las presentaciones
- Los datos personales
- Las descripciones
- Las relaciones personales
- La apariencia y el carácter
- La familia extendida
- La vida diaria en el hogar
- Las actividades diarias
- Las fechas
- La hora
- La rutina
- El tiempo meteorológico
- Las estaciones
- Verbos: "ser", "tener", "estar", "querer", "poder"

● Reflexiona sobre el siguiente atributo de la comunidad de aprendizaje:

- Cada capítulo aborda y promueve un atributo de la comunidad de aprendizaje para contribuir a tu proceso de reflexión.

! Actúa e involúcrate

! Mientras que el Capítulo 9 promueve la idea de acción (aprender haciendo y experimentando), encontrarás una variedad de oportunidades para generar acción y para enriquecer las relaciones conceptuales, por lo tanto debes ser un agente activo de todo el proceso. En las tareas que representan oportunidades de servicio, habrá indicaciones que te apoyarán en tu proceso de investigación y que te ayudarán a detectar las herramientas necesarias por medio del ciclo de indagación.

Finalmente, al final de cada capítulo tendrás la oportunidad de reflexionar sobre lo que has aprendido por medio de la *Tabla de Reflexión*, en la cual podrás registrar algunas otras preguntas que pudieron surgir gracias al proceso de indagación.

Reflexionemos sobre nuestro aprendizaje… Usa esta tabla para reflexionar sobre tu aprendizaje personal en este capítulo.					
Preguntas que hicimos	Respuestas que encontramos	Preguntas que podemos generar ahora			
Fácticas					
Conceptuales					
Debatibles					
Enfoques del aprendizaje en este capítulo:	Descripción: ¿qué destrezas nuevas adquiriste?	¿Cuánto has consolidado estas destrezas?			
		Novato	En proceso de aprendizaje	Practicante	Experto
Atributos de la comunidad de aprendizaje	*Reflexiona sobre la importancia del atributo de la comunidad de aprendizaje de este capítulo.*				

◆ Oportunidades de evaluación:

Muchas de las actividades en este libro te permitirán fortalecer destrezas de los cuatro criterios de evaluación. Es posible que algunas de estas actividades se realicen para evaluar tu progreso de manera formativa en un tema específico o de manera sumativa cuando concluya el capítulo. Las actividades en las que no veas esta indicación te ayudarán a profundizar la indagación.

▼ Nexos:

Como cualquier otra asignatura, el aprendizaje de lenguas extranjeras es sólo una fracción del conocimiento. Observarás cómo muchas actividades dan paso a crear nexos con otras asignaturas de manera natural, pero también podrás identificar recuadros que te permitirán crear conexiones con asignaturas y temas específicos.

1 ¿En cuántos países del mundo se habla el español?

○ Las personas manifiestan su **identidad** por medio de su lengua y de acuerdo con su **contexto cultural**.

EN ESTE CAPÍTULO VAMOS A INVESTIGAR LAS SIGUIENTES PREGUNTAS:

Fácticas: ¿En qué lugares se habla español como lengua materna? ¿Qué diferencias existen entre el español que hablan las personas de diferentes países? ¿Qué palabras utilizamos para comenzar y terminar una conversación? ¿Qué letras y fonemas del español no existen en tu idioma?

Conceptuales: ¿De qué manera usamos el idioma de acuerdo con las relaciones que tenemos? ¿Qué diferencias existen entre las culturas de los países hispanohablantes?

Debatibles: ¿Por qué el español se ha vuelto una segunda lengua en muchos países? ¿Hasta qué punto son similares los estilos de vida de las personas en los países hispanohablantes?

○ EN ESTE CAPÍTULO VAMOS A:

■ **Descubrir:**
  ■ los sonidos básicos de la lengua hispana
  ■ palabras necesarias para estructurar conversaciones simples.
■ **Explorar:**
  ■ características de algunos países donde se habla español.
  ■ diferentes formas de expresar una palabra o idea.
■ **Actuar y:**
  ■ reflexionar sobre nuestras estrategias para aprender español
  ■ autoevaluarnos para decidir qué método funciona mejor.

Las siguientes habilidades de los enfoques del aprendizaje serán útiles:

- Habilidades de comunicación
- Habilidades de gestión de alfabetización mediática
- Habilidades de transferencia

Reflexiona sobre el siguiente atributo de la comunidad de aprendizaje:

- Informado e instruido: mediante la exploración del conocimiento que abordamos en cuestiones de importancia local y mundial.

Oportunidades de evaluación en este capítulo:

- **Criterio A:** Comprensión auditiva
- **Criterio B:** Comprensión de lectura
- **Criterio C:** Expresión oral
- **Criterio D:** Expresión escrita

Contenido esencial

Los contenidos temáticos que se abordarán en este capítulo pertenecen a las fases 1 y 2 del continuo de aprendizaje y son:

- Yo, mis familiares y amigos
- Las presentaciones
- Los datos personales
- Las descripciones
- Las relaciones personales
- La apariencia y el carácter
- La familia extendida
- La vida diaria en el hogar
- Las actividades diarias
- Las fechas
- La hora
- La rutina
- El tiempo meteorológico
- Las estaciones
- Verbos: "ser", "tener", "estar", "querer", "poder"

VOCABULARIO SUGERIDO

Vocabulario sugeridos para mejorar la experiencia de aprendizaje. **Discute** el **significado** de las siguientes palabras y **úsalas** en las actividades en este capítulo.

Sustantivos		Adjetivos	Conjunciones y adverbios	Verbos	
días de la semana	lago	*nacionalidades*	a qué hora	abrir	producir
meses del año	lápiz	amable	cómo	beber	querer
nombres de países	libro	amigable	cuál	cambiar	responder
amigo	madre / mamá	cerca	cuándo	cerrar	ser
apellido	mesa	creativo	cuánto	comer	tener
aula	mochila	difícil	de dónde	comprar	usar
bolígrafo	montaña	divertido	dónde	corregir	ver
ciudad	nombre	fácil	o	escribir	viajar
clase	padre / papá	grande	por qué	escuchar	vivir
compañero	papel	inteligente	qué	estar	
computadora	pizarra	interesante	y	gustar	
cuaderno	playa	joven		haber	
desierto	profesor	lejos		hablar	
escritorio	puerta	pequeño		ir	
escuela	pupitre	simpático		leer	
estudiante	río	talentoso		llamarse	
hermano/a	silla	trabajador		necesitar	
	vecino			poder	
				preguntar	

¿En qué lugares se habla español como lengua materna?

ACTIVIDAD: Los Sonidos de la lengua hispana

■ Enfoques del aprendizaje

■ Habilidad de comunicación: Escuchan con actitud crítica y para comprender

Escucha la **pronunciación** de las letras en español.

Mira el vídeo en este enlace: **https://youtu.be/IdqdaWl6Avk**

Estudia el nombre y los sonidos de las letras del abecedario en español.

◆ Oportunidades de evaluación

◆ En esta actividad practicarás habilidades del aspecto i del Criterio A Comprensión auditiva: Demostrar la comprensión de información oral explícita e implícita (datos, opiniones, mensajes y detalles).

ACTIVIDAD: El mundo hispanohablante

■ Enfoques del aprendizaje

■ Habilidad de comunicación: Escuchan con actitud crítica y para comprender

Aprende sobre la **cultura** del mundo hispanohablante.

El español o castellano se habla en más de doce países.

Escucha el audio en el enlace: **http://tinyurl.com/paisabc**

Escribe las palabras que escuches.

◆ Oportunidades de evaluación

◆ En esta actividad practicarás habilidades del aspecto i del Criterio A Comprensión auditiva: Demostrar la comprensión de información oral explícita e implícita (datos, opiniones, mensajes y detalles).

PUNTO DE INDAGACIÓN

¿Qué letras y fonemas del español no existen en tu idioma?

¿Cuántos continentes existen? Muchas personas se refieren a los Estados Unidos de América como "América", sin embargo América es un continente.

ACTIVIDAD: Naciones y banderas

Enfoques del aprendizaje

■ Habilidad de comunicación: Escuchan con actitud crítica y para comprender

Escucha la **pronunciación** del nombre de algunos países.

1 **Escucha** el audio en el enlace: **http://tinyurl.com/paimun2**
2 **Escribe** los países en el orden en que los escuches.

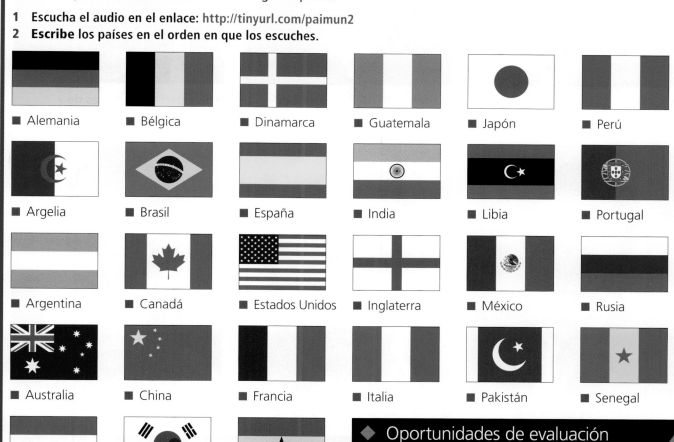

■ Alemania   ■ Bélgica   ■ Dinamarca   ■ Guatemala   ■ Japón   ■ Perú

■ Argelia   ■ Brasil   ■ España   ■ India   ■ Libia   ■ Portugal

■ Argentina   ■ Canadá   ■ Estados Unidos   ■ Inglaterra   ■ México   ■ Rusia

■ Australia   ■ China   ■ Francia   ■ Italia   ■ Pakistán   ■ Senegal

■ Austria   ■ Corea del Sur   ■ Ghana

◆ Oportunidades de evaluación

◆ En esta actividad practicarás habilidades del aspecto i del Criterio A Comprensión auditiva: Demostrar la comprensión de información oral explícita e implícita (datos, opiniones, mensajes y detalles).

ACTIVIDAD: ¿De dónde es?

■ **Enfoques del aprendizaje**

■ Habilidad de comunicación: Usan una amplia variedad de vocabulario

Practica la **pronunciación**. Lee en voz alta la información de cada foto.

■ Salvador Dalí **es de** España.

■ Gabriel García Márquez **es de** Colombia.

■ Rigoberta Menchú **es de** Guatemala.

■ Octavio Paz **es de** México.

■ Mario Vargas Llosa **es de** Perú.

■ Gabriela Mistral **es de** Chile.

◆ **Oportunidades de evaluación**

◆ En esta actividad practicarás habilidades de los aspecto i y iii del Criterio C Expresión oral: Usar una amplia variedad de vocabulario y usar pronunciación y entonación claras de manera comprensible.

ACTIVIDAD: ¿De dónde son?

Interactúa y practica con un compañero

¿De dónde son estas personas?

Observa el ejemplo:

A: ¿De dónde es Shakira?
B: Shakira es de Colombia.
1. **Kylian Mbappé**
2. **Daddy Yankee**
3. **Rosalía**
4. **Diego Luna**
5. **Sofía Vergara**
6. **Camila Cabello**
7. **Rafael Nadal**
8. **Elizabeth Olsen**
9. **Lionel Messi**

▼ Nexos con: Individuos y Sociedades: Historia

Artistas y personajes históricos

Interactúa y practica con un compañero.

¿De dónde son estos personajes históricos?

Escribe las respuestas.

1. **Napoleón Bonaparte**
2. **Miguel Hidalgo**
3. **Mahatma Gandhi**
4. **William Shakespeare**
5. **Abraham Lincoln**
6. **Simón Bolívar**
7. **Eva Perón**
8. **Gustave Eiffel**
9. **Mao Zedong**
10. **Leonardo da Vinci**
11. **Pablo Picasso**
12. **Karl Marx**

ACTIVIDAD: Los números

Estudia el significado de los números en español.

Escucha el audio sobre los números:
http://tinyurl.com/hz523db

0 cero	**7** siete	**14** catorce
1 uno	**8** ocho	**15** quince
2 dos	**9** nueve	**16** dieciséis
3 tres	**10** diez	**17** diecisiete
4 cuatro	**11** once	**18** dieciocho
5 cinco	**12** doce	**19** diecinueve
6 seis	**13** trece	**20** veinte

ACTIVIDAD: Presentaciones

Lee las siguientes presentaciones. Observa las diferencias.

Practica los dos estilos de conversaciones con un compañero. Sustituye la información relevante.

Conversación casual	Conversación formal
A Hola, buenos días. Bienvenido a Liceo El Pedregal. Me llamo Flor y voy a tomar tus datos. **¿Cómo estás?**	**A** Hola, buenos días. Bienvenido a Liceo El Pedregal. Me llamo Flor y voy a tomar sus datos. **¿Cómo está?**
B Hola Flor, me llamo Roberto. Estoy muy bien, gracias.	**B** Hola Flor, mucho gusto. Estoy muy bien, gracias. Me llamo Rodrigo Álvarez.
A Mucho gusto, Roberto. **¿De dónde eres?**	**A** Mucho gusto, señor Álvarez. **¿De dónde es?**
B Soy de Perú.	**B** Soy de Perú.
A **¿Cuántos años tienes?**	**A** **¿Cuántos años tiene?**
B Tengo 12 años.	**B** Tengo 30 años.
A **¿Cuál es tu número de teléfono?**	**A** **¿Cuál es su número de teléfono?**
B Mi número es 37896397.	**B** Mi número es 37896397.
A Gracias. **Tu** turno es el número 5. Por favor toma asiento.	**A** Gracias. **Su** turno es el número 5. Por favor tome asiento.

ACTIVIDAD: Una presentación incómoda

Mira el vídeo en este enlace: **https://youtu.be/eq4g-X6tgwc**

Responde las siguientes preguntas:

1 **Josefina saluda a María de manera:**
   a formal
   b informal
2 **María saluda a Julio de manera:**
   a formal
   b informal
3 **El lenguaje corporal de María y Julio indica:**
   a tensión
   b nervios
4 **¿Qué indica el lenguaje corporal de Julio al final del vídeo?**
   a misterio
   b confusión
   c estrés

ACTIVIDAD: Presentaciones

◾ Enfoques del aprendizaje

- ◾ Habilidad de comunicación: Modelan interacciones con pronunciación y entonación correctas para comunicar mensajes efectivamente

Lee el siguiente diálogo. Después, interactúa con dos compañeros.

Carlos	**¡Hola, Martha! ¿Cómo estás?**
Martha	**Muy bien, Carlos. ¿Y tú?**
Carlos	**Muy bien, gracias. ¿Quién es tu amiga?**
Martha	**Mi amiga se llama Nora; es de chile.**
Carlos	**Hola, Nora. Mucho gusto.**
Nora	**Mucho gusto, Carlos. ¿De dónde eres?**
Carlos	**Soy de Estados Unidos.**
Martha	**Carlos, Nora admira a J.K. Rowling, como tú.**
Carlos	**¿A quién admiras tú, Martha?**
Martha	**Yo admiro a Laura Gallego.**
Nora	**¿Cuántos años tienes, Carlos?**
Carlos	**Tengo 13 años, como Martha.**
Martha	**Bueno, chicos, vamos a clase. Es la hora.**

◆ Oportunidades de evaluación

- ◆ En esta actividad practicarás habilidades de los aspectos i y iii del Criterio C Expresión oral: Usar una amplia variedad de vocabulario y usar pronunciación y entonación claras de manera comprensible.

ACTIVIDAD: Jesse y Joy

◾ Enfoques del aprendizaje

- ◾ Habilidad de comunicación: Utilizan formas apropiadas de expresión escrita para comunicar diferentes tipos de ideas

Lee la información a la derecha sobre Jesse y Joy, dos músicos mexicanos.

Jesse es un chico y Joy es una chica.

En español, para indicar el género: masculino o femenino, es necesario modificar los adjetivos.

¿En cuáles ejemplos que utilizamos son similares los adjetivos cuando hablamos de un chico y una chica?

¿En cuáles ejemplos cambia la **o** por la **a**?

Escribe algo sobre dos amigos tuyos, un chico y una chica.

◆ Oportunidades de evaluación

- ◆ En esta actividad practicarás habilidades del aspecto ii del Criterio D Expresión escrita: Usar una amplia variedad de estructuras gramaticales correctamente.

■ Jesse y Joy

Jesse es amable	Joy es amable
Jesse es amigable	Joy es amigable
Jesse es creativ**o**	Joy es creativ**a**
Jesse es divertid**o**	Joy es divertid**a**
Jesse es inteligente	Joy es inteligente
Jesse es interesante	Joy es interesante
Jesse es joven	Joy es joven
Jesse es sensible	Joy es sensible
Jesse es sentimental	Joy es sentimental
Jesse es simpátic**o**	Joy es simpátic**a**
Jesse es talentos**o**	Joy es talentos**a**
Jesse es trabajado**r**	Joy es trabajado**ra**

ACTIVIDAD: Más números

Lee los números en voz alta.

Estudia el **significado** de más números en español.

21 veintiuno	**26** veintiséis	**31** treinta y uno	**50** cincuenta	**100** cien
22 veintidós	**27** veintisiete	**32** treinta y dos	**60** sesenta	**101** ciento uno
23 veintitrés	**28** veintiocho	**33** treinta y tres	**70** setenta	**110** ciento diez
24 veinticuatro	**29** veintinueve	**40** cuarenta	**80** ochenta	**121** ciento veintiuno
25 veinticinco	**30** treinta	**41** cuarenta y uno	**90** noventa	**200** dos cientos

▼ Nexos con: Matemáticas

Operaciones

1 Lee el nombre de los siguientes símbolos matemáticos.

  a   + más   d   > mayor que

  b   − menos   e   < menor que

  c   ÷ entre   f   = igual a

2 ¿Puedes leer las siguientes operaciones?

  a $12 + 8 = 20$ d $99 > 34$

  b $49 - 15 = 34$ e $100 ÷ 4 = 25$

  c $2 < 3$ f $25 × 4 = 100$

3 Juega a leer y resolver operaciones con un compañero.

▼ Nexos con: Matemáticas

Equivalentes

Escribe el equivalente de los siguientes conceptos matemáticos. Investiga si es necesario.

Observa el ejemplo:

1 milla = 1.6 kilómetros

1   **1 libra = … kilos**

2   **50 grados Fahrenheit = … grados Celsius**

3   **100 pesos mexicanos = … (la moneda de tu país)**

4   **10 euros = … dólares estadounidenses**

5   **10 pulgadas = … centímetros**

6   **10 pies = … metros**

7   **1 galón = … litros**

Juega a leer con un compañero.

ACTIVIDAD: El calendario

Enfoques del aprendizaje

- Habilidad de comunicación: Modelan interacciones con pronunciación y entonación correctas para comunicar mensajes efectivamente

Observa la información en el calendario. Agrega fechas importantes en tu país.

enero

D	L	M	M	J	V	S
					1	2
3	4	5	6	7	8	9
10	11	12	13	14	15	16
17	18	19	20	21	22	23
24	25	26	27	28	29	30
31						

6: Día de Reyes

abril

D	L	M	M	J	V	S
					1	2
3	4	5	6	7	8	9
10	11	12	13	14	15	16
17	18	19	20	21	22	23
24	25	26	27	28	29	30

30: Día del niño (México)

julio

D	L	M	M	J	V	S
					1	2
3	4	5	6	7	8	9
10	11	12	13	14	15	16
17	18	19	20	21	22	23
24	25	26	27	28	29	30
31						

octubre

D	L	M	M	J	V	S
						1
2	3	4	5	6	7	8
9	10	11	12	13	14	15
16	17	18	19	20	21	22
23	24	25	26	27	28	29
30	31					

12: Día de las Américas

febrero

D	L	M	M	J	V	S
	1	2	3	4	5	6
7	8	9	10	11	12	13
14	15	16	17	18	19	20
21	22	23	24	25	26	27
28	29					

14: Día de San Valentín

mayo

D	L	M	M	J	V	S
1	2	3	4	5	6	7
8	9	10	11	12	13	14
15	16	17	18	19	20	21
22	23	24	25	26	27	28
29	30	31				

1: Día del Trabajo
10: Día de la madre (México)

agosto

D	L	M	M	J	V	S
	1	2	3	4	5	6
7	8	9	10	11	12	13
14	15	16	17	18	19	20
21	22	23	24	25	26	27
28	29	30	31			

noviembre

D	L	M	M	J	V	S
		1	2	3	4	5
6	7	8	9	10	11	12
13	14	15	16	17	18	19
20	21	22	23	24	25	26
27	28	29	30	31		

marzo

D	L	M	M	J	V	S
	1	2	3	4	5	
6	7	8	9	10	11	12
13	14	15	16	17	18	19
20	21	22	23	24	25	26
27	28	29	30	31		

junio

D	L	M	M	J	V	S
			1	2	3	4
5	6	7	8	9	10	11
12	13	14	15	16	17	18
19	20	21	22	23	24	25
26	27	28	29	30		

septiembre

D	L	M	M	J	V	S
				1	2	3
4	5	6	7	8	9	10
11	12	13	14	15	16	17
18	19	20	21	22	23	24
25	26	27	28	29	30	

diciembre

D	L	M	M	J	V	S
				1	2	3
4	5	6	7	8	9	10
11	12	13	14	15	16	17
18	19	20	21	22	23	24
25	26	27	28	29	30	31

25: Navidad

Hola, me llamo Max. Mi cumpleaños es el 28 de diciembre. ¿Cuándo es tu cumpleaños?

Días de la semana: **d**omingo, **l**unes, **m**artes, **m**iércoles, jueves, viernes, **s**ábado.

Utiliza la información en el calendario anterior. Considera el **patrón** en la siguiente interacción. Trabaja con un compañero y toma turnos para responder y preguntar.

A **¿Cuándo es el Día de Reyes?**
B **El día de reyes es el 6 de enero.**

Oportunidades de evaluación

- En esta actividad practicarás habilidades de los aspectos i y iv del Criterio C Expresión oral: Usar una amplia variedad de vocabulario y comunicar la información requerida con claridad y eficacia.

Sugerencia

En español, las fechas se escriben de la siguiente manera: jueves, 14 de enero de 2016.

ACTIVIDAD: La familia

Enfoques del aprendizaje

■ Habilidad de comunicación: Leen con actitud crítica y para comprender

Explora el árbol genealógico de una familia. La familia es un elemento clave en la **identidad** de las personas.

Observa el árbol genealógico de Sonia y lee las oraciones sobre este.

- Jaime **es el** hermano de Sonia.
- Esmeralda **es la** hermana de Sonia.
- El papá de Sonia **se llama** Alfonso.
- La mamá de Sonia **se llama** Dora.
- Sonia y Anabel **son** primas.
- Arturo y Lucía **son** los abuelos de Sonia.

ACTIVIDAD: ¿Quiénes son las otras personas?

Enfoques del aprendizaje

■ Habilidad de comunicación: Leen con actitud crítica y para comprender

Responde las siguientes preguntas.

1 **¿Cómo se llama el esposo de Lucía?**
2 **¿Cómo se llama la esposa de Aldo?**
3 **¿Cómo se llama el hermano de Alicia?**
4 **¿Cómo se llama la hermana de Esmeralda?**
5 **¿Cómo se llama el primo de Jaime?**
6 **¿Cómo se llama la cuñada de Dora?**
7 **¿Cómo se llaman las hermanas de Jaime?**

◆ Oportunidades de evaluación

◆ En esta actividad practicarás habilidades del aspecto i del Criterio B Comprensión de lectura: Demostrar la comprensión de información explícita e implícita (datos, opiniones, mensajes y detalles).

> **Sugerencia**
> Observa la estructura de las oraciones en la actividad "La familia".

> **Sugerencia**
> Puedes expresar ideas de diferentes formas: Observa las oraciones en la actividad "La familia".

> **Sugerencia**
> En español utilizamos dos signos de interrogación cuando hacemos preguntas: ¿?

ACTIVIDAD: Tu árbol genealógico

Enfoques del aprendizaje

■ Habilidad de comunicación: Utilizan formas apropiadas de expresión escrita para comunicar diferentes tipos de ideas

Realiza las siguientes actividades.

1 **Reproduce de forma oral el siguiente patrón con uno de tus compañeros. Tu referencia es Sonia.**
   A **¿Cuál es la relación entre Alicia y Aldo?**
   B **Aldo es el esposo de Alicia / Alicia es la esposa de Aldo.**
2 **Dibuja el árbol genealógico de tu familia.**
   Después presenta tus familiares a tus compañeros. Utiliza este patrón:
   Mi hermano se llama …
3 **Pregunta a tu compañero sobre su familia. Sigue este patrón:**
   A **¿Quién es Salvador?**
   B **(Salvador) es mi padre.**
4 **Pregunta a tu compañero sobre los cumpleaños de sus familiares. Utiliza el siguiente patrón.**
   A **¿Cuándo es el cumpleaños de tu hermano?**
   B **El cumpleaños de mi hermano es el 18 de agosto.**

5 **Repasa los números y los nombres de los países de habla hispana en la siguiente interacción. Trabaja con un compañero. Utiliza tu árbol genealógico y este patrón.**
   A **¿Quién es él / ella?**
   B **Es mi hermano / hermana.**
   A **¿Cómo se llama?**
   B **Se llama Patricio / Patricia.**
   A **¿Dónde vive?**
   B **Vive en Panamá.**
   A **¿Cuándo es su cumpleaños?**
   B **Su cumpleaños es el 28 de diciembre.**
   A **¿Cuál es su número de teléfono?**
   B **Su número de teléfono es 38 69 8779.**
   A **¿Cuál es su dirección?**
   B **Vive en la calle 4 de julio # 78.**

◆ Oportunidades de evaluación

◆ En esta actividad practicarás habilidades de los aspectos i y iv del Criterio C Expresión oral: Usar una amplia variedad de vocabulario y comunicar la información requerida con claridad y eficacia.

Explora un aspecto cultural.

La celebración de los cumpleaños es parte de la cultura de muchos países.

ACTIVIDAD: ¿Cuándo son los cumpleaños de los estudiantes nuevos?

Enfoques del aprendizaje

■ Habilidad de comunicación: Leen con actitud crítica y para comprender

Lee la siguiente ilustración. Considera el **contexto** en el que sucede esta situación.

Pienso que ya tenemos los cumpleaños de todos los estudiantes nuevos, Carlos. Hay siete estudiantes nuevos, así que ahora sólo necesitamos incluir los cumpleaños de los demás.

Sí, ya tenemos a todos los estudiantes nuevos. Este año hay más estudiantes que en años anteriores, y vamos a tener varios cumpleaños en un mes.

Generalmente el mes que tenemos más cumpleaños es el marzo, pero este año es diferente porque ya hay tres cumpleaños en septiembre.

Julio y agosto no importan tanto porque estamos de vacaciones y no podemos celebrar. Creo que el cumpleaños de Alicia es en octubre.

¿Piensas que vamos a tener meses sin cumpleaños? Porque hasta ahora no hay nada en julio ni en agosto, ni tampoco en octubre o diciembre.

Y tu cumpleaños y el mío son en abril, así que creo que ya podemos compartir la lista de cumpleaños con los demás.

ACTIVIDAD: Planificando cumpleaños

Enfoques del aprendizaje

■ Habilidad de comunicación: Leen con actitud crítica y para comprender

Responde las siguientes preguntas acerca de los cumpleaños que Carlos y Aurora están planificando.

1 ¿Cuántos cumpleaños celebran en septiembre?
2 ¿Cuándo son los cumpleaños de Aurora y de Carlos?
3 ¿Por qué julio y agosto no son tan importantes?
4 ¿Quién cumplea años en febrero?
5 Generalmente, ¿en qué mes tienen más cumpleaños?
6 ¿Cuándo es el cumpleaños de Alicia?
7 ¿Qué utilizan Aurora y Carlos para organizar los cumpleaños?

◆ Oportunidades de evaluación

◆ En esta actividad practicarás habilidades del aspecto i del Criterio B Comprensión de lectura: Demostrar la comprensión de información explícita e implícita (datos, opiniones, mensajes y detalles).

ACTIVIDAD: El cumpleaños de Dulce

■ Habilidad de comunicación: Hacen deducciones y extraen conclusiones

Mira el vídeo en este enlace y responde las preguntas:
http://tinyurl.com/1ercumple

1 ¿Quién celebra su cumpleaños?
2 ¿Cuál es el color favorito de la festejada?
3 ¿A quiénes invitaron a la fiesta? (Menciona dos piezas de información.)

4 ¿Cuál es el color predominante en la decoración? ¿Por qué?
5 ¿Cuántos años cumplió la festejada?
6 ¿Cuántas personas hay en la familia de la festejada?
7 Menciona dos ejemplos de los regalos que recibió.

◆ Oportunidades de evaluación

◆ En esta actividad practicarás habilidades del aspecto i del Criterio A Comprensión auditiva: Demostrar la comprensión de información oral explícita e implícita (datos, opiniones, mensajes y detalles).

Las convenciones de un noticiario

Cuando miramos un noticiario podemos apreciar los siguientes elementos:

- la música de introducción
- las transiciones entre escenas
- los subtítulos en cada escena los cuales dan información sobre lo que sucede en la escena
- los diferentes tipos de tomas (acercamientos, desplazamientos de cámaras o paneos)
- el uso de la música

Generalmente, el **propósito** de los noticiarios es **informar**, pero en ocasiones también hacen invitaciones o presentan reflexiones.

1 ¿Cuál es el **propósito** del vídeo acerca del cumpleaños de Dulce?

2 ¿Cuáles elementos puedes identificar?

Con ayuda de tu profesor, estudia las convenciones de un noticiario por medio de este enlace:
https://youtu.be/dbFLyXVgnTQ

EXTENSIÓN

Explora un aspecto de la identidad de los mexicanos.

En México existe una canción de cumpleaños diferente a la popular "Cumpleaños feliz"; se llama "las mañanitas". Puedes escucharla en este enlace: **http://tinyurl.com/mananit2**

▼ Nexos con: Individuos y Sociedades: Historia

Fechas históricas

■ Habilidad de transferencia: Utilizan estrategias de aprendizaje eficaces en distintas disciplinas y grupos de asignaturas

¿Conoces la fecha de estos eventos históricos?

Investiga y escribe.

1 **El descubrimiento de América**
2 **La Revolución Francesa**
3 **La Guerra Civil Española**
4 **La Revolución Cultural Proletaria en China**
5 **La Independencia de México**
6 **El fin de la Segunda Guerra Mundial**
7 **La Revolución Rusa**
8 **La caída del Muro de Berlín**
9 **La Independencia de Estados Unidos**
10 **La Independencia de Canadá**
11 **La Independencia de la República de Sudán**

◆ Oportunidades de evaluación

◆ En esta actividad practicarás habilidades del aspecto ii del Criterio D Expresión escrita: Usar una amplia variedad de estructuras gramaticales correctamente.

ACTIVIDAD: Los husos horarios

Observa el siguiente mapa con atención. Presta atención a las ciudades que muestra y a la hora. Lee los ejemplos.

Cuando **son** las 8 p.m. en Los Ángeles, **son** las 10 p.m. en la Ciudad de México, y las 11 p.m. en Nueva York.

Cuando **es** la 1:30 p.m. en Madrid, **son** las 4:30 p.m. en Dubái y **son** las 8:30 en Pekín.

Con un compañero, de forma oral, practica el siguiente **patrón**.

A **En Bogotá son las 4 p.m. ¿Qué hora es en Madrid?**

B **Cuando en Bogotá son las 4 p.m, en Madrid son las 10 p.m.**

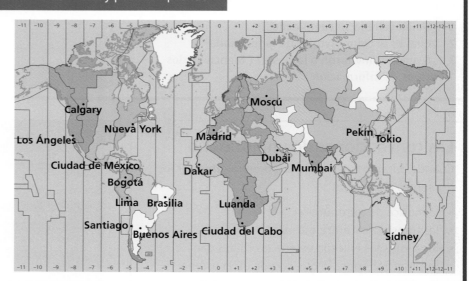

ACTIVIDAD: Conferencias por Skype

Lee las siguientes situaciones y decide a qué hora es conveniente para ti tener una conferencia en Skype con dos amigos que viven en diferentes lugares.

1 **Tus amigos están en las siguientes ciudades: Ciudad de México y Sídney. ¿A qué hora es más conveniente tener la conferencia?**

2 **Tus amigos están en Madrid y en Ciudad del Cabo. ¿A qué hora es más conveniente tener la conferencia?**

3 **Tus amigos están en Brasilia y en Mumbai. ¿A qué hora es más conveniente tener la conferencia?**

4 **Tus amigos están en Los Ángeles y en Luanda. ¿A qué hora es más conveniente tener la conferencia?**

5 **Tus amigos están en Pekín y en Dubái. ¿A qué hora es más conveniente tener la conferencia?**

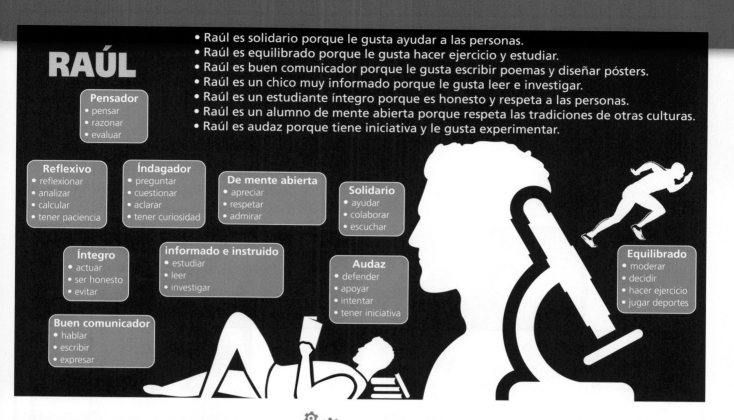

RAÚL

- Raúl es solidario porque le gusta ayudar a las personas.
- Raúl es equilibrado porque le gusta hacer ejercicio y estudiar.
- Raúl es buen comunicador porque le gusta escribir poemas y diseñar pósters.
- Raúl es un chico muy informado porque le gusta leer e investigar.
- Raúl es un estudiante íntegro porque es honesto y respeta a las personas.
- Raúl es un alumno de mente abierta porque respeta las tradiciones de otras culturas.
- Raúl es audaz porque tiene iniciativa y le gusta experimentar.

Pensador
- pensar
- razonar
- evaluar

Reflexivo
- reflexionar
- analizar
- calcular
- tener paciencia

Índagador
- preguntar
- cuestionar
- aclarar
- tener curiosidad

De mente abierta
- apreciar
- respetar
- admirar

Solidario
- ayudar
- colaborar
- escuchar

Íntegro
- actuar
- ser honesto
- evitar

informado e instruido
- estudiar
- leer
- investigar

Audaz
- defender
- apoyar
- intentar
- tener iniciativa

Equilibrado
- moderar
- decidir
- hacer ejercicio
- jugar deportes

Buen comunicador
- hablar
- escribir
- expresar

Las convenciones de una infografía

Una infografía es un texto discontinuo porque no presentan la información de forma secuencial. Este tipo de texto puede incluir datos, imágenes vectoriales, fotografías, gráficas, y diferentes tipos de iconografía.

Para leer y comprender una infografía debemos prestar atención a:

- la distribución de la información
- el espacio que ocupa cada objeto
- el **mensaje** que comunican las imágenes (sin las palabras)
- el **mensaje** que comunican las palabras (sin las imágenes)
- el **significado** de la combinación de imágenes y palabras

Una infografía puede tener muchas interpretaciones. Por esta razón, debemos prestar atención al contexto donde aparece, al autor y al **propósito** del diseño.

ACTIVIDAD: El Perfil de la Comunidad de Aprendizaje y Raúl

■ Enfoques del aprendizaje

- ■ Habilidad de comunicación: Leen con actitud crítica y para comprender

Responde las siguientes preguntas.

1 ¿Cuáles elementos de las infografías identificas en el perfil de Raúl?
2 ¿Cuál es el propósito de esta infografía?
3 ¿Qué mensaje comunican las imágenes vectoriales?
4 ¿Dónde podemos encontrar este texto?
5 ¿Por qué el autor seleccionó estos colores?

◆ Oportunidades de evaluación

- ◆ En esta actividad practicarás habilidades del aspecto ii del Criterio B Comprensión de lectura: Analizar convenciones.

ACTIVIDAD: Características de un estudiante del PAI

Lee con atención los adjetivos relacionados con el perfil de la comunidad de aprendizaje del IB, y las oraciones después de la imagen.

| trabajador/a | artístico/a | creativo/a | generoso/a | paciente | deportista | responsable |

| divertido/a | activo/a | amigable | talentoso/a | amable | honesto/a | sociable |

También, es buena idea no ser:

- perezoso/a
- deshonesto/a
- impuntual
- desordenado/a
- mentiroso/a
- problemático/a
- obsceno/a

- negligente
- intolerante
- apático/a
- desconsiderado/a
- descortés
- insensible.

Escribe algunas características de tres de tus amigos en una tabla como la siguiente.

Amigo 1	Amigo 2	Amigo 3

Ahora **describe** a uno de tus amigos. **Justifica** tus ideas. Por ejemplo:

Román es artístico porque le gusta tomar fotografías.

Observa las oraciones en el texto en la página 17. Después, compara a tus amigos. Escribe una comparación sobre tus amigos. Escribe ejemplos positivos.

Destinatario: directorSA@escuelaib.org

Asunto: Nominación para el presidente de la sociedad de alumnos

Estimado Sr. Zaragoza,

Me llamo Joel Álvarez y soy alumno en grado 10 B. Le escribo este correo porque me gustaría nominar a uno de mis compañeros para presidente de la sociedad de alumnos.

El compañero a quien me gustaría nominar es Josué, o Jos como todos le llamamos. Jos es una persona muy responsable y organizada, y pienso que representa todos los atributos de la comunidad de aprendizaje del IB. Sin embargo, la característica que distingue a Jos de los demás es su interés genuino en las personas y la manera en que nos escucha cuando hablamos con él.

Jos es muy estudioso y también es muy bueno en varios deportes, además colabora en varios programas de servicio y nunca llega tarde a sus compromisos.

Estoy seguro de que, si Jos es el presidente, vamos a tener un buen modelo a seguir.

Gracias por su atención.

Atentamente,

Joel Álvarez

ACTIVIDAD: El candidato ideal

■ Enfoques del aprendizaje

■ Habilidad de comunicación: Leen con actitud crítica y para comprender

Responde las siguientes preguntas.

1 ¿Quién es el autor de este mensaje?
2 ¿Para quién es este mensaje?
3 ¿Qué cualidades distinguen a Jos de los demás?

Decide si las siguientes ideas son falsas o verdaderas.

4. Jos es puntual.
5. A Jos le gusta escuchar atentamente.
6. Jos es un modelo de profesión.

◆ Oportunidades de evaluación

◆ En esta actividad practicarás habilidades del aspecto i del Criterio B Comprensión de lectura: Demostrar la comprensión de información explícita e implícita (datos, opiniones, mensajes y detalles).

Las convenciones de un correo electrónico

Un correo electrónico es un tipo de texto que puede ser formal o informal.

Escribimos correos electrónicos parar:

- pedir o dar información
- quejarnos
- solicitar ayuda
- comunicar ideas que no es adecuado comunicar en un mensaje de texto instantáneo
- solicitar una cita
- realizar diferentes transacciones

La formalidad del correo y el **propósito** del texto van a determinar el tipo de lenguaje que usamos.

Un correo electrónico es breve, directo, claro, y conciso.

Cuando escribimos un correo electrónico formal usamos "usted" en lugar de "tú", y debemos conjugar los verbos correctamente. También utilizamos adjetivos tales como "apreciable", "estimado", etc.

Cuando concluimos un correo electrónico, nos despedimos y agradecemos a nuestro destinatario.

1 ¿Cuál es el **propósito** del correo electrónico acerca de Jos?

2 ¿El mensaje es formal o informal? ¿Cómo lo sabes?

3 Cuando escribes correos a tus amigos, ¿escribes de esta manera? ¿Por qué o por qué no?

¿Qué diferencias existen entre las culturas de los países hispanohablantes?

LEE–CONECTA–ESCRIBE

Lee las siguientes oraciones. El número en la imagen representa la oración. Presta atención a la **estructura** de las oraciones.

1 A Abraham le gusta escuchar música.
2 A Estela y sus amigos les gusta bailar.
3 A Natalia le gusta viajar.
4 A Teresa y sus amigos les gusta comer.
5 A Laura y sus compañeras les gusta cantar.
6 A Aida y Eva les gusta sonreír.
7 A Javier le gusta tomar fotos.

Escribe oraciones similares acerca de tus compañeros.

ACTIVIDAD: ¿Qué te gusta hacer en las diferentes estaciones del año?

Lee lo que le gusta hacer a Alejandra en las diferentes estaciones del año.

Escribe cinco oraciones similares a las de Alejandra acerca de ti.

■ Primavera

■ Verano

■ Otoño

■ Invierno

> ¡Hola! Me llamo Alejandra y soy de Guatemala. En la primavera me gusta caminar en el parque y ver las flores. En el verano me gusta ir a la playa y salir con mis amigos. En el otoño me gusta tomar fotos y en el invierno me gusta esquiar con mi familia.

Los verbos "ser", "estar" y "tener"

Los verbos "ser", "estar" y "tener" son muy importantes en español porque permiten expresar una gran variedad de ideas. No obstante, su uso puede causar problemas si no prestas atención. Utiliza esta tabla como referencia para distinguir algunas de las diferencias.

Ser	Estar	Tener
a Personalidad	a Ubicación	a Edad
*Pedro es aburrido.	México está en América.	Jaime tiene 13 años.
b Nacionalidad	El libro está sobre la mesa.	b Sensación climática
Lucía es de Argentina.	b Estado de ánimo / emoción	¿Tienes frío?
c Profesión	*Pedro está aburrido.	c Malestares / dolores físicos
Alejandra es arquitecta.		Lulú tiene dolor de cabeza.
d La hora		
Ahora es la 1 de la tarde.		

Presta atención a casos en los que podemos utilizar tanto "ser" como "estar".

Razones de Peso
Chile: Ahora o Nunca

Santiago

Visitar la capital chilena es una oportunidad para vivir la diversidad, la organización, la magia de lo desconocido, la cultura, la gastronomía, y por supuesto el descanso.

Santiago, la capital, tiene muchos lugares encantadores donde los turistas pueden disfrutar de una cultura latina con toques europeos. Caminar por las calles de Santiago es un verdadero placer gracias al respeto y orden. Además, los coches respetan a los peatones, y el transporte público es muy funcional.

■ Santiago

La naturaleza

Chile tiene muchos espacios verdes, grandes y entretenidos. Tan solo en Santiago podemos mencionar el Cerro Santa Lucía, el Parque Metropolitano San Cristóbal, el Parque Forestal, el Balmaceda, por mencionar algunos. Sin embargo, el Desierto de Atacama, el desierto más árido del mundo, se roba el corazón de todos los visitantes porque en él existen más de 200 tipos de flores.

La fauna

Viajar a lo largo del país da la oportunidad de encontrarse con pingüinos, elefantes marinos, zorros, ciervos, halcones, ñandúes y las maravillosas y gigantescas orcas. Esto definitivamente no es posible en cualquier país.

La gastronomía

Chile es muy popular por sus vinos, pero su comida es igualmente deliciosa, aunque no es muy popular y conocida, así que los turistas siempre se llevan muchas sorpresas.

El propósito del texto

El **propósito** de este texto es **informar**. Puedes reconocer los textos que informan cuando leemos datos, cifras e información que nos ayuda a conocer más sobre un tema. Cuando queremos informar, usamos oraciones cortas y enumeramos detalles, como cuando hacemos una lista para ir al supermercado. Cuando un texto informa parece un texto formal porque no expresa muchas emociones y es muy impersonal. En un texto informativo casi nunca vas a leer pronombres personales.

ACTIVIDAD: Chile: Ahora o nunca

■ Enfoques del aprendizaje

■ Habilidad de comunicación: Leen con actitud crítica y para comprender

Responde las siguientes preguntas.

1 ¿Cuál es la capital de Chile?
2 ¿Por qué es un placer caminar por las calles de Santiago?
3 ¿Por qué es especial el Desierto de Atacama?
4 ¿Por qué es popular Chile?

◆ Oportunidades de evaluación

◆ En esta actividad practicarás habilidades del aspecto i del Criterio B Comprensión de lectura: Demostrar la comprensión de información explícita e implícita (datos, opiniones, mensajes y detalles).

Inspiración

Cinco motivos para visitar España

España tiene de todo. Los turistas que visitan España regresan a su casa con grandes recuerdos.

Ahora quiero compartir cinco motivos impasables para visitar España:

1 La comida

La gastronomía es uno de los grandes atractivos de España. La comida española es una de las mejores del mundo porque es variada, por que tiene una gran cantidad de sabores, y porque tiene algo para todos los gustos.

2 El tiempo

Los veranos en España son generalmente calurosos, pero por esta razón es posible disfrutar los miles de kilómetros de costa con unas playas excepcionales. Las playas españolas son de las mejores de Europa y del mundo.

3 La cultura

España tiene una cultura rica y variada. La cultura es uno de los ingredientes más importantes del país, porque gracias a las tradiciones y costumbres que existen, las vacaciones en España son inolvidables.

4 Las fiestas populares

Hay muchos festivales en España durante todo el año, así que siempre hay oportunidad de convivir con la gente local sin importar cuál lugar visites.

5 El turismo rural

Aunque España es popular gracias a Madrid y Barcelona, en el país hay montañas, llanuras, bosques, desiertos y mar. En pocas palabras, todos los paisajes son diferentes por lo que estar en la ciudad no será suficiente.

Anímate a visitar España; la inspiración está garantizada.

El propósito del texto

Este texto es **persuasivo**.

Cuando leemos y sentimos que los autores quieren que hagamos algo que nos anima a probar experiencias, o que nos dan razones para creer en lo que dicen podemos decir que estamos leyendo un texto persuasivo.

Los textos persuasivos generalmente son anuncios, editoriales o mensajes de correo electrónico no deseados. Estos textos utilizan lenguaje muy positivo o expresan un número específico de recomendaciones de manera muy enfática.

ACTIVIDAD: Cinco razones para visitar España

■ Enfoques del aprendizaje

- Habilidad de comunicación: Leen con actitud crítica y para comprender

Identifica el número de la razón donde se mencionan los siguientes detalles.

1 **En España hay muchas playas.**
2 **Es posible convivir con gente local.**
3 **España no es sólo Madrid y Barcelona.**
4 **España es popular gracias a las tradiciones y las costumbres.**

◆ Oportunidades de evaluación

- En esta actividad practicarás habilidades del aspecto i del Criterio B Comprensión de lectura: Demostrar la comprensión de información explícita e implícita (datos, opiniones, mensajes y detalles).

No es mentira

No estás en una película, estás en Guatemala.

Visitar Guatemala significa muchas cosas. Es entrar en el corazón del mundo maya; es poder contemplar volcanes activos; es navegar selvas de un verde incomparable; es caminar por el pasado en sus ciudades coloniales; y es vivir el país de la eterna primavera.

Guatemala es un país pequeño, pero su belleza es inmensa. En Guatemala es como un caleidoscopio de destinos, porque sólo hay que girar para la izquierda o la derecha y ya estamos en otro lugar.

En Guatemala, lo pequeño es lo más bonito. El pasado y el presente son amigos, tal como la gente local y los visitantes. En Guatemala la vida vale la pena, y para encontrar inspiración sólo es necesario visitar el mercado, sentir el olor del café tostado en el aire y descubrir las maravillas en sus artesanías, y su comida.

Guatemala no es fantasía, no es mentira, es una realidad, sólo tienes que llegar aquí.

¡Todos están invitados!

■ Antigua

■ Panajachel

El propósito del texto

El **propósito** de este texto es **entretener**. Los textos para entretener pueden incluir poemas, bromas o historias personales.

Los textos que entretienen hacen que los lectores participen en un viaje y que imaginen y disfruten lo que leen.

Estos textos no son intelectuales y son muy accesibles. Los textos para entretener comparten información, pero a diferencia de los textos informativos, no intentan ofrecer conocimiento, sino invitar al lector a que siga leyendo.

ACTIVIDAD: No estás en una película, estás en Guatemala

■ Enfoques del aprendizaje

■ Habilidad de comunicación: Leen con actitud crítica y para comprender

Indica si las siguientes oraciones son falsas o verdaderas, según el texto.

1 **En Guatemala podemos apreciar la cultura maya.**
2 **Guatemala tiene un territorio muy grande.**
3 **En Guatemala no hay primavera.**
4 **En Guatemala hay ciudades coloniales.**

◆ Oportunidades de evaluación

◆ En esta actividad practicarás habilidades del aspecto i del Criterio B Comprensión de lectura: Demostrar la comprensión de información explícita e implícita (datos, opiniones, mensajes y detalles).

▼ Nexos con: Individuos y Sociedades: Geografía

Chile, España y Guatemala

■ Enfoques del aprendizaje

■ Habilidad de comunicación: Leen con actitud crítica y para comprender

Después de leer los tres textos, responde las siguientes preguntas.

1 Resume en 3 a 4 líneas el mensaje de los textos.
2 ¿Cuál destino va más de acuerdo con tus gustos cuando viajas? Explica por qué.
3 ¿Cuál lugar es el mejor destino para visitar con tu familia? Utiliza información del texto para apoyar tu punto de vista.
4 Menciona tres diferencias marcadas entre los tres destinos.
5 ¿Cuál de los tres destinos es la mejor opción para hacer un viaje con tus compañeros que estudian español? ¿Por qué? Utiliza información del texto para apoyar tu punto de vista.

◆ Oportunidades de evaluación

◆ En esta actividad practicarás habilidades del aspecto iii del Criterio B Comprensión de lectura: Analizar conexiones.

ACTIVIDAD: Comparación de gustos

■ Enfoques del aprendizaje

■ Habilidad de comunicación: Escriben con diferentes propósitos

Escribe las actividades que les gusta hacer a las personas de tu país. Organiza las actividades en una tabla como la siguiente.

Actividades que más les gustan a las personas de mi país	Actividades que menos les gustan a las personas de mi país

Utiliza la información de los textos y compara tu país con Guatemala, Chile o España.

◆ Oportunidades de evaluación

◆ En esta actividad practicarás habilidades del aspecto i del Criterio D Expresión escrita: Usar una amplia variedad de vocabulario.

Orgullo asunceno

1 Samuel es un paraguayo muy interesante. Sam, como le llaman sus amigos, estudia en el grado 10 de secundaria y es un chico con muchas pasiones. Los profesores de Samuel consideran que es un ejemplo de los atributos de la comunidad de aprendizaje del Bachillerato Internacional (IB), porque es equilibrado, solidario, íntegro y reflexivo. A Samuel le gusta estar activo, le gusta explorar su ciudad y también le gusta participar en iniciativas para motivar a todos los paraguayos a conocer Asunción.

2 A Samuel le gusta ver programas de *National Geographic*. Cuando viaja, le gusta visitar reservas naturales y, por esta razón, le gusta practicar el ecoturismo. En Paraguay, por ejemplo, le gusta tomar el autobús e ir a la eco reserva Mbatoví para disfrutar de las áreas naturales.

3 A Samuel también le gusta tomar fotos; su cuenta en Instagram tiene muchos seguidores. En Asunción, a Sam le gusta caminar por el Barrio Loma San Jerónimo, un lugar muy fotogénico. De hecho, sus fotos más populares en Instagram son de casas coloridas y pintorescas, de pasillos y pasajes en este barrio.

4 Los sábados y los domingos a Samuel le gusta participar como voluntario con la Secretaria de turismo en Asunción. A Samuel le gusta colaborar en este programa porque tiene la oportunidad de ofrecer visitas guiadas por la ciudad, especialmente del Barrio Loma San Jerónimo, su rincón favorito. A Samuel le gusta conocer gente de todas partes del mundo y le gusta ser guía de turistas porque puede practicar inglés y francés, los idiomas que estudia en la escuela.

5 A Samuel le gusta mucho ir de paseo al mirador Itá Pytã Punta, un gran bloque de piedra roja frente al Río Paraguay. En este lugar, le gusta tomar notas para escribir en su blog y tomar fotos de barcos. Cuando está con sus amigos, a Samuel le gusta ir a la Costanera de Asunción, especialmente por la tarde, porque pueden alquilar bicicletas, y kartings para dar un paseo.

ACTIVIDAD: Orgullo asunceno

■ Enfoques del aprendizaje

■ Habilidad de comunicación: Leen con actitud crítica y para comprender

Responde las siguientes preguntas después de leer el texto.

1 **¿Cómo llamamos a las personas que viven en Asunción, la capital de Paraguay?**

2 **Menciona tres gustos de Samuel que son parte de su identidad.**

3 **¿Qué aspectos de su país disfruta Samuel?**

4 **¿Samuel y tú pueden ser amigos? ¿Por qué o por qué no?**

◆ Oportunidades de evaluación

◆ En esta actividad practicarás habilidades del aspecto iii del Criterio B Comprensión de lectura: Analizar conexiones.

ACTIVIDAD: Diferencias entre Samuel y tú

Enfoques del aprendizaje

- Habilidad de comunicación: Utilizan formas apropiadas de expresión escrita para comunicar diferentes tipos de ideas

Considera la información en el texto en la página 26.

Escribe diez oraciones para expresar las diferencias entre tú y Samuel. Utiliza los conectores adecuados para escribir ideas lógicas. Observa el ejemplo:

A Samuel le gusta ver programas de *National Geographic*, pero a mí me gusta ver deportes.

Oportunidades de evaluación

- En esta actividad practicarás habilidades del aspecto ii del Criterio D Expresión escrita: Usar una amplia variedad de estructuras gramaticales correctamente.

ACTIVIDAD: Un compañero similar a Samuel

Enfoques del aprendizaje

- Habilidad de comunicación: Escriben con diferentes propósitos

Selecciona uno de tus compañeros de clase. Considera el texto en la página 26.

Escribe un artículo para la revista de tu escuela acerca de tu compañero. El **propósito** de tu texto es **informar** a la comunidad de tu escuela acerca de los gustos y hábitos de tu compañero.

Oportunidades de evaluación

- En esta actividad practicarás habilidades de todos los aspectos del Criterio D Expresión escrita: Usar una amplia variedad de vocabulario, usar una amplia variedad de estructuras gramaticales correctamente, organizar información por escrito y comunicar información teniendo en cuenta el destinatario y el propósito.

ACTIVIDAD: Entrevista con Samuel

Enfoques del aprendizaje

- Habilidad de comunicación: Colaboran con los compañeros para producir textos con mensajes específicos

Considera el texto en la página 26. Trabaja en parejas.

Tu compañero y tú van a simular una entrevista. Uno de ustedes debe ser Samuel y el otro debe ser un alumno que va a escribir un artículo para la revista de la escuela.

Escribe las preguntas de la entrevista y después toma turnos para hacer el papel de Samuel y responde las preguntas de tu compañero.

Utiliza la información en el texto para formular tus respuestas.

Oportunidades de evaluación

- En esta actividad practicarás habilidades de los aspectos i, ii y iii del Criterio C Expresión oral: Usar una amplia variedad de vocabulario, usar una amplia variedad de estructuras gramaticales correctamente y usar pronunciación y entonación claras de manera comprensible.

EXTENSIÓN

Escucha el epidosio 1 del podcast del autor del libro en este enlace: https://tinyurl.com/y8rsea9x

ACTIVIDAD: Presentación

Enfoques del aprendizaje

- Habilidades de comunicación: Leen con actitud crítica y para comprender. Escriben con diferentes propósitos. Utilizan una variedad de técnicas de expresión oral para comunicarse con diversos destinatarios

Escribe la siguiente lista de actividades y decide si te gusta (✓) o no te gusta (✗) hacerlas.

¿Qué te gusta hacer?
Me gusta …

- [ ] estudiar
- [ ] leer novelas
- [ ] mirar televisión
- [ ] pintar
- [ ] cantar
- [ ] practicar deportes
- [ ] comer frutas
- [ ] escribir reflexiones
- [ ] dibujar
- [ ] contar bromas
- [ ] conocer nuevos amigos
- [ ] viajar
- [ ] escribir un blog
- [ ] participar como voluntario
- [ ] pasar tiempo con amigos
- [ ] montar en bicicleta

Utiliza las respuestas de la encuesta. Escribe un correo electrónico a una escuela donde vas a estudiar un curso de verano. El **propósito** de tu correo es **informar** a tus supervisores acerca de tus gustos.

Incluye ejemplos para **describir** tus ideas. Incluye información relevante acerca de la ciudad donde vives y de tu vida en la escuela.

◆ Oportunidades de evaluación

- En esta actividad practicarás habilidades de todos los aspectos del Criterio D Expresión escrita: Usar una amplia variedad de vocabulario, usar una amplia variedad de estructuras gramaticales correctamente, organizar información por escrito y comunicar información teniendo en cuenta el destinatario y el propósito.

▼ Nexos con: Matemáticas

Encuesta sobre gustos

Enfoques del aprendizaje

- Habilidades de comunicación: Leen con actitud crítica y para comprender. Escriben con diferentes propósitos
- Habilidad de transferencia: Comparan la comprensión conceptual en distintas disciplinas y grupos de asignaturas

1. Utiliza la lista de actividades.
2. Escribe preguntas con la lista de actividades utilizando "te gusta".
3. Realiza una encuesta en tu aula de clase y en otros grados en tu escuela utilizando las preguntas.
4. Utiliza las respuestas de la encuesta y prepara un informe de los resultados. Presenta las estadísticas de forma visual utilizando un estilo de gráficas.
5. Comparte tus resultados con la clase entera.

ACTIVIDAD: Conferencia virtual

Enfoques del aprendizaje

- Habilidad de comunicación: Utilizan una variedad de técnicas de expresión oral para comunicarse con diversos destinatarios

Trabaja con dos compañeros.

Selecciona un país de habla hispana e investiga qué les gusta hacer a las personas de ese país.

Imagina que tus compañeros y tú participan en una conferencia virtual. El objetivo de esta conferencia es aprender sobre el país de las otras personas y lo que les gusta hacer. Simula la interacción con tus compañeros. Cada uno necesita hablar un total de dos minutos.

◆ Oportunidades de evaluación

- En esta actividad practicarás habilidades del aspecto iv del Criterio C Expresión oral: Comunicar la información requerida con claridad y eficacia.

¿Por qué es buena idea aprender español?

Por: Brenda Casillas

1   En total, hay veinte países donde el español es la lengua oficial: dieciocho en América, uno en Europa y uno en África. Además hay varios países donde es la segunda lengua. Esto significa que hay más de 500,000,000 de personas que hablan español en el mundo.

2   Es posible utilizar el español como medio de comunicación en el continente Americano porque casi todos los países hablan español. En Quebec, Canadá, Surinam, Guyana, Jamaica y Haití se habla francés; en Brasil se habla portugués y aunque en Estados Unidos se habla inglés, hay muchos latinos y estadounidenses que hablan español. Entonces es posible viajar por América y hablar español libremente.

3   En varios países hispanohablantes hay universidades excelentes donde es posible estudiar literatura en español, arte o diferentes disciplinas de diferentes modos. Por ejemplo, ITESM es una universidad en México que promueve la educación digital y *online*. Aparte de esta universidad, existen muchas oportunidades casi similares a las universidades anglosajonas para estudiar en español en una institución respetable.

4   El arte, la música y la comida son elementos muy importantes y populares del mundo hispano también. Por ejemplo, a muchas personas les gusta la comida de México y Perú; los vinos de España, Chile y Argentina son excepcionales y la carne de Argentina y Uruguay es fantástica. Respecto a la música, cantantes como Shakira, Maná, Carlos Santana, Ricky Martin, Gloria Estefan o Enrique Iglesias son muy populares en todo el mundo y su música es representativa del mundo hispano.

5   Hablar español también es una gran ventaja porque muchas personas en distintos países aprenden español hoy en día. Además en España y América Latina existen muchos destinos turísticos fabulosos. Por ejemplo, a muchas personas les gusta visitar ciudades históricas en España, las playas espectaculares del Caribe, los impresionantes bosques de Costa Rica o las increíbles tierras de Patagonia en Argentina.

6   Por eso, como conclusión, estudiar español es buena idea porque podemos tener acceso a un universo fantástico de experiencias.

---

1   ¿En cuántos países del mundo se habla el español?

ALGUNAS TAREAS SUMATIVAS PARA EVALUAR ESTE CAPÍTULO

Considera las siguientes actividades para poner en práctica lo que has aprendido en este capítulo.

ACTIVIDAD: ¿Por qué es buena idea aprender español?

■ Enfoques del aprendizaje

■ Habilidades de comunicación: Leen con actitud crítica y para comprender. Hacen deducciones y extraen conclusiones

Responde las siguientes preguntas sobre el texto en la página 29.

1 ¿Cómo se llama el autor del texto?
2 ¿Dónde hablan las personas español como lengua nativa?
3 ¿Qué universidad ofrece programas *online*?
4 ¿Qué producto es popular en Argentina y Uruguay?
5 Menciona dos países de América donde no se habla español como lengua materna.
6 ¿En qué continente(s) no hay un país donde se habla español como lengua materna?
7 Según el texto, ¿por qué es posible comunicarse en español en Estados Unidos?
8 Este texto es:
 a una carta
 b un artículo
 c una novela
9 Selecciona información del texto que represente las imágenes. Menciona tres ejemplos.
10 ¿Cuál es el propósito del texto?
11 ¿Qué quiere mostrate el autor con las diferentes fotos que utilizó?
12 Menciona dos razones para estudiar español que son similares a tus intenciones. Explica.
13 ¿Qué opinas acerca del mensaje del texto?

◆ Oportunidades de evaluación

◆ En esta actividad practicarás habilidades de todos los aspectos del Criterio B Comprensión de lectura.

ACTIVIDAD: ¿Qué les gusta a los hispanohablantes?

■ Enfoques del aprendizaje

■ Habilidad de comunicación: Escuchan con actitud crítica y para comprender

Mira el vídeo en el siguiente enlace:
http://tinyurl.com/qlgusta y responde las preguntas:

1 ¿Cómo se llama el programa donde apareció este vídeo?
2 Según el vídeo, ¿cuáles dos cosas les gustan a las personas de los países hispanohablantes?
3 ¿Qué países puedes identificar en las imágenes en el vídeo? Explica cómo los identificas.
4 Según el vídeo, ¿qué es algo que caracteriza a los países hispanos?
 a el gusto por la música
 b el gusto por la buena vida
 c el gusto por viajar
5 Menciona tres ideas generales acerca de la identidad de las personas de los países hispanohablantes.
6 Interpreta esta idea: "El mundo hispanohablante se siente como una gran nación". Utiliza información del vídeo.
7 ¿Cómo se llama el canal donde se transmite este vídeo?
8 ¿Cuál es el propósito de este vídeo?
9 ¿Qué rol tienen las imágenes del fútbol y la música en este vídeo?
10 ¿El estilo de vida en tu país es similar o diferente al de los países de habla hispana? Explica.

◆ Oportunidades de evaluación

◆ En esta actividad practicarás habilidades de todos los aspectos del Criterio A Comprensión auditiva.

Reflexión

Utiliza el español que aprendes como una herramienta para acceder a información que no existe en tu idioma, y para formar parte de la creación y diseño de nueva información.

Reflexionemos sobre nuestro aprendizaje … Usa esta tabla para reflexionar sobre tu aprendizaje personal en este capítulo.					
Preguntas que hicimos	**Respuestas que encontramos**	**Preguntas que podemos generar ahora**			
Fácticas: ¿En qué lugares se habla español como lengua materna? ¿Qué diferencias existen entre el español que hablan las personas de diferentes países? ¿Qué palabras utilizamos para comenzar y terminar una conversación? ¿Qué letras y fonemas del español no existen en tu idioma?					
Conceptuales: ¿De qué manera usamos el idioma de acuerdo con las relaciones que tenemos? ¿Qué diferencias existen entre las culturas de los países hispanohablantes?					
Debatibles: ¿Por qué el español se ha vuelto una segunda lengua en muchos países? ¿Hasta qué punto son similares los estilos de vida de las personas en los países hispanohablantes?					
Enfoques de aprendizaje en este capítulo:	**Descripción: ¿qué destrezas nuevas adquiriste?**	**¿Qué tan bien has consolidado estas destrezas?**			
		Novato	En proceso de aprendizaje	Practicante	Experto
Habilidades de comunicación					
Habilidades de gestión de alfabetización mediática					
Habilidades de transferencia					
Atributos de la comunidad de aprendizaje	Reflexiona sobre la importancia de ser alguien informado e instruido en este capítulo. ¿Cómo demostraste tus habilidades como estudiante informado e instruido en este capítulo?				
Informado e instruido					

1   ¿En cuántos países del mundo se habla el español?

2 ¿Cómo aprovecho las cosas que me rodean?

○ Utilizamos diferentes **ideas** y elementos lingüísticos para **expresar** las conexiones entre el **tiempo y el espacio**.

EN ESTE CAPÍTULO VAMOS A INVESTIGAR LAS SIGUIENTES PREGUNTAS:

Fácticas: ¿Qué actividades son comunes en tu ciudad? ¿Qué actividades son comunes en tu escuela? ¿Cuáles preguntas son útiles para orientarnos en un lugar? ¿Qué palabras nos ayudan a expresar la ubicación en un lugar?

Conceptuales: ¿De qué manera utilizamos la lengua para expresar las conexiones entre el tiempo y el espacio? ¿De qué manera influye nuestra cultura en la comprensión de direcciones y ubicaciones? ¿De qué manera utilizamos el lenguaje para describir espacios y actitudes en la ciudad?

Debatibles: ¿Qué tan diferentes son las escuelas en el mundo hispanohablante? ¿De qué manera nos orientamos y comprendemos una ciudad?

■ Sabemos adónde vamos, pero ¿apreciamos lo que nos rodea?

○ EN ESTE CAPÍTULO VAMOS A:

■ **Descubrir:**
  ■ características particulares de algunas ciudades en el mundo hispanohablante
  ■ formas de expresar lo que observamos.

■ **Explorar:**
  ■ diferentes culturas de aprendizaje en algunas escuelas.

■ **Actuar y:**
  ■ reflexionar sobre nuestras actividades cotidianas
  ■ evaluar cómo podemos aprovechar las oportunidades de aprendizaje que tenemos en nuestro ambiente social.

Las siguientes habilidades de los enfoques del aprendizaje serán útiles:

- Habilidades de comunicación
- Habilidades de colaboración
- Habilidades de gestión de la información
- Habilidades de pensamiento crítico
- Habilidades de pensamiento creativo
- Habilidades de transferencia

- Buen comunicador: nos expresamos con confianza y creatividad en diversas lenguas, lenguajes y maneras. Colaboramos eficazmente, escuchando atentamente las perspectivas de otras personas y grupos.

◆ Oportunidades de evaluación en este capítulo:

- ◆ **Criterio A:** Comprensión auditiva
- ◆ **Criterio B:** Comprensión de lectura
- ◆ **Criterio C:** Expresión oral
- ◆ **Criterio D:** Expresión escrita

Contenido esencial

Los contenidos temáticos que se abordarán en este capítulo pertenecen a las fases 1 y 2 del continuo de aprendizaje y son:
- La escuela y el aula de clase
- La vida escolar y la rutina del colegio
- La vida escolar y los asuntos del colegio
- Dentro de la ciudad y sus alrededores
- Mi barrio y mi comunidad
- La vida en la ciudad y en el campo
- El medio ambiente
- El cuidado de mi barrio
- Presente
- Estructura "querer", "poder", "gustar" + infinitivo

VOCABULARIO SUGERIDO

Vocabulario sugerido para mejorar la experiencia de aprendizaje. **Discute** el significado de las siguientes palabras y **úsalas** en las actividades en este capítulo.

Sustantivos		Adjetivos		Verbos
acera	parque	aburrido	peligroso	acompañar
animal	pastizal	alto	peor	bailar
arbusto	pasto	antiguo	pequeño	beber
aula	patio	bonito	pintoresca	buscar
árbol	pájaro	bueno	seguro	cantar
bosque	piedras	caro	similar	comer
calle	piscina	contaminado	viejo	comprar
cementerio	plantas	dañado		convivir
centro comercial	playa	desagradable		correr
circo	pradera	destruido		disfrutar
desierto	río	divertido		encontrar
edificio	rocas	eficientes		escalar
estadio	selva	en mal estado		estar
flores	semáforo	estresante		ir
lago	tienda	feo		mirar
lugar	tundra	histórico		nadar
mar	zoológico	igual		poder
montaña		interesante		querer
monumento		limpio		ser
museo		mejor		tener
oficina		moderno		ver
pantano		organizado		visitar

¿Qué tan diferentes son las escuelas en el mundo hispanohablante?

Estudia el texto y observa como se expresan ideas acerca de diferentes **espacios**.

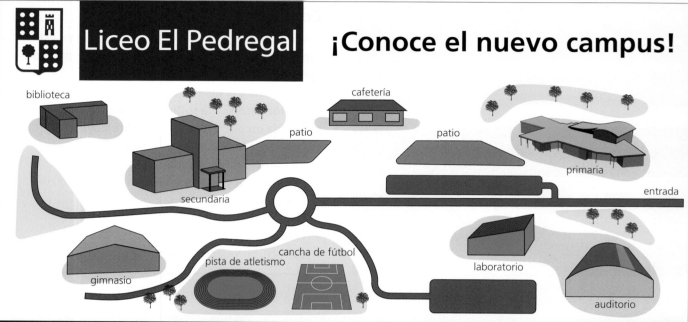

Liceo El Pedregal ¡Conoce el nuevo campus!

biblioteca · cafetería · patio · patio · primaria · entrada · secundaria · gimnasio · pista de atletismo · cancha de fútbol · laboratorio · auditorio

Haz una cita al teléfono 33 35 37 89 99 y con gusto preparamos una visita guiada para ti y tu familia.

www.liceoelpedregal.org

ACTIVIDAD: La ubicación de los lugares en la escuela

Lee las siguientes oraciones acerca de las instalaciones de Liceo El Pedregal.

1 **La cafetería está entre el edificio de secundaria y el edificio de primaria.**
2 **La pista de atletismo está cerca de la entrada.**
3 **El edificio de secundaria está entre la biblioteca y el gimnasio**
4 **En la secundaria hay un auditorio.**

Considera el **patrón** de las oraciones. Escribe diez oraciones acerca de los lugares en tu escuela.

◆ Oportunidades de evaluación

◆ En esta actividad practicarás habilidades del aspecto ii del Criterio D Expresión escrita: Usar una amplia variedad de estructuras gramaticales correctamente.

Preposiciones + artículo

Cuando utilizamos algunas preposiciones, excepto "en", "entre" y "sobre", también necesitamos emplear "de" para expresar la idea correctamente. Observa estos ejemplos y los anteriores:

a El edificio de primaria está **cerca de** la entrada.

b La biblioteca está **al lado de** la cafetería.

Es importante recordar que cuando usamos "el" después de "de", es necesario unirlos: "del":

a La pista de atletismo está **al lado del** gimnasio.

b El laboratorio está **detrás del** jardín.

ACTIVIDAD: Comparación con mi escuela

■ Enfoques del aprendizaje

■ Habilidad de comunicación: Estructuran la información utilizando diferentes tipos de oraciones para utilizar la lengua en contexto

Observa las fotos de las escuelas a la derecha y considera el contexto de tu escuela también.

Utiliza "hay" y escribe 15 oraciones.

Compara las cosas que existen en las escuelas.

◆ Oportunidades de evaluación

◆ En esta actividad practicarás habilidades del aspecto ii del Criterio D Expresión escrita: Usar una amplia variedad de estructuras gramaticales correctamente.

PIENSA–COMPARA–COMPARTE

¿Es una escuela lo mismo que un hogar o que una casa?

Escribe ideas para **describir** las experiencias que tenemos en la casa y en la escuela. Observa el ejemplo.

La casa	La escuela
Familia	Amigos

Investiga el **significado** de la palabra "hogar" y escribe la respuesta para esta pregunta:

¿Es una escuela lo mismo que una casa o es como el hogar? ¿Por qué?

◆ Oportunidades de evaluación

◆ En esta actividad practicarás habilidades del aspecto ii del Criterio D Expresión escrita: Usar una amplia variedad de estructuras gramaticales correctamente.

ACTIVIDAD: Los "materiales" de una escuela

Observa las siguientes fotos y **escribe**.

a

b

En una tabla como la siguiente, escribe qué mobiliario **hay** y **no hay** en cada escuela.

Escuela 1	Escuela 2

Compara tus respuestas con un compañero. ¿Cómo son diferentes sus observaciones?

◆ Oportunidades de evaluación

◆ En esta actividad practicarás habilidades del aspecto ii del Criterio D Expresión escrita: Usar una amplia variedad de estructuras gramaticales correctamente.

Lee el siguiente texto acerca de la Escuela Internacional Campo Verde. Presta atención a las **conexiones** entre las diferentes secciones del texto.

www.campoverde.org/informacion/horario

Educación de calidad para estudiantes internacionales.   Contacto   Enlaces útiles   Búsqueda

Escuela Internacional Campo Verde

Inicio   Secciones   Inscripciones   Nuestras aulas   Actividades extra-curriculares   Únete a nuestro equipo

Misión y visión

Nuestros Valores

Información esencial
  Acceso a la escuela
  Almuerzo
  Calendario
  Transporte
  Horario

Noticias

Contacto

Horario escolar para el año lectivo 2020-2021

(Periodo) Hora	Lunes	Martes	Miércoles	Jueves	Viernes
(1) 8:30 a.m. – 9:30 a.m.	Educación Física y para la Salud	Matemáticas	Individuos y Sociedades	Diseño	Matemáticas
(2) 9:30 a.m. – 10:30 a.m.	Adquisición de Lengua: Español	Individuos y Sociedades	Lengua y Literatura	Ciencias	Artes
Receso 10:30 a.m. – 11:00 a.m.					
(3) 11:00 a.m. – 12:00 p.m.	Lengua y Literatura	Adquisición de Lengua: Español	Matemáticas	Individuos y Sociedades	Ciencias
(4) 12:00 p.m. – 1:00 p.m.	Individuos y Sociedades	Diseño	Ciencias	Matemáticas	Lengua y Literatura
Almuerzo 1:00 p.m. – 2:00 p.m.					
(5) 2:00 p.m. – 3:00 p.m.	Ciencias	Artes	Adquisición de Lengua: Español	Servicio a la comunidad	Educación Física y para la Salud
(6) 3:00 p.m. – 3:30 p.m.	Tutoría	Artes	Tutoría	Servicio a la comunidad	Educación Física y para la Salud

ACTIVIDAD: El horario de Alejandro

■ Enfoques del aprendizaje

■ Habilidad de comunicación: Leen con actitud crítica y para comprender

Lee el horario de la escuela de Alejandro.

Responde las siguientes preguntas sobre el horario de Alejandro. Observa las preguntas con atención. Presta atención a los ejemplos.

1 **¿A qué hora** estudia Ciencias el lunes?
   Alejandro estudia Ciencias **a las** 2:00 p.m.
2 **¿De qué hora a qué hora** estudia Artes el viernes?
   Alejandro estudia Artes **de** 9:30 a.m. **a** 10:30 a.m.
3 **¿Cuándo** estudia Diseño?
   Alejandro estudia Diseño el martes y el jueves.

4 ¿Cuándo estudia Educación Física y para la Salud?
5 ¿A qué hora estudia Español el miércoles?
6 ¿Cuándo y a qué hora tiene Tutoría?
7 ¿De qué hora a qué hora tiene Servicio a la comunidad?
8 ¿Cuándo estudia Matemáticas?
9 ¿Cuándo y a qué hora estudia Lengua y Literatura?
10 ¿De qué hora a qué hora estudia Artes el martes?

◆ Oportunidades de evaluación

◆ En esta actividad practicarás habilidades del aspecto i del Criterio B Comprensión de lectura: Demostrar la comprensión de información explícita e implícita (datos, opiniones, mensajes y detalles).

ACTIVIDAD: Actividades en diferentes asignaturas

Utiliza la siguiente figura para clasificar las siguientes actividades.

¿En qué asignaturas las practicas?

- leer
- practicar deportes
- hacer experimentos
- analizar textos

- resolver problemas
- escribir informes
- analizar datos
- escribir reflexiones

- trabajar en equipo
- usar el internet
- investigar

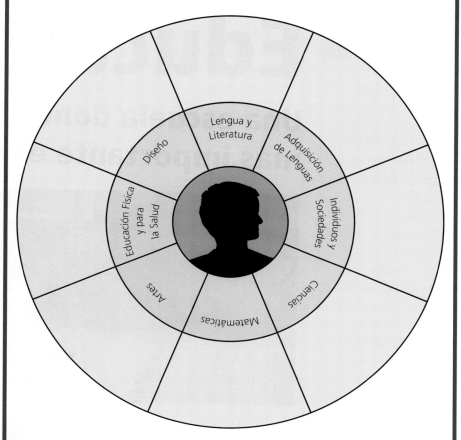

Ahora escribe oraciones sobre las actividades que haces en clase. Observa el ejemplo:

En Matemáticas me gusta resolver problemas pero no me gusta trabajar en equipo.

Trabaja con un compañero. Reproduce el siguiente **patrón**. Utiliza las actividades que clasificaste.

A ¿Te gusta **hacer experimentos** en Ciencias?
B **Sí, sí me gusta. / No, no me gusta, prefiero** hacer investigación.

◆ Oportunidades de evaluación

- ◆ En esta actividad practicarás habilidades de los aspectos i y iv del Criterio C Expresión oral: Usar una amplia variedad de vocabulario y comunicar la información requerida con claridad y eficacia.

ACTIVIDAD: Comparación de horarios

■ Enfoques del aprendizaje

- ■ Habilidad de comunicación: Escriben con diferentes propósitos

Dibuja tu horario de clases.

Compara tu horario con el horario de Alejandro que se muestra en la página 36.

Escribe las diferencias. Observa el ejemplo.

Yo tengo **menos** asignaturas **que** Alejandro.

Alejandro tiene **más** horas de Educación Física y para la salud **que** yo.

◆ Oportunidades de evaluación

- ◆ En esta actividad practicarás habilidades del aspecto ii del Criterio D Expresión escrita: Usar una amplia variedad de estructuras gramaticales correctamente.

Sugerencia

¡Revisa "Me gusta"!

Lee el siguiente artículo sobre una escuela diferente. Presta atención a las **conexiones** entre el texto y las imágenes.

Educar+arte

Una escuela donde la asignatura más importante es ser feliz

1   Educar+arte es una escuela poco común en Latinoamérica.

2   Educar+arte no tiene el currículo tradicional que existe en muchas escuelas, y la cultura de trabajo es diferente. Por esta razón, Educar+arte es una institución original.

3   Por ejemplo, en Educar+arte no hay una campana para indicar el principio o el fin de las clases; en Educar+arte es muy común tomar clases en los jardines que hay por toda la escuela. En Educar+arte, la salud e inteligencia emocional de los estudiantes son muy importante y, por esta razón, es obligatorio tomar clases de yoga además de las clases de educación física todos los días. La expresión de los talentos también es muy importante y por eso existen muchas oportunidades para participar en festivales de arte.

La filosofía de Educar+arte es ayudar a los estudiantes a descubrir sus talentos y a construir su éxito. En Educar+arte no existe cultura de castigo: los estudiantes y los profesores suelen formar acuerdos de comportamiento y trabajo justo y equilibrado. En Educar+arte también es importante ser un estudiante independiente y desarrollar habilidades de sobrevivencia, y de respeto por el medio ambiente y los recursos naturales. Por esta razón, los profesores de educación física suelen organizar viajes de aventura en los que los estudiantes trabajan en equipo y realizan actividades físicas. De igual forma, para crear un espíritu y una mentalidad internacional, cada año, los profesores organizan un viaje extranjero a diferentes culturas, para aprender de sus tradiciones.

Según los estudiantes, Educar+arte, es más que una escuela, es como su segundo hogar, pues además de estudiar es un lugar para establecer relaciones y ser felices.

Este es un artículo de revista.

El **propósito** de este texto es **informar**.

Sabemos que el **propósito** del texto es **informar** porque:

- Presenta hechos o información clave para comprender qué tipo de escuela es esta.
- Explica la filosofía de la escuela.
- Informa a los lectores sobre la manera en que esta escuela es diferente a otras.
- Incluye opiniones de los alumnos acerca de su escuela.

Para escribir textos con un **propósito informativo**, es recomendable:

- Compartir información
- Utilizar lenguaje preciso
- Utilizar lenguaje impersonal: las oraciones deben referirse al lugar, objeto o suceso sobre del cual queremos informar
- Seleccionar vocabulario para describir y explicar el tema del texto.

ACTIVIDAD: Educar+arte, una escuela con actitud

Después de leer el artículo en las páginas 38 a 39, responde las siguientes preguntas sobre Educar+arte.

1 ¿Verdadero o falso? Educar+arte se encuentra en el Estado de México. Justifica tu respuesta.
2 ¿Verdadero o falso? En Educar+arte los estudiantes **sólo** estudian en el aula de clase. Justifica tu respuesta.
3 ¿Verdadero o falso? En Educar+arte los recesos se indican con una campana. Justifica tu respuesta.
4 ¿Verdadero o falso? Los estudiantes de Educar+arte participan en dos viajes. Justifica tu respuesta.
5 ¿Verdadero o falso? Hay muchos jardines en Educar+arte. Justifica tu respuesta.
6 El texto:
   a presenta una opinión positiva de Educar+arte
   b presenta una opinión negativa de Educar+arte
   Justifica tu respuesta.
7 El texto es parte de:
   a una revista
   b un libro de turismo
   c una colección de artículos académicos
   Justifica tu respuesta.
8 ¿Qué ideas del texto representan las imágenes? Selecciona dos y explica.
9 ¿Cómo es Educar+arte diferente o similar a tu escuela? Explica.
10 ¿Te gustaría estudiar en Educar+arte? ¿Por qué?
11 ¿Qué aspectos del perfil de la comunidad de aprendizaje existen en Educar+arte y se mencionan en el texto?
12 En tu opinión, ¿los estudiantes de Educar+arte son similares o diferentes a los de tu escuela? Explica.
13 ¿A qué tipo de alumnos no les puede gustar Educar+arte? Explica.

PUNTO DE INDAGACIÓN

¿De qué manera utilizamos la lengua para expresar las conexiones entre el **tiempo** y el **espacio**?

ACTIVIDAD: Comparación entre Educar+arte y mi escuela

Después de leer el texto sobre Educar+arte, utiliza un diagrama de Venn para compararla con tu escuela.

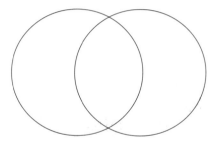

Utiliza la información en el diagrama de Venn.
Escribe oraciones para comparar las dos escuelas. Menciona similitudes y diferencias. Presta atención a la **estructura** de tus oraciones.

Gramática

Es importante comprender las diferencias entre los verbos "haber", "estar" y "tener".

Mira el vídeo en el siguiente enlace para comprender las diferencias entre estos verbos:
https://youtu.be/aQoqB3doUxU

ACTIVIDAD: Mi escuela, mi casa

■ Enfoques del aprendizaje

■ Habilidad de comunicación: Escriben con diferentes propósitos

Eres el presidente de la sociedad de alumnos de tu escuela. Necesitas escribir un artículo para la revista para expatriados de tu ciudad para informarles acerca de tu escuela.

Describe tu escuela. Menciona los diferentes espacios que hay en ella y por qué es especial. Comparte qué les gusta hacer a los estudiantes. Incluye tu opinión acerca de los profesores y el espíritu que se vive en tu escuela.

Incluye un par de fotos.

Considera las ideas para escribir textos informativos en la página 39.

◆ Oportunidades de evaluación

◆ En esta actividad practicarás habilidades de todos los aspectos del Criterio D Expresión escrita: Usar una amplia variedad de vocabulario, usar una amplia variedad de estructuras gramaticales correctamente, organizar información por escrito y comunicar información teniendo en cuenta el destinatario y el propósito.

ACTIVIDAD: Mi escuela, mi orgullo

■ Enfoques del aprendizaje

■ Habilidad de pensamiento crítico: Extraen conclusiones y realizan generalizaciones razonables

Mira el vídeo en este enlace: **https://youtu.be/nIaYfRXsGhA** y responde las siguientes preguntas.

1 Describe el tono de voz del narrador.
2 ¿A qué tipo de texto se parece este vídeo? ¿Por qué?
   a Un poema
   b Un discurso
   c Una canción
3 El tono del texto es:
   a trágico
   b íntimo
   c gracioso
4 Considerando las imágenes del vídeo, ¿qué tan diferente es esta escuela de tu escuela?
5 ¿Te gustaría estudiar en esta escuela? ¿Por qué o por qué no?
6 ¿Qué idea de la narración te gusta? ¿Por qué?
7 Imagina que tienes un proyecto para hacer un vídeo similar, ¿qué puedes decir sobre tu escuela?

◆ Oportunidades de evaluación

◆ En esta actividad practicarás habilidades de los aspectos ii y iii del Criterio A Comprensión auditiva: Analizar convenciones y analizar conexiones.

El propósito de este texto es entretener.

Sabemos que el **propósito** de un texto es **entretener** cuando:

- nos invita escuchar
- el contenido nos divierte
- el contenido nos hace sentirnos relajados
- el contenido nos absorbe
- sentimos que viajamos con las ideas del texto.

Estos son ejemplos de los textos que nos entretienen: poemas, historias cortas, bromas, comedias, vídeos musicales, horóscopos, canciones.

Los textos para entretener no son necesariamente felices pues, por ejemplo, las canciones o historias cortas pueden ser tristes.

¿De qué manera nos orientamos y comprendemos una ciudad?

OBSERVA–PIENSA–PREGÚNTATE

¿Qué lugares de interés puedes encontrar en Madrid?

Observa el mapa y haz una lista.

ACTIVIDAD: Actividades en Madrid

Considera los lugares que hay en Madrid y clasifica las siguientes actividades. Escribe el número del lugar al lado de la actividad.

a **tomar fotos**
b **caminar**
c **tomar un café (2)**
d **rezar**
e **ver una película**
f **comprar ropa**
g **comprar comida**
h **hacer** *selfies*
i **ver peces**
j **leer un libro**
k **ver una obra de teatro**
l **ver animales**
m **admirar arquitectura**
n **montar en bicicleta**
o **comer queso**
p **comprar una botella de agua**

Ahora escribe oraciones sobre las actividades que puedes hacer en cada uno de los lugares. Observa el ejemplo.

En el zoológico **puedo** ver animales.

En la iglesia **no puedo** comprar ropa.

MADRID

En un mapa podemos leer la manera en que diferentes tipos de lenguaje se utilizan para expresar ideas acerca del **tiempo** y del **espacio**.

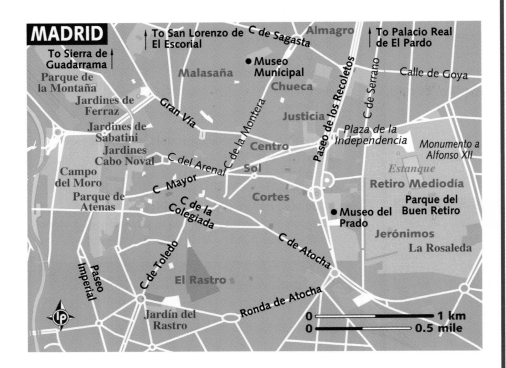

VOCABULARIO SUGERIDO

Estudia el **significado** de las siguientes palabras.

Lugares en Madrid

En Madrid hay …	hotel	parque
acuario	iglesia	plaza
café	mercado	restaurante
centro comercial	monumento	teatro
cine	museo	tienda
estatua	palacio	zoológico

◆ Oportunidades de evaluación

◆ En esta actividad practicarás habilidades de los aspectos i y ii del Criterio D Expresión escrita: Usar una amplia variedad de vocabulario y usar una amplia variedad de estructuras gramaticales correctamente.

ACTIVIDAD: ¿Dónde está el museo?

■ Enfoques del aprendizaje

■ Habilidad de comunicación: Participan en diálogos breves para intercambiar información concreta

Observa el mapa de Madrid en este enlace: http://tinyurl.com/turmapmad. Presta atención a las calles, y escribe una oración sobre los lugares imprescindibles en Madrid. Observa los ejemplos abajo.

1 **El banco de España está sobre la calle de Alcalá.**
2 **La Plaza de la villa está lejos del Parque Juan Carlos I.**

Parque de El Retiro

Plaza de Toros de Las Ventas

Puerta de Alcalá

Catedral de la Almudena

Palacio Real de Madrid

Gran Vía

El Rastro

Plaza Mayor

Puerta del Sol

Monumento de las Descalzas Reales

Plaza de Cibeles

Real Jardín Botánico

Museo del Prado

Museo Nacional Centro de Arte Reina Sofía

Trabaja con un compañero. Toma turnos para hacer preguntas y responder sobre la ubicación de los lugares más atractivos en Madrid. Observa el ejemplo.

A **¿Dónde está la Puerta del Sol?**
B **La Puerta del Sol está cerca de la Gran Vía.**

◆ Oportunidades de evaluación

◆ En esta actividad practicarás habilidades del aspecto iv del Criterio C Expresión oral: Comunicar la información requerida con claridad y eficacia.

Sugerencia

Recuerda las preposiciones: sobre, debajo, cerca, lejos, a lado, detrás.

Ulitiza el verbo "estar" para habla de ubicaciones.

ACTIVIDAD: ¿Qué les gusta hacer a las personas en tu ciudad en su tiempo libre?

■ Enfoques del aprendizaje

■ Habilidad de comunicación: Utilizan una variedad de técnicas de expresión oral para comunicarse con diversos destinatarios

Trabaja en parejas. Selecciona una ciudad en el mundo. Imagina que tu compañero y tú vienen de diferentes ciudades. Participa en una interacción con tu compañero. **Presenta** información sobre ti y tu ciudad, y pregunta información personal a tu compañero y acerca de su ciudad. La interacción deberá incluir los siguientes elementos:

- Nombre
- Edad
- Frases de cortesía
- Dónde estudias
- Cómo es tu escuela
- Qué te gusta hacer
- Cómo es tu ciudad
- Qué se puede hacer en tu ciudad
- Qué les gusta hacer a los turistas en tu ciudad

La interacción debe durar dos minutos.

◆ Oportunidades de evaluación

◆ En esta actividad practicarás habilidades del aspecto iv del Criterio C Expresión oral: Comunicar la información requerida con claridad y eficacia.

ACTIVIDAD: Qué ver en Madrid

Enfoques del aprendizaje

■ Habilidad de pensamiento crítico: Extraen conclusiones y realizan generalizaciones razonables

Mira el vídeo en el siguiente enlace: http://tinyurl.com/madrivid y responde las preguntas.

1 ¿Verdadero o falso? Madrid se encuentra en el norte de la Península Ibérica. Justifica tu respuesta.
2 ¿Verdadero o falso? El vídeo habla de la ciudad entera. Justifica tu respuesta.
3 ¿Verdadero o falso? Los teatros más importantes están en la Plaza de Cibeles. Justifica tu respuesta.
4 ¿Verdadero o falso? La Puerta del Sol es la entrada a Madrid. Justifica tu respuesta.
5 ¿Verdadero o falso? El Templo de Debod está en la Gran Vía. Justifica tu respuesta.
6 ¿Verdadero o falso? Los museos más importantes de España están en el Paseo de la Castellana. Justifica tu respuesta.
7 Este vídeo es:
  a un documental
  b parte de una película
  c un vídeo con información turística
  Justifica tu respuesta.
8 ¿Cuál es el propósito del vídeo?
9 ¿Presenta el vídeo información relevante para ayudar a los turistas a disfrutar Madrid? Explica.
10 En tu opinión, ¿el autor del vídeo es creativo? Explica.
11 Considera la información en el vídeo, ¿hay muchas cosas que hacer en Madrid? Explica.
12 Después de ver el vídeo, ¿te gustaría visitar Madrid? ¿Por qué o por qué no?

◆ Oportunidades de evaluación

◆ En esta actividad practicarás habilidades de todos los aspectos del Criterio A Comprensión auditiva: Demostrar la comprensión de información oral explícita e implícita (datos, opiniones, mensajes y detalles), analizar convenciones y analizar conexiones.

ACTIVIDAD: De visita en Madrid

■ Enfoques del aprendizaje

■ Habilidad de comunicación: Leen con actitud crítica y para comprender

Utiliza el siguiente enlace para realizar esta actividad:
https://tinyurl.com/wxv4d6w

Responde las siguientes preguntas.

1 ¿Cuál línea de autobús puedes tomar para ir al aeropuerto?
2 ¿Cuáles líneas de autobuses pasan cerca del Palacio Real?
3 ¿Cuál línea de autobús lleva a La Puerta de Alcalá?
4 ¿Cuál línea de autobús puedes tomar para ir del Edificio Capitol al Estado Olímpico?
5 Selecciona el tipo de lenguaje que el autor no utiliza para comunicar información en este texto.
  a ilustraciones
  b figuras geométricas
  c diferentes colores
  d diferentes tipos de líneas
  e íconos
  f fotografías
  g diferentes tipos de fuentes
  h símbolos

◆ Oportunidades de evaluación

◆ En esta actividad practicarás habilidades del aspecto i del Criterio B Comprensión de lectura: Demostrar la comprensión de información explícita e implícita (datos, opiniones, mensajes y detalles).

Lee el siguiente texto con atención. Presta atención a las **conexiones** entre el **significado** de las palabras, los colores y los íconos.

Estos mensajes existen para **prevenir problemas**
no para causar tensiones

Secretaria de Gobernación visión 2021. Acto XIII del plan de ciudadania sustentable. #OperacionCiudad

ACTIVIDAD: Mensajes sin palabras

■ Enfoques del aprendizaje

■ Habilidad de comunicación: Hacen deducciones y extraen conclusiones

Presta atención al mensaje de los letreros que aparecen en el texto anterior. Investiga su significado.

1 ¿Cuál es el significado de los letreros? (Numéralos de izquierda a derecha, de arriba a abajo.)
2 ¿Dónde puedes encontrar cada uno de los letreros?
3 ¿Qué problemas intentan evitar los letreros?
4 ¿Es el mensaje de estos letreros más claro que las palabras? ¿Por qué o por qué no?
5 ¿Por qué el autor utilizó el color rojo?
6 ¿Por qué las palabras tienen diferentes tamaños?

◆ Oportunidades de evaluación

◆ En esta actividad practicarás habilidades del aspecto ii del Criterio B Comprensión de lectura: Analizar convenciones.

▼ Nexos con: Individuos y Sociedades: Geografía

Lectura de un mapa

■ Enfoques del aprendizaje

■ Habilidad de comunicación: Hacen deducciones y extraen conclusiones

Mira el vídeo en este enlace: **https://youtu.be/kx2Bit8te1s**. Después responde las siguientes preguntas.

Por medio de este vídeo vas a aprender sobre los diferentes tipos de lenguaje que se pueden utilizar para transmitir un mensaje.

Indica para qué utiliza el autor cada uno de los tipos de lenguaje siguientes. Observa el ejemplo:

El autor **utiliza** situaciones de la vida real **para** contextualizar el tema.

1 ilustraciones
2 figuras geométricas
3 diferentes colores
4 diferentes tipos de líneas
5 íconos
6 fotografías
7 diferentes tipos de fuentes
8 símbolos
9 extractos de vídeos
10 fuentes de tamaños diferentes

◆ Oportunidades de evaluación

En esta actividad practicarás habilidades del aspecto ii del Criterio B Comprensión de lectura: Analizar convenciones.

¿De qué manera utilizamos la lengua para expresar las conexiones entre el tiempo y el espacio

▼ Nexos con: Individuos y Sociedades: Economía

La sede de la Exposición Internacional en 2023

■ Enfoques del aprendizaje

■ Habilidad de pensamiento creativo: Crean obras e ideas originales; utilizan obras e ideas existentes de formas nuevas

Mira el vídeo en el siguiente enlace:
https://youtu.be/GI9PCPP-IXE

Eres un estudiante de universidad de Argentina y consideras que tu país tiene todo lo necesario para ser la sede de la Exposición Internacional en 2023.

Escribe un correo electrónico a la Oficina Internacional de Exhibiciones y **explica** por qué piensas que tu país debe ser la sede. Utiliza información del vídeo. Menciona las ventajas geográficas de tu país, los atractivos que existen y diferentes oportunidades para explorar tu **cultura**.

Escribe entre 100 y 150 palabras.

◆ Oportunidades de evaluación

◆ En esta actividad practicarás habilidades de todos los aspectos del Criterio D Expresión escrita: Usar una amplia variedad de vocabulario, usar una amplia variedad de estructuras gramaticales correctamente, organizar información por escrito y comunicar información teniendo en cuenta el destinatario y el propósito.

ACTIVIDAD: ¿Qué lenguaje utilizamos para describir los espacios y la ubicación de lugares en una ciudad?

■ Enfoques del aprendizaje

■ Habilidad de comunicación: Hacen deducciones y extraen conclusiones

Presta atención a la siguiente tabla.

Hay	Tener	Está
En mi ciudad **hay** muchos árboles.	Mi ciudad **tiene** parques muy bonitos.	El parque **está en** la Avenida 5 de mayo.
En mi ciudad **no hay** calles grandes.	Mi ciudad **tiene** muchos museos.	El Monumento a la Independencia **está cerca**.
En mi ciudad **hay** 13 líneas del metro.	Mi ciudad no **tiene** calles muy grandes.	El museo **está antes** del mercado.

Responde las siguientes preguntas:

1 ¿Qué diferencias observas en la estructura de las oraciones cuando usamos hay o el verbo tener?
2 ¿Qué palabras clave utilizamos para expresar la ubicación de ciertos lugares?

◆ Oportunidades de evaluación

◆ En esta actividad practicarás habilidades del aspecto ii del Criterio B Comprensión de lectura: Analizar convenciones.

ACTIVIDAD: La cultura ciudadana de Medellín

Enfoques del aprendizaje

- Habilidad de comunicación: Escuchan con actitud crítica y para comprender

Mira el vídeo en el siguiente enlace:
https://youtu.be/SxGtptiHoHc

Escribe oraciones acerca de Medellín, sus lugares, sus servicios y su cultura ciudadana. Compara Medellín con tu ciudad.

Utiliza las siguientes palabras:
- **Sistema integrado de transporte**
- **Montañas**
- **Un sistema de metro**
- **Metrocables**
- **Tranvía**
- **Orden**
- **Cultura ciudadana**

◆ Oportunidades de evaluación

- En esta actividad practicarás habilidades de los aspecto i y iii del Criterio A Comprensión auditiva: Demostrar la comprensión de información oral explícita e implícita (datos, opiniones, mensajes y detalles) y analizar conexiones.

ACTIVIDAD: Consejo de la BIE

Enfoques del aprendizaje

- Habilidad de comunicación: Leen con actitud crítica y para comprender
- Habilidades de colaboración: Logran consensos. Escuchan con atención otras perspectivas e ideas

Intercambia el correo que escribiste en la actividad "La sede de la Exposición Internacional en 2023" con uno de tus compañeros.

Lee el correo electrónico y utiliza los siguientes criterios para **evaluar** la propuesta de tu compañero. Considera la precisión con la que **explicó** cada uno de los criterios.

Criterios	1	2	3	4	5	Notas
La ciudad tiene suficientes atractivos culturales						
La ciudad es un ejemplo de cooperación social						
La carta incluye una justificación ejemplar						
La candidatura enfatiza aspectos históricos, económicos y de seguridad						
La propuesta incluye ideas originales						
La ciudad tiene aspectos interesantes que ofrecer						

5 = excelente

Después toma turnos para dar retroalimentación a tu compañero acerca de correo.

Escucha la retroalimentación de tu compañero y haz preguntas sobre sus ideas.

◆ Oportunidades de evaluación

- En esta actividad practicarás habilidades del aspecto i del Criterio B Comprensión de lectura: Demostrar la comprensión de información oral explícita e implícita (datos, opiniones, mensajes y detalles) y del aspecto iv del Criterio C Expresión oral: Comunicar la información requerida con claridad y eficacia.

Lee el siguiente texto y presta atención a la manera en que se utilizaron diferentes tipos de lenguaje para expresar diferentes **significados**.

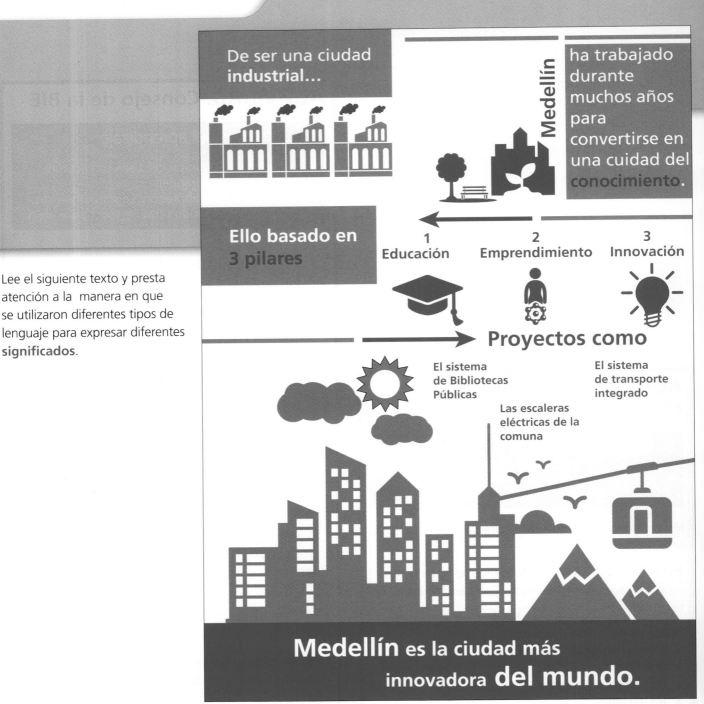

De ser una ciudad **industrial**...

Medellín ha trabajado durante muchos años para convertirse en una cuidad del **conocimiento**.

Ello basado en 3 pilares

1 Educación   **2** Emprendimiento   **3** Innovación

Proyectos como

El sistema de Bibliotecas Públicas

Las escaleras eléctricas de la comuna

El sistema de transporte integrado

Medellín es la ciudad más innovadora **del mundo.**

OBSERVA–ESCRIBE–CONNECTA–COMPARTE

Medellín, Colombia, fue nombrada la ciudad más innovadora del mundo en 2013. ¿Sabes por qué?

Presta atención al texto anterior y escribe diez ideas acerca de Medellín.

Considera las ideas que viste en el vídeo sobre Medellín en la página 47 y escribe oraciones **indicando** conexiones entre este texto y el vídeo. Después comparte tus ideas con tus compañeros.

PUNTO DE INDAGACIÓN

1 ¿Qué **significado** tienen los colores que el autor utilizó en esta infografía?
2 ¿Qué conexión existe entre las palabras y los colores?
3 ¿Cómo conecta las ideas del autor del texto?

ACTIVIDAD: ¿Cómo podemos ser buenos ciudadanos?

■ Enfoques del aprendizaje

■ Habilidad de comunicación: Estructuran la información utilizando diferentes tipos de oraciones para utilizar la lengua en contexto

Considera las siguientes ideas y responde esta pregunta: ¿Qué tan importantes son las siguientes prácticas para ser buen ciudadano?

- **Cuidar el medio ambiente**
- **Cultivar valores cívicos**
- **Respetar las creencias**
- **Defender los derechos humanos**
- **Proteger animales**
- **Rechazar la violencia**
- **Cumplir nuestras obligaciones**
- **Valorar a los demás**

Escribe tu opinión en oraciones como estas:

Pienso que respetar las creencias de los demás es importante porque tenemos que compartir los espacios en la ciudad.

◆ Oportunidades de evaluación

◆ En esta actividad practicarás habilidades de los aspectos i y iv del Criterio C Expresión oral: Usar una amplia variedad de vocabulario y comunicar la información requerida con claridad y eficacia.

VOCABULARIO SUGERIDO

Estudia el **significado** de las siguientes palabras.

vínculo	normas	recursos
ciudadano	modales	ambiente
pertenencia	transparencia	contribuir
autoridades	identificar	aportar
cumplir	respeto	
leyes	cuidar	

ACTIVIDAD: Ciudadanía

■ Enfoques del aprendizaje

■ Habilidad de comunicación: Escuchan con actitud crítica y para comprender

Mira el vídeo en el siguiente enlace:
https://youtu.be/WdUTro1AMes

Responde las siguientes preguntas.

1 ¿Qué es *ciudadanía*? Escribe la definición del vídeo.
2 Menciona tres características de un ciudadano responsable.
3 Menciona un ejemplo de las situaciones en las que debemos demostrar los siguientes valores. Puedes escribir tus oraciones de esta manera: Demostramos nuestros derechos en las elecciones.
   a nuestros derechos
   b nuestras responsabilidades
   c una ciudadanía responsable
   d voluntad

◆ Oportunidades de evaluación

◆ En esta actividad practicarás habilidades de los aspecto i y iii del Criterio A Comprensión auditiva: Demostrar la comprensión de información oral explícita e implícita (datos, opiniones, mensajes y detalles) y analizar conexiones.

Lee el siguiente texto.

Presta atención a la manera en que se utiliza el lenguaje para describir la actitud de una ciudad.

---

www.elmundoesmio.wordpress.com

Un ejemplo de ciudadanía responsable

1   Este verano quiero compartir ideas geniales que observo mientras estoy en Bélgica. Como ya saben, me gusta mucho la música y estoy utilizando mis ahorros de este año para asistir a todos los festivales de música posibles en este pequeño país europeo que funciona de una manera muy diferente.

2   Esta entrada es acerca de "Cactus Festival", un festival de música no tan grande como Werchtir, pero lo especial de este evento es que el gobierno local lo organiza para toda la familia. Además de presentar cantantes y músicos de moda de todas partes del mundo, este festival también es original por las actividades de ayuda social que promueve.

3   Una de las actividades más exitosas en "Cactus Festival" es la recolección de vasos de plástico y latas de aluminio que realizan los niños. El gobierno de la ciudad designa cierto presupuesto para crear un incentivo para mantener los espacios públicos en condiciones ideales y, en este evento en particular, los niños reciben 50 centavos euro por cada decena de vasos y latas que recolectan.

4   Pienso que esta es una iniciativa excelente porque al principio del festival, los niños pueden disfrutar la música de sus artistas favoritos, y después pueden pasar tantas horas como quieran recogiendo latas y vasos. Los niños que ven en la foto ganaron alrededor de 250 euros en un sólo día.

5   En mi opinión, estas iniciativas son muy buenas porque ayudan a las familias a pasar tiempo juntos, y también dan a los niños la oportunidad de trabajar en un espacio seguro porque el parque donde sucede el festival está cercado y protegido. Además esta experiencia enseña a los niños el valor del trabajo y la importancia de mantener los espacios limpios.

6   ¿Acaso no les parece una idea excelente?

Compartan su opinión en los comentarios, por favor.

Tomás Santobin:

7   Estoy de acuerdo contigo. Opino que los gobiernos municipales deberían organizar más iniciativas como esta para promover la visión cívica de sus ciudades.

Lisa D:

8   A mí me gustaría ver este tipo de iniciativas en mi ciudad, porque en muchas ocasiones pienso que el gobierno no considera oportunidades para integrar iniciativas y así elevar el espíritu de la ciudad.

Raúl VL:

9   ¡Me encanta este festival! Soy un estudiante IB y creo que esta es una buena idea para hacer servicio a la comunidad.

El texto en la página 50 es una entrada de blog. El **propósito** del texto es **informar** a los lectores acerca de una iniciativa en un festival de música.

Si escribes una entrada de blog, considera las ideas siguientes:

1   Contextualiza a tus lectores. En el párrafo 1 el autor describe qué hace y dónde está.

2   En el párrafo 2, el autor menciona el tema de la entrada y algunas características del festival, el cual es el tema central del texto.

3   En el párrafo 3, el autor describe la iniciativa que observa, y el impacto que esta tiene.

4   En el párrafo 4, el autor comparte una historia de este festival e indica una conexión con la imagen.

5   En el párrafo 5, el autor comparte su opinión acerca de este tipo de iniciativa.

6   En el párrafo 6, el autor invita a sus lectores a comentar.

ACTIVIDAD: La iniciativa de un festival de música

■ Enfoques del aprendizaje

■ Habilidad de comunicación: Leen con actitud crítica y para comprender

1   **¿Dónde está el escritor de este texto?**
2   **¿Qué hace el escritor de este texto durante este verano?**
3   **¿Cuál iniciativa le gusta al autor?**
4   **¿Cuánto dinero ganaron los niños de la foto?**
5   **¿Qué opinas de este tipo de iniciativas?**
6   **¿Piensas que esta iniciativa puede funcionar en tu ciudad? ¿Por qué o por qué no?**
7   **¿Cómo reaccionarían las familias de tu ciudad a una iniciativa como esta?**

◆ Oportunidades de evaluación

◆ En esta actividad practicarás habilidades de los aspectos i y iii del Criterio B Comprensión de lectura: Demostrar la comprensión de información explícita e implícita (datos, opiniones, mensajes y detalles) y analizar conexiones.

ACTIVIDAD: Mensaje para el director de servicio a la comunidad

■ Enfoques del aprendizaje

■ Habilidad de comunicación: Escriben con diferentes propósitos

El gobierno de tu ciudad organiza muchos conciertos gratis en verano. Después de los conciertos hay mucha basura.

Escribe un correo al director de servicio a la comunidad de tu escuela y expresa tu interés por **organizar** campañas de limpieza de los espacios donde suceden los conciertos, como se describe en el artículo anterior.

Utiliza ideas del artículo para **explicar** la manera en que esta actividad ayuda a demonstrar diferentes atributos del perfil de la comunidad de aprendizaje.

◆ Oportunidades de evaluación

◆ En esta actividad practicarás habilidades de todos los aspectos del Criterio D Expresión escrita: Usar una amplia variedad de vocabulario, usar una amplia variedad de estructuras gramaticales correctamente, organizar información por escrito y comunicar información teniendo en cuenta el destinatario y el propósito.

ALGUNAS TAREAS SUMATIVAS PARA EVALUAR ESTE CAPÍTULO

Considera las siguientes actividades para poner en práctica lo que has aprendido en este capítulo.

Lee el siguiente texto sobre Montevideo.

● ● ●

← → C | www.porsiempreuruguay.net | ≡

| **Inicio** | Cultura | Qué conocer | Rutas del autobús turístico | Agenda y cartelera | Blog |

Montevideo, en pocas palabras

1   Construcciones patrimoniales con mucha historia y cultura por todos lados son parte de la experiencia de visitar Montevideo, la capital de Uruguay.

2   Caminar por Montevideo permite ver los lugares más representativos de la capital, y también conocer a los uruguayos, quienes al escuchar acentos diferentes rápidamente se acercan para contar historias locales y para hablar de su ciudad con mucho orgullo.

3   Los uruguayos son personas alegres, amigables y serviciales, y en cuestión de segundos pueden convertirse en guía de turistas. A los turistas que visitan la ciudad les gusta comenzar su viaje por la ciudad vieja para entender el desarrollo de Montevideo, y porque en esta parte también hay edificios antiguos muy importantes para la historia del país. Sin embargo, por toda la ciudad es posible observar increíbles tipos de arquitectura como el Teatro Solís y la Sede Presidencial antigua.

4   Montevideo es una ciudad tranquila en comparación con otras ciudades de Latinoamérica. La población de Montevideo es mucho más pequeña que la de Buenos Aires, Bogotá o la Ciudad de México. También, ir de un lugar a otro no es difícil en la capital uruguaya, porque el tráfico no es un problema; así que es muy fácil visitar varios lugares de interés en poco tiempo.

5   Tomar fotografías en Montevideo puede ser muy similar a fabricar tarjetas postales pues es una ciudad fotogénica que tiene muy fácil acceso a playas como Punta del Diablo y Punta del Este. Además es genial explorar lugares como Cabo Polonio; para caminar tranquilamente en Colonia del Sacramento; o para disfrutar de la hospitalidad uruguaya en Casa Pueblo, uno de los hoteles más originales de Latinoamérica.

6   Por lo tanto, visitar Montevideo es tener la oportunidad de conocer una ciudad llena de energía, inolvidable y digna de ser una de tus favoritas.

ACTIVIDAD: Montevideo, en pocas palabras

Responde las siguientes preguntas acerca del texto sobre Montevideo en la página anterior.

1 Según el texto ¿cómo son los uruguayos?
2 Explica, ¿por qué los uruguayos se convierten en guías de turistas?
3 ¿Qué ventajas tiene Montevideo sobre ciudades como Bogotá y la Ciudad de México?
4 El texto menciona: "[Montevideo] es una ciudad fotogénica." ¿Por qué?
5 ¿Cuántas playas se mencionan en el texto? ¿Cuáles?
6 Observa la estructura y presentación del texto. ¿Qué tipo de texto es? Menciona tres características de este tipo de texto.
7 La palabra "inicio" está seleccionada. ¿Qué relación tiene con el texto?
8 ¿Qué representan las palabras a la derecha de "inicio"?
9 Selecciona dos fotos y describe qué aspectos de Montevideo puedes observar.
10 ¿Te gustaría ir a Montevideo? ¿Por qué o por qué no?
11 ¿Cómo es diferente Montevideo de tu ciudad? Explica.
12 ¿Qué existe en tu ciudad que no se menciona en el texto sobre Montevideo?
13 ¿Consideras que Montevideo es un buen destino turístico? ¿Por qué o por qué no?

Oportunidades de evaluación

◆ En esta actividad practicarás habilidades de todos los aspectos del Criterio B Comprensión de lectura.

ACTIVIDAD: Las Calles de Guanajuato

Mira el vídeo en el siguiente enlace: **https://youtu.be/uy6bznfAG6w** y después contesta las preguntas.

1 ¿Cómo se llaman los narradores del vídeo?
2 Este vídeo es parte de una serie. ¿Cómo se llama la serie?
3 ¿Dónde comienzan su visita los chicos?
4 ¿Qué recibieron los chicos en el kiosco de información turística?
5 Según el chico, callejonear (caminar por los callejones) es …
6 Menciona cinco lugares diferentes que los chicos visitaron.
7. Este texto es:
   a un vídeo de promoción turística
   b un vlog
   c un documental
8 Menciona dos ejemplos de recursos del lenguaje o creativos que los autores utilizaron para comunicar su mensaje en este vídeo.
9 El **propósito** de este vídeo es:
   a persuadir
   b entretener
   c motivar
10 ¿Qué tan similar o diferente es Guanajuato a tu ciudad?
11 ¿Te gustaría visitar Guanajuato con tus amigos o con tu familia? ¿Por qué o por qué no?

ACTIVIDAD: Tu escuela, tu hogar

¿De qué aspectos de tu escuela estás orgulloso?

¿Recuerdas el vídeo "Mi escuela, mi orgullo" (**http://tinyurl.com/mixkul7**)? Escribe el texto que utilizarías en un vídeo similar. Menciona los aspectos de tu escuela que te gustan más, las cosas de las que estás orgulloso, lo que te gusta hacer en la escuela y por qué tu escuela es especial.

Escribe entre 100 y 150 palabras.

ACTIVIDAD: Visita el Bosque de Chapultepec

■ Enfoques del aprendizaje

■ Habilidad de comunicación: Escriben con diferentes propósitos

Utiliza el texto acerca del Bosque de Chapultepec.

Imagina que tienes un blog informativo para ayudar a las personas que visitan la Ciudad de México.

Escribe una entrada de blog acerca del Bosque de Chapultepec. **Describe** qué hay en el bosque, menciona qué actividades se pueden hacer y **explica** a las personas cómo pueden llegar.

Recomienda visitar el Castillo de Chapultepec. Menciona detalles importantes para motivar a las personas a este lugar.

Explica las reglas del bosque a tus lectores.

El **propósito** de tu texto es **informar**.

Escribe entre 100 y 150 palabras.

◆ Oportunidades de evaluación

◆ En esta actividad practicarás habilidades de todos los aspectos del Criterio D Expresión escrita.

EXTENSIÓN

Escucha el episodio número 2 del autor del libro en este enlace:

https://tinyurl.com/ychdz3yw

Bosque de Chapultepec

Hay	Está prohibido	Es obligatorio
• un lago	X tirar basura	☑ respetar las flores y los árboles
• un zoológico	X pisar el césped	
• un castillo	X hacer grafitis	☑ recoger los excrementos de los perros
• jardines botánicos	X ir en bicicleta a alta velocidad	
• esculturas		☑ respetar el mobiliario urbano
• circuitos para practicar ciclismo	X ir en bicicleta fuera de los caminos señalizados	
• fuentes	X nadar en el lago	☑ usar los contenedores de reciclaje
• juegos infantiles	X escribir nombres en los árboles	
• restaurantes		☑ pasear con las mascotas atadas
• baños		

Para llegar al Bosque de Chapultepec puedes tomar la línea 1 del metro y bajar en la estación Chapultepec, entre las estaciones Sevilla o Juanacatlán, dependiendo de la dirección.
El bosque se localiza en la avenida Reforma, en la delegación Miguel Hidalgo.

No olvides visitar el majestuoso Castillo de Chapultepec. Mira este vídeo: https://youtu.be/gIJvOfNpK_c

ACTIVIDAD: San Miguel de Allende

■ Enfoques del aprendizaje

■ Habilidad de comunicación: Utilizan una variedad de técnicas de expresión oral para comunicarse con diversos destinatarios

Tarea en formato de la evaluación interna (producción oral)

Imagina que vives en San Miguel de Allende, en México.

Mira el vídeo en este enlace **https://youtu.be/hTxGRbJJPQ4** y considera las siguientes imágenes.

Prepara una presentación para tu profesor. El **propósito** de tu presentación es **informar** a tu profesor acerca de los diferentes tipos de lugares que hay en San Miguel de Allende, y las cosas que puedes ver en las calles.

Utiliza vocabulario relacionado con los lugares en la ciudad, preposiciones y adjetivos para **describir** lugares.

Tienes 10 minutos para planificar tu presentación.

Tu presentación debe durar entre 1 y 2 minutos.

Después tienes que participar en una interacción con tu profesor durante 2 minutos.

◆ Oportunidades de evaluación

◆ En esta actividad practicarás habilidades de todos los aspectos del Criterio C Expresión oral.

Reflexión

En este capítulo exploramos las cosas y experiencias que nos rodean tanto en la escuela como en nuestra ciudad. Nuestra capacidad de observación determina la manera en que aprovechamos las oportunidades de nuestro contexto local para aprender, actuar y crecer como seres sociales.

Reflexionemos sobre nuestro aprendizaje … Usa esta tabla para reflexionar sobre tu aprendizaje personal en este capítulo.					
Preguntas que hicimos	**Respuestas que encontramos**	**Preguntas que podemos generar ahora**			
Fácticas: ¿Qué actividades son comunes en tu ciudad? ¿Qué actividades son comunes en tu escuela? ¿Cuáles preguntas son útiles para orientarnos en un lugar? ¿Qué palabras nos ayudan a expresar la ubicación en un lugar?					
Conceptuales: ¿De qué manera utilizamos la lengua para expresar las conexiones entre el tiempo y el espacio? ¿De qué manera influye nuestra cultura en la comprensión de direcciones y ubicaciones? ¿De qué manera utilizamos el lenguaje para describir espacios y actitudes en la ciudad?					
Debatibles: ¿Qué tan diferentes son las escuelas en el mundo hispanohablante? ¿De qué manera nos orientamos y comprendemos una ciudad?					
Enfoques de aprendizaje en este capítulo:	**Descripción: ¿qué destrezas nuevas adquiriste?**	**¿Qué tan bien has consolidado estas destrezas?**			
		Novato	En proceso de aprendizaje	Practicante	Experto
Habilidades de comunicación					
Habilidades de colaboración					
Habilidades de gestión de la información					
Habilidades de pensamiento crítico					
Habilidades de pensamiento creativo					
Habilidades de transferencia					
Atributos de la comunidad de aprendizaje	Reflexiona sobre la importancia de ser un buen comunicador en este capítulo. ¿Cómo demostraste tus habilidades como buen comunicador en este capítulo?				
Buen comunicador					

¿Por qué celebramos festivales y conmemoramos fechas importantes?

○ El idioma, los festivales y los rituales **reflejan** la **esencia** de diferentes **culturas**.

■ Celebramos para vivir y mantener los valores con vida

EN ESTE CAPÍTULO VAMOS A INVESTIGAR LAS SIGUIENTES PREGUNTAS:

Fácticas: ¿Cuáles son tus festivales favoritos en tu país? ¿Qué estructuras y vocabulario utilizamos para hablar de diferentes festivales y rituales? ¿Qué te gusta celebrar? ¿Cuáles celebraciones o festivales son representativos de los países hispanohablantes?

Conceptuales: ¿De qué manera las celebraciones y rituales muestran las tradiciones y cultura de un país? ¿Qué relación existe entre la comida y las tradiciones? ¿Cómo deciden las instituciones la importancia de las fechas que deciden recordar y celebrar?

Debatibles: ¿Desaparecerá el significado real de los festivales debido a la globalización? ¿Qué comportamientos o actitudes pueden resultar ofensivos en ciertos rituales? ¿Hasta qué punto respetamos las celebraciones de culturas diferentes?

○ EN ESTE CAPÍTULO VAMOS A:

■ **Descubrir:**
  ■ diferentes formas de celebrar
  ■ las razones por las que algunas sociedades festejan sus celebraciones tradicionales.

■ **Explorar:**
  ■ la relación entre la identidad de una sociedad y sus celebraciones
  ■ celebraciones de tipo histórico, religioso, cultural y social.

■ **Actuar y:**
  ■ reflexionar sobre el grado de apreciación y respeto que mostramos hacia diferentes culturas
  ■ evaluar la disposición y apertura que mostramos ante los valores de diferentes culturas y sus celebraciones.

Las siguientes habilidades de los enfoques del aprendizaje serán útiles:

- Habilidades de comunicación
- Habilidades de gestión de la información
- Habilidades de alfabetización mediática
- Habilidades de pensamiento crítico
- Habilidades de pensamiento creativo
- Habilidades de transferencia

◆ Oportunidades de evaluación en este capítulo:

- **Criterio A:** Comprensión auditiva
- **Criterio B:** Comprensión de lectura
- **Criterio C:** Expresión oral
- **Criterio D:** Expresión escrita

● Reflexiona sobre el siguiente atributo de la comunidad de aprendizaje:

- **Mente abierta:** desarrollamos una apreciación crítica mostrando capacidades de evaluación de aspectos de las culturas, así como de la manera en que cada sociedad manifiesta su creatividad.

Contenido esencial

Los contenidos temáticos que se abordarán en este capítulo pertenecen a las fases 1 y 2 del continuo de aprendizaje y son:

- Las celebraciones y las tradiciones
- Los días especiales y los festivales
- La comida en ocasiones especiales
- Las conexiones culturales e interculturales
- La cultura y la identidad
- Los actos sociales y religiosos
- El presente de indicativo
- Construcciones con "poder", "querer", "deber" + infinitivo

VOCABULARIO SUGERIDO

Vocabulario sugerido para mejorar la experiencia de aprendizaje. **Discute** el **significado** de las siguientes palabras y **úsalas** en las actividades en este capítulo.

Sustantivos	Adjetivos	Verbos
bailes	aburrido	bailar
canción	agradable	beber
celebración	alegre	caminar
ciudad	atractivo	cantar
comida	bonito	celebrar
costumbre	colorido	cocinar
estatuas	conmovedor	comer
familiares	divertido	comprar
festival	emocionante	convivir
fiesta	emotivo	decorar
flores	feliz	dibujar
iglesia	histórico	festejar
imágenes	impresionante	invitar
juegos	interesante	marchar
leyenda	natural	montar
máscaras	ocupado	orar
música	original	organizar
país	raro	pintar
pueblo	religioso	planear
religión	romántico	recordar
ritual	sentimental	usar
ropa	sorprendente	vender
tradición	tradicional	visitar
vecinos		

¿Qué te gusta celebrar?

PUNTO DE INDAGACIÓN

1 ¿Qué palabras son necesarias para hablar de festivales y celebraciones?
2 ¿Qué preguntas son importantes para intercambiar información acerca de festivales y celebraciones?

Sugerencia

¿Cuándo utilizamos "el" o "la"?

¿Cuándo no es necesario utilizar ni "el" ni "la"?

Celebrar momentos importantes es parte de la cultura de todos los países. De igual forma, cada uno de nosotros tiene una forma particular de celebrar todo lo que consideramos importante. ¿Por qué y para qué celebramos? ¿Para compartir nuestra alegría? ¿Para tener una excusa de pasar tiempo de calidad con las personas que estimamos? ¿Por simple placer? Existen muchas razones por las que las personas celebran; algunas son religiosas, algunas otras tienen connotación social y otras son parte del legado histórico de diferentes grupos sociales.

En este capítulo vas a aprender vocabulario y estructuras para expresar lo que te gusta celebrar; también, vas a tener la oportunidad de reflexionar sobre el significado de los rituales y festividades en tu país, a medida que los comparas con las de los países hispanohablantes.

Sugerencia

¿Cuál es la regla básica general para transformar sustantivos de singular a plural en español?

Recuerda que existen excepciones.

ACTIVIDAD: ¿Masculino o femenino?

Observa las palabras que tienen "el" o "la". Presta atención a las terminaciones. Considera tu conclusión y completa los blancos con "el" o "la".

1	el baile	9	… familiar	17	… música
2	la canción	10	el festival	18	… país
3	… café	11	… fiesta	19	… pan
4	… casa	12	… iglesia	20	… pueblo
5	… celebración	13	… juego	21	… ritual
6	… ciudad	14	… leyenda	22	… ropa
7	la comida	15	… máscara	23	… tradición
8	… estatua	16	… mesa	24	… vecino

◆ Oportunidades de evaluación

◆ En esta actividad practicarás habilidades del aspecto i del Criterio D Expresión escrita: Usar una amplia variedad de vocabulario.

ACTIVIDAD: Singulares y plurales

Observa la transformación de singular a plural de las siguientes palabras. Considera tu conclusión y completa los blancos con "s" o "es" al final de las palabras.

1	bailes	9	festivales	17	país…
2	canciones	10	fiesta…	18	pan…
3	casas	11	iglesia…	19	pueblo…
4	celebración…	12	juegos	20	ritual…
5	ciudad…	13	juguetes	21	tradición…
6	comida…	14	leyenda…	22	vecino…
7	estatua…	15	máscara…		
8	familiar…	16	mesa…		

◆ Oportunidades de evaluación

◆ En esta actividad practicarás habilidades del aspecto i del Criterio D Expresión escrita: Usar una amplia variedad de vocabulario.

ACTIVIDAD: ¿Qué te gusta hacer en las fiestas?

Observa las siguientes imágenes. **Usa** el vocabulario de la página 59 para escribir oraciones. Combina los verbos y los sustantivos. Escribe sobre ti. Escribe los sustantivos en plural. Observa el ejemplo.

1

Me gusta utilizar máscaras.

2

3

4

5

6

7

◆ ## Oportunidades de evaluación

◆ En esta actividad practicarás habilidades de los aspectos i y ii del Criterio D Expresión escrita: Usar una amplia variedad de vocabulario y usar una amplia variedad de estructuras gramaticales correctamente.

Raoul & María José

1950

50 Aniversario

2000

Tienen el placer de invitarle a usted y su apreciable familia a celebrar su aniversario dorado.
Sábado 31 de octubre, 2000.
Salón Lapislázuli.
18:00 – 24:00

Invita a:
directivos, entrenadores, trabajadores administrativos y de apoyo, estudiantes, socios y familias en general, a celebrar la victoria en

CLUB LIBERTADORES

Torneo de Clausura

19 de diciembre de 2020.
17:00–22:00
Salón de usos múltiples
Escuela Internacional El Pedregal

Favor de confirmar su asistencia.
Teléfono 333 456 2198

Presta atención a la información y a las convenciones de estas invitaciones.

1 ¿Qué información encontramos en cada documento?

2 ¿A qué evento se refiere cada documento?

3 ¿Qué nos informa que la audiencia es diferente?

4 ¿Tienen el mismo **propósito**?

5 ¿Qué necesitas incluir en una invitación?

6 ¿Por qué el autor incluyó diferentes imágenes vectoriales y diferentes tipos de fuentes?

ACTIVIDAD: Invitaciones

Considera tres celebraciones que te gusta festejar, por ejemplo, tu cumpleaños. Escribe una invitación para cada una de ellas. En cada invitación, **indica** qué celebras o festejas, qué estás preparando, la fecha, la hora y el lugar de la cita. Escribe 50 palabras en cada pieza.

ACTIVIDAD: Encuentra a alguien que …

Haz preguntas con las siguientes ideas y encuentra personas en tu clase con esas experiencias. Observa el ejemplo:

¿**Te** gusta celebrar tu cumpleaños con **tu** familia?

Experiencia	Nombre de tu compañero
Celebrar cumpleaños con la familia.	Pablo
Regalar presentes caros.	
Escribir notas de felicitaciones.	
Enviar tarjetas en navidad y año nuevo.	
Organizar fiestas de cumpleaños para amigos.	
Ser el DJ en las fiestas.	
Organizar juegos en las fiestas.	

Utiliza la información en la tabla para escribir oraciones sobre tus compañeros. Observa el ejemplo:

A Pablo le gusta celebrar **su** cumpleaños con **su** familia.

ACTIVIDAD: Estadísticas sobre celebraciones

Realiza las siguientes preguntas a tus compañeros. Pregunta a cinco compañeros y escribe sus respuestas. Los números representan las personas a quienes debes preguntar. Observa el ejemplo:

A **¿Dónde te gusta celebrar tu cumpleaños?**
B **Me gusta celebrar mi cumpleaños en un restaurante.**

Lee, **analiza** y **resume** los resultados. Escribe oraciones en las que sintetices las respuestas de tus compañeros. Observa el ejemplo:

A cinco personas les gusta organizar fiestas en restaurantes.

Preguntas	1	2	3	4	5
¿Dónde te gusta celebrar tu cumpleaños?	En un restaurante				
¿Con quiénes te gusta celebrar momentos especiales?					
¿Cuánto dinero te gusta gastar en tus fiestas?					
¿Qué prefieres: tomar fotos o hacer vídeos en tus fiestas?					
¿Qué tipo de fiestas te gusta tener u organizar?					
¿Qué te gusta comer y beber en tus fiestas?					
¿Qué prefieres: viajar durante tu cumpleaños o tener una fiesta?					

▼ Nexos con: Matemáticas

Presupuesto para una fiesta

■ Enfoques del aprendizaje

- Habilidades de transferencia: Cambian el contexto de una indagación para obtener perspectivas diferentes. Comparan la comprensión conceptual en distintas disciplinas y grupos de asignaturas
- Habilidad de gestión de la información: Obtienen y analizan datos para identificar soluciones y tomar decisiones fundadas

Visita un supermercado o varias tiendas e investiga el precio de los siguientes productos o servicios. El objetivo es generar el presupuesto que necesitas para organizar una fiesta con tus amigos.

Escribe un informe sobre el costo que tendría tu fiesta. Menciona qué tipo de fiesta quieres organizar. Justifica tus ideas cuando sea necesario. Escribe entre 100 y 150 palabras.

Esto es lo que necesitas considerar:

- Bebidas (especifica cuáles)
- Vasos desechables
- Platos desechables
- Servilletas
- Bocadillos (especifica cuáles)
- Comida (especifica qué)
- Alquiler de mesas
- Alquiler de sillas
- Alquiler de equipo de sonido
- Servicio de camareros
- Alquiler de un lugar para la fiesta
- Otros costos (especifica)

◆ Oportunidades de evaluación

- En esta actividad practicarás habilidades de todos los aspectos del Criterio D Expresión escrita: Usar una amplia variedad de vocabulario, usar una amplia variedad de estructuras gramaticales correctamente, organizar información por escrito y comunicar información teniendo en cuenta el destinatario y el propósito.

PIENSA–COMPARA–COMPARTE

Responde las siguientes preguntas y después comparte tus ideas con tus compañeros.

1 ¿Qué te gusta celebrar con tus amigos?
2 ¿Qué te gusta celebrar con tu familia?
3 ¿Cuáles son algunos festivales en tu país y en el mundo que te gustan? ¿Por qué?
4 ¿Qué aspectos de algunos festivales no te gustan? Por ejemplo, ruido.
5 ¿Te gusta celebrar festivales en tu escuela? ¿Por qué?

VOCABULARIO SUGERIDO

Puedes utilizar palabras y frases como las siguientes para escribir tu informe en la actividad "Presupuesto para una fiesta".

Para decorar el salón necesito...
Una botella de agua cuesta...
Los platos desechables son más caros en [nombre de la tienda] que en [nombre de la tienda], entonces...
En total voy a gastar...

GRAMÁTICA

Estudia las conjugaciones de los verbos en presente. Utiliza este enlace:
https://youtu.be/rHSQdncaEr0

Lee el siguiente texto acerca de una expresión cultural en Latinoamérica.

El Día del Niño en Latinoamérica

1 Muchos países tienen tradiciones diferentes, pero muchos países también tienen tradiciones y celebraciones similares. En muchos lugares del mundo se celebra el día del Maestro, el Día de las Madres, el Día de Gracias, la Navidad, el Día del Estudiante, el Día de la Mujer y el Día del Niño.

2 En Chile y Argentina el Día del Niño se celebra el segundo domingo de agosto; en México se celebra el 30 de abril; en Bolivia se celebra el 12 de abril; en Cuba se celebra el tercer domingo de julio, en Paraguay se celebra el 16 de agosto y en España se celebra el segundo domingo de mayo.

3 En 1959, la Asamblea General de la Organización de las Naciones Unidas (ONU), propuso la Declaración de los Derechos del Niño y desde ese año muchos gobiernos toman la oportunidad para celebrar a los niños y para crear conciencia de la situación de los niños en el mundo. Sin embargo, a muchas personas no les gusta el Día del Niño porque consideran que es un día muy comercial y que ya no es original y genuino.

4 Los padres de familia que no están de acuerdo con el Día del Niño aclaran que debido al efecto de la televisión y los medios de comunicación, muchos niños tienen expectativas muy grandes para este día y quieren que sus padres organicen fiestas o esperan regalos muy caros. Claramente, la influencia que los medios de comunicación tienen sobre el significado real de las tradiciones o festividades es muy grande y en ocasiones crea conflictos.

ACTIVIDAD: El Día del Niño

Después de leer el artículo sobre el Día del Niño en la página anterior, responde las siguientes preguntas.

1 ¿Cuándo se propuso la celebración del Día del Niño?
2 ¿Qué evento motivó a la Asamblea General de la ONU a proponer esta celebración?
3 Según el texto, ¿cuántos países celebran el Día del Niño en agosto?
4 ¿Por qué a muchos padres de familia no les gusta el Día del Niño?
5 Según el texto, ¿qué influye en el significado de las tradiciones y las festividades?
6 ¿Qué información del texto observas en las fotos? Menciona dos ejemplos.
7 ¿Por qué organizó el autor el texto y las imágenes de esta manera?
8 ¿En qué tipo de revista es posible ver este tipo de textos? Selecciona uno y justifica tu respuesta.
  a revista científica
  b revista para estudiantes de lengua
  c revista de música
9 En tu opinión, ¿qué valores se deben promover en las escuelas respecto al Día del Niño? Explica.
10 ¿Qué piensas acerca de la opinión de los padres a quienes no les gusta el Día del Niño? Explica.
11 ¿Qué otras festividades tienen reputación similar a los aspectos comerciales del Día del Niño? Menciona dos ejemplos y explica.

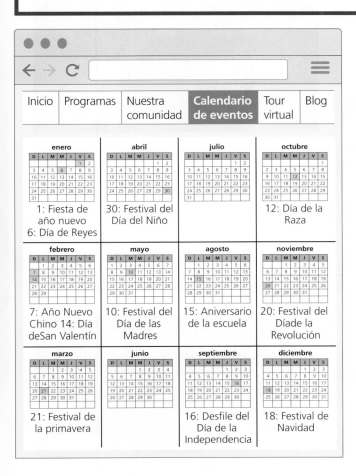

ACTIVIDAD: El Calendario de la Escuela

Lee el calendario de eventos de una escuela a la izquierda.

Escribe un correo electrónico a Mauricio, un estudiante nuevo en tu escuela. **Informa** a Mauricio sobre las celebraciones en tu escuela. Menciona algunos de los festivales que se celebran y las actividades que les gusta hacer a los profesores y estudiantes en algunas fechas específicas.

Escribe entre 100 y 150 palabras.

¿Cuáles celebraciones o festivales son representativos de los países hispanohablantes?

En ciertas ocasiones, los textos que leemos incluyen diferentes elementos en su diseño, pero tienen el mismo **propósito**. Lee los siguientes textos.

Inicio	Sobre Málaga	Qué ver y hacer	Alojamientos	Zona profesional

La Feria de Málaga

La Feria de Málaga celebra la llegada del Rey Fernando y de la Reina Isabel a las costas de Málaga el 19 de agosto de 1487. Desde este momento, la isla se convirtió en parte del Reino de Castilla. Los malagueños celebran durante nueve días en dos partes distintas de la ciudad. Todos los días al medio día, los amantes de la feria se reúnen en el Real para apreciar bailes de flamenco, para tomar parte en el desfile conocido como el paseo; en el cual cientos de carruajes participan. Durante la Feria de Málaga muchos músicos tocan música. Los grupos de músicos se llaman *panda*, y las canciones que tocan se llaman *verdiales*; los instrumentos que generalmente tocan son guitarras, panderos y platillos o címbalos.

Durante el día los asistentes pueden disfrutar música en vivo, bailes y canciones hasta las 6 p.m. La feria continúa por la noche y termina en la madrugada. Durante la noche, los asistentes se reúnen en casetas públicas y privadas para disfrutar de piezas de teatro, música, bailes y comida típica.

La noche de clausura de la feria termina con un concierto patrocinado por el Ayuntamiento de la ciudad, seguido de una impresionante muestra de fuegos pirotécnicos.

El Día de Simón Bolívar

Simón Bolívar, también conocido como El Libertador, tenía el sueño de ver una Latinoamérica unificada, pero desgraciadamente no logró alcanzar su sueño. Bolívar fue una pieza clave en la independencia de varios países de Sudamérica y, por esta razón, es considerado uno de los grandes héroes de las Américas.

En Venezuela, Ecuador, Bolivia y otros países del sur del Continente Americano, se celebra el Día de Simón Bolívar en el cumpleaños de esta importante figura histórica, el 24 de julio. En muchas ciudades, los gobiernos organizan desfiles y realizan discursos; también, muchas escuelas toman la ocasión para celebrar con los estudiantes. Generalmente, en muchas instituciones, en el Día de Simón Bolívar, los profesores y los alumnos recuerdan las contribuciones más importantes de Bolívar y aprovechan la oportunidad para reflexionar sobre la historia de sus países.

Existen monumentos en honor a Simón Bolívar en varias ciudades de Latinoamérica y el mundo, debido a su integridad como líder, a su patriotismo y a su carácter humano. Junto con Miguel Hidalgo en México, Bolívar es parte del grupo de liberadores de las Américas.

ACTIVIDAD: Analicemos dos textos

Enfoques del aprendizaje

- Habilidad de pensamiento crítico: Extraen conclusiones y realizar generalizaciones razonables

Responde las siguientes preguntas.

1 **¿Son los dos sitios web similares?**
2 **Menciona tres diferencias acerca de la manera en que cada sitio web organiza la información en secciones.**
3 **¿Son los receptores para estos textos los mismos?**
4 **¿Cómo se utilizaron los colores para organizar la información en cada texto?**
5 **¿Existe una relación entre los colores que se utilizaron y las fotos?**

◆ Oportunidades de evaluación

- En esta actividad practicarás habilidades del aspecto ii del Criterio B Comprensión de lectura: Analizar convenciones.

PUNTO DE INDAGACIÓN

¿Cuál es la diferencia entre festivales, celebraciones, festividades y tradiciones?

ACTIVIDAD: Inti Raymi

Enfoques del aprendizaje

- Habilidad de comunicación: Leen con actitud crítica y para comprender

1 **¿Cuándo se celebra Inti Raymi?**
2 **¿Qué se celebra en Inti Raymi?**
3 **¿Qué honra el Inti Raymi?**
4 **¿Dónde se celebra el festival más largo y conocido?**
5 **¿Qué pueden disfrutar las personas que visitan Cuzco?**

◆ Oportunidades de evaluación

- En esta actividad practicarás habilidades del aspecto i del Criterio B Comprensión de lectura: Demostrar la comprensión de información explícita e implícita (datos, opiniones, mensajes y detalles).

Inti Raymi

Inti Raymi o La Fiesta del Sol se celebra en Perú el 24 de junio para celebrar el solsticio de invierno del hemisferio sur. Varias comunidades de la zona andina, particularmente en Perú y Bolivia, realizan ceremonias para prolongar la presencia del sol y acortar las noches largas de invierno. El Inti Raymi es un festival de origen inca en el que los nativos honran al sol como fuente de luz, calor y vida, al principio de la temporada de siembra.

Inti Raymi proviene del quechua: *Inti* significa "sol" y *Raymi* significa "festival". El festival más largo y conocido toma lugar en Cuzco, Perú, la antigua capital del Imperio Inca. En el presente Inti Raymi es una de las atracciones turísticas de Cuzco. Los visitantes visitan la ciudad para disfrutar los espectáculos preparados por grupos de música y danza folklóricas, y para presenciar las procesiones incas, las cuales son el gran atractivo.

ACTIVIDAD: La Feria de Málaga, Inti Raymi y el Día de Simón Bolívar

■ Enfoques del aprendizaje

■ Habilidades de comunicación: Leen con actitud crítica y para comprender. Hacen deducciones y extraen conclusiones

Después de leer los textos sobre la Feria de Málaga, Inti Raymi y el Día de Simón Bolívar, en una tabla como la siguiente, **indica** con una cruz (×) a qué festividad se refiere cada uno de las ideas a la izquierda. Compara con tus compañeros.

Ideas	Feria de Málaga	Inti Raymi	Día de Simón Bolívar
1 Es una celebración religiosa.			
2 Es una celebración histórica.			
3 Es una celebración social.			
4 Hay desfiles.			
5 Hay una ceremonia.			
6 Las personas usan ropas tradicionales.			
7 Hay música.			
8 Los profesores y estudiantes celebran en sus escuelas.			
9 Es un atractivo turístico.			
10 Se celebra en varios países.			

◆ Oportunidades de evaluación

◆ En esta actividad practicarás habilidades del aspecto i del Criterio B Comprensión de lectura: Demostrar la comprensión de información explícita e implícita (datos, opiniones, mensajes y detalles).

PIENSA–COMPARA–COMPARTE

Después de leer los textos sobre la Feria de Málaga, Inti Raymi y el Día de Simón Bolívar en las páginas 66 a 67, responde las siguientes preguntas.

1 ¿Existen celebraciones similares a Inti Raymi en tu país? ¿Cuáles? ¿Cómo son similares?
2 ¿Existe un personaje histórico similar a Simón Bolívar en tu país? ¿Quién? ¿Cómo es similar a Bolívar?
3 ¿Existe una feria similar a la Feria de Málaga en tu país? ¿Cuál? ¿Cómo son similares?
4 ¿Cuáles son tus festivales favoritos en tu país?
5 ¿Cómo son las celebraciones y rituales muestras de las tradiciones y cultura de un país?

Comparte tus respuestas de forma oral con tus compañeros.

▼ Nexos con: Individuos y Sociedades: Historia

Muchos países de Latinoamérica celebran el día de su independencia en fechas similares o cercanas. Esto se debe a la cercanía del comienzo de sus movimientos de independencia.

¿Qué sucedía en Europa mientras los países en América se independizaban de España?

Investiga acerca de diferentes festivales en la **cultura** de los países hispanohablantes.

ACTIVIDAD: Celebraciones del Mundo Hispano

■ Enfoques del aprendizaje

- ■ Habilidad de gestión de la información: Acceden a la información para estar informados e informar a otros
- ■ Habilidad de gestión de alfabetización mediática: Localizan, organizan, analizan, evalúan, sintetizan y utilizan de manera ética información procedente de diversas fuentes y medios (incluidas las redes sociales y en línea)

Selecciona una de las siguientes celebraciones e investiga información relevante sobre ella. Toma notas.

Imagina que eres un bloguero que viaja por Latinoamérica y que escribe acerca de los diferentes festivales en las culturas que visita. Tu blog es muy popular entre los estudiantes internacionales que estudian español.

- Día de Reyes (España, Panamá)
- Las Fallas (España)
- Fiestas Patrias (Perú)
- Día de la Revolución (México)
- Día de la Hispanidad (España)

- Día de la Raza (Latinoamérica)
- La Fiesta de las Flores (Colombia)
- Festividad del Señor del Gran Poder (Bolivia)
- Carnaval de Guaranda (Ecuador)

Considera las ideas en la página 51 y escribe una entrada de blog acerca de la celebración que investigaste. Informa a tus lectores acerca de los puntos de investigación que se mencionan abajo.

a   Fecha en que se celebra
b   Rituales, prácticas, actividades que suceden
c   Comidas típicas
d   Colores característicos
e   Ropa que usa la gente
f   Origen histórico, religioso o social
g   Qué te parece interesante y por qué

◆ Oportunidades de evaluación

- ◆ En esta actividad practicarás habilidades de todos los aspectos del Criterio D Expresión escrita: Usar una amplia variedad de vocabulario, usar una amplia variedad de estructuras gramaticales correctamente, organizar información por escrito y comunicar información teniendo en cuenta el destinatario y el propósito.

Lectura de imágenes

Los trabajos visuales como el póster / cartel, así como las imágenes, también pueden funcionar como textos visuales por medio de los cuales podemos tener acceso a información representada por medio de colores, formas, símbolos y posiciones de objetos o personas.

Reflexiona acerca del **significado** de un festival tradicional en la cultura mexicana.

ACTIVIDAD: Póster y presentaciones

■ Enfoques del aprendizaje

■ Habilidades de comunicación: Utilizan el entendimiento intercultural para interpretar la comunicación. Obtienen información para las indagaciones disciplinarias e interdisciplinarias utilizando una variedad de medios

Utiliza la información que recolectaste en tu investigación para crear un póster representativo de celebración que estudiaste.

Coloca tu póster en uno de los muros del aula de clase para así crear una galería. Trabaja en parejas. Con tu compañero, selecciona un póster que represente una celebración diferente. **Analiza** el póster y haz preguntas sobre las imágenes, el texto y el diseño, por ejemplo:

- ¿Qué observas en esta foto?
- ¿Qué significa …?
- ¿Qué opinas de …?
- ¿Con qué otra idea / imagen es similar?
- ¿Qué opinas del diseño?

◆ Oportunidades de evaluación

◆ En esta actividad practicarás habilidades de los aspectos i y iv del Criterio C Expresión oral: Usar una amplia variedad de vocabulario y comunicar la información requerida con claridad y eficacia.

! Actúa e involúcrate

! Muchas tradiciones y celebraciones se están perdiendo debido a la globalización. Con tus compañeros, piensa en una forma de crear conciencia e informar a las personas para mantener vivas estas festividades y tradiciones.

ACTIVIDAD: El Día de Muertos

■ Enfoques del aprendizaje

■ Habilidades de pensamiento crítico: Evalúan las pruebas y los argumentos. Extraen conclusiones y realizan generalizaciones razonables

Mira el vídeo sobre el Día de Muertos y responde las siguientes preguntas. Utiliza este enlace:
http://tinyurl.com/diademtx

1 Menciona cinco elementos característicos del Día de Muertos que se mencionan en el vídeo.
2 ¿Cuándo inician las preparaciones para la celebración del Día de Muertos?
3 ¿Qué objetos se colocan sobre el altar?
4 ¿Cuál producto característico de Día de Muertos no se menciona en el vídeo?
  a atole
  b chocolate
  c mole negro
  d café
  e tamales
  f manzanitas de tejocote
  g pan de muertos
  h calabaza en conserva
5 ¿Qué se utiliza para adornar los altares de muertos?
6 ¿Qué elementos del vídeo te permiten afirmar que esta es una celebración histórica y cultural? Menciona dos.

ACTIVIDAD: El Día de Muertos vs Halloween

Localiza artículos de periódico o revistas en línea que comparen al Día de Muertos con Halloween. Con un marcador, resalta las diferencias y las razones por las que muchas personas piensan que las celebraciones son similares. Cada artículo es una fuente. Refiérete a ellos como fuente 1, fuente 2, fuente 3, etc.

Trabaja en parejas o en grupos pequeños. Compara la información que encontraste en tus fuentes. Comparte las ideas que **identificaste**. Haz preguntas a tus compañeros sobre la información que compartan. Considera las siguientes frases y preguntas como ejemplos:

a   Mi fuente 1 es … y menciona que …
b   En la fuente 2, se dice que …
c   La fuente 3 es diferente de la fuente 1 porque …
d   ¿Qué información nueva tienes?
e   ¿Qué información nueva tienen algunas de tus fuentes?
f   ¿Qué datos o ideas interesantes puedes ver en tus fuentes?

---

7   ¿Qué rol juega la música en el concepto del vídeo?
8   ¿Qué tipo de filme es este?
  a   un comercial
  b   un avance de cine
  c   un documental
9   En tu opinión, ¿por qué el vídeo comienza en un cementerio?
10 ¿Qué adjetivos utilizarías para describir esta tradición? Menciona tres ejemplos y justifica. Usa información del vídeo para justificar.
11 En tu opinión, ¿a las personas de tu país les gustaría participar en esta celebración? ¿Por qué o por qué no?
12 ¿Qué puedes generalizar sobre los mexicanos y su concepto de la muerte, considerando el vídeo?
13 ¿Es esta tradición una celebración triste? Justifica tu respuesta utilizando información del vídeo.
14 ¿Conoces una tradición o celebración similar? ¿Cuál? ¿De dónde es originaria?

ACTIVIDAD: El Festival de la Pollera

Considera las instrucciones en la página 22 acerca de los textos informativos.

Utiliza la información en estos enlaces:

1   https://youtu.be/eYC5VYTJono
2   https://tinyurl.com/wxn728e

Eres un bloguero que escribe acerca de diferentes festivales en el mundo. Los lectores de tu blog son estudiantes de español como lengua extranjera. Escribe una entrada de blog y **describe** qué pasa durante el Festival de la Pollera en Panamá. Menciona la fecha en la que se celebra y el **significado**.

¿De qué manera las celebraciones y rituales muestran las tradiciones y cultura de un país?

Indaga acerca de los elementos **culturales** que se valoran en diferentes países.

ACTIVIDAD: Similitudes y diferencias

■ Enfoques del aprendizaje

■ Habilidad de comunicación: Hacen deducciones y extraen conclusiones

Observa las imágenes.

Escribe qué se celebra en cada imagen. Observa el ejemplo:

La foto 2 es Holi, en la India.

Escribe qué observas en cada foto. Presta atención al ejemplo y sigue el **patrón**:

En la foto 1 hay una fiesta en China.

Finalmente, escribe diez oraciones y compara las celebraciones. Menciona similitudes y diferencias

◆ Oportunidades de evaluación

◆ En esta actividad practicarás habilidades de los aspectos i y ii del Criterio D Expresión escrita: Usar una amplia variedad de vocabulario y usar una amplia variedad de estructuras gramaticales correctamente.

ACTIVIDAD: Tradiciones y celebraciones alrededor del mundo

■ Enfoques del aprendizaje

- ■ Habilidad de comunicación: Utilizan e interpretan una variedad de términos

Observa las fotos de algunas celebraciones y festivales en diferentes países. Escribe ideas sobre cada foto. Utiliza verbos y vocabulario sobre celebraciones. Conjuga los verbos correctamente. Lee las preguntas con atención.

País y tradición		Escribe	País y tradición		Escribe
El Carnaval, Río		¿Qué hacen **las personas de Brasil**?	Día de los Muertos, México		¿Qué actividades hace **Mario** en el Día de los Muertos?
Festival de las Linternas, Tailandia		¿Qué actividades hace **tu hermano** en el Festival de las Linternas?	Día del Maestro, Argentina		¿Qué hacen **los estudiantes** en el Día del Maestro en Argentina?
Festival de Ganesha, India		¿Qué haces con **tu familia** en el Festival de Ganesha?	Día de la Hispanidad, España		¿Qué hacen **los españoles** en el Día de la Hispanidad?
Hanukkah, Festival judío		¿Qué hace **Esther** en Hanukkah?	Desfile de San Patricio, Irlanda		¿Qué hacen **las personas de Irlanda** en el Desfile de San Patricio?
Feria de las Flores, Colombia		¿Qué actividades hago **yo** en la Feria de las Flores?	Festival de la Primavera, Año Nuevo Chino		¿Qué hace **Tong Ling**, mi amigo, en el Festival de la Primavera?

◆ Oportunidades de evaluación

- ◆ En esta actividad practicarás habilidades de los aspectos i y ii del Criterio D Expresión escrita: Usar una amplia variedad de vocabulario y usar una amplia variedad de estructuras gramaticales correctamente.

Cómo escribir una postal

Escribir una tarjeta postal es muy similar a escribir una nota o una carta breve. Generalmente enviamos tarjetas postales cuando viajamos y queremos compartir nuestras experiencias con nuestros amigos; por esta razón, no es necesario entrar en detalles o utilizar lenguaje formal. Aunque sólo necesitamos escribir lo más esencial, es importante escribir correctamente. Observa el siguiente ejemplo.

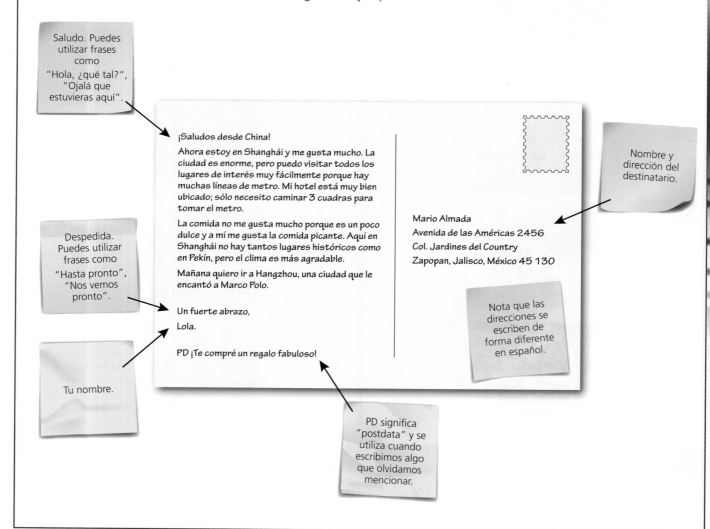

Saludo. Puedes utilizar frases como "Hola, ¿qué tal?", "Ojalá que estuvieras aquí".

Despedida. Puedes utilizar frases como "Hasta pronto", "Nos vemos pronto".

Tu nombre.

¡Saludos desde China!

Ahora estoy en Shanghái y me gusta mucho. La ciudad es enorme, pero puedo visitar todos los lugares de interés muy fácilmente porque hay muchas líneas de metro. Mi hotel está muy bien ubicado; sólo necesito caminar 3 cuadras para tomar el metro.

La comida no me gusta mucho porque es un poco dulce y a mí me gusta la comida picante. Aquí en Shanghái no hay tantos lugares históricos como en Pekín, pero el clima es más agradable.

Mañana quiero ir a Hangzhou, una ciudad que le encantó a Marco Polo.

Un fuerte abrazo,

Lola.

PD ¡Te compré un regalo fabuloso!

Mario Almada
Avenida de las Américas 2456
Col. Jardines del Country
Zapopan, Jalisco, México 45 130

Nombre y dirección del destinatario.

Nota que las direcciones se escriben de forma diferente en español.

PD significa "postdata" y se utiliza cuando escribimos algo que olvidamos mencionar.

ACTIVIDAD: Tarjetas postales

Enfoques del aprendizaje

■ Habilidad de comunicación: Escriben con diferentes propósitos

Imagina que viajas por varios países.

Selecciona tres celebraciones diferentes del mismo país o de diferentes países, y escribe tarjetas tres postales para tus familiares y amigos.

Menciona dónde estás, las características de la celebración, qué te gusta de la celebración y cuáles actividades son comunes. Escribe 50 palabras en cada tarjeta.

Puedes descargar una plantilla para escribir tarjetas en este enlace: https://tinyurl.com/rp7h38v

◆ Oportunidades de evaluación

◆ En esta actividad practicarás habilidades de todos los aspectos del Criterio D Expresión escrita: Usar una amplia variedad de vocabulario, usar una amplia variedad de estructuras gramaticales correctamente, organizar información por escrito y comunicar información teniendo en cuenta el destinatario y el propósito.

PUNTO DE INDAGACIÓN

1 ¿Qué diferencias podemos observar cuando comparamos diferentes celebraciones y tradiciones?
2 ¿Qué relación tienen las siguientes palabras con las celebraciones o las tradiciones?
   a Creencias
   b Religión
   c Historia

ACTIVIDAD: El Carnaval de Negros y Blancos

Enfoques del aprendizaje

■ Habilidad de comunicación: Escuchan con actitud crítica y para comprender

Mira el vídeo en el siguiente enlace: https://youtu.be/mx4UwiQARKE

Después, responde las siguientes preguntas.

1 ¿Quién es el autor de este vídeo?
2 ¿Cuáles tres zonas se reflejan en los carnavales?
3. Según Pericles Carnaval, ¿qué confluye en el lugar donde se celebra esta fiesta?
4 Según el Guardián de la Pachamama, ¿dónde se refleja la transmisión de saberes?
5 ¿Qué información menciona Valentina Cortés acerca de las siguientes fechas?
   a 28 de diciembre
   b 29 de diciembre
   c 30 de diciembre
   d 31 de diciembre
   e 2 de enero
   f 3 de enero
   g 5 de enero
   h 6 de enero
6 En tu opinión, ¿cuáles de estos días son más atractivos para tus amigos y tú? ¿Por qué?
7 ¿Qué similitudes observas entre el Carnaval de Negros y Blancos y otros festivales en el mundo?
8 ¿Qué opinas acerca del significado del Carnaval de Negros y Blancos?

◆ Oportunidades de evaluación

◆ En esta actividad practicarás habilidades de los aspecto i y iii del Criterio A Comprensión auditiva: Demostrar la comprensión de información oral explícita e implícita (datos, opiniones, mensajes y detalles) y analizar conexiones.

Lee el siguiente artículo sobre la Feria de las Flores.

Horizonte

■ Aerolatina

La Feria de las Flores

1   En Medellín, la segunda ciudad más importante de Colombia, hay una tradición antigua que las personas celebran en el mes de agosto, todos los años. En la feria de las flores, las personas de Medellín festejan la satisfacción de cultivar flores. Este festival es una demostración del ingenio de los colombianos, porque las flores son una industria importante, como el café, y también son un arte.

2   En la feria, las personas de Medellín decoran sus jardines y las calles con adornos florales; los turistas que visitan Medellín describen la ciudad como la "Ciudad de la eterna primavera". Durante la feria, hay decoraciones de colores en la ciudad entera; el gobierno organiza una feria de diez días, desfiles de caballos, de automóviles clásicos, exhibiciones de orquídeas, pájaros y flores, y la parte más importante: la Caravana de Chivas y Flores. Los grupos de artistas de la ciudad, por su parte, preparan música, teatro y comedia en las calles.

3   La feria también es popular por el Desfile de los Silleteros. Los silleros transportan sus arreglos florales en una silleta sobre su espalda. El significado de la feria es muy especial: representa el respeto que las personas de Medellín tienen por la naturaleza, las flores y la estética.

4   El Desfile de los Silleteros comienza en el barrio Santa Elena; las personas caminan 17 kilómetros para llegar a Medellín. El desfile comienza a las 6 p.m. del sábado y termina el domingo a las 9 a.m, en este tiempo los coches no pueden utilizar las calles principales. Finalmente cuando el festival llega a ciudad, las personas admiran las decoraciones en los carros alegóricos, toman fotografías y beben agua de panela caliente, una bebida típica.

5   Al final, las personas de Medellín y los turistas conviven durante el festival y disfrutan las exhibiciones de flores. Muchos turistas aprovechan esta ocasión para comprar flores como presente para su familia.

ACTIVIDAD: La Feria de las Flores

Enfoques del aprendizaje

■ Habilidad de comunicación: Leen con actitud crítica y para comprender

Después de leer el artículo sobre la Feria de las Flores, responde las siguientes preguntas.

Selecciona *verdadero* o *falso*.

1 ¿Verdadero o falso? La parte más importante del festival es la Caravana de Chivas y Flores.
2 ¿Verdadero o falso? El desfile comienza a las 9 a.m.
3 ¿Verdadero o falso? Las personas caminan diecisiete kilómetros para llegar a Medellín.
4 ¿Verdadero o falso? Los silleteros venden sillas.
5 ¿Verdadero o falso? La Feria de las Flores es una celebración de México.
6 ¿Verdadero o falso? Medellín es la capital de Colombia.
7 ¿Verdadero o falso? Los turistas y los locales conviven.

Responde las preguntas.

8 ¿Cuántas horas tarda el Desfile de los Silleteros?
9 ¿Cuántos días tarda la feria?
10 ¿Qué preparan los artistas durante el festival?
11 ¿Qué beben las personas cuando comienza el desfile?
12 ¿Qué organiza el gobierno?
13 ¿En qué tipo de revista se publicó este artículo? Justifica la razón.
14 ¿Qué significa el ícono del avión en la parte superior del artículo?
15 ¿Cuál idea del texto representa la foto?
16 ¿Por qué el autor escribio la palabra "aerolatina" debajo de "horizonte"?
17 ¿Te gustaría participar en la Feria de las Flores? ¿Por qué o por qué no?
18 ¿Existe una feria similar en tu cultura? ¿Cuál? Menciona algunos elementos característicos.
19 ¿A quién de tus amigos le gustaría visitar Medellín para ver la Feria de las Flores? Explica.
20 Considerando el mensaje del artículo, ¿por qué Medellín se llama "la ciudad de la eterna primavera"?

Oportunidades de evaluación

◆ En esta actividad practicarás habilidades de todos los aspectos del Criterio B Comprensión de lectura: Demostrar la comprensión de información oral explícita e implícita (datos, opiniones, mensajes y detalles), analizar convenciones y analizar conexiones.

ACTIVIDAD: Hablemos de diferentes celebraciones

Enfoques del aprendizaje

■ Habilidad de comunicación: Estructuran la información utilizando diferentes tipos de oraciones para utilizar la lengua en contexto

Completa las siguientes frases. Utiliza verbos y vocabulario relacionado con las celebraciones, las fiestas y las tradiciones.

1 A mí me gusta celebrar…
2 En mi país celebramos… porque…
3 Cuando celebramos [nombre de la celebración], generalmente…
4 Durante [nombre de la celebración], a muchas personas les gusta…
5 Muchas personas dejaron de [actividad] en [celebración], porque…
6 Estoy de acuerdo con dejar de [actividad] en [celebración], porque…
7 Cuando celebramos [celebración] deberíamos de dejar de [actividad], porque…
8 Un mal hábito de las personas en [celebración] es…
9 Durante [celebración], muchas personas no [actividad] porque…
10 Nunca he celebrado [celebración], y me gustaría hacerlo porque quiero…

Oportunidades de evaluación

◆ En esta actividad practicarás habilidades de los aspectos i y ii del Criterio D Expresión escrita: Usar una amplia variedad de vocabulario y usar una amplia variedad de estructuras gramaticales correctamente.

Compara dos festivales similares en **culturas** diferentes. Reflexiona sobre la manera en que las **culturas se expresan**.

■ Dahi Handi es un ritual que toma lugar cada año durante el festival de Gokulashtami en la India

▼ Nexos con: Educación Física y para la Salud

Charla con tu profesor de Educación Física y para la Salud sobre el factor diversión, los riesgos y precauciones que se deben tener en cuenta en festivales como Dahi Handi y los Castells de Cataluña. Consulta sobre las medidas que se deberían tomar si se decidiera celebrar estos festejos en la escuela.

ACTIVIDAD: Comparación cultural: Dahi handi y los Castells de Cataluña

■ Enfoques del aprendizaje

■ Habilidad de comunicación: Escriben con diferentes propósitos

Mira los vídeos en estos enlaces y toma notas:

1 http://tinyurl.com/dahihanx: **el vídeo trata sobre el Festival indio llamado** *Dahi handi*
2 https://youtu.be/2GBA1YZ5zXc: **el vídeo trata sobre** *los Castells de Cataluña*

Utiliza tus notas para escribir un artículo para la gaceta de tu escuela. En tu artículo, compara Dahi Handi y los Castells de Cataluña. Menciona similitudes y diferencias. Incluye ideas sobre las oportunidades que existen para aprender sobre otras culturas cuando estudiamos una lengua extranjera.

Escribe entre 100 y 150 palabras. Utiliza vocabulario sobre celebraciones.

◆ Oportunidades de evaluación

◆ En esta actividad practicarás habilidades de todos los aspectos del Criterio D Expresión escrita: Usar una amplia variedad de vocabulario, usar una amplia variedad de estructuras gramaticales correctamente, organizar información por escrito y comunicar información teniendo en cuenta el destinatario y el propósito.

▼ Nexos con: Ciencias: Física; Matemáticas

¿Qué tipo de conocimientos sobre la Física y las Matemáticas son necesarios en la construcción de pirámides humanas en Dahi Handi y los Castells de Cataluña? ¿De qué manera pueden estos conocimientos ayudar a prevenir problemas?

Puedes leer el libro de Pablo Argente: *Días de Rojo – La tomatina de Buñol.*

▼ Nexos con: Artes; Diseño

La Tomatina

■ Enfoques del aprendizaje

- Habilidad de pensamiento crítico: Elaboran argumentos en contra u opuestos
- Habilidad de pensamiento creativo: Consideran múltiples alternativas, incluidas aquellas que puedan parecer poco probables o imposibles
- Habilidad de comunicación: Escriben con diferentes propósitos

Muchas personas piensan que aunque la Tomatina es una celebración que representa la cultura española, también es un mal ejemplo sobre el desperdicio de comida, particularmente porque los tomates que se usan fácilmente pueden servir de comida en países necesitados.

Trabaja en equipos. Colabora con tus compañeros, pero trabaja individualmente. Diseña un folleto sobre la Tomatina. Incluye información sobre la celebración y estadísticas sobre la cantidad de tomates que se usan cada año. La información en los folletos persuasivos debe motivar a tu comunidad a reflexionar sobre el mal uso de la comida en celebraciones.

Toma en cuenta el ciclo de diseño durante la planificación de tu tríptico.

Escribe entre 100 y 150 palabras. Incluye imágenes para enriquecer tu mensaje. No olvides crear una rúbrica para tu diseño. Considera estos puntos en tu rúbrica:

a **Tamaño del tríptico**
b **Colores que quieres utilizar**
c **Imágenes que quieres utilizar**
d **Estructura del texto**
e **Materiales necesarios**

Con tus compañeros, reflexiona sobre este punto y prepara una asamblea en la que invites a tu escuela entera a participar en esta reflexión.

Aprende sobre las convenciones de un folleto en el siguiente enlace: **https://youtu.be/eSq8EfsfrNA**

Este ejemplo es acerca de las dietas.

◆ Oportunidades de evaluación

- ◆ En esta actividad practicarás habilidades de todos los aspectos del Criterio D Expresión escrita: Usar una amplia variedad de vocabulario, usar una amplia variedad de estructuras gramaticales correctamente, organizar información por escrito y comunicar información teniendo en cuenta el destinatario y el propósito.

¿Cómo deciden las instituciones la importancia de las fechas que deciden recordar y celebrar?

DIA INTERNACIONAL DE LA **MUJER**
— 8 MARZO —

ACTIVIDAD: Póster sobre el Día Internacional de las Personas con Discapacidad

■ Enfoques del aprendizaje

■ Habilidad de comunicación: Hacen deducciones y extraen conclusiones

Presta atención al póster sobre el Día Internacional de las Personas con Discapacidad en el siguiente enlace: **http://tinyurl.com/h69m39p**

1 **¿Qué elementos lingüísticos utilizó el autor para crear este texto?**
2 **¿Qué significado tienen los íconos que aparecen en la parte inferior?**
3 **¿Qué mensaje transmiten las imágenes vectoriales a la derecha del texto?**

◆ Oportunidades de evaluación

◆ En esta actividad practicarás habilidades del aspecto ii del Criterio B Comprensión de lectura: Analizar convenciones.

ACTIVIDAD: Activismo a favor de la inclusión

■ Enfoques del aprendizaje

■ Habilidad de comunicación: Escriben con diferentes propósitos

Eres un estudiante activista que apoya iniciativas de inclusión y diversidad. Escribe un correo electrónico formal a la Asamblea General de las Naciones Unidas para proponer la creación de un nuevo Día Internacional.

Menciona el nombre del día que quieres proponer. Incluye detalles para **justificar** por qué debemos celebrar este día. Menciona ejemplos de la vida real para apoyar tu petición. **Explica** las actitudes positivas que este día permite promover.

Escribe 150 palabras.

◆ Oportunidades de evaluación

◆ En esta actividad practicarás habilidades de todos los aspectos del Criterio D Expresión escrita: Usar una amplia variedad de vocabulario, usar una amplia variedad de estructuras gramaticales correctamente, organizar información por escrito y comunicar información teniendo en cuenta el destinatario y el propósito.

ALGUNAS TAREAS SUMATIVAS PARA EVALUAR ESTE CAPÍTULO

Considera las siguientes actividades para poner en práctica lo que has aprendido en este capítulo. Las tareas se diseñaron considerando el vocabulario y estructuras que se introdujeron, así como las ideas que se presentaron. Estas tareas te permitirán valorar tu desempeño en diferentes áreas de la lengua utilizando los criterios de evaluación de Adquisición de Lenguas del PAI.

ACTIVIDAD: Día Internacional de los Pueblos Indígenas

■ Enfoques del aprendizaje

■ Habilidad de pensamiento crítico: Extraen conclusiones y realizan generalizaciones razonables

Mira el vídeo sobre el Día Internacional de los Pueblos Indígenas en el siguiente enlace: http://tinyurl.com/puelndix

Escucha la narración del vídeo y completa las líneas en blanco en el siguiente párrafo con la palabra correcta.

1 El Día internacional de los Pueblos Indígenas por la Asamblea General de las Naciones Unidas para fortalecer la cooperación … y … … que afrontan los pueblos indígenas en aspectos …, de …, salud, derechos humanos, medio ambiente, desarrollo … y ….

Responde las siguientes preguntas.

2 ¿Cuándo se celebra el Día Internacional de los Pueblos Indígenas?
3 ¿Qué elementos o características representativas de diferentes pueblos indígenas puedes observar en el vídeo? Menciona tres ejemplos.
4 Escribe una descripción del vídeo en tus propias palabras.

5 ¿Qué emociones transmite la segunda parte del vídeo, después de la pregunta "¿Por qué celebrar a los pueblos indígenas?"?
6 ¿Qué relación entre palabras e imágenes puedes observar en la segunda parte del vídeo?
7 ¿De qué manera ayudan las imágenes en el vídeo a comunicar el mensaje?
8 Es posible decir que la segunda parte del vídeo es:
   a una canción   b un poema   c un discurso

Justifica tu respuesta:

9 ¿Cuál es el propósito de este vídeo?
10 En tu opinión, ¿por qué es importante respetar, integrar y aprender de los pueblos indígenas del mundo?
11 El vídeo concluye con esta frase: "Somos uno, somos México". ¿Cuál es el mensaje del vídeo, considerando esta frase?

◆ Oportunidades de evaluación

◆ En esta actividad practicarás habilidades de todos los aspectos del Criterio A Comprensión auditiva.

▼ Nexos con: Individuos y Sociedades: Historia y Geografía

Analiza varios contextos del presente tales como la globalización, la migración y el terrorismo para reflexionar sobre el daño colateral, oportunidades de mercadeo limitadas y herencia cultural que conciernen a los pueblos indígenas.

Lee el siguiente texto sobre El Día Internacional de las Personas con Discapacidad.

← → C www.porladiversidad.org ≡

Día Internacional de las Personas con Discapacidad

La inclusión importa

1 Las discapacidades ya no son un tema que debe causar sorpresa. Las discapacidades son parte de nuestro presente y tenemos que tratarlas con normalidad. No sólo por cuestiones de inclusión, sino también de respeto y de aceptación, porque somos iguales, porque merecemos acceso a lo mismo, porque somos uno.

2 Actualmente existen cerca de mil millones de personas en el mundo que viven con discapacidades y enfrentan muchos obstáculos para ser incluidos en aspectos sociales que son esenciales. Como consecuencia, muchas personas con discapacidades no disfrutan del acceso en áreas como el transporte, el empleo, la educación y la vida política y social. El derecho a participar en la actividad pública es vital para tener democracias estables, y para reducir las diferencias sociales.

3 Cuando las instituciones políticas y sociales promueven la inclusión, crean oportunidades reales para la gente, se aumentan sus habilidades y se les ayuda a establecer sus prioridades. Esta misión significa prestar atención a las personas, sus empleos, su salud, su nutrición, su educación y su protección social. Cuando se respetan estas necesidades básicas, las personas tienen más oportunidades, se convierten en agentes de cambio y pueden asumir sus responsabilidades cívicas con más preparación.

4 El Día Internacional de las Personas con Discapacidad se observa en todo el mundo el 3 de diciembre, de acuerdo con la decisión que se tomó con la resolución 47/3 de la Asamblea General de las Naciones Unidas (ONU) el 14 de octubre de 1992. Esta resolución tiene el objetivo de invitar a las personas a participar e involucrarse en iniciativas que promuevan la inclusión de las personas con discapacidad.

Día Internacional de las **personas** con **discapacidad**

ACTIVIDAD: La inclusión importa

■ Enfoques del aprendizaje

■ Habilidades de comunicación: Leen con actitud crítica y para comprender. Hacen deducciones y extraen conclusiones

Después de leer el texto sobre la inclusión en la página 82, responde las siguientes preguntas.

1 ¿Cuándo se tomó la decisión de celebrar el Día Internacional de las Personas con Discapacidad?
2 ¿Cuáles son los ámbitos o aspectos a los que las personas con discapacidad no tienen acceso?
3 En general, ¿en qué se convierten las personas cuando respetamos su derecho a participar en la actividad pública?
4 ¿Cuál es el objetivo de la resolución 47/3?
5 ¿Por qué debemos tratar las discapacidades con normalidad?
6 ¿En qué tipo de sitio web se publicó el texto?
7 ¿Qué ideas del texto observas en las imágenes? Explica los dos ejemplos.
8 ¿Cuál imagen piensas que transmite con más precisión el mensaje del texto? Explica.
9 ¿Puede este texto aparecer en un libro de texto de la escuela? Explica por qué o por qué no.
10 ¿Cuál idea del texto te parece más relevante? Explica por qué.
11 ¿Qué ideas del texto piensas que es necesario promover en tu país? ¿Por qué?
12 ¿Qué experiencias personales puedes mencionar sobre las ideas mencionadas en el texto?

◆ Oportunidades de evaluación

◆ En esta actividad practicarás habilidades de todos los aspectos del Criterio B Comprensión de lectura.

! Actúa e involúcrate

! Diseña calendarios en los que indiques los días internacionales observados actualmente por las Naciones Unidas. Puedes utilizarlos para recaudar fondos para una buena causa.

EXTENSIÓN: PUNTO DE REFLEXIÓN

■ Enfoques del aprendizaje

■ Habilidad de comunicación: Utilizan el entendimiento intercultural para interpretar la comunicación

Trabaja en equipos pequeños. Considera las siguientes preguntas.

1 ¿Son todas las celebraciones religiosas? Explica.

2 ¿Hasta qué punto aprecian y comprenden las personas las celebraciones que ocurren en sus países?

3 ¿Hasta qué punto respetamos las celebraciones de culturas diferentes?

Toma turnos para responder las preguntas. Utiliza ideas que formulaste en las actividades del capítulo y tus reflexiones personales.

Haz preguntas a tus compañeros acerca de las ideas que consideres relevantes.

◆ Oportunidades de evaluación

En esta actividad practicarás habilidades de los aspectos ii y iv del Criterio D Expresión escrita: Usar una amplia variedad de estructuras gramaticales correctamente y comunicar la información requerida con claridad y eficacia.

EXTENSIÓN

Escucha el epidosio 3 del podcast del autor del libro en este enlace: https://tinyurl.com/ydd2kobd

Dahi handi / los Castells de Catañula

■ Enfoques del aprendizaje

■ Habilidad de comunicación: Escriben con diferentes propósitos

Imagina que eres un estudiante de la India o de España. Escribe un artículo cultural para la revista de tu escuela en el que informes a tu comunidad sobre Dahi Handi o los Castells de Cataluña. Escribe sobre Dahi Handi si seleccionas la India, o sobre los Castells de Cataluña si seleccionas España. **Describe** el festival, sus características, su significado y otros elementos característicos.

Utiliza actividades en presente, conjuga los verbos con **nosotros**, incluye detalles y menciona tu opinión del festival. ¿Te gusta? ¿Por qué?

Escribe entre 100 y 150 palabras.

Utiliza vocabulario sobre celebraciones.

◆ Oportunidades de evaluación

◆ En esta actividad practicarás habilidades de todos los aspectos del Criterio D Expresión escrita.

Celebrando de manera responsable

■ Enfoques del aprendizaje

■ Habilidad de comunicación: Utilizan una variedad de técnicas de expresión oral para comunicarse con diversos destinatarios

En esta tarea vas a realizar una presentación sobre una foto.

Tiempo de preparación: 10 minutos.

Estudia la imagen en este enlace:
http://tinyurl.com/ganexcelex

La foto muestra la celebración de la inmersión del dios Ganesha en la India y los efectos de esta práctica.

Toma notas sobre lo que observas en la imagen.

Realiza tu presentación frente a tu profesor. Menciona qué tipo de celebración se muestra, qué hacen las personas y qué consecuencias tiene tal práctica. Tu profesor hará preguntas sobre tu presentación.

Habla durante dos minutos, después el participa en una interacción con tu profesor, acerca de tu trabajo, durante tres minutos.

Puedes usar tus notas, pero no debes leer.

No se permite el uso de diccionarios.

◆ Oportunidades de evaluación

◆ En esta actividad practicarás habilidades de todos los aspectos del Criterio C Expresión oral.

Reflexión

En este capítulo abordamos algunos de los festivales y celebraciones que además de representar aspectos de la cultura de los países hispanohablantes, también revelan aspectos de la identidad de las personas. Así, nos hemos percatado de la importancia de comprender la cultura del idioma que aprendemos para entender tanto su sistema de valores, así como la manera en que las personas utilizan el lenguaje para expresarse social y culturalmente.

Reflexionemos sobre nuestro aprendizaje … Usa esta tabla para reflexionar sobre tu aprendizaje personal en este capítulo.					
Preguntas que hicimos	Respuestas que encontramos	Preguntas que podemos generar ahora			
Fácticas: ¿Cuáles son tus festivales favoritos en tu país? ¿Qué estructuras y vocabulario utilizamos para hablar de diferentes festivales y rituales? ¿Qué te gusta celebrar? ¿Cuáles celebraciones o festivales son representativos de los países hispanohablantes?					
Conceptuales: ¿De qué manera las celebraciones y rituales muestran las tradiciones y cultura de un país? ¿Qué relación existe entre la comida y las tradiciones? ¿Cómo deciden las instituciones la importancia de las fechas que deciden recordar y celebrar?					
Debatibles: ¿Desaparecerá el significado real de los festivales debido a la globalización? ¿Qué comportamientos o actitudes pueden resultar ofensivos en ciertos rituales? ¿Hasta qué punto respetamos las celebraciones de culturas diferentes?					
Enfoques de aprendizaje en este capítulo:	Descripción: ¿qué destrezas nuevas adquiriste?	¿Qué tan bien has consolidado estas destrezas?			
		Novato	En proceso de aprendizaje	Practicante	Experto
Habilidades de comunicación					
Habilidades de gestión de la información					
Habilidades de alfabetización mediática					
Habilidades de pensamiento crítico					
Habilidades de pensamiento creativo					
Habilidades de transferencia					
Atributos de la comunidad de aprendizaje	Reflexiona sobre la importancia de ser alguien de mente abierta en este capítulo. ¿Cómo demostraste tus habilidades como estudiante con mente abierta en este capítulo?				
Mente abierta					

¿Qué tan profunda es la relación entre la comida, la cultura y la identidad?

○ Las personas expresan **aspectos** de su **cultura** e **identidad** por medio de sus tradiciones culinarias y decisiones alimenticias.

■ Colores, sabores, texturas, personalidades y aventuras … Todo en las frutas

EN ESTE CAPÍTULO VAMOS A INVESTIGAR LAS SIGUIENTES PREGUNTAS:

Fácticas: ¿Cuáles platos típicos de tu país son tus favoritos? ¿Qué comida de otros países te gusta?

Conceptuales: ¿Qué relación existe entre las decisiones alimenticias, la cultura y la religión? ¿Por qué muchas personas se definen a sí mismas por medio de la comida que consumen? ¿Cómo es la relación entre la geografía de los países y la comida que preparan?

Debatibles: ¿Es toda la comida típica de un país saludable? ¿Existe una relación entre los rituales en la mesa y la comida en diferentes países? ¿Cuál es la mejor comida del mundo?

○ EN ESTE CAPÍTULO VAMOS A:

■ **Descubrir:**
  - ■ ejemplos de platos tradicionales en varios países
  - ■ diferentes hábitos relacionados con la comida.
■ **Explorar:**
  - ■ la cultura culinaria de algunos países de habla hispana
  - ■ las cualidades de nutrición de varios tipos de dietas.
■ **Actuar y:**
  - ■ reflexionar sobre la calidad de los alimentos que consumimos y el régimen alimenticio que seguimos
  - ■ evaluar la manera en que la globalización ejerce influencia en la cultura culinaria de diferentes países.

■ Las siguientes habilidades de los enfoques del aprendizaje serán útiles:

■ Habilidades de comunicación

■ Habilidades de gestión de la información

■ Habilidades de pensamiento crítico

■ Habilidades de pensamiento creativo

Contenido esencial

Los contenidos temáticos que se abordarán en este capítulo pertenecen a las fases 1 y 2 del continuo de aprendizaje y son:

• La cultura gastronómica
• La alimentación y el consumo de bebidas
• Las opciones saludables
• La comida
• La salud y la condición física
• El presente
• Construcciones con "poder", "querer", "deber" + infinitivo

● Reflexiona sobre el siguiente atributo de la comunidad de aprendizaje:

● Mente abierta: desarrollamos capacidades de apreciación de aspectos de las culturas, así como de la manera en que cada sociedad manifiesta su creatividad.

VOCABULARIO SUGERIDO

Vocabulario sugerido para mejorar la experiencia de aprendizaje. **Discute** el **significado** de las siguientes palabras y **úsalas** en las actividades en este capítulo.

Sustantivos

nombres de cubiertos y utensilios
nombres de frutas y verduras
nombres de platos y bebidas comunes
alimentación
almuerzo
bebida
calorías
carne
cena
comida
cubiertos
desayuno
dieta
fibra
granos
grasas
kilo
medida
mililitro

nutrición
obesidad
paso
peso
problema
proteínas
receta
solución
verdura
vitaminas

Adjetivos

colores
agrio
amargo
bueno para la salud
conocido
delicioso
diferente
dulce
exótico
insípido
nutritivo
picante
sabroso
salado
saludable
sano

Verbos

agregar
bajar de peso
beber
cocinar
comer
conocer
consumir
cortar
dar
llevar
masticar
medir
mostrar
partir
pelar
preparar
probar
rebanar
servir
subir de peso
tomar
vomitar

¿Qué comida de otros países te gusta?

PIENSA–CONECTA–COMPARTE

Responde las siguientes preguntas:

1 ¿Qué alimentos no pueden comer los veganos?
2 ¿Qué alimentos no pueden comer las personas alergicas al gluten?
3 ¿Qué alimentos no pueden comer los jainistas?
4 ¿Qué alimentos no pueden comer los musulmanes?

ACTIVIDAD: ¿Qué podemos come

■ Enfoques del aprendizaje

■ Habilidad de comunicación: Leen con actitud crítica y para comprender

1 Estudia el significado de las siguientes palabras. Lee atención los nombres de las frutas, verduras, granos y carnes a continuación.

Frutas		Verduras	
	manzana		cebolla
	plátano		papa / patata
	naranja		ajo
	toronja		zanahoria
	durazno		pepino
	tomate		remolacha
	mango		coliflor
	sandía		brócoli
	piña		rábano
	granada		col
	cereza		lechuga
	papaya		apio
	guayaba		calabaza
	fresa		calabacita
	mandarina		chile

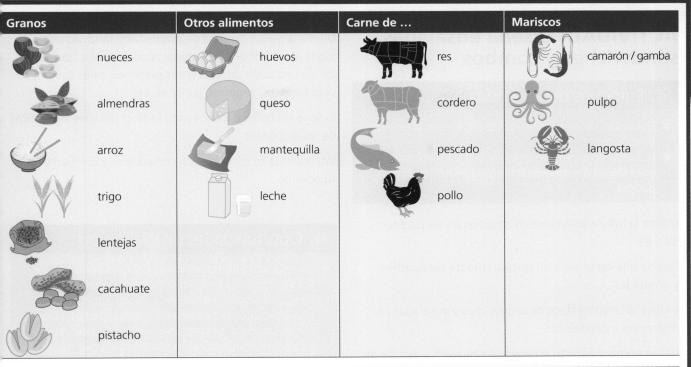

Granos		Otros alimentos		Carne de …		Mariscos	
	nueces		huevos		res		camarón / gamba
	almendras		queso		cordero		pulpo
	arroz		mantequilla		pescado		langosta
	trigo		leche		pollo		
	lentejas						
	cacahuate						
	pistacho						

2 Practica con un compañero. Sigue este patrón:

A ¿Te gusta comer …?

B Sí, me gusta comer …

No, no me gusta comer ….

3 Clasifica los alimentos en la ilustración en tablas como las siguientes.

5 frutas o verduras verdes	5 frutas o verduras rojas	5 frutas que comemos con leche

Mis frutas favoritas	Mis verduras favoritas	Los ingredientes favoritos de mis sándwiches

Comidas buenas para una dieta balanceada	Comidas malas para la salud

Jugos / zumos favoritos	Sopas favoritas
Me gusta el jugo de …	Me gusta la sopa de …

4 Practica las siguientes preguntas con tu compañero. Toma turnos para preguntar y responder.

a ¿Qué te gusta comer en el desayuno / el almuerzo / la cena?

b ¿Qué prefieres … o …? ¿Por qué?

c ¿Qué ingredientes te gustan en una ensalada?

d ¿Qué sopas te gustan?

e ¿Qué jugos no te gustan? ¿Por qué?

◆ Oportunidades de evaluación

◆ En esta actividad practicarás habilidades del aspecto i del Criterio D Expresión escrita: Usar una amplia variedad de vocabulario.

ACTIVIDAD: Diseña ensaladas, sándwiches y combos

Utiliza la información en la ilustración en las páginas 88 y 89.

Diseña una carta para un restaurante de sándwiches y ensaladas.

Incluye diferentes tipos de sándwiches y ensaladas con diferentes ingredientes.

Da un nombre para tu ensalada o sándwich y escribe los ingredientes que incluye.

Diseña algunos combos de ensaladas y sándwiches y jugos para diferentes personas. Considera las normas de alimentación de diferentes personas, tales como vegetarianos, veganos, jainistas, etc.

Incluye símbolos e íconos para **indicar** detalles específicos de los alimentos.

Intercambia tu carta con un compañero y comparte tu opinión.

ACTIVIDAD: Desayunos alrededor del mundo

Trabaja con un compañero. Utiliza las imágenes en la presentación en este enlace: http://tinyurl.com/desayunox. Interactúa con tu compañero haciendo preguntas sobre los desayunos en países diferentes.

Estas son algunas de las preguntas que puedes utilizar.

Escribe más preguntas para enriquecer la interacción.

- **¿Qué comen en <u>Rusia</u> en el desayuno?**
- **¿Qué opinas del desayuno en <u>Irán</u>?**
- **¿Qué desayuno prefieres: el de <u>China</u> o el de <u>Vietnam</u>? ¿Por qué?**

ACTIVIDAD: Investigación sobre las cenas alrededor del mundo

Considera la presentación de "Desayunos alrededor del mundo" (http://tinyurl.com/desayunox) y utilízala como **patrón** para diseñar una presentación similar.

Investiga sobre las cenas en diferentes países. Con la información que encuentres, prepara una presentación de PowerPoint.

Comparte tu trabajo en equipos pequeños.

Haz preguntas sobre el trabajo de tus compañeros.

Los tacos

Una de las comidas más creativas

1   El taco es un plato de origen mexicano, uno de los más famosos y populares, pero posiblemente el más adulterado en muchos restaurantes del mundo. Un taco real consiste en una tortilla de maíz de un tamaño especial, más pequeño que las tortillas comunes, sobre la cual se pone un guisado.

2   El concepto del taco es muy original pues existen tacos muy básicos como una simple tortilla recién hecha con sal, o especialidades de diferentes regiones en México. Básicamente, los tipos de tacos que existen reciben el nombre del guisado que llevan dentro. Así, podemos mencionar los tacos de longaniza, los tacos de pescado, los tacos de birria, los tacos de barbacoa, entre otros. Entonces, no es difícil comprender por qué la clase de tacos que se venden en Taco Bell, la cadena de restaurantes estadounidense, no es un taco real, sino un bastardo de este plato tan dinámico.

3   Muchos restaurantes en el mundo que ofrecen comida mexicana que no es genuina son responsables de la mala y pobre reputación de los tacos. Muchas personas piensan que los tacos son comida rápida, pero en realidad los tacos se pueden comparar con la pizza, porque pueden tener un estilo gourmet. Al viajar por México, se pueden probar tacos con ingredientes locales y, además, con procesos de preparación muy diferentes, algunos simples y otros más complejos.

4   Por ejemplo, para preparar tacos de cochinita pibil, es necesario cocinar la cochinita primero. La cochinita pibil es un platillo tradicional del sur de México que tiene un proceso de preparación muy especial y que puede tomar varias horas para estar lista. Los tacos de canasta son otro ejemplo; estos se preparan con pequeñas tortillas de maíz y se calientan con vapor utilizando una olla llamada "vaporera". Estos tacos son aceitosos y sudados, y generalmente se rellenan con guisos como papa, frijoles, carne deshebrada de res y de chicharrón de puerco, mole verde, por mencionar algunas variedades. En otras palabras, los tacos son fuertes representantes de las costumbres culinarias de México, incluyen colores diferentes, mezclan diferentes sabores y atienden a todas las personalidades de los comensales.

5   En los puestos de tacos o taquerías, los tacos se acompañan de una variedad de salsas, rábanos picados, chiles asados y frijoles. Entonces, la próxima vez que estés en un restaurante mexicano y encuentres tacos en la carta, ya puedes saber si son reales o no.

Estudia las convenciones del texto acerca de los tacos.

Este texto es un artículo de revista.

Estos son algunos elementos que ayudan a reconocer los artículos de revistas:

- El título del artículo se escribe con fuentes grandes en un color distintivo.
- Algunos artículos incluyen una entradilla que destaca la información importante del artículo. La entradilla se encuentra antes del texto principal y se escribe en negritas. (El texto anterior no tiene entradilla.)
- El contenido del artículo describe y explica el título y ofrece detalles y ejemplos.
- Un artículo incluye imágenes que reflejan algunas de las ideas principales del texto.

El **propósito** del artículo acerca de los tacos es **informar**. Podemos reconocer el **propósito** porque el artículo menciona datos diferentes acerca de los tipos de tacos.

ACTIVIDAD: Las comidas en diferentes culturas

Enfoques del aprendizaje

- Habilidad de comunicación: Escriben con diferentes propósitos

Eres un chef y bloguero que escribe acerca de las comidas en diferentes culturas. Los lectores de tu blog son futuros chefs.

Escribe una entrada para tu blog. Compara dos desayunos o cenas de diferentes países con el desayuno o cena de tu país.

Menciona similitudes y diferencias con respecto a los ingredientes, los sabores y guarniciones adicionales con las que se acompañan los platos.

Escribe entre 100 y 150 palabras.

◆ Oportunidades de evaluación

- En esta actividad practicarás habilidades de todos los aspectos del Criterio D Expresión escrita: Usar una amplia variedad de vocabulario, usar una amplia variedad de estructuras gramaticales correctamente, organizar información por escrito y comunicar información teniendo en cuenta el destinatario y el propósito.

ACTIVIDAD: Los tacos: Una de las comidas más creativas

Enfoques del aprendizaje

- Habilidad de comunicación: Leen con actitud crítica y para comprender

Después de leer el artículo sobre los tacos en la página anterior, responde las siguientes preguntas.

1 Según el texto, ¿de qué depende el nombre de los tacos?
2 ¿Por qué el texto compara los tacos con la pizza? Menciona dos detalles o datos.
3 ¿Qué o quién es responsable de promover un tipo de taco que no es real? Explica.
4 Todos los tacos tienen un proceso de preparación muy fácil: ¿verdadero o falso? Justifica tu respuesta.
5 ¿Cuáles características son particulares en las costumbres culinarias mexicanas según el artículo?
6 En un puesto de tacos o taquería, ¿cómo se sirven los tacos?
7 ¿Por qué el autor utilizó dos colores y tamaños de fuentes diferentes en el título?
8 ¿Qué elementos del texto se reflejan en las imágenes? Explica tu respuesta.
9 ¿En qué tipo de revista es más probable encontrar este artículo? Justifica tu respuesta.
   a revista de automóviles
   b revista de moda
   c revista de turismo
10 ¿Por qué el autor incluyó dos fotos diferentes de los tacos?
11 Describe la actitud del autor del artículo. ¿Qué mensaje quiere transmitir?
12 Considera los tipos de tacos que se mencionan en el texto. ¿Cuál taco te gustaría probar? ¿Por qué o por qué no?
13 En tu opinión, ¿es fácil o difícil preparar tacos reales fuera de México? Explica.

◆ Oportunidades de evaluación

- En esta actividad practicarás habilidades de todos los aspectos del Criterio B Comprensión de lectura: Demostrar la comprensión de información oral explícita e implícita (datos, opiniones, mensajes y detalles), analizar convenciones y analizar conexiones.

¿Qué relación existe entre las decisiones alimenticias, la cultura y la religión?

Indaga acerca de los diferentes alimentos que pueden ser parte esencial de la **identidad** de las personas de los países hispanohablantes.

ACTIVIDAD: ¿Qué se produce en el mundo hispanohablante?

Observa el mapa y los productos que se producen en cada país.

Escribe diez oraciones. Sigue el **patrón** de este ejemplo:

México produce naranjas, aguacates, fresas y maíz.

◆ Oportunidades de evaluación

◆ En esta actividad practicarás habilidades del aspecto i del Criterio D Expresión escrita: Usar una amplia variedad de vocabulario.

▼ Nexos con: Individuos y Sociedades: Geografía

La cultura culinaria de cada país se basa en gran parte en el sistema agrícola que posee.

Lee el siguiente blog sobre las frutas exóticas originarias de El Salvador.

Frutas exóticas originarias de El Salvador

1 ¿Qué sucede cuando algunos mexicanos, centroamericanos y caribeños hablan sobre las frutas originarias de sus países? Evidentemente, además de hablar de las comidas típicas de sus naciones, ninguno de estos latinos pierde la oportunidad de presumir la variedad de frutas originarias de sus países. Así, en estas conversaciones, no es raro escuchar nombres de frutas o comidas que jamás hemos escuchado.

2 El mes pasado visité El Salvador para escribir un artículo sobre los destinos turísticos del país y Rodrigo, mi guía local, me dio a probar una gran cantidad de frutas exóticas originarias de El Salvador que no conocía. ¡Lo juro! A pesar de que he vistado Centro América en varias ocasiones, estoy sorprendido de la cantidad de frutas que pude probar. Entonces, en esta entrada quiero compartirles una lista de frutas exóticas que no es posible encontrar en ningún otro lugar.

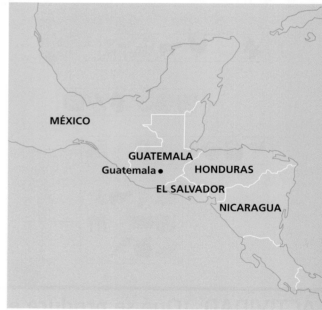

Mamey

3 No confundan la fruta que los salvadoreños conocen como Mamey con la que se puede comprar en México o Puerto Rico. El mamey mexicano o puertorriqueño, en El Salvador se conoce como sapote. El mamey salvadoreño tiene un sabor muy parecido al del mangostán. Curiosamente, el kolashampan, una bebida típica, es de sabor mamey.

Carao

4 Esta fruta es parecida al carob, salvo que el árbol de carao sólo crece en Centro América y Hawái. El carao tiene un sabor similar a la caña de azúcar y los salvadoreños lo utilizan para darle sabor a la leche. Hay que tener precaución con esta fruta pues su olor no es muy agradable.

Chaparrón

5 El chaparrón ni es popular ni se puede comprar en los mercados. Rodrigo me llevó al Parque Nacional El Imposible, y me mostró las plantas de chaparrón durante nuestro paseo. Rodrigo cortó un par para probarlos y puedo afirmar que tiene un sabor dulce y agradable. Definitivamente ahora es una de mis frutas favoritas.

■ Mamey

Marañón

6   Los marañones son famosos, deliciosos y fácil de identificar. Lo interesante es que en El Salvador es común encontrarlos en forma de jugos y salsas, y, cuando es temporada, es posible comprarla en todas las esquinas de San Salvador en pequeños puestos en la calle.

■ Marañón

Jocote

7   El jocote es una de las frutas más populares en El Salvador. Es muy parecido al Marañón y es muy popular en un plato salvadoreño típico que también lleva panela y mango.

■ Jocote

Marañón Japonés

8   El marañón japonés se llama *pomarrosa* en Puerto Rico; tiene un sabor muy parecido al yambo, una fruta típica de Malasia y Tailandia. También es otra de mis frutas favoritas.

■ Marañón Japonés

Manzana Rosa

9   La manzana rosa probablemente es de la misma familia que la pomarrosa puertorriqueña, salvo que esta tiene un sabor muy parecido al limón y un olor muy peculiar y muy poco agradable. El nombre vulgar, mencionó Rodrigo, es manzana pedorra.

■ Manzana Rosa

Paterna

10   Antes que nada, debo aclarar que la paterna no es una fruta; es una vaina con semillas cubiertas de una sustancia blanca que parece un bombón derretido. Las paternas se consumen frescas, pero solo la parte blanca. A los niños salvadoreños les gusta la paterna y es muy común verlos comiendo en los parques de El Salvador.

■ Paterna

11   Bueno, ¿qué opinan de la variedad de frutas originarias de El Salvador? Yo estoy fascinado. Cuando viajamos en muchas ocasiones es necesario experimentar y probar frutas y comidas que no conocemos, esta es una de las mejores experiencias, pues así podemos aprender más sobre la cultura del país.

12   ¿Cuántas de estas frutas conocen?

No olviden comentar.

13   Hasta la próxima aventura.

ACTIVIDAD: Frutas exóticas originarias de El Salvador

■ Enfoques del aprendizaje

- ■ Habilidad de comunicación: Leen con actitud crítica y para comprender

Después de leer el blog sobre las frutas exóticas originarias de El Salvador en las páginas anteriores, responde las siguientes preguntas.

Selecciona *verdadero* o *falso* en cada caso. Justifica tus respuestas.

1   ¿Verdadero o falso? Román está en El Salvador para escribir sobre comida. Justifica tu respuesta.
2   ¿Verdadero o falso? El carao es una fruta típica de Malasia y Tailandia. Justifica tu respuesta.
3   ¿Verdadero o falso? Román compró chaparrones en el supermercado. Justifica tu respuesta.
4   ¿Verdadero o falso? A los niños de El Salvador les gusta comer paterna. Justifica tu respuesta.
5   ¿Verdadero o falso? A Román le gusto el sabor del chaparrón. Justifica tu respuesta.

Responde las siguientes preguntas.

6   En tu opinión, ¿por qué el autor incluyó fotos en este artículo? Explica.
7   ¿Cuál característica al final del texto informa que es un texto de un blog?
8   ¿Por qué es importante organizar el texto de esta manera: nombre de la fruta, descripción de la fruta, foto de la fruta?
9   Considera la información del texto, ¿qué fruta te gustaría probar? ¿Por qué o por qué no?
10 De acuerdo con la información en el texto, ¿qué podemos generalizar sobre las personas de El Salvador y sus frutas? Explica.
11 ¿Cómo imaginas un mercado de frutas en El Salvador? Escribe tu descripción.

◆ Oportunidades de evaluación

- ◆ En esta actividad practicarás habilidades de todos los aspectos del Criterio B Comprensión de lectura: Demostrar la comprensión de información oral explícita e implícita (datos, opiniones, mensajes y detalles), analizar convenciones y analizar conexiones.

▼ Nexos con: Ciencias: Biología

Un huerto en el aula de clases

■ Enfoques del aprendizaje

- ■ Habilidad de gestión de la información: Acceden a la información para estar informados e informar a otros
- ■ Habilidad de comunicación: Escriben con diferentes propósitos

Investiga sobre algunas frutas exóticas en diferentes países. Prepara una fotografía de cada una y describe sus características: color, sabor, etc. Menciona el clima en el que crece, los países donde es posible encontrarlas y las comidas en las que podemos utilizarlas.

Prepara una galería en conjunto con tus compañeros.

ACTIVIDAD: Conversaciones en el mercado

■ Enfoques del aprendizaje

- ■ Habilidad de comunicación: Utilizan una variedad de técnicas de expresión oral para comunicarse con diversos destinatarios

Trabaja en parejas.

Utiliza las imágenes en este enlace:
https://tinyurl.com/txon424

Toma turnos para simular conversaciones por teléfono acerca de las frutas y verduras en el mercado.

Imagina que estás en uno de los mercados en las imágenes. Llama a tu hermano/a y pregunta si necesitan las cosas que hay en el mercado donde estás.

Si recibes la llamada, puedes preguntas acerca de lo que hay.

◆ Oportunidades de evaluación

- ◆ En esta actividad practicarás habilidades de los aspectos ii y iv del Criterio D Expresión escrita: Usar una amplia variedad de estructuras gramaticales correctamente y comunicar la información requerida con claridad y eficacia.

Paella

Ingredientes

150 gramos de magro de cerdo

500 gramos de carne de pollo

2 dientes de ajo

200 gramos de tomate triturado

350 gramos de arroz

700 ml de caldo de pollo

250 gramos de calamares

10 langostinos

300 gramos de mejillones

60 gramos de guisantes

1 pimiento morrón

Azafrán

Sal

Preparación

1 Poner un poco de aceite de oliva en la paellera.
2 Calentar a fuego más bien intenso.
3 Cuando el aceite esté caliente echar los langostinos.
4 Cocinar por ambos lados.
5 Pelar y picar los ajos.
6 Retirar los langostinos cuando estén dorados.
7 Cortar la carne en trozos.
8 Echar la carne en la paellera.
9 Limpiar los calamares con agua abundante.
10 Cortar las patas a los calamares y cortar los calamares en aros.
11 Cortar los calamares en trozos pequeños.
12 Añadir los calamares.
13 Agregar los ajos.
14 Revolver todos los ingredientes.
15 Hervir el caldo de pollo en una cazuela aparte.
16 Freír y reducir el tomate en la paellera.
17 Agregar el arroz.
18 Mezclar todos los ingredientes: langostinos, los mejillones, los guisantes y el pimiento morrón.
19 Cocinar durante unos 20 a 25 minutillos.
20 Servir y disfrutar la paella.

PUNTO DE INDAGACIÓN

Mira el vídeo en este enlace: **https://youtu.be/fQ7cWJApFHc**. Reflexiona acerca de los nombres de diversas comidas en diferentes **culturas**.

ACTIVIDAD: Comidas típicas navideñas de Latinoamérica

■ Enfoques del aprendizaje

■ Habilidad de pensamiento crítico: Extraen conclusiones y realizan generalizaciones razonables

Mira el vídeo en el siguiente enlace: **http://tinyurl.com/comidXmas**. Responde las siguientes preguntas.

Empareja las columnas. En la columna de la derecha, escribe el número del país donde se come ese plato. Hay una opción extra.

1	México	a	Cerdo Relleno de verduras
2	Venezuela	b	Carne Asada
3	Nicaragua	c	Farofa
4	Colombia	d	Tembleque
5	Brasil	e	Tamales
6	Argentina	f	Ensalada de papas
7	Puerto Rico	g	Hallaca
		h	Pavo relleno

Responde las siguientes preguntas.

8 ¿Dónde se filmó este vídeo y cómo se llama la Chef? Responde las dos preguntas.
9 ¿Qué tan similares son las cenas de los países latinoamericanos que se presentaron? Menciona dos similitudes.
10 ¿Cuál es el **propósito** del vídeo?
11 ¿Cómo decidió el director del vídeo presentar la cena de cada país?
12 ¿En qué tipo de programa de televisión es posible ver este vídeo? Justifica tu respuesta.
13 ¿Cuál de estas cenas te gustaría probar? ¿Por qué?
14 ¿Cuál(es) de estas cenas es (son) similar(es) a una cena típica en tu país? Explica.
15 ¿Cuáles de estas cenas les gustaría a dos de tus amigos? Explica.

◆ Oportunidades de evaluación

◆ En esta actividad practicarás habilidades de todos los aspectos del Criterio A Comprensión auditiva: Demostrar la comprensión de información oral explícita e implícita (datos, opiniones, mensajes y detalles), analizar convenciones y analizar conexiones.

ACTIVIDAD: La paella

■ Enfoques del aprendizaje

■ Habilidad de comunicación: Leen con actitud crítica y para comprender

Clasifica las siguientes oraciones como verdadero o falso de acuerdo con el texto en la página 97. **Justifica** tu respuesta.

1 Necesitamos más carne de cerdo que carne de pollo.
2 Necesitamos una docena de pimiento morrón.
3 Necesitamos limpiar los calamares después de cortarlos.
4 Añadimos los calamares antes de echar la carne a la paellera.
5 Necesitamos cocinar menos de 30 minutos.
6 Necesitamos poner un poco de aceite de oliva en la paellera.

◆ Oportunidades de evaluación

◆ En esta actividad practicarás habilidades del aspecto i del Criterio B Comprensión de lectura: Demostrar la comprensión de información oral explícita e implícita (datos, opiniones, mensajes y detalles).

Cómo escribir instrucciones para una receta

Cuando escribimos las instrucciones de preparación de un plato, es muy importante organizar nuestras ideas de manera cronológica y lógica. También, es esencial escribir con claridad e evitar la ambigüedad, porque estas pueden causar problemas. Considera estas sugerencias al escribir una receta.

- Al principio, menciona los ingredientes que se necesitan. Indica la cantidad. Considera: gramos, kilos, cucharada, pizca.
- Escribe en presente. Utiliza verbos que hagan referencia a las acciones que se necesiten ejecutar, por ejemplo: lavar, cortar, picar, mezclar, untar, agregar.
- Utiliza adverbios para indicar la secuencia de los procesos: primero, después, luego, en seguida, también, finalmente.
- Organiza tus ideas en el orden en que deben suceder las acciones.
- Utiliza las preposiciones correctamente para dar más precisión. Por ejemplo, unta la mantequilla **sobre** el pan.
- No olvides mencionar el tiempo que toma cada acción: cocina por 10 minutos.

ACTIVIDAD: Platos nacionales

Enfoques del aprendizaje

- Habilidad de gestión de la información: Acceden a la información para estar informados e informar a otros
- Habilidad de comunicación: Leen con actitud crítica y para comprender

Indaga sobre platos tradicionales que son parte de la cultura de diferentes países. Selecciona uno de los siguientes platos típicos o nacionales de algunos países hispanohablantes. Investiga sobre los ingredientes que contiene, su método de preparación, cuándo es común comerlo, etc. Prepara una foto.

Costa Rica	Gallo pinto
Venezuela	Arepa
Colombia	Bandeja paisa
Chile	Curanto
México	Chiles en nogada
Paraguay	Vori vori
España	Cocido madrileño
Perú	Papa a la huancaína
Nicaragua	Nacatamales
Bolivia	Ch'ajchu
Guatemala	Jocón
Uruguay	Chupín de surubí

Escribe la información del plato que selecciones.

Después de escribir la información sobre tu plato, trabaja con un compañero. Participa en una interacción para presentar tu plato y preguntar sobre el plato que investigó tu compañero. Toma turnos para hacer preguntas sobre los ingredientes, los sabores, etc.

Oportunidades de evaluación

- En esta actividad practicarás habilidades de los aspectos ii y iv del Criterio D Expresión escrita: Usar una amplia variedad de estructuras gramaticales correctamente y comunicar la información requerida con claridad y eficacia.

4   ¿Qué tan profunda es la relación entre la comida, la cultura y la identidad?

99

¿Es toda la comida típica de tu país saludable?

OBSERVA–PIENSA– PREGÚNTATE

■ Enfoques del aprendizaje

■ Habilidad de comunicación: Participan en diálogos breves para intercambiar información concreta

Observa la gráfica a la derecha, la cual muestra la cantidad de alimentos que debemos consumir.

Contesta estas preguntas:

1 ¿Qué te gusta comer con frecuencia?
2 ¿Qué comes más? ¿Frutas y verduras, alimentos de origen animal?
3 ¿Qué tan frecuentemente comes en restaurantes de comida rápida? ¿Qué te gusta comer ahí?
4 De acuerdo con la información en la imagen, ¿qué tan balanceada es tu dieta?

Comparte tus respuestas con tus compañeros en equipos pequeños.

◆ Oportunidades de evaluación

◆ En esta actividad practicarás habilidades de los aspectos ii y iv del Criterio D Expresión escrita: Usar una amplia variedad de estructuras gramaticales correctamente y comunicar información teniendo en cuenta el destinatario y el propósito.

PIENSA–COMPARA–COMPARTE

Considera las ideas que compartiste con tus compañeros en "Observa–piensa–pregúntate" en la esquina superior izquierda de esta página. Escribe diez oraciones y compara tu dieta y la dieta de uno de tus compañeros. Compara lo que comen, lo que beben, y cualquier otra información que consideres prudente.

Comparaciones

Cuando expresamos comparaciones en español, podemos hacerlo de diferentes formas.
Presta atención al símbolo matemático al lado de cada oración y lee.

> La sandía es **más** dulce **que** el limón.   (**más** [**adjetivo**] **que**)

< La fresa es **menos** grande **que** la papaya.   (**menos** [**adjetivo**] **que**)

= Posiblemente el durazno es **igual de** grande **que** la manzana.   (**igual de** [**adjetivo**] **que**)

= Posiblemente la sandía es **tan** dulce **como** la manzana.   (**tan** [**adjetivo**] **como**)

ACTIVIDAD: ¿Cómo utilizamos nuestro dinero?

◼ Enfoques del aprendizaje

■ Habilidad de comunicación: Hacen deducciones y extraen conclusiones

Lee con atención la siguiente imagen.

¿Cuánto dinero designan las personas a las comidas fuera de casa y / o visitas a restaurantes de comida rápida?

Cifras en millones de personas. Cifras en dólares estadounidenses en 2011.

5.0	8.5	10.0	8.9	7.1	5.8	6.9
República Dominicana	Costa Rica	El Salvador	Guatemala	Honduras	Nicaragua	Panamá

Considerando como referencia 1000 personas en cada país

Percentaje de personas que comen en restaurantes de comida rápida.

34.5%	58.8%	60.3%	67.4%	54.3%	34.0%	65.8%
República Dominicana	Costa Rica	El Salvador	Guatemala	Honduras	Nicaragua	Panamá

Considerando como referencia 1000 personas en cada país

Responde las siguientes preguntas.

1 ¿Qué símbolo se utiliza para indicar porcentajes?
2 ¿De qué manera se representan los porcentajes?
3 ¿De qué manera se representan la cantidad de dinero que se gasta en cada país?
4 ¿Por qué es importante representar cifras de diferentes maneras?

◆ Oportunidades de evaluación

◆ En esta actividad practicarás habilidades del aspecto ii del Criterio B Comprensión de lectura: Analizar convenciones.

❗ Actúa e involúcrate

❗ ¿Qué tan sana es la comida en tu cafería?

❗ Durante una semana, supervisa la comida que se ofrece y toma nota del valor nutricional de cada plato.

❗ Analiza los datos e información que conseguiste y presenta la información en gráficas en una asamblea escolar.

ACTIVIDAD: Diálogo en el área de alimentos

◼ Enfoques del aprendizaje

■ Habilidad de comunicación: Utilizan una variedad de técnicas de expresión oral para comunicarse con diversos destinatarios

Trabaja con un compañero. Imagina que es la hora de comer y los dos quieren ir a un centro comercial.

Utiliza la información acerca de dos áreas de alimentos en las imágenes en el enlace siguiente: **https://tinyurl.com/v8q85vh**

Simula una conversación con tu compañero para decidir a cuál centro comercial deben ir. Considera las opciones de comida y la comida que te gusta comer.

Presta atención a los horarios de apertura y otros detalles importantes.

◆ Oportunidades de evaluación

◆ En esta actividad practicarás habilidades del aspecto iv del Criterio C Expresión oral: Comunicar la información requerida con claridad y eficacia.

ACTIVIDAD: Cinco fiestas

◼ Enfoques del aprendizaje

■ Habilidades de comunicación: Leen con actitud crítica y para comprender. Utilizan una variedad de técnicas de expresión oral para comunicarse con diversos destinatarios

Lee el texto en la página 102 y **organiza** la información en una tabla similar. Menciona el nombre de las personas, la comida que deben comer en la entrada, el tipo de verduras que es necesario, el postre y la bebida. **Analiza** la información con mucha atención.

Contexto

1   La Señora Fernández y su chef planean cinco fiestas para el 5 de mayo, pero no es fácil porque sus invitados son muy complicados. Ayúdales a planear una fiesta memorable y exitosa.

Detalles

2   Carlos es católico y no come carne los viernes. Con los residuos de patatas al horno podemos hacer patatas fritas pero solamente el día siguiente. María es gorda y no come comidas fritas. A Diana le gusta la carne de puerco los miércoles. Juan es alérgico a la leche. Las zanahorias tienen mucha azúcar. Bebe alcohol con patatas fritas. La Sra. Fernández sirve vino blanco solamente con pescado. Los ejotes son deliciosos con carne de puerco. Los espárragos sin crema tienen pocas calorías. La Sra. Fernández hace flan los domingos. Es muy buena idea servir las patatas al horno con bistec. El pavo es bueno para personas gordas. María va a la clase de baile los martes. A Mónica le gusta el café y el flan. El pollo frito y las patatas fritas son buenos. La Sra. Fernández sirve leche con galletas. El agua no tiene calorías. A Juan le gusta el pollo. El pastel de chocolate se sirve después del pescado. La Sra. Fernández sirve dos tipos de alcohol: tequila y vino blanco. A Juan no le gusta la fruta como postre. La jericalla es deliciosa después del tequila.

Día	Persona	Entrada	Verdura	Postre	Bebida
Lunes					
Martes					
Miércoles					
Jueves					
Viernes					

ALGUNAS TAREAS SUMATIVAS PARA EVALUAR ESTE CAPÍTULO

Considera las siguientes actividades para poner en práctica lo que has aprendido en este capítulo.

Beneficios de las frutas y verduras según su color

Las frutas y verduras de este color son ideales para ayudar al sistema inmunológico.

Las frutas de este color contribuyen a la belleza.

Las frutas y verduras de este color ayudan a prevenir el cáncer.

Las frutas y verduras de este color fortalecen la salud cardiovascular.

Las frutas y verduras de este color ayudan a la longevidad.

Las frutas y verduras de este color ayudan a desintoxicar el cuerpo.

ACTIVIDAD: Sugerencias para una alimentación ideal

■ Enfoques del aprendizaje

- Habilidad de comunicación: Estructuran la información utilizando diferentes tipos de oraciones para utilizar la lengua en contexto

Presta atención a la imagen a la izquierda.

Primero, **identifica** diferentes frutas, verduras y hortalizas de acuerdo con su color.

Imagina que eres responsable de escribir la sección de salud y alimentación en la revista de estudiantes de tu escuela.

Utiliza la información en la imagen anterior y escribe un artículo acerca de las ventajas de consumir frutas y verduras de diferentes colores.

Menciona ejemplos relevantes en tu artículo.

◆ Oportunidades de evaluación

- En esta actividad practicarás habilidades de todos los aspectos del Criterio D Expresión escrita.

ACTIVIDAD: La dieta mediterránea

■ Enfoques del aprendizaje

- Habilidad de pensamiento crítico: Extraen conclusiones y realizan generalizaciones razonables

Mira el vídeo en este enlace: http://tinyurl.com/dietamed, y después responde las siguientes preguntas.

Selecciona *verdadero* o *falso*. Incluye una justificación.

1 ¿Verdadero o falso? La dieta mediterránea tiene restricciones respecto a la comida que se consume. Justifica tu respuesta.

2 ¿Verdadero o falso? El doctor mencionó un ejemplo de las malas decisiones que algunas personas toman cuando escogen qué beber. Justifica tu respuesta.

Responde las siguientes preguntas.

3 En una oración breve, describe la opinión del doctor sobre la dieta mediterránea.

4 ¿Cuál es el objetivo de este podcast?

5 ¿A qué personas aborda el doctor con este podcast? Explica.

6 ¿Qué opinas de la explicación? ¿Te gustó? ¿Por qué o por qué no?

7 ¿Por qué piensas que el doctor menciona la palabra "adultos" cuando habla de vino? Explica.

8 ¿Cómo es la dieta de tu país diferente de la dieta que se describe en el podcast? Menciona tres ejemplos.

9 ¿Piensas que a tu familia le gustaría consumir los alimentos de la dieta mediterránea? ¿Por qué o por qué no?

◆ Oportunidades de evaluación

- En esta actividad practicarás habilidades de todos los aspectos del Criterio A Comprensión auditiva.

Lee el siguiente artículo sobre las mejores comidas del mundo.

Las Mejores Comidas del Mundo

1   Cada año, S. Pellegrino Internacional hace una investigación de las comidas más populares y los mejores restaurantes del mundo. En esta investigación participan doctores, personalidades famosas, nutricionistas, chefs y algunos invitados. Los participantes visitan muchos restaurantes en todo el mundo y evalúan la calidad de la comida, la originalidad de los platos, los sabores, lo sofisticado y variedad de platos en la carta.

2   Muchas personas piensan que la comida francesa es la más popular y la mejor, y que los mejores restaurantes están en Francia, pero esto no es necesariamente cierto; mucha gente prefiere la comida italiana y adora cocinarla en casa o para las fiestas, pero esto no significa que sea la mejor tampoco; en todo el mundo, hay más restaurantes de comida china y japonesa que de otras comidas, pero esto no significa que sean los mejores; la comida mexicana, española y brasileña también son muy populares, pero tampoco pueden afirmar que son las mejores.

3   Por casi diez años, los mejores restaurante del mundo pertenecen a familias españolas. De hecho, en la lista de los mejores cincuent restaurantes del mundo en el 2010, 2! restaurantes resultaron ser españoles, están e España o en un hotel español.

4   S. Pellegrino Internacional organiza l información de la siguiente manera: cocina con más platillos, cocinas más reconocida cocinas más populares, cocinas má sofisticadas y mejores restaurantes. En el 201! las personas que participaron en la evaluació son: el médico Fernando Cabieses; El ministr peruano Javier Sota Nadal; el chef peruan Gastón Acurio; la ex Miss Universo mexican Ximena Navarrete; la Reina de los Países Bajo Máxima Zorreguieta; la periodista peruan amante del arte culinario, Mariella Balbi; chef peruno Miguel Schiaffino y la diseñado de moda Carolina Herrera.

Los resultados son:

ugar	Comidas con más platillos	Cocinas más reconocidas	Cocinas más populares	Cocinas más sofisticadas	Mejores restaurantes
imer	India	Italiana	China	Belga	El Bulli (España)
egundo	Francesa	Francesa	Italiana	Francesa	Noma (Dinamarca)
rcer	Mexicana	Mexicana	Japonesa	Italiana	The Fat Duck (Inglaterra)
uarto	Italiana	China	Mexicana	Tailandesa	El Celler de Can Roca (España)
Quinto	China	Española	Francesa	Mexicana	Mugaritz (España)

En la tabla de resultados, es posible ver que la comida francesa, italiana y mexicana aparecen en las cinco posiciones más altas y recibieron buenas evaluaciones. En la sección de los mejores restaurantes, tres de cinco restaurantes, incluyendo el número uno, son españoles. Sin embargo, la sorpresa más grande es observar que la comida belga es la comida más sofisticada, especialmente porque la comida de Bélgica no es muy popular en el mundo.

La cocina peruana recibió el premio especial 2015. Según Javier Sota Nadal, la comida moderna de Perú es una de las diez comidas más originales del mundo porque es una combinación de ingredientes españoles, africanos, japoneses y chinos.

En el presente los restaurantes peruanos "Astrid y Gastón" en Barcelona; "Tanta" en Roma; y "La Mar" en Montreal están en la lista de los mejores cien restaurantes del mundo. En estos restaurantes, las personas pueden comer platillos típicos como aguaymanto, sauco, ajíes y ensalada de hoja de coca.

9   La chef peruana Rosalinda Estrada, del restaurante peruano "Alpaca" en la Ciudad de México, menciona que en su restaurante el menú incluye casi 350 diferentes opciones, aunque generalmente las personas sólo ordenan doce postres populares, veintitrés platos principales y la ensalada de hoja de coca, la más popular.

10   Entonces, es fácil concluir que posiblemente, en la evaluación S. Pellegrino Internacional en el futuro, la comida peruana estará en una o más listas.

ACTIVIDAD: Las Mejores Comidas del Mundo

Lee el artículo en las páginas 104 a 105 y responde las siguientes preguntas.

Escribe los nombres correctos en los espacios en blanco.

1 … trabaja en un restaurante en la Ciudad de México.
2 … piensa que la comida peruana es muy original.
3 La comida … es sofisticada pero no es popular.
4 … restaurantes españoles están en la lista de los mejores 50 restaurantes del mundo.

Selecciona *sí* o *no*.

5 ¿Sí o no? S. Pellegrino Internacional es un restaurante.
6 ¿Sí o no? La ensalada de hoja de coca es un platillo poco popular.
7 ¿Sí o no? No es sorpresa que la comida belga sea la más sofisticada.
8 ¿Sí o no? Máxima Zorreguieta es una chef.

Responde las siguientes preguntas con información de la lectura.

9 Menciona dos ideas incorrectas acerca de las comidas internacionales.
10 ¿Cómo ayudan las imágenes a transmitir el mensaje del artículo?
11 Menciona tres elementos lingüísticos y gráficos que utilizó el autor para comunicar su mensaje en este texto.
12 ¿Por qué el párrafo 6 explica la tabla anterior?
13 Según el texto, explica por qué la comida peruana es una de las más creativas y dinámicas.
14 ¿Cuál es la sorpresa más grande de los resultados de 2015? ¿Por qué?
15 ¿A quién de tus amigos recomendarías este artículo? ¿Por qué o por qué no?

◆ Oportunidades de evaluación

◆ En esta actividad practicarás habilidades de todos los aspectos del Criterio B Comprensión de lectura.

! Actúa e involúcrate

! Agenda una charla con tu profesor de Educación Física y para la Salud sobre los hábitos alimenticios favorables que se deberían fomentar en tu escuela.

! Debate puntos sobre la manera en que es necesario planificar el horario escolar para favorecer nuestros hábitos alimenticios.

! Piensa en una forma efectiva y creativa de presentar la información a tu comunidad.

ACTIVIDAD: Santocoyote

Tarea en el formato de evaluación interna

Estudia el siguiente sitio web durante diez minutos: https://santocoyote.com.mx/

Explora el sitio web y toma notas acerca de las secciones y las galerías de imágenes. Prepara una presentación para tu profesor.

En tu presentación, **explica** el contenido del sitio web y menciona conexiones personales que puedes hacer con la información. Tu profesor te hará preguntas acerca de tu presentación.

Puedes utilizar tus notas pero no puedes leer.

◆ Oportunidades de evaluación

◆ En esta actividad practicarás habilidades de todos los aspectos del Criterio C Expresión oral.

Reflexión

La comida es una parte esencial de la cultura e identidad de cada país. Además de ser un ejemplo de la manera en que se transforman los alimentos que se producen en un país, también son un ejemplo de la manera en que cada nación expresa su cultura. Aunque es posible encontrar frutas o verduras similares en diferentes lugares, sus nombres pueden ser distintos debido a la influencia de las lenguas locales, a las tradiciones o posiblemente algunos eventos históricos.

Las comidas típicas de cada país son símbolos de su cultura y de sus tradiciones; e incluso, gracias a su creatividad para presentar colores y mezclar sabores, pueden ser ejemplo de la identidad nacional.

EXTENSIÓN

Escucha el episodio 7 del podcast del autor del libro en este enlace:
https://tinyurl.com/ydyjw63m

Reflexionemos sobre nuestro aprendizaje …
Usa esta tabla para reflexionar sobre tu aprendizaje personal en este capítulo.

Preguntas que hicimos	Respuestas que encontramos	Preguntas que podemos generar ahora			
Fácticas: ¿Cuáles platos típicos de tu país son tus favoritos? ¿Qué comida de otros países te gusta?					
Conceptuales: ¿Qué relación existe entre las decisiones alimenticias, la cultura y la religión? ¿Por qué muchas personas se definen a sí mismas por medio de la comida que consumen? ¿Cómo es la relación entre la geografía de los países y la comida que preparan?					
Debatibles: ¿Es toda la comida típica de un país saludable? ¿Existe una relación entre los rituales en la mesa y la comida en diferentes países? ¿Cuál es la mejor comida del mundo?					
Enfoques de aprendizaje en este capítulo:	Descripción: ¿qué destrezas nuevas adquiriste?	¿Qué tan bien has consolidado estas destrezas?			
		Novato	En proceso de aprendizaje	Practicante	Experto
Habilidades de comunicación					
Habilidades de gestión de la información					
Habilidades de pensamiento crítico					
Habilidades de pensamiento creativo					
Atributos de la comunidad de aprendizaje	Reflexiona sobre la importancia de ser alguien de mente abierta en este capítulo. ¿Cómo demostraste tus habilidades como estudiante con mente abierta en este capítulo?				
Mente abierta					

5 ¿Cómo demostramos nuestros valores y actitudes cuando practicamos deportes?

La **creatividad** contribuye a **moldear** el **desarrollo** del bienestar personal y social.

EN ESTE CAPÍTULO VAMOS A INVESTIGAR LAS SIGUIENTES PREGUNTAS:

Fácticas: ¿Qué deportes te gusta practicar? ¿Qué vocabulario y estructuras utilizamos para hablar acerca de los deportes? ¿Qué función tienen los verbos modales como "deber" cuando hablamos de las reglas en los deportes?

Conceptuales: ¿Por qué son importantes los reglamentos en las competiciones deportivas? ¿Qué relación existe entre el nombre de los deportes y las partes del cuerpo y los espacios donde se practican? ¿Por qué es importante la Educación Física en las escuelas?

Debatibles: ¿Por qué es importante promover actividades deportivas para personas con discapacidades físicas? ¿Qué relación existe entre los deportes y el desarrollo social y ético? ¿Podemos estar sanos y ser felices al mismo tiempo?

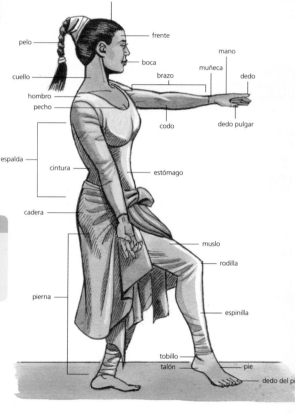

Sugerencia
¿Puedes adivinar con qué partes del cuerpo utilizamos "el", "la", "los" y "las? ¿Hay excepciones?

■ ¿Para qué nos sirve cada una de las partes de nuestro cuerpo?

EN ESTE CAPÍTULO VAMOS A:

■ **Descubrir:**
  ■ vocabulario y estructuras para hablar sobre el cuerpo, los deportes, las reglas y el buen comportamiento.
■ **Explorar:**
  ■ ejemplos de la ética deportiva en las escuelas
  ■ la relación entre la cultura del deporte y la cultura de la salud.
■ **Actuar y:**
  ■ reflexionar sobre el rol de los deportes en el bienestar social
  ■ evaluar las razones por las que a algunas personas no les gusta hacer deportes.

Reflexiona sobre el siguiente atributo de la comunidad de aprendizaje:

- Íntegro: actuamos y colaboramos con integridad y honradez en nuestro ambiente de aprendizaje donde nuestras respuestas reflejen la responsabilidad que asumimos.

Oportunidades de evaluación en este capítulo:

- **Criterio A:** Comprensión auditiva
- **Criterio B:** Comprensión de lectura
- **Criterio C:** Expresión oral
- **Criterio D:** Expresión escrita

Las siguientes habilidades de los enfoques del aprendizaje serán útiles:

- Habilidades de comunicación
- Habilidades de colaboración
- Habilidades de gestión de la información
- Habilidades de alfabetización mediática
- Habilidades de pensamiento crítico
- Habilidades de pensamiento creativo

Contenido esencial

Los contenidos temáticos que se abordarán en este capítulo pertenecen a las fases 1 y 2 del continuo de aprendizaje y son:

- El cuidado personal y el cuidado de otras personas
- El deporte
- Los pasatiempos
- Partes del cuerpo
- Enfermedades y malestares
- Presente
- Construcciones con "poder", "querer", "deber" + infinitivo
- Expresión de sugerencias
- Expresión de deberes

PIENSA–COMPARA–COMPARTE

Comparte tus respuestas a estas preguntas con tus compañeros. ¿Qué tan similares o diferentes son?

1 **¿Cuál deporte es tu favorito?**
2 **¿Prefieres deportes individuales o deportes en equipo? ¿Por qué?**
3 **¿Cómo cambia tu personalidad cuando haces deportes?**
4 **¿A qué deportistas admiras? ¿Por qué?**

VOCABULARIO SUGERIDO

Vocabulario sugerido para mejorar la experiencia de aprendizaje. **Discute** el **significado** de las siguientes palabras y **úsalas** en las actividades en este capítulo.

Sustantivos	Adjetivos	Verbos	
deportes	activo	acelerar	golpear
malestares comunes	agresivo	anotar	interceptar
objetos de cuidado	arrepentido	apoyar	jugar
personal	competitivo	ayudar	lanzar
partes del cuerpo	cooperador	bloquear	levantar
ropa deportivas	dedicado	caer	levantarse
cancha	deportista	capturar	organizar
consulta	descuidado	consumir	parar
diagnosis	ético	controlar	patear
farmacia	integral	cooperar	pegar
gimnasio	perezoso	correr	perder
médico	puntual	dejar caer	practicar
pista	responsable	dejar de comer	recoger
práctica	sano	disparar	recuperarse
receta	solidario	doler	saltar
síntomas		enfermarse	servir
uniforme		entrenar	tener adicciones
		ganar	transmitir

¿Qué deportes te gusta practicar?

Algunas personas dicen que los deportes son como la comida: cada uno tenemos un favorito y seleccionamos qué comer y qué jugar dependiendo de nuestro estado de ánimo y de nuestra personalidad. De manera similar a la manera en que consumimos alimentos, debemos aprender a equilibrar nuestros esfuerzos cuando practicamos deportes para evitar poner en riesgo nuestro cuerpo.

"Nada con exceso, todo con medida" es una expresión común cuando hablamos de las cosas que consumimos, pero también la podemos aplicar a los deportes, porque el exceso puede afectar nuestra salud física, mental y emocional. En este capítulo, además de pensar en aspectos sobre la integridad, considera los aspectos éticos y de equilibrio emocional y físico a la hora de practicar deportes.

ACTIVIDAD: ¿Deportes en equipo o deportes individuales?

Enfoques del aprendizaje

■ Habilidad de colaboración: Escuchan con atención otras perspectivas e ideas

De manera individual, completa las siguientes tablas.

Ejemplos de deportes individuales	Ejemplos de deportes en equipo

Habilidades necesarias para practicar deportes individuales	Habilidades necesarias para practicar deportes en equipo

Compara tus respuestas de manera oral con un compañero. **Justifica** tus decisiones.

Después de compartir tus opiniones con tu compañero, escribe oraciones utilizando estos **patrones**.

a **Cuando practicamos deportes en equipo es necesario** …

b **Cuando practicamos deportes individuales debemos** …

c **Cuando practicamos deportes aprendemos a** …

d **Cuando practicamos deportes individuales desarrollamos** …

◆ Oportunidades de evaluación

◆ En esta actividad practicarás habilidades de los aspectos i y ii del Criterio D Expresión escrita: Usar una amplia variedad de vocabulario y usar una amplia variedad de estructuras gramaticales correctamente.

Analiza la siguiente gráfica. Presta atención a la información que presenta.

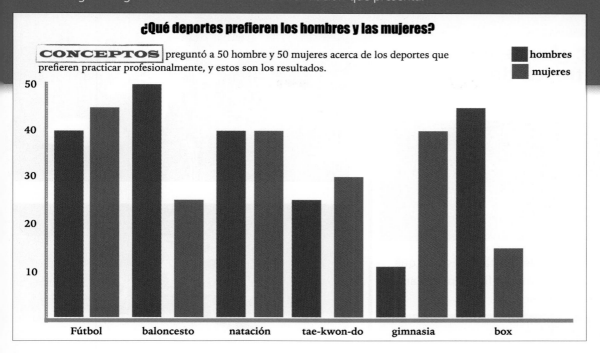

¿Qué deportes prefieren los hombres y las mujeres?

CONCEPTOS preguntó a 50 hombre y 50 mujeres acerca de los deportes que prefieren practicar profesionalmente, y estos son los resultados.

■ hombres
■ mujeres

Fútbol baloncesto natación tae-kwon-do gimnasia box

ACTIVIDAD: Análisis de la gráfica

■ Enfoques del aprendizaje

- ■ Habilidad de comunicación: Hacen deducciones y extraen conclusiones

Responde las siguientes preguntas acerca de la gráfica anterior.

1 ¿Por qué el número de mujeres que prefieren practicar el fútbol es mayor que el de los hombres?
2 ¿Por qué el número de mujeres que prefieren practicar la gimnasia es mayor que el de los hombres?
3 ¿Por qué el número de hombres que prefieren practicar el box es mayor que el de las mujeres?
4 ¿Por qué el número de mujeres y hombres que prefieren practicar la natación es el mismo?
5 ¿Existe una relación entre el género y los deportes que practicamos?
6 ¿Piensas que los resultados pueden ser diferentes en distintos países? ¿Por qué?

◆ Oportunidades de evaluación

- ◆ En esta actividad practicarás habilidades del aspecto iii del Criterio B Comprensión de lectura: Analizar conexiones.

ACTIVIDAD: La creatividad y los deportes

■ Enfoques del aprendizaje

- ■ Habilidad de comunicación: Estructuran la información utilizando diferentes tipos de oraciones para utilizar la lengua en contexto

Considera los siguientes deportes. **Explica** de qué manera utilizamos la creatividad en cada uno. Presta atención al ejemplo y sigue el **patrón**:

Cuando jugamos baloncesto utilizamos la creatividad para planificar estrategias de ataque.

- ● Nado sincronizado
- ● Gimnasia rítmica
- ● Patinaje artístico
- ● Clavados
- ● Yoga
- ● Parcour

◆ Oportunidades de evaluación

- ◆ En esta actividad practicarás habilidades de los aspectos i y ii del Criterio D Expresión escrita: Usar una amplia variedad de vocabulario y usar una amplia variedad de estructuras gramaticales correctamente.

ACTIVIDAD: ¿Existe una relación entre los deportes y la personalidad?

■ **Enfoques del aprendizaje**

■ Habilidad de colaboración: Escuchan con atención otras perspectivas e ideas
■ Habilidad de pensamiento crítico: Obtienen y organizan información pertinente para formular un argumento

De manera individual, completa la tabla. Escribe qué tipo de personas generalmente prefieren practicar estos deportes. Observa el ejemplo.

Deporte	Personalidad
Natación	A las personas que les gusta la natación les gusta el silencio.
Clavados	
Box	
Levantamiento de pesas (halterofilia)	
Surf	
Ciclismo	
Tae kwon do	
Gimnasia olímpica	
Lacrosse	

Después **compara** tus respuestas con un compañero. **Justifica** tus respuestas.

Trabaja con tu compañero, **selecciona** un deporte de la lista y **diseña** un mapa conceptual en el que demuestres todo lo que implica practicar este deporte en cuestión física, emocional, social y régimen dietético.

Presenta tu mapa conceptual con tu compañero.

◆ **Oportunidades de evaluación**

◆ En esta actividad practicarás habilidades del aspecto ii del Criterio D Expresión escrita: Usar una amplia variedad de estructuras gramaticales correctamente.

ACTIVIDAD: Perfil de deportista

■ **Enfoques del aprendizaje**

■ Estructuran la información utilizando diferentes tipos de oraciones para utilizar la lengua en contexto

Considera los riesgos y oportunidades cuando practicas diferentes deportes. Presta atención a las siguientes oraciones y sigue el **patrón** para escribir diez oraciones acerca de la vida de los deportistas:

1 **Cuando los atletas corren distancias largas necesitan regular su respiración para terminar la carrera.**
2 **Antes de jugar, los futbolistas necesitan calentar para no tener problemas musculares.**

◆ **Oportunidades de evaluación**

◆ En esta actividad practicarás habilidades del aspecto ii del Criterio D Expresión escrita: Usar una amplia variedad de estructuras gramaticales correctamente.

ACTIVIDAD: ¿Qué conocimientos y destrezas se necesitan para ser un excelente jugador en ciertos deportes?

■ Enfoques del aprendizaje

- ■ Habilidad de colaboración: Escuchan con atención otras perspectivas e ideas
- ■ Habilidad de gestión de la información: Acceden a la información para estar informados e informar a otros
- ■ Habilidad de comunicación: Utilizan una variedad de técnicas de expresión oral para comunicarse con diversos destinatarios

Selecciona uno de los deportes en la siguiente lista. Realiza una investigación sobre los conocimientos de matemáticas, física u otras disciplinas que son necesarios para tener éxito en el deporte que selecciones.

a	Golf	e	Gimnasia rítmica
b	Tenis	f	Caminata
c	Esgrima	g	Triatlón
d	Nado sincronizado		

Prepara tus notas en un mapa conceptual y después escribe un resumen sobre el deporte, sus aspectos físicos e intelectuales, y las habilidades que se pueden desarrollar.

Comparte tu texto y mapa conceptual con un compañero. Escucha con atención a su presentación y haz preguntas sobre datos interesantes que escuches.

◆ Oportunidades de evaluación

- ◆ En esta actividad practicarás habilidades de los aspectos ii y iii del Criterio D Expresión escrita: Usar una amplia variedad de estructuras gramaticales correctamente y organizar información por escrito.

ACTIVIDAD: Deportes nacionales

■ Enfoques del aprendizaje

- ■ Habilidad de gestión de la información: Acceden a la información para estar informados e informar a otros
- ■ Habilidad de comunicación: Escriben con diferentes propósitos

Selecciona un deporte de la siguiente lista y realiza una investigación sobre él. Investiga sobre sus reglas, entrenamiento necesario, estructura de juego, y detalles interesantes. Utiliza un **patrón** de análisis similar a la actividad "¿Deportes en equipo o deportes individuales?"

- a **Sumo (Japón)**
- b **Criquet (India)**
- c **Tae kwon do (Corea del Sur)**
- d **Charrería (México)**
- e **Tejo (Colombia)**
- f **Rodeo chileno (Chile)**
- g **Pato (Argentina)**
- h **Fútbol australiano (Australia)**
- i **Fútbol gaélico (Irlanda)**
- j **Lucha (Mongolia)**

Escribe un texto para un blog en el que presentes la información que encontraste en tu investigación.

Escribe entre 100 y 150 palabras.

Utiliza el presente y estructuras como "deber" / "tener que" + infinitivo.

◆ Oportunidades de evaluación

- ◆ En esta actividad practicarás habilidades de todos los aspectos del Criterio D Expresión escrita: Usar una amplia variedad de vocabulario, usar una amplia variedad de estructuras gramaticales correctamente, organizar información por escrito y comunicar información teniendo en cuenta el destinatario y el propósito.

Lee el siguiente blog:

www.vidasanacuerposano.wordpress.com

Los deportes que más benefician la salud

1 ¿Cómo están deportistas? Tener una dieta balanceada y realizar ejercicio físico son las claves para estar en buenas condiciones. Los deportes son más que una obligación, pues también son un pasatiempo y además pueden definir el estilo de vida de muchas personas. Existen muchos juegos que tienen una gran cantidad de beneficios para las personas que los practican, pero quiero compartir los resultados de una encuesta que hice sobre los cinco deportes más saludables.

Aquí están los resultados.

Squash

2 El squash es el deporte más completo e intenso, porque con sólo media hora de práctica es posible quemar 517 calorías. Este deporte ayuda a la salud cardiorrespiratoria y permite aumentar la flexibilidad del abdomen y los músculos de la espalda.

Remo

3 El remo es un deporte acuático que fortalece el corazón y el sistema respiratorio; también aumenta la flexibilidad y la resistencia muscular.

Natación

4 La mayoría de los especialistas en deportes recomienda la natación porque es muy beneficioso en numerosos aspectos. Además de fortalecer los huesos y dar forma a la masa muscular, provoca grandes cambios positivos a nivel cardiorrespiratorio. La natación es un deporte muy recomendado para personas asmáticas porque aumenta la capacidad respiratoria.

Ciclismo

5 Practicar ciclismo ayuda a fortalecer y aumentar la resistencia de los músculos y ayuda a quemar 430 calorías en cada 30 minutos de práctica.

Caminata

6 La caminata es uno de los mejores deportes que ayudan a mejorar el sistema respiratorio y cardiovascular; además, también beneficia a los músculos de la cintura y la zona baja de la espalda. Es ideal para tonificar piernas y glúteos.

7 ¿Están de acuerdo? Escriban sus comentarios aquí abajo.

ACTIVIDAD: Los deportes que más benefician la salud

■ Enfoques del aprendizaje

- ■ Habilidad comunicación: Escriben con diferentes propósitos

Lee con atención la entrada de blog acerca de los deportes que más benefician la salud.

Después, escribe los siguientes dos comentarios:

1 **Un comentario expresando tu opinión real.**
2 **Un comentario expresando que no estás de acuerdo con uno de los deportes.**

◆ Oportunidades de evaluación

- ◆ En esta actividad practicarás habilidades de los aspectos ii y iii del Criterio D Expresión escrita: Usar una amplia variedad de estructuras gramaticales correctamente y organizar información por escrito.

ACTIVIDAD: Los sacrificios de los deportistas

■ Enfoques del aprendizaje

■ Habilidad de comunicación: Escriben con diferentes propósitos

De manera individual, escribe algunos puntos sobre el título de esta actividad. Considera los deportes mencionados a continuación:

a **Gimnasia**
b **Patinaje artístico**
c **Equitación**
d **Fisicoculturismo**
e **Sumo**
f **Halterofilia**

Participa en una mesa redonda, en equipos pequeños. Comparte tus puntos de vista sobre los sacrificios de los deportistas en estos casos. Menciona ejemplos. Escucha con atención y realiza preguntas sobre información específica que tus compañeros mencionen. Utiliza el verbo "deber" + infinitivo cuando justifiques tus oraciones.

◆ Oportunidades de evaluación

◆ En esta actividad practicarás habilidades del aspecto iv del Criterio C Expresión oral: Comunicar la información requerida con claridad y eficacia.

▼ Nexos con: Educación Física y para la Salud

¿Cuál es la importancia de las destrezas de inteligencia emocional tales como concentración, manejo de las emociones personales, resistencia, autocorrección y mejora continua?

Escribe tus ideas y después comparte tus opiniones con tus compañeros.

! Actúa e involúcrate

■ Enfoques del aprendizaje

■ Habilidad de pensamiento creativo: Crean soluciones novedosas para problemas auténticos

! Consulta con tu profesor de Educación Física y para la Salud. Diseña pósters sobre los riesgos que existen en los deportes que se practican en tu escuela. Incluye algunos consejos sobre las precauciones que es necesario tomar en cuenta para evitar accidentes.

VOCABULARIO SUGERIDO

Considera estas palabras y frases para completar la actividad "Los sacrificios de los deportistas".

seguir dietas estrictas	evitar
entrenar	distracción
consumir	hábitos

La escuela es un lugar muy importante en mi vida; prácticamente es mi segundo hogar; incluso puede ser el primero porque paso más tiempo en la escuela que en mi casa con mis padres. Sin embargo, los maestros y estudiantes de mi escuela son como mi familia. Mis asignaturas favoritas son las artes y los deportes, aunque también me gustan las clases de lengua: además de estudiar español, tengo clases de japonés; estoy en la fase 1.

Las clases de Educación Física en mi escuela son muy diferentes a otras escuelas del Bachillerato Internacional (IB). En mi escuela tenemos Educación Física y para la Salud todos los días de la semana, durante la primera hora. Cada día es un deporte diferente: los lunes tenemos natación, los miércoles tenemos atletismo, los viernes tenemos deportes en equipos y los martes y jueves tenemos el deporte de nuestra elección. Yo estoy en el equipo de voleibol.

Pienso que todos los estudiantes de mi escuela somos buenos amigos porque practicamos todo tipo de deportes juntos. Competimos todo el tiempo, pero también aprendemos a ser pacientes, a ayudar a los demás y a desarrollar hábitos de aceptación y cooperación. Personalmente, las actividades deportivas en mi escuela me han ayudado a ser un estudiante más equilibrado, a pensar en cómo resolver mis errores y a establecer metas y objetivos.

Tengo amigos en muchas escuelas en diferentes países y dicen que en sus escuelas a muchos estudiantes no les gustan los deportes o que no existe una variedad grande de actividades deportivas. Pienso que el programa de mi escuela es muy bueno y que ayuda a no tener violencia, a apreciar el espíritu de trabajo en equipo y a consolidar nuestras convicciones u opiniones sobre el liderazgo y el crecimiento personal. También pienso que en mi escuela no hay mucho estrés porque todos practicamos los deportes.

Los profesores también tienen oportunidad de practicar yoga, natación y deportes en equipo como fútbol y baloncesto.

Hay dos días muy importantes e interesantes en la escuela: las olimpiadas inter-escolares, cuando varias escuelas de la región vienen a competir, y el día de los deportes, cuando las sociedades o casas de mi escuela compiten por el trofeo de campeones. Yo estoy orgulloso de jugar en el equipo de voleibol porque siempre somos los campeones de las olimpiadas, somos invencibles. El día de los deportes en la escuela también me gusta mucho porque los alumnos tenemos la oportunidad de jugar varios deportes con los profesores. Los juegos de basquetbol y fútbol entre las estudiantes y las profesoras siempre son los más apasionantes y estremecedores. Hasta ahora, hay un empate; cada año hay sorpresas y es difícil saber si ganan las chicas o las profesoras.

Estudiar en mi escuela es fantástico y pienso que yo no sería feliz en otra escuela. Comprendo que las notas académicas son importantes, pero los deportes me ayudan a pensar, a planear, a organizarme y a trabajar duro por lo que quiero. Además, cuando descubro que puedo utilizar lo que aprendo en otras clases mientras hago deportes, me convenzo de que los deportes son como mi laboratorio de ciencias naturales y ciencias sociales.

Héctor

ACTIVIDAD: Respuesta a la reflexión

Después de leer la reflexión anterior, escribe un comentario para Héctor y expresa tu opinión. ¿Estás de acuerdo o en desacuerdo? Incluye ejemplos cuando sea necesario. Escribe 100 palabras.

ACTIVIDAD: Mi vida son los deportes

Responde las siguientes preguntas después de leer la reflexión en el diario de un estudiante.

Selecciona *verdadero* o *falso* en cada caso. **Justifica** tu respuesta con información del texto.

1 ¿Verdadero o falso? Los estudiantes juegan con los profesores en el día de los deportes. Justifica tu respuesta.

2 ¿Verdadero o falso? Los estudiantes practican su deporte de selección personal los lunes y los viernes. Justifica tu respuesta.

3 ¿Verdadero o falso? A Héctor no le gustan mucho los programas de Educación Física y para la Salud de algunas escuelas IB. Justifica tu respuesta.

4 ¿Verdadero o falso? Héctor puede hacer conexiones entre la información de varias de asignaturas y los deportes. Justifica tu respuesta.

5 ¿Verdadero o falso? La escuela de Héctor no compite con otras escuelas. Justifica tu respuesta.

Responde las siguientes preguntas.

6 ¿Qué elementos del perfil de la comunidad de aprendizaje puedes identificar en el texto? Menciona dos. Utiliza información del texto para explicar tu respuesta.

7 Observa las imágenes que acompañan el texto. Escribe un resumen de la idea central del texto basándote en las imágenes. No copies información del texto.

8 ¿Por qué Héctor menciona que cuando hace deportes siente que está en un laboratorio de ciencias naturales y sociales? Explica.

9 Selecciona dos ideas del texto y compara el programa de deportes en la escuela de Héctor con la tuya. Incluye detalles.

10 ¿Por qué es importante escribir textos como este y reflexionar sobre lo que aprendemos en las asignaturas de la escuela?

11 Menciona tres detalles que informan que este texto es una reflexión. Justifica tu respuesta.

12 Selecciona uno de los beneficios de hacer deportes que Héctor menciona y con el que estés de acuerdo. Explica por qué es importante esa idea.

13 ¿A cuáles de tus amigos no les gustaría estudiar en la escuela de Héctor? ¿Por qué? Utiliza información del texto para justificar tu respuesta.

14 ¿Te gustaría estudiar en la escuela de Héctor? ¿Por qué o por qué no?

¿Por qué son importantes los reglamentos en las competiciones deportivas?

¿Qué opinas de los criterios de evaluación de los clavados?

Lee el siguiente texto. Presta atención al **patrón** para expresar las ideas. Presta especial atención a la **función** de "debe" en las oraciones.

En los clavados, los jueces califican seis aspectos:

1 Aproximación. El cuerpo debe estar recto; la cabeza debe estar erguida; y los brazos deben estar extendidos en cualquier posición.

2 El impulso o despegue. El clavadista debe mostrar control completo, equilibrado y potente. El clavadista debe saltar lo más alto para que el clavado luzca. En el trampolín también se califica la caminata y el impulso sobre este.

3 Elevación. Los jueces evalúan la altura que alcanza el clavadista.

4 Ejecución. El clavadista debe demostrar dominio de la técnica del clavado: la posición del cuerpo, los giros y la conclusión.

5 Entrada en el agua. El clavadista debe entrar en posición vertical, con el cuerpo recto, los pies juntos y los brazos estirados más allá de la cabeza. Una entrada perfecta es aquella en la que el clavadista salpica lo menos posible al entrar en el agua.

6 Dificultad. Los jueces determinan el grado de dificultad considerando el número de giros, posiciones y tirabuzones realizados durante el vuelo y el grupo de clavados al que pertenezca. En los saltos sincronizados ambos clavadistas deben alcanzar la misma elevación, deben demostrar coordinación exacta de sus movimientos y ángulos de entrada en el agua.

Para competir, los clavadistas:
Informan al jurado sobre sus saltos con 24 horas de anticipación. No se pueden cambiar los saltos después.

Imperativos, sugerencias y deberes

Cuando utilizamos la lengua para expresar ideas, es necesario prestar atención a la intención que queremos emitir. Compara estos tres ejemplos:

a   Come tu comida.

b   Deberías comer tu comida.

c   Debes comer tu comida.

¿Puedes reconocer la diferencia?

¿Cuál es un imperativo? ¿Cuál es una sugerencia? ¿Cuál expresa un deber?

¿Qué palabras denotan las sugerencias y los deberes?

▼ Nexos con: Matemáticas

Las reglas del juego

■ Enfoques del aprendizaje

■ Habilidad de gestión de la información: Acceden a la información para estar informados e informar a otros

Investiga acerca de los siguientes deportes. Enfoca tu investigación en los aspectos que se indican.

Deporte (selecciona uno)	Aspectos (investígalos todos)
Fútbol soccer	Superficie de juego (medidas)
Fútbol americano	Dimensiones del balón o pelota
Baloncesto	Integrantes
Tenis	Distribución y uso del tiempo
Rugby	Información sobre tiros y saques
Polo	Tipos de faltas
Waterpolo	Algunas reglas esenciales

Utiliza los datos de tu investigación para escribir una entrada de diario.

Eres responsable de la sección de deportes en la revista para estudiantes de tu escuela. Escribe un artículo acerca del deporte que seleccionaste. El **propósito** de tu texto es **informar** a los estudiantes acerca de las diferentes habilidades de otras asignaturas que pueden practicar en los deportes.

Utiliza las preguntas guía siguientes para producir tu artículo:

1   **¿Cuántas personas juegan en un equipo?**
2   **¿Cuánto tiempo dura cada periodo o tiempo?**
3   **¿Cuántos árbitros se necesitan?**
4   **¿Cuánto pesa el balón?**
5   **¿Cuánto mide el terreno de juego?**
6   **¿Qué figuras geométricas es posible observar en el campo de juego?**

◆ Oportunidades de evaluación

◆ En esta actividad practicarás habilidades de todos los aspectos del Criterio D Expresión escrita: Usar una amplia variedad de vocabulario, usar una amplia variedad de estructuras gramaticales correctamente, organizar información por escrito y comunicar información teniendo en cuenta el destinatario y el propósito.

ACTIVIDAD: La razón por la que existen las reglas

■ Enfoques del aprendizaje

- Habilidad de gestión de la información: Presentan la información en diversos formatos y plataformas
- Habilidad de pensamiento crítico: Analizan conceptos y proyectos complejos desglosando las partes que los conforman y las sintetizan para dar lugar a una nueva comprensión

Utiliza los carteles de la actividad "Las reglas del juego" en la página anterior.

Lee las reglas en el póster sobre el deporte que consideres interesante.

Reescribe las diez reglas e incluye una justificación de por qué existen. **Explica** que faltas se cometen si no se obedecen las reglas o qué accidentes pueden ocurrir. Observa el ejemplo:

a **En un partido de fútbol, los jugadores no deben utilizar palabras altisonantes cuando están enojados porque deben mostrar profesionalismo, ética y control de sus emociones.**

b **En un juego de baloncesto, los jugadores necesitan enfocar su vista y controlar su cuerpo cuando están frente a un jugador del equipo contrario no deben agarrar, empujar o golpear al oponente.**

PIENSA–COMPARA–COMPARTE

¿Qué reglas de diferentes juegos conoces?

Organiza tus ideas en una tabla como esta:

Deporte o juego	Reglas

Después compara y comparte en equipos pequeños.

◆ Oportunidades de evaluación

- ◆ En esta actividad practicarás habilidades del aspecto ii del Criterio D Expresión escrita: Usar una amplia variedad de estructuras gramaticales correctamente.

ACTIVIDAD: Comparación de reglamentos

Enfoques del aprendizaje

■ Habilidad de comunicación: Participan en diálogos breves para intercambiar información concreta

Selecciona un deporte que se practica en equipo y considera sus reglas. Utiliza la información en la actividad "Las reglas del juego" en la página 119. Utiliza un diagrama de Venn para comparar las reglas del juego y las reglas que existen en la escuela.

Con un compañero, de manera oral, comparte la información en tu diagrama. Menciona las similitudes que encontraste. **Explica** tus respuestas. Escucha a tu compañero con atención y haz preguntas cuando sea necesario.

◆ Oportunidades de evaluación

◆ En esta actividad practicarás habilidades del aspecto iv del Criterio C Expresión oral: Comunicar la información requerida con claridad y eficacia.

▼ Nexos con: Ciencias

En la clase de ciencias es común realizar evaluación de riesgos antes de comenzar a trabajar en experimentos.

¿Observas una relación entre la razón por la que realizamos evaluación de riesgos y las razones por las que existen reglas en los deportes?

¿Qué riesgos previenen las reglas?

PIENSA–COMPARA–COMPARTE

Imagina que no existen reglas en los deportes.

¿Qué accidentes podrían suceder?

De manera individual, **describe** algunos escenarios en varios deportes.

Compara tus ideas con tus compañeros.

ACTIVIDAD: Relación entre las reglas y la probidad académica

Enfoques del aprendizaje

■ Habilidad de comunicación: Escriben con diferentes propósitos

Eres uno de los estudiantes que escribes en el blog de tu escuela. Escribe una entrada en el blog para responder a la siguiente pregunta:

¿Es posible decir que existe una relación entre las reglas en los deportes y la probidad académica en los trabajos escolares? ¿Hasta qué punto? ¿Por qué?

En tu texto, menciona similitudes y diferencias.

Incluye ejemplos concretos de situaciones en las que la relación es clara y lógica. Concluye con tu opinión sobre la probidad académica en los deportes y la educación.

Escribe entre 100 y 150 palabras.

◆ Oportunidades de evaluación

◆ En esta actividad practicarás habilidades de todos los aspectos del Criterio D Expresión escrita: Usar una amplia variedad de vocabulario, usar una amplia variedad de estructuras gramaticales correctamente, organizar información por escrito y comunicar información teniendo en cuenta el destinatario y el propósito.

¿Podemos estar sanos y ser felices al mismo tiempo?

OBSERVA–CONECTA–COMPARTE

Presta atención a la información en el texto en estas páginas. Responde las siguientes preguntas y comparte tus respuestas con tus compañeros.

1. ¿Cuáles diferentes tipos de lenguaje observas?
2. ¿Qué representa cada uno de los tipos de lenguaje?
3. ¿Logras comprender el mensaje general de la infografía considerando únicamente los íconos, imágenes vectoriales y cifras, sin leer los textos escritos?

La ciencia detrás de los deportes y la felicidad.

Beneficios de jugar deportes

16% de las personas mayores de 15 años practican un deporte de manera frecuente.

Las investigaciones indican que practicar deportes ayuda a las mujeres y hombres a estar más felices.

El caso de los niños es similar:

Los niños y niñas que practican deportes en equipos tienden a estar más satisfechos con sus vidas que aquellos que no practican deportes, de acuerdo con un estudio de estudiantes de 7° y 8° grado.

Los que juegan deportes también...

tienen mejor autoestima

se deprimen con menos facilidad

Las investigaciones indican que no basta con estar activos para estar felices. Aprender a socializar eleva el espíritu de equipo.

¡Ahí está la clave!

Un estudio en 2011 menciona que los deportes con interacción social nos hacen más felices.

Jugar deportes puede tener efectos largos y duraderos para una vida plena porque mejora:

nuestra salud

nuestra comunicación

la calidad de cooperación

¿Vives cerca de un polideportivo?

Las personas que viven cerca de polideportivos practican deportes con más frecuencia y muestran niveles de felicidad muy altos también.

¿Sabías que...

55% de los deportistas olímpicos dicen que estar felices les ayuda a mejorar su desempeño? ¿Por qué?

Sus sentimientos de euforia se transfieren a la competición.

Tener afecto de otras personas aligera sus responsabilidades.

26,3 millones de estadounidenses juegan baloncesto más que cualquier otro deporte, de acuerdo con la asociación de la industria del deporte.

¡1 de cada 4 jugadores de baloncesto amateurs es una mujer!

Beneficios de jugar deportes

¡Atención amantes del esquí!

Encontrarse en "la zona" es lo que más satisface a los que practican esquí de acuerdo con un estudio reciente.

El estado psicológico de absorción, concentración total y disfrute pleno en una actividad se conoce como flujo de felicidad.

Grandes atletas mencionan que los factores que les ayudan a alcanzar el flujo de felicidad son:

estar bien preparados para todos sus retos

contar con altos niveles de motivación

saber que tienen el nivel ideal de energía

tener un plan claro de su desempeño

mantenerse enfocados en la tarea que realizan

tener confianza en sí mismos

experimentar buen trabajo en equipo

saber manejar distracciones

Las buenas noticias son que todos estos factores son controlables.

Para maximizar el flujo de felicidad:

Comienza con un deporte que disfrutas.

Establece metas reales y con un grado de dificultad alcanzable.

Elimina distracciones.

Los aficionados de los deportes y la felicidad

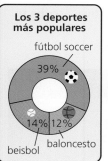

Los 3 deportes más populares

fútbol soccer 39%

beisbol 14%

baloncesto 12%

Varios estudios demuestran que las personas que se llaman a sí mismos aficionados de deportes muestran niveles más bajos de depresión, menos estrés y una autoestima más alta que las personas a quienes no les gustan los deportes.

Además, los aficionados de equipos locales generalmente se muestran más felices que los aficionados de los equipos visitantes.

¿Por qué? El doctor Daniel Wann menciona que ser parte de un grupo que muestra simpatía por un equipo de deportes en común ayuda a construir amistades y a sentirse parte de una comunidad.

Las víctimas y los villanos

Varias investigaciones de la Universidad de Oregón sugieren que disfrutamos ver deportes en la televisión cuando conocemos aspectos de la vida de los jugadores y tenemos razones para apoyarlos (o abuchearlos).

Entre más estremecedor sea el encuentro hay más felicidad

Los aficionados del fútbol viven experiencias más personales cuando sus equipos están a punto de perder o cuando es posible que el equipo rival empate el juego, según investigaciones de la Universidad del Estado de Ohio.

1030 millones de dólares es

lo que muchas compañías de Estados Unidos pierden debido a la baja productividad de sus empleados cuando hay un juego de sus equipos favoritos

Lo más estresante de ser un espectador

Varios estudios demuestran que lo que pasa en el campo de juego puede afectar los niveles de hormonas de estrés en nuestros cuerpos.

¿Cómo tranquilizarse?

Cuando alguien está agitado mientras ve un partido y los resultados no son tan favorables, Ken Yeager, profesor de psiquiatría en el Centro Médico Wexner de la Universidad del Estado de Ohio , sugiere:

beber menos bebidas azucaradas

no apostar

bajar el volumen de la televisión

evitar roces con aficionados alterados

¿Qué pasa en el cerebro de un aficionado molesto?

Varios psicólogos mencionan que, para los aficionados, ver jugar a sus equipos favoritos produce un químico en su cerebro llamado dopamina, el cual los hace sentirse bien. Sin embargo, al final del juego pueden experimentar efectos opuestos.

Para eliminar el síndrome de fin de temporada deportiva, es buena idea usar YouTube para revivir los momentos más emocionantes de los partidos.

"Ganar, obtener medallas, mejorar la marca personal, o romper un record son importantes porque nos mantienen motivados al principio, pero si les damos mucha importancia, nos pueden cegar y entonces no será posible disfrutar de la felicidad que nos produce practicar deportes.

El flujo de la felicidad en los deportes
Por Susan Jackson y Mihaly Csikszentmihalyi.

ACTIVIDAD: La ciencia detrás de los deportes y la felicidad

■ Enfoques del aprendizaje

■ Habilidades de comunicación: Leen con actitud crítica y para comprender. Hacen deducciones y extraen conclusiones

Considera la información en la infografía y responde estas preguntas.

1 Menciona cinco de los deportes que se representan con imágenes vectoriales en el texto.
2 ¿Verdadero o falso? La infografía sólo incluye información sobre adultos. Justifica tu respuesta.
3 ¿Verdadero o falso? La infografía no incluye información sobre el efecto de los medios de comunicación. Justifica tu respuesta.
4 ¿Verdadero o falso? La infografía no incluye sugerencias para solucionar problemas relacionados con los deportes y las emociones. Justifica tu respuesta.
5 ¿De qué manera la infografía representa el concepto de diversidad?
6 ¿Qué conexión existe entre las imágenes vectoriales y la información en el texto?
7 ¿Cómo es diferente la información en rectángulos azules del resto de la información?
8 Imagina el texto sin íconos ni imágenes vectoriales. Describe su apariencia.
9 ¿Por qué el tamaño de los números es más grande que el resto del texto en la página 122?
10 ¿Qué función tiene la gráfica en la página 123?
11 ¿Está la información en esta infografía respaldada por evidencia confiable? Justifica tu respuesta con información de la infografía.
12 Menciona y describe tres ejemplos de experiencias personales (directas o indirectas) sobre tres situaciones diferentes que se mencionan en la infografía.
13 Observa los porcentajes. Menciona un ejemplo de un porcentaje que indica una idea positiva y otro ejemplo de una idea negativa. Escribe tu opinión para cada uno.
14 En tu opinión, ¿esta información es interesante? Explica.

◆ Oportunidades de evaluación

◆ En esta actividad practicarás habilidades de todos los aspectos del Criterio B Comprensión de lectura: Demostrar la comprensión de información oral explícita e implícita (datos, opiniones, mensajes y detalles), analizar convenciones y analizar conexiones.

ACTIVIDAD: Interactuando con la infografía

■ Enfoques del aprendizaje

■ Habilidades de comunicación: Leen con actitud crítica y para comprender. Hacen deducciones y extraen conclusiones

Lee la información en la infografía en las páginas anteriores y presta atención a las imágenes.

De manera individual, completa la siguiente tabla.

Ítem	Tus ideas
Ideas que consideras que no son verdaderas. Presenta pruebas para refutarlas.	
Ideas que consideras que no son válidas en todos los países. Explica.	
Casos más comunes con los hombres que con las mujeres. Justifica.	
Información que es relevante para la vida en la escuela. Explica.	
Detalles que únicamente son relevantes para los niños y no para los adultos. Explica.	

En equipos pequeños, comparte tus ideas con tus compañeros. Escucha con atención y realiza preguntas sobre información que consideres interesante.

◆ Oportunidades de evaluación

◆ En esta actividad practicarás habilidades del aspecto ii del Criterio D Expresión escrita: Usar una amplia variedad de estructuras gramaticales correctamente.

ACTIVIDAD: La relación entre los deportes y la felicidad

■ Enfoques del aprendizaje

■ Habilidad de comunicación: Utilizan una variedad de técnicas de expresión oral para comunicarse con diversos destinatarios

Trabaja en parejas. Imagina que eres un presentador de televisión. Utiliza la información en la infografía para realizar una presentación oral sobre la ciencia detrás de los deportes y la felicidad. Menciona ejemplos e invita a la audiencia a participar o interactuar contigo.

Tu presentación debe durar un minuto.

Después de tu presentación escucha y responde las preguntas de tu compañero.

◆ Oportunidades de evaluación

◆ En esta actividad practicarás habilidades del aspecto iv del Criterio C Expresión oral: Comunicar la información requerida con claridad y eficacia.

▼ Nexos con: Artes; Diseño

1   ¿Qué elementos se deben tener en cuenta para diseñar una infografía?
2   ¿Cómo es diferente el **propósito** de las infografías, los pósters y los trípticos? ¿Cómo es diferente el mensaje que se transmite por medio de cada uno?
3   ¿Por qué es importante seguir los pasos del ciclo de diseño cuando creamos infografías?
4   ¿Conoces algunas Apps para diseñar infografías?

VOCABULARIO SUGERIDO

Los siguientes verbos pueden ayudarte en tu presentación en la actividad "La relación entre los deportes y la felicidad". Conjúgalos en presente correctamente.

demostrar	pasar	adoptar
considerar	organizar	seguir
apreciar	calcular	
dedicar	respetar	

Piensa, ¿con qué palabras puedes utilizar estos verbos?

¿Qué relación existe entre los deportes y el desarrollo social y ético?

Lee los siguientes encabezados. Presta atención a la manera en que se utiliza el idioma de manera creativa.

¹ Unidades deportivas están en el abandono.
(el Informador)

Deportistas y ayuntamiento pactan acuerdos para mejorar seguridad en las unidades deportivas.

2

(La Jornada)

³ El Municipio apuesta por mejorar unidades deportivas.
(El Siglo)

Mejora en la calidad de vida de millones de colombianos que viven en centros urbanos con la construcción de nuevo polideportivo.

4

(El Heraldo)

Mejor infraestructura y conectividad en el polideportivo para mejorar la calidad de vida en la capital.

5

(El Nacional)

⁶ Transformación social a través del deporte y los valores olímpicos.
(Mural)

Mejoran áreas verdes del Polideportivo Nacional.

7

(El País)

ACTIVIDAD: Encabezados

■ Enfoques del aprendizaje

■ Habilidad de gestión de alfabetización mediática: Demuestran conciencia de las diferentes interpretaciones que los medios hacen de los hechos y las ideas (incluidas las redes sociales)
■ Habilidad de comunicación: Escriben con diferentes propósitos

Presta atención a los encabezados anteriores.

Localiza la palabra más importante o que comunique una idea fuerte en cada encabezado.

Clasifica los encabezados. Escribe una "P" si consideras que el encabezado hablará de aspectos positivos, y una "N" si piensas que abordará aspectos negativos. **Justifica** tus respuestas.

Selecciona tres encabezados y escribe el primer párrafo para cada uno.

Comparte tus párrafos con tus compañeros.

◆ Oportunidades de evaluación

◆ En esta actividad practicarás habilidades de los aspectos ii y iii del Criterio D Expresión escrita: Usar una amplia variedad de estructuras gramaticales correctamente y organizar información por escrito.

ACTIVIDAD: Medellín, ejemplo de cambio

■ Enfoques del aprendizaje

■ Habilidades de comunicación: Leen con actitud crítica y para comprender. Hacen deducciones y extraen conclusiones

Considera la información en el artículo sobre Medellín en la página siguiente y responde estas preguntas.

1 ¿Cómo se llama la persona responsable de la transformación de Medellín?
2 ¿Qué ideas en el texto describen la idea del "pasado negro de Medellín"?
3 ¿Cuáles lugares fueron prioridad en el cambio de Medellín?
4 ¿Qué tipos de espacios se diseñaron, se rehabilitaron, se construyeron o se ampliaron?
5 Considera las ideas en el texto. ¿Cuáles personas en la comunidad fueron piezas clave para la mejora de los polideportivos? Explica con tus propias palabras.
6 ¿Qué aspectos de la información en el artículo se describen en las imágenes? Menciona dos ejemplos.
7 ¿Es posible encontrar este texto en una revista de viajes? ¿Por qué o por qué no? Explica.

8 ¿En qué sección del periódico piensas que aparece este artículo? Justifica tu respuesta.
   a entretenimiento
   b sociedad
   c economía
   d política
9 ¿Qué opinas de la decisión del gobierno para mejorar ciertos espacios primero? Explica tu opinión.
10 Según el artículo, ¿por qué las personas de Medellín respetan los espacios que tienen en el presente?
11 ¿Las ideas del arquitecto Restrepo podrían funcionar para mejorar tu ciudad? Explica por qué o por qué no.
12 ¿Quién puede interesarse en este artículo? ¿Por qué?
13 Imagina que tu escuela está en Medellín y que es 2003. ¿Qué oportunidades para actuar y realizar servicio a la comunidad puedes identificar? ¿En cuál de ellas te gustaría participar? ¿Por qué o por qué no?

◆ Oportunidades de evaluación

◆ En esta actividad practicarás habilidades de todos los aspectos del Criterio B Comprensión de lectura: Demostrar la comprensión de información oral explícita e implícita (datos, opiniones, mensajes y detalles), analizar convenciones y analizar conexiones.

Medellín, ejemplo de cambio

Medellín es un ejemplo de transformación urbana. Durante mucho tiempo, Medellín fue sinónimo de narcotráfico y un símbolo de los carteles de la droga, pero ahora es un ejemplo de desarrollo urbano. Hoy en día, Medellín es una ciudad ejemplar que promueve el desarrollo sustentable y que exige respeto por los espacios públicos.

Medellín comenzó su transformación en 2003. Para eliminar la presencia de su pasado negro, el gobierno de la ciudad empezó a promover grandes inversiones en los lugares más pobres, arreglando las áreas con mayor valor histórico, turístico y social.

El arquitecto colombiano Gustavo Restrepo es responsable de muchos de los cambios de Medellín, los cuales incluyen:

- La rehabilitación y creación de bibliotecas.
- La construcción y apertura de centros culturales y de arte.
- La inauguración, ampliación y rediseño de polideportivos para promover los deportes en diferentes comunidades.

Cuando Restrepo menciona que su decisión más acertada fue reconocer que la inversión en recursos sociales era lo más importante. Restrepo opina que una comunidad se interesa por su espacio cuando desarrolla una relación con este y cuando tiene algo que cuidar. Por esta razón, Restrepo invitó a muchas personas a participar en sus ideas.

Restrepo invitó a los jóvenes que les gusta jugar al fútbol a ser líderes de comités para la mejora de los espacios deportivos; los estudiantes de arquitectura y planeación social, por su parte, participaron con expertos en diferentes estrategias, diseñando espacios de acuerdo con la personalidad de su localidad. De esta manera, la sociedad se convirtió en el motor que el cambio necesitaba.

Gracias a la participación ciudadana, los espacios culturales, de arte y de deportes que se construyeron se convirtieron en un orgullo para la comunidad. Las personas que participaron de diferentes maneras en el proceso de transformación de su localidad ven sus esfuerzos reflejados en los polideportivos y las instalaciones destinadas a practicar deportes, en los recuerdos que llevan los esfuerzos de los ciudadanos, y en el legado que crearon para las futuras generaciones.

De esta forma, Medellín es un ejemplo de la manera en la que el espíritu de comunidad se fortalece cuando todos participan en proyectos que traen beneficios, que mejoran la calidad de vida, y que cambian la cara de la comunidad ante el mundo.

ALGUNAS TAREAS SUMATIVAS PARA EVALUAR ESTE CAPÍTULO

Considera las siguientes actividades para poner en práctica lo que has aprendido en este capítulo. Las tareas se diseñaron considerando el vocabulario y estructuras que se introdujeron, así como las ideas que se presentaron.

La Educación Física es importante porque en cualquier actividad física intervienen:
- las matemáticas:
  - la distancia de pase
  - las puntuaciones o tanteos
- la física:
  - fuerza que imprimo a un móvil y la trayectoria que describe
- la expresión corporal:
  - comunicación no verbal
  - los gestos
- la música:
  - para transmitir, sentir, comunicar
  - el placer del baile
  - compartir el ritmo y sus sensaciones
- la química:
  - conexión entre los miembros de un equipo

ACTIVIDAD: Deportes en el TEC de Monterrey Campus Querétaro

■ Enfoques del aprendizaje

■ Habilidad de comunicación: Escuchan con actitud crítica y para comprender

Mira el vídeo en el siguiente enlace:

http://tinyurl.com/depxtec

Responde estas preguntas.

1 Menciona cinco deportes que se muestran en el vídeo.
2 ¿Cuántos tipos de Voleibol practica Cristian Raúl?
3 ¿Cuántas disciplinas deportivas hay en el TEC de Monterrey Campus Querétaro?
4 Según Zoila Aridt, la filosofía del TEC de Monterrey es formar estudiantes competitivos en tres aspectos. Selecciona la opción correcta:
   a creativamente, artísticamente, deportivamente
   b académicamente, laboralmente, deportivamente
   c académicamente, económicamente, intelectualmente
5 Según Natalia Gasque, ¿cuáles son los dos valores principales que debemos aprender? Selecciona la opción correcta.
   a disciplina y control
   b disciplina y educación
   c control y emoción

6 ¿Qué atributo del perfil de la comunidad de aprendizaje ha aprendido Alejandro de la Brena en el golf? Selecciona la opción correcta.
   a solidario
   b íntegro
   c buen comunicador
   Menciona la palabra que utiliza para definir lo que aprende.
7 ¿A Zoila Aridt le gusta competir sólo en el aspecto deportivo? ¿Sí o no? Menciona su opinión completa.
8 ¿Este vídeo es…?
   a un vídeo promocional
   b un documental
   c un vídeo de recuerdos
9 ¿Qué opinas de los elementos del video: imágenes, subtítulos, música de fondo? ¿Piensas que se usaron efectivamente? Explica.
10 ¿Qué tan similar o diferente es tu escuela al TEC de Monterrey Campus Querétaro? Menciona dos similitudes y dos diferencias.
11 ¿Te gustaría estudiar en esta escuela? ¿Por qué o por qué no?

◆ Oportunidades de evaluación

◆ En esta actividad practicarás habilidades de todos los aspectos del Criterio A Comprensión auditiva.

www.mividaenelIB.wordpress.org

Abre los ojos y muestra respeto

1   Estoy un poco molesto porque muchos de los estudiantes en mi escuela no toman la clase de Educación Física con seriedad. Muchos alumnos piensan que la clase de arte es un pasatiempo, y no estoy de acuerdo con eso tampoco pero lo que opinan sobre la clase de Educación Física es peor, pues dicen que sólo existe para "matar" el tiempo, porque no aprendemos nada, sólo sudamos.

2   Yo comprendo que para muchos estudiantes el éxito académico es muy importante, y que ser el mejor en asignaturas como matemáticas o ciencias es lo mejor que les puede pasar. Sin embargo, yo tengo muy buenas notas en todas las asignaturas y pienso que la Educación Física es extremadamente importante. De hecho, a pesar de que mis profesores piensan que en el futuro yo podría ser un buen arquitecto o ingeniero, por mi creatividad y habilidades con las matemáticas y la física, mi sueño es ser licenciado en cultura física y del deporte, pues quiero ayudar a mejorar los programas de Educación Física en las escuelas de mi país.

3   Me parece difícil no reconocer que la Educación Física es más que correr, saltar y perseguir a otros compañeros. ¿Para qué queremos ser las personas más inteligentes del mundo si no podemos movernos con facilidad, si no tenemos coordinación corporal, si no sabemos interactuar con los demás? ¿Para qué queremos diplomas que mencionen que somos genios si no podemos expresarnos físicamente con espontaneidad, si no podemos trabajar en equipo de manera física con creatividad, y sobretodo si no respetamos lo que somos y lo que son los demás?

4   La Educación Física es indispensable y no vale la pena intentar afirmar que no es así. Si no es importante, entonces ¿por qué en la educación preprimaria hay un enfoque en los juegos, en el movimiento, en las actividades lúdicas, y en las tareas en las que manipulamos objetos? Evidentemente, estas clases existen para ayudar con la integración y socialización de los niños, para poder desarrollar muchos aspectos de su vida futura.

5   A través de la clase de Educación Física aprendemos a ejecutar y crear nuevas formas de movimiento por medio de diferentes estrategias que nos ayudan a agudizar nuestros instintos, a ser mejores observadores, a explorar nuestra creatividad y a trabajar con nuestras habilidades sociales. Además en la Educación Física tenemos la oportunidad de utilizar conocimientos de otras asignaturas como matemáticas, cuando documentamos información de nuestro trabajo y desempeño; o física, cuando realizamos actividades que incluyen fuerza, velocidad o presión. Personalmente, en la clase de Educación Física siempre descubro nuevas formas de aplicar lo que aprendo en otras clases.

6   Si decimos que somos buenos estudiantes, además del cerebro, debemos ejercitar todas nuestras partes del cuerpo, porque un cerebro no puede caminar sin un cuerpo sano que lo transporte. Además, no quiero ser superficial, pero las personas que cuidan su cuerpo son las personas que causan muy buena impresión y si usan sus habilidades físicas con sus habilidades intelectuales, van a tener mucho éxito en situaciones fáciles y difíciles.

7   La Educación Física no es la hermana menor de las disciplinas intelectuales; es una asignatura que tiene la misma importancia y lo que aprendemos en ella nos ayuda a resolver problemas complejos en la vida diaria, en las situaciones más comunes. En fin, me pregunto si las personas que insisten que esta asignatura no es importante comprenden que cuando trazan líneas sobre la hoja de papel, cuando deciden cómo cargar sus libros, cuando caminan por la calle con sus amigos y señalan las cosas que les gusta, y reconocen los límites de los espacios (adentro y afuera, arriba y abajo) es gracias a los conocimientos que nos da a clase de Educación Física.

8   Muchas personas piensan que los que tenemos sueños de ser deportistas profesionales no tenemos las capacidades académicas e intelectuales, pero yo quiero demostrarles a estas personas que es posible ser un deportista inteligente, responsable, bien informado y que puede contribuir al mundo.

9   Escriban sus comentarios, me gustaría leer sus opiniones.

Marco

Respuestas

1   Me gusta mucho tu blog, Marco. Estoy de acuerdo contigo, yo soy un deportista olímpico y gracias a los deportes ahora puedo tener sueños más grandes.

Ángel Mendoza

ACTIVIDAD: Abre los ojos y muestra respeto

Enfoques del aprendizaje

■ Habilidades de comunicación: Leen con actitud crítica y para comprender. Hacen deducciones y extraen conclusiones

Responde las siguientes preguntas después de leer el texto a la izquierda.

1 ¿Cuáles actividades en la educación preprimaria son ejemplos de lo que podemos aprender en la clase de Educación Física?

2 Observa las imágenes en el texto. Selecciona dos imágenes y utiliza información del texto para explicar lo que muestran las fotos.

3 ¿Por qué Marco utiliza la expresión "hermana menor" para hablar de la Educación Física? Explica.

4 ¿Por qué a Marco no le gusta que las personas mencionen que en la Educación Física sólo "sudamos" y "matamos el tiempo"?

5 ¿Cuáles son dos de las situaciones comunes de nuestra vida diaria en las que usamos conocimientos de la Educación Física?

6 ¿Cómo explica Marco que él es diferente de la opinión general sobre los chicos a quienes les gusta la Educación Física?

7 ¿Qué emociones e ideas transmite el título del texto: "Abre los ojos y muestra respeto"? ¿De qué habla? Explica.

8 ¿Por qué piensas que Marco decidió escribir su opinión en su blog?

9 ¿Qué intenta expresar Marco cuando dice "un cerebro no puede caminar sin un cuerpo sano que lo transporte"? ¿Estás de acuerdo? ¿Por qué o por qué no?

10 Selecciona dos ideas fuertes del texto y expresa tu punto de vista al respecto.

11 ¿Piensas que tu profesor de Educación Física está de acuerdo con Marco? Menciona dos ejemplos para justificar tu respuesta.

12 ¿Qué opinas de la conclusión de Marco?

◆ Oportunidades de evaluación

◆ En esta actividad practicarás habilidades de todos los aspectos del Criterio B Comprensión de lectura.

ACTIVIDAD: Por amor a la zumba

Enfoques del aprendizaje

- Habilidad de comunicación: Escriben con diferentes propósitos

Analiza el póster en este enlace:
https://tinyurl.com/y7pum8nd

Escribe un correo electrónico a tu mejor amigo para invitarlo a participar en este evento. Explica por qué es buena idea participar, por qué es buena idea apoyar estos eventos creativos. En tu texto menciona la manera en que la creatividad, los deportes y las actividades físicas ayudan con bienestar personal y social.

Escribe 150 palabras.

◆ Oportunidades de evaluación

- En esta actividad practicarás habilidades de todos los aspectos del Criterio D Expresión escrita: Usar una amplia variedad de vocabulario, usar una amplia variedad de estructuras gramaticales correctamente, organizar información por escrito y comunicar información teniendo en cuenta el destinatario y el propósito.

ACTIVIDAD: Los deportes en mi escuela

Tarea en formato de la evaluación interna (evaluación oral individual)

Enfoques del aprendizaje

- Habilidad de comunicación: Utilizan una variedad de técnicas de expresión oral para comunicarse con diversos destinatarios

Considera la información en el vídeo de la actividad "Deportes en el Tec de Monterrey Campus Querétaro".

En esta actividad trabajarás con tu profesor.

Imagina que la escuela en el vídeo es tu escuela.

Tu profesor es un candidato para estudiar en tu escuela.

En este momento tú estás dando un tour guiado al candidato, y hablas sobre los deportes en tu escuela y todas las oportunidades que existen para practicar diferentes disciplinas deportivas.

Responde las preguntas que te hará tu profesor.

La interacción debe durar dos minutos.

◆ Oportunidades de evaluación

- En esta actividad practicarás habilidades de todos los aspectos del Criterio C Expresión oral.

Reflexión

En este capítulo exploramos la manera en que los deportes tienen una gran
influencia en la sociedad, y la importancia especial que tienen en la cultura
de un país y en la construcción de la personalidad y la salud emocional de sus
habitantes. Además, examinamos ejemplos de las maneras en que los deportes
mantienen nuestra mente y nuestro cuerpo activos, y ayudan en la transmisión de
valores a niños, adolescentes e incluso adultos.

Reflexionemos sobre nuestro aprendizaje … Usa esta tabla para reflexionar sobre tu aprendizaje personal en este capítulo.					
Preguntas que hicimos	Respuestas que encontramos	Preguntas que podemos generar ahora			
Fácticas: ¿Qué deportes te gusta practicar? ¿Qué vocabulario y estructuras utilizamos para hablar acerca de los deportes? ¿Qué función tienen los verbos modales como "deber" cuando hablamos de las reglas en los deportes?					
Conceptuales: ¿Por qué son importantes los reglamentos en las competiciones deportivas? ¿Qué relación existe entre el nombre de los deportes y las partes del cuerpo y los espacios donde se practican? ¿Por qué es importante la Educación Física en las escuelas?					
Debatibles: ¿Por qué es importante promover actividades deportivas para personas con discapacidades físicas? ¿Qué relación existe entre los deportes y el desarrollo social y ético? ¿Podemos estar sanos y ser felices al mismo tiempo?					
Enfoques de aprendizaje en este capítulo:	Descripción: ¿qué destrezas nuevas adquiriste?	¿Qué tan bien has consolidado estas destrezas?			
		Novato	En proceso de aprendizaje	Practicante	Experto
Habilidades de comunicación					
Habilidades de colaboración					
Habilidades de gestión de la información					
Habilidades de alfabetización mediática					
Habilidades de pensamiento crítico					
Habilidades de pensamiento creativo					
Atributos de la comunidad de aprendizaje	Reflexiona sobre la importancia de ser un estudiante íntegro en este capítulo. ¿Cómo demostraste tus habilidades como estudiante íntegro en este capítulo?				
Íntegro					

6 ¿Cómo son diferentes las culturas de entretenimiento y ocio en el mundo?

○ Las diferentes **formas** de **expresión** y entretenimiento **transmiten** ideas relevantes de distintas culturas.

■ En ocasiones esperar vale la pena

EN ESTE CAPÍTULO VAMOS A INVESTIGAR LAS SIGUIENTES PREGUNTAS:

Fácticas: ¿Cuáles son algunas formas de entretenimiento populares? ¿Qué tipo de verbos se relacionan con el entretenimiento? ¿Qué tipo de adjetivos utilizamos para describir diferentes formas de expresión?

Conceptuales: ¿Cómo refleja el entretenimiento los valores de una cultura? ¿Qué relación existe entre los recursos que utilizamos para expresar ideas y el mensaje que comunicamos?

Debatibles: ¿Por qué las culturas tienen diferentes apreciaciones de elementos como el humor, el terror y la censura? ¿Qué relación existe entre el entretenimiento, el ocio y la cultura y la economía?

○ EN ESTE CAPÍTULO VAMOS A:

■ **Descubrir:**
  ■ diferentes formas de entretenimiento en diferentes culturas.
■ **Explorar:**
  ■ la manera en que diferentes culturas utilizan su tiempo y su dinero en actividades de ocio.
■ **Actuar y:**
  ■ reflexionar sobre el equilibrio que tenemos en la manera que utilizamos nuestro tiempo de ocio
  ■ evaluar la efectividad con la que utilizamos nuestro tiempo libre.

Las siguientes habilidades de los enfoques del aprendizaje serán útiles:

- Habilidades de comunicación
- Habilidades de colaboración
- Habilidades de gestión de la información
- Habilidades de pensamiento crítico
- Habilidades de pensamiento creativo
- Habilidades de transferencia

◆ Oportunidades de evaluación en este capítulo:

- ◆ **Criterio A:** Comprensión auditiva
- ◆ **Criterio B:** Comprensión de lectura
- ◆ **Criterio C:** Expresión oral
- ◆ **Criterio D:** Expresión escrita

● Reflexiona sobre el siguiente atributo de la comunidad de aprendizaje:

- ● **Mente abierta:** desarrollamos una apreciación crítica de nuestras propias culturas e historias personales mostrando capacidades de apreciación de la manera en que cada sociedad manifiesta su creatividad.

Contenido esencial

Los contenidos temáticos que se abordarán en este capítulo pertenecen a las fases 1 y 2 del continuo de aprendizaje y son:

- La moda
- La ropa
- La rutina, las responsabilidades y los estilos de vida
- Las relaciones personales
- Los medios de comunicación
- Diferentes formas de entretenimiento
- La apariencia y el carácter
- Presente
- Adverbios de frecuencia
- Construcciones con "poder", "deber", "gustar" + infinitivo

VOCABULARIO SUGERIDO

Vocabulario sugerido para mejorar la experiencia de aprendizaje. **Discute** el *significado* de las siguientes palabras y **úsalas** en las actividades en este capítulo.

Sustantivos	Adjetivos	Verbos
formas de entretenimiento	aburrido	acompañar
medios de comunicación	agradable	actuar
anuncio	creativo	asistir
aviso	divertido	bailar
comercial	fastidioso	bromear
diálogo	incomprensible	compartir
guión	inoportuno	convivir
libreto	interesante	disfrutar
obra (de teatro)	lento	divertir
orquesta	monótono	entretener
póster	obsceno	escribir
publicidad	ofensivo	grabar
	pesado	interpretar
	provocativo	jugar
	rápido	lanzar
	simple	llevar
	sugestivo	maquillar
	tedioso	participar
	vulgar	pasar tiempo
		vestir

¿Cuáles son algunas formas de entretenimiento populares?

PIENSA–COMPARA–COMPARTE

Observa las imágenes en la esquina superior derecha de esta página y responde estas preguntas. Comparte tus respuestas con tus compañeros.

1 ¿Cuántas actividades puedes identificar?
2 ¿Cuáles actividades te gustan más? ¿Por qué?
3 ¿Cuáles actividades te gusta hacer solo y cuáles te gusta hacer con tus amigos? ¿Por qué?
4 ¿Cuáles actividades haces con más frecuencia?
5 ¿De qué depende que hagas o no hagas ciertas actividades?

■ Hay miles maneras de entretenerse y explorar los límites de la creatividad

Surgerencia

Practica el presente y los adverbios de frecuencia.

ACTIVIDAD: Pasatiempos

■ Enfoques del aprendizaje

■ Habilidad de comunicación: Utilizan una variedad de técnicas de expresión oral para comunicarse con diversos destinatarios

Observa la siguiente tabla. Escribe oraciones acerca de las actividades que cada persona hace. Sigue el **patrón** en este ejemplo:

Matías bebe café los martes.

Después trabaja en parejas y escribe preguntas como las siguientes y toma turnos para preguntar.

● ¿Quién baila los sábados?
● ¿Cuándo lee Octavio?
● ¿Teresa va a un café con sus amigos los viernes?

◆ Oportunidades de evaluación

◆ En esta actividad practicarás habilidades del aspecto ii del Criterio D Expresión escrita: Usar una amplia variedad de estructuras gramaticales correctamente.

Persona	Lunes	Martes	Miércoles	Jueves	Viernes	Sábado	Domingo
Matías							
Octavio							
Teresa							

ACTIVIDAD: Entretenimiento virtual o en vivo

¿Prefieres…	Tus respuestas	Compañero 1	Compañero 2	Diferencias
jugar juegos de mesa o videojuegos?				
videojuegos con amigos en casa o en línea?				
ver películas en el cine o en casa?				
escuchar música en CDs o en plataformas en línea (*streaming*)?				
charlar con amigos en persona o en vídeo llamadas?				

Primero, responde las siguientes preguntas; incluye una justificación. Después interactúa con dos compañeros y comparte tus opiniones. Toma nota de las diferencias entre las opiniones.

Utiliza las respuestas de tus compañeros y las notas que tomaste. Escribe una comparación en la que indiques qué tan similar o diferente eres a tus compañeros. ¿Qué puedes mencionar acerca de la forma en que usas tu tiempo de ocio con los demás? Menciona ejemplos. Practica el presente, "gustar", "preferir", comparativos y una variedad de verbos.

ACTIVIDAD: Resumen de una encuesta

LATINOS

En TIENES hicimos una encuesta sobre los gustos de los jóvenes en America Latina con un total de 25000 casos y estos son los resultados

71% prefiere ir al cine los fines de semana

GÉNEROS MÁS ELEGIDOS

28% COMEDIA 26% ACCION 13% HORROR

77% de los chicos llora en el cine

31% de las personas se quedan dormidas

80% usa promociones para ir al cine

60% consume refrescos durante la película

29% come palomitas

¿Con quién prefieren ir?

 con la pareja 54%

 con la familia 49%

 con los amigos 28%

También descubrimos que

 A algunas personas les gusta ir al cine solas

Los conciertos son la segunda actividad más preferida

 El fútbol no es tan popular como creíamos

 A muchos no les gusta bailer

Lee la infografía a la izquierda. Presta atención a las diferentes convenciones de comunicación.

Responde las siguientes preguntas.

1 **¿Cuál proceso de investigación resume esta infografía?**
2 **Menciona tres diferentes tipos de lenguaje que el autor utilizó para comunicar sus ideas.**
3 **¿Qué relación existe entre el texto y los colores?**
4 **Imagina que en este documento sólo hay texto impreso. Menciona tres diferencias acerca de la efectividad del mensaje.**

Las Infografías

Las infografías son imágenes explicativas que combinan texto, ilustración y diseño. Su **propósito** generalmente es **sintetizar** información compleja e importante de una manera directa y rápida.

En la infografía de la página 137, el autor utilizó este tipo de texto para resumir los resultados de su investigación.

Para comunicar tu mensaje efectivamente por medio de infografías, necesitas considerar:

- El espacio para diseñar el texto
- La cantidad de ideas que quieres comunicar
- Los colores
- La información que puedes representar con números o símbolos
- Los íconos o imágenes vectoriales que pueden comunicar ideas principales.

Mira el vídeo en este enlace para aprender más:
https://youtu.be/ERsVprw030k

▼ Nexos con: Individuos y Sociedades: Economía

¿Cuánto dinero gastan las personas de tu país en cultura y entretenimiento?

■ Enfoques del aprendizaje

- ■ Habilidad de gestión de la información: Obtienen y analizan datos para identificar soluciones y tomar decisiones fundadas

Analiza la infografía en este enlace: **https://tinyurl.com/y8ctld67**

Responde las siguientes preguntas.

1 **¿Por qué crees que los adolescentes gastan más dinero en servicios de teléfono, cine y pago de membresía?**
2 **¿Los adolescentes de tu país gastan más o menos la misma cantidad de dinero?**
3 **¿Piensas que los hombres y las mujeres gastan el dinero de la misma manera?**
4 **¿Por qué piensas que gastan menos dinero en paseos y cultura?**

Comparte tu respuestas con un compañero.

◆ Oportunidades de evaluación

- ◆ En esta actividad practicarás habilidades de todos los aspectos del Criterio D Expresión escrita: Usar una amplia variedad de vocabulario, usar una amplia variedad de estructuras gramaticales correctamente, organizar información por escrito y comunicar información teniendo en cuenta el destinatario y el propósito.

ACTIVIDAD: Autores de contenido

■ Enfoques del aprendizaje

■ Habilidad de pensamiento creativo: Crean obras e ideas originales; utilizan obras e ideas existentes de formas nuevas

Mira el vídeo en el siguiente enlace para aprender acerca de las convenciones de los pósters o carteles publicitarios: https://youtu.be/Y8uDm4Go28Q

Imagina que tu trabajo es ser el director de contenido de un programa de TV que también transmite sus programas por un canal profesional de YouTube. Selecciona una de las siguientes opciones y prepara una propuesta sobre el tipo de contenido que sería buena idea ofrecer a ese auditorio:

a   Jóvenes interesados en las actividades al aire libre.
b   Jóvenes interesados en viajes.
c   Jóvenes interesados en hacer trabajo voluntario.
d   Jóvenes interesados en hacer deportes de manera independiente.
e   Jóvenes interesados en comida sana y diferentes estilos dietéticos.
f   Jóvenes interesados en la creación de aplicaciones de la tecnología (Apps).

En un póster, incluye por lo menos cinco programas de contenido interesante y relevante para el público que seleccionaste. Piensa en el mejor nombre para los programas, en el contenido que cada uno trataría y cómo serían diferentes.

Presenta tu póster en una galería en el aula de clase. Toma turnos para **explicar** tu programación a tus compañeros.

Para finalizar, selecciona uno de los pósters de tus compañeros y escribe una semblanza sobre su canal. **Describe** qué programas ofrece, el contenido de cada uno y por qué recomiendas el canal. Escribe 150 palabras.

◆ Oportunidades de evaluación

◆ En esta actividad practicarás habilidades de todos los aspectos del Criterio C Expresión oral: Usar una amplia variedad de vocabulario, usar una amplia variedad de estructuras gramaticales correctamente, usar pronunciación y entonación claras de manera comprensible y comunicar la información requerida con claridad y eficacia.

ACTIVIDAD: La cartelera

■ Enfoques del aprendizaje

■ Habilidad de comunicación: Leen con actitud crítica y para comprender

Utiliza el siguiente enlace http://tinyurl.com/qf6chrk

Responde las siguientes preguntas. Considera el póster sobre la oferta cultural para el mes de agosto en la Delegación Gustavo A. Madero en la Ciudad de México.

1   ¿Qué es "Las esfinges"?
2   ¿Cuál es el mensaje de "La Familia Perfecta"?
3   ¿Verdadero o falso? Tatiana, una cantante famosa, cantará el 11 y el 18 de agosto. Justifica tu respuesta.
4   ¿Verdadero o falso? En el concierto de Heavy Metal sólo hay una banda. Justifica tu respuesta.
5   ¿Verdadero o falso? Es posible obtener información sobre el programa en diferentes medios. Justifica tu respuesta.
6   ¿Qué podemos ver y apreciar en la exposición titulada Recordando a Elvis Presley?
7   ¿Quién es la autora de "Imágenes mi mejor pretexto"?
8   Menciona tres elementos lingüísticos o iconográficos que el autor utilizó para comunicar su mensaje.
9   Explica la organización de la información en el texto.
10 ¿Qué elementos iconográficos o lingüísticos utilizó el autor para llamar la atención de la gente?
11 ¿A qué evento te gustaría ir? ¿Por qué?
12 ¿Qué dos de los eventos en el cartel recomendarías a dos de tus amigos? ¿Por qué o por qué no? Explica tu respuesta.
13 ¿En tu ciudad se organizan eventos culturales como en la Delegación Gustavo A. Madero? ¿Cómo es la oferta de eventos culturales similar o diferente?

◆ Oportunidades de evaluación

◆ En esta actividad practicarás habilidades de todos los aspectos del Criterio B Comprensión de lectura: Demostrar la comprensión de información oral explícita e implícita (datos, opiniones, mensajes y detalles), analizar convenciones y analizar conexiones.

ACTIVIDAD: Laboratorio de Dirección de Eventos Culturales

■ Enfoques del aprendizaje

■ Habilidad de comunicación: Hacen deducciones y extraen conclusiones

Mira el vídeo en el siguiente enlace:
http://tinyurl.com/labdirex

Responde las preguntas.

1 Menciona dos ejemplos de cómo demostramos que amamos la cultura, según el vídeo.
2 ¿Qué es la cultura según los chicos en el vídeo? Menciona dos ejemplos.
3 ¿Qué tipo de personas pueden interesarse en el Laboratorio de Dirección de Eventos Culturales? Menciona dos ejemplos.
4 ¿Qué actividades mencionan los chicos cuando hablan del Laboratorio de Dirección de Eventos Culturales? Menciona dos ejemplos.
5 ¿Verdadero o falso? Este curso es sólo teoría, no hay práctica ni acción. Justifica tu respuesta.
6 ¿Cuánto tiempo trabajarán en el proyecto en el Laboratorio de Dirección de Eventos Culturales?
7 Según los chicos, ¿para quiénes es este curso?
8 ¿Por qué el autor del vídeo muestra diferentes personas en distintos lugares?
9 ¿Por qué los narradores repiten la frase "este es tu curso"?
10 ¿Por qué el autor decidió mostrar la claqueta al final del vídeo?
11 ¿Te gustaría participar en el Laboratorio de Dirección de Eventos Culturales? ¿Por qué o por qué no?
12 En tu opinión, ¿los gobiernos de las ciudades deben interesarse en programas como el Laboratorio de Dirección de Eventos Culturales? ¿Por qué o por qué no?

◆ Oportunidades de evaluación

◆ En esta actividad practicarás habilidades de todos los aspectos del Criterio A Comprensión auditiva: Demostrar la comprensión de información oral explícita e implícita (datos, opiniones, mensajes y detalles), analizar convenciones y analizar conexiones.

PIENSA–COMPARA–COMPARTE

Considera las imágenes anteriores. Piensa en tu cultura y en otras culturas que conoces o que te interesan. Responde la siguiente pregunta:

¿Cómo refleja el entretenimiento los valores y las formas de expresión y las profesiones populares en diferentes culturas?

Comparte tu respuesta en equipos pequeños y después con la clase entera.

¿Qué relación existe entre los recursos que utilizamos para expresar ideas y el mensaje que comunicamos?

OBSERVA–PIENSA–PREGÚNTATE

Observa las siguientes imágenes.

1 ¿Cuántas de estas formas de entretenimiento conoces?
2 ¿Cuántas de estas formas de entretenimiento has visto en persona?
3 En tu opinión, ¿qué es especial acerca de cada una de estas formas de entretenimiento?
4 ¿Qué pensamientos o ideas sobre su país de origen provocan las imágenes de estas formas de entretenimiento?
5 ¿En cuáles de estas formas de entretenimiento podemos participar, y en cuáles sólo podemos ser espectadores?
6 ¿Qué preguntas es posible hacer sobre las culturas de origen de estas formas de entretenimiento?
7 ¿Existe relación entre el arte y el entretenimiento? Explica.

Comparte tus respuestas en equipos pequeños.

■ La diversidad cultural del planeta se hace presente en las diferentes formas de entretenimiento

ACTIVIDAD: Jóvenes vs Adultos

Enfoques del aprendizaje

■ Habilidad de comunicación: Hacen deducciones y extraen conclusiones

De manera individual, **indica** quien tiene más prefiere realizar cada una de las siguientes actividades, ¿los jóvenes o los adultos?

a ir al cine
b ir al teatro
c ir a un concierto
d cocinar y comer en casa
e salir a comer a un restaurante
f ordenar comida
g practicar deportes individuales
h practicar deportes en equipo

i no practicar deportes
j ir al cine
k ver películas en su dispositivo móvil
l ver películas en la tele en casa
m hacer actividades al aire libre
n hacer actividades en espacios cerrados

Después compara tus respuestas en equipos pequeños. **Justifica** tus ideas.

Finalmente, escribe diez oraciones para **resumir** tus ideas y las ideas de tus compañeros. Observa la **estructura** del siguiente ejemplo y úsalo sigue el **patrón**:

La mayoría de los jóvenes prefieren ver películas en su dispositivo móvil, pero esto no le gusta a muchos adultos porque ellos prefieren ver películas en el cine.

◆ Oportunidades de evaluación

◆ En esta actividad practicarás habilidades de los aspectos i y ii del Criterio D Expresión escrita: Usar una amplia variedad de vocabulario y usar una amplia variedad de estructuras gramaticales correctamente.

ACTIVIDAD: Diferencias entre jóvenes y adultos

■ Enfoques del aprendizaje

■ Habilidad de comunicación: Escriben con diferentes propósitos

Imagina que eres un escritor en la sección de temas sociales de una revista para jóvenes y adultos. Escribe un artículo acerca de las diferentes preferencias de entretenimiento entre los jóvenes y los adultos. Utiliza las ideas de la actividad "Jóvenes vs Adultos". Utiliza el presente, adverbios de frecuencia y una amplia variedad de verbos.

Incluye gráficos, íconos o ilustraciones en tu texto.

El **propósito** de tu artículo es **informar**.

◆ Oportunidades de evaluación

◆ En esta actividad practicarás habilidades de todos los aspectos del Criterio D Expresión escrita: Usar una amplia variedad de vocabulario, usar una amplia variedad de estructuras gramaticales correctamente, organizar información por escrito y comunicar información teniendo en cuenta el destinatario y el propósito.

ESCALA DE COMPLEJIDAD

Las siguientes palabras están relacionadas con el cine.

Presta atención a la lista:

entretenimiento	controversia
expresión	dirección
actriz	arte
dinero	fotografía
historia real	nueva tecnología
actor famoso	original
presupuesto	historia inteligente
guión inteligente	historia intelectual
creatividad	festival
tema arriesgado	

Trabaja en equipos pequeños.

Coloca las palabras a lo largo de la siguiente línea, para **indicar** qué tan importante es cada uno de los elementos para realizar un filme que represente la cultura del país donde se realiza.

Explica tus decisiones e intenta llegar a un consenso.

Escribe tus respuestas en un póster y compártelo con la clase entera.

Importante ——————— Irrelevante

Observa las líneas que produjeron tus compañeros y escribe preguntas sobre la manera en que se organizaron las palabras, particularmente en los casos diferentes a tus ideas.

Cómo se lleva a cabo una mesa redonda

Varias personas participan en una mesa redonda cuando desean conocer diferentes puntos de vista sobre un tema determinado. En esta estrategia de interacción, se siguen los siguientes pasos:

Preparación:

1. Determinar el tema.

2. Asignar los roles: moderador y expositores. Una mesa redonda es memorable cuando los expositores tienen diferentes y variados puntos de vista.

Organización del local:

3. Los asientos deben arreglarse de tal manera que los expositores puedan verse los unos a los otros. Puedes considerar un arreglo en el que el público pueda ver a todos los expositores.

4. El moderador se puede ubicar en el centro del semicírculo formado por los expositores, o en un extremo de todos para facilitar su papel.

Desarrollo:

5. El moderador se presenta a sí mismo, a los expositores, así como el tema que se debatirá.

6. El moderador debe mencionar detalles específicos de las intervenciones: cuánto tiempo debe hablar cada expositor; el orden de los expositores; la manera en que el público debe participar.

7. El moderador da la palabra al primer expositor.

8. Cada uno de los expositores se adhieren a los acuerdos de la mesa.

9. El moderador debe indicar y coordinar cuando el público podrá hacer preguntas.

10. El moderador debe indicar cuando la mesa redonda terminó.

6   ¿Cómo son diferentes las culturas de entretenimiento y ocio en el mundo?

143

▼ Nexos con: Individuos y Sociedades: Historia

Muchos fenómenos culturales y de entretenimiento expresan aspectos del contexto histórico y social en el cual se desenvuelve y reflejan procesos sociales e ideológicos por los que pasan las personas, grupos e instituciones.

La decadencia del séptimo arte

El cine estadounidense que se produce en Hollywood sólo tiene fines lucrativos; es una industria interesada en el dinero y por esta razón realiza superproducciones con enormes presupuestos y temáticas amigables y entretenidas. En el cine hollywoodense lo más importante es producir dinero. Es fundamental producir películas entretenidas con historias fáciles de comprender y con muchos efectos especiales. Muchos de los actores de Hollywood incluso están dispuestos a participar en historias mediocres porque tienen la posibilidad de convertirse en celebridades de la noche a la mañana.

El séptimo arte de los miserables

Los realizadores hispanos comprenden que el cine es un arte, una forma de expresión, un medio para capturar momentos y transmitir historias importantes. Hacer cine en España y Latinoamérica no es fácil; los presupuestos son modestos, pues pocos quieren invertir en películas con temas originales.

Como no existen grandes productoras, los directores del mundo hispano tienen más libertad que los directores estadounidenses en cuestión del tipo de película que quieren hacer, pero también tienen muchas limitantes. El dinero nunca es suficiente para contratar a un actor popular o para promover el filme en diferentes países.

Sin embargo, también existen proyectos lucrativos, porque como dicen en México: con dinero baila el perro.

ACTIVIDAD: Mesa redonda

■ Enfoques del aprendizaje

■ Habilidad de colaboración: Escuchan con atención otras perspectivas e ideas

Lee los extractos de texto titulados: "La decadencia del séptimo arte" y "El séptimo arte de los miserables".

Trabaja en equipos de cuatro.

Uno de ustedes será el moderador de la discusión y el resto serán los tres expositores:
● **1 productor de Hollywood**
● **1 productor del cine hispano**
● **1 productor de telenovelas.**

Debate las opiniones presentadas en los extractos de periódico anteriores.

Con tu equipo, toma unos minutos para preparar el debate.

Mientras un equipo debate, el resto de la clase será la audiencia y podrá hacer preguntas que el moderador coordinará.

El tema del debate es:

¿Son el cine y la televisión únicamente negocio y entretenimiento?

◆ Oportunidades de evaluación

◆ En esta actividad practicarás habilidades de todos los aspectos del Criterio C Expresión oral: Usar una amplia variedad de vocabulario, usar una amplia variedad de estructuras gramaticales correctamente, usar pronunciación y entonación claras de manera comprensible y comunicar la información requerida con claridad y eficacia.

ACTIVIDAD: Clasificación de las actividades recreativas

Enfoques del aprendizaje

■ Habilidades de comunicación: Negocian ideas y conocimientos con compañeros y profesores. Escriben con diferentes propósitos

En parejas, clasifica la lista de actividades en las categorías que se muestran en las tres columnas siguientes.

bailes	deportes	kermeses	paseos
charlas	fiestas	lectura	teatro
coros	fotografía	meditación	tertulias
danzas	juegos	música	

Motrices	Culturales	Sociales

Individualmente, utiliza la clasificación de actividades, y escribe un artículo para la revista de Educación Física y para la Salud de tu escuela acerca del tipo de recreación o entretenimiento más popular en tu cultura. **Justifica** tus ideas y menciona ejemplos concretos para tus ideas principales. **Indica** si existe una tendencia más pronunciada hacia las actividades culturales, sociales o motrices.

Escribe 150 palabras.

Oportunidades de evaluación

◆ En esta actividad practicarás habilidades de todos los aspectos del Criterio D Expresión escrita: Usar una amplia variedad de vocabulario, usar una amplia variedad de estructuras gramaticales correctamente, organizar información por escrito y comunicar información teniendo en cuenta el destinatario y el propósito.

ACTIVIDAD: Representaciones de culturas

Enfoques del aprendizaje

■ Habilidad de gestión de la información: Acceden a la información para estar informados e informar a otros

Trabaja en equipos de seis personas. Selecciona una de las siguientes formas de entretenimiento y mira el vídeo en el enlace.

Completa tu sección y comparte tu información con tus compañeros para completar toda la tabla.

Forma de entretenimiento	¿Quiénes son los actores principales?	¿Qué detalles observas? (ropa, música, escenario, colores)	¿Qué rol tiene la audiencia?	¿A quiénes les puede gustar esta actividad?	¿Qué puedes inferir sobre la cultura?
Teatro El Ramayana en la India: http://tinyurl.com/hnst6br					
Teatro Noh en Japón: http://tinyurl.com/trtnoh					
Carreras de caballo en Perú: http://tinyurl.com/carbabcus					
Teatro callejero en Madrid: http://tinyurl.com/teatcall					
Lucha libre en México: http://tinyurl.com/luclibr					
Teatro chino tradicional: http://tinyurl.com/teatzg					

Haz preguntas que consideres interesantes sobre la información que compartieron con tus compañeros.

Comparte las ideas de tu grupo con la clase entera.

6 ¿Cómo son diferentes las culturas de entretenimiento y ocio en el mundo?

145

ACTIVIDAD: Conexiones

■ Enfoques del aprendizaje

■ Habilidad de comunicación: Estructuran la información utilizando diferentes tipos de oraciones para utilizar la lengua en contexto

Presta atención a los elementos artísticos y de comunicación en las siguientes preguntas. Responde las preguntas e **indica** de qué manera utilizamos esos elementos para **comunicar** ideas.

1 **¿Para qué utilizan el maquillaje en el teatro?**
2 **¿Para qué utilizan las luces en el teatro?**
3 **¿Para qué utilizan la música en el teatro y en las películas?**
4 **¿Por qué es importante la decoración de un espacio en el teatro y en las películas?**
5 **¿Por qué es importante seleccionar la ropa de los personajes correctamente en el teatro y las películas?**
6 **¿Por qué son importantes diferentes ángulos cuando tomamos fotos?**
7 **¿Por qué es importante la perspectiva cuando tomamos fotos?**
8 **¿Qué papel juegan los efectos de sonido en los audiolibros?**
9 **¿Por qué es importante utilizar diferentes tonos de voz en el teatro?**

◆ Oportunidades de evaluación

En esta actividad practicarás habilidades de los aspectos i y ii del Criterio D Expresión escrita: Usar una amplia variedad de vocabulario y usar una amplia variedad de estructuras gramaticales correctamente.

VOCABULARIO SUGERIDO

Las siguientes palabras pueden ayudarte a completar la tarea titulada "Conexiones". Investiga su **significado**.

tensión	escenario	personaje
trama	emociones	época
suspenso	realidad	contexto
ambiente	atrapar	
atmósfera	representar	

ACTIVIDAD: De verbos a sustantivos

Los siguientes verbos están relacionados con el entretenimiento en la televisión y en el cine.

Presta atención al ejemplo y cambia la **forma** del verbo. Escribe el sustantivo. Sigue el **patrón**.

Verbo	Sustantivo
producir	produc**ción**
reproducir	
repetir	
multiplicar	
adaptar	
transmitir	
transformar	
crear	
dirigir	
actuar	

◆ Oportunidades de evaluación

En esta actividad practicarás habilidades del aspecto i del Criterio D Expresión escrita: Usar una amplia variedad de vocabulario.

ACTIVIDAD: Aspectos del entretenimiento en la televisión y el cine

Presta atención a los siguientes aspectos de los programas de televisión o películas. Investiga su **significado** si no conoces las palabras.

- **subtítulos**
- **doblaje**
- **producciones locales**
- **estilo hollywoodense**
- **toque cultural**
- **actores nacionales**
- **actores extranjeros**
- **adaptación de programas extranjeros**

Responde las siguientes preguntas.

1 **¿Qué opinas acerca de cada uno de esos aspectos?**
2 **¿Te gusta ver películas con subtítulos o dobladas? ¿Por qué o por qué no?**
3 **¿Prefieres programas de TV o películas con actores de tu país o extranjeros? ¿Por qué?**

Comparte tus respuestas con tus compañeros en equipos pequeños.

◆ Oportunidades de evaluación

■ En esta actividad practicarás habilidades del aspecto iv del Criterio C: Expresión oral: Comunicar la información requerida con claridad y eficacia.

Ajustes culturales en el entretenimiento

Aquí No Hay Quien Viva

1. Reproducir el éxito de un programa de televisión en diferentes países no es fácil. El programa original puede ser el favorito de miles de personas, pero puede convertirse en un desastre porque los aspectos originales de un programa se pueden perder.

2. Hoy quiero compartir mi opinión sobre la adaptación chilena de la serie española de humor más exitosa de la década: *Aquí no hay quien viva.*

3. Primero, debemos aceptar que no existen puntos de comparación entre la original y la versión chilena. Los productores chilenos copiaron los detalles más relevantes pero no pusieron atención al contexto chileno y muchas bromas o situaciones no funcionaron.

4. ¿Por qué adaptar algo que ya es exitoso y que existe en un idioma que todos entendemos en Chile? El humor español de *Aquí no hay quien viva* es entendible en Europa y en América, y por eso yo siento que la adaptación no era necesaria.

5. La adaptación chilena sólo quería dinero y no tenía interés en crear relevancia cultural, y que por eso fracasó. ¿Qué opinan ustedes?

Espero sus comentarios,

Yargo

Respuestas

1. Yargo, estoy de acuerdo contigo. Creo que seguimos copiando programa tras programa, formato tras formato, y fórmula tras fórmula, pero no prestamos atención a las exigencias del telespectador chileno. Los productores deben investigar qué funciona en una sociedad antes de adaptar historias para comprender qué deben modificar.

   Lauro

2. Las adaptaciones son lo peor que ocurre en la TV chilena: se subestima al televidente, y se transmite basura de bajo costo y rating fácil. La TV española innova, cambia formatos, explora temas nuevos, y provoca curiosidad y preguntas. No sé si es justo describir a las audiencias españolas como un público más inteligente, pero sí está claro es que les gusta ver la novedad.

   Eduardo

3. Yargo, Eduardo y Lauro, yo soy española y me parecen interesantísimos los comentarios que hacéis. Primero, os quiero decir que el éxito de las series españolas no significa que a los españoles no nos guste la TV basura o que la TV española no produce programas nefastos. Sí que los produce. En España también existe la TV basura, y también es muy vista. Tengo muchos amigos en América Latina y sé que a vosotros allá os gusta ver una combinación de contenidos, y es una lástima que los canales no produzcan espectáculos que respondan a los gustos de la audiencia local.

   Un abrazo desde Salamanca.

   Ana

4. Las adaptaciones mexicanas son muy malas. Son horribles y dan tristeza. A muchos mexicanos, en general les gusta lo simple, aunque no sea realista. Yo no comprendo porque a muchos mexicanos les gusta ver programas que muestran una sociedad elitista y discriminatoria. Muchos de nuestros programas están llenos de vulgaridades, malas palabras, carcajadas gratuitas. ¡Cómo detesto eso!

   Pedro

ACTIVIDAD: Ajustes culturales en el entretenimiento

Después de leer el blog sobre los ajustes culturales en el entretenimiento en la página 148, responde las siguientes preguntas.

1 ¿Cuál es el país de origen de *Aquí no hay quien viva*?
2 ¿Qué línea del blog indica la nacionalidad de Yargo?
3 ¿Cuál es la opinión de Yargo sobre las adaptaciones de programas españoles en su país?
4 Según Yargo, en el párrafo 3, ¿cuál es el error más grande que cometieron los productores de la nueva versión de *Aquí no hay quien viva*?
5 ¿Cuál palabra en la línea 1 del comentario de Lauro indica que él y Yargo tienen la misma nacionalidad? Justifica tu respuesta.
6 ¿Qué información incluye Ana en su comentario para explicar un punto de vista diferente sobre la TV española?
7 ¿Cómo son los comentarios de Lauro y Eduardo similares? Explica.
8 ¿Cómo ayudan los párrafos 2 y 5 a Yargo a establecer comunicación con sus lectores? Explica.
9 Con frases cortas, describe cada uno de los cinco párrafos del texto de Yargo. ¿Qué hace Yargo en cada uno?
10 ¿Qué forma gramatical indica que Ana es española?
11 Considera la situación en tu país, ¿es tu opinión sobre las adaptaciones similar a la de Yargo? Explica por qué sí o por qué no.
12 ¿Qué cambios son necesarios considerar en adaptaciones o versiones locales de tu programas extranjeros en tu país? Menciona dos ejemplos y explica.
13 ¿Con cuál de los cuatro comentarios compartes opinión, considerando la experiencia en tu país? Explica.

◆ Oportunidades de evaluación

◆ En esta actividad practicarás habilidades de todos los aspectos del Criterio B Comprensión de lectura: Demostrar la comprensión de información oral explícita e implícita (datos, opiniones, mensajes y detalles), analizar convenciones y analizar conexiones.

■ Cuando un programa de televisión es popular, es común encontrar versiones regionales en diferentes países con modificaciones apropiadas para la cultura local

ACTIVIDAD: Adaptaciones a diferentes culturas

■ **Enfoques del aprendizaje**

- ■ Habilidad de colaboración: Escuchan con atención otras perspectivas e ideas

Observa las imágenes acerca de las diferentes adaptaciones del programa de televisión colombiano titulado *Yo soy Betty, la fea*. Mira el vídeo en este enlace: **https://youtu.be/tNrqIflGHCU**

Responde las siguientes preguntas:

1 **¿Por qué algunos países producen su propia versión de ciertos programas de televisión o películas?**
2 **¿Qué elementos culturales necesitan modificar los productores cuando realizan una adaptación? ¿Por qué?**
3 **¿Es posible para todos los países comprender las gesticulaciones y comportamientos que se muestran en una película o programa de televisión de otro país? ¿Por qué o por qué no?**
4 **¿Existen riesgos cuando se adaptan películas o programas de televisión? ¿Cuáles?**
5 **¿Qué elementos culturales necesitan cambiar algunos países para que sus televidentes comprendan las historias?**

◆ **Oportunidades de evaluación**

- ◆ En esta actividad practicarás habilidades del aspecto iv del Criterio C Expresión oral: Comunicar la información requerida con claridad y eficacia.

¿Qué relación existe entre el entretenimiento, el ocio y la cultura y la economía?

Explora ejemplos de diferetes formas de expresión y entretenimiento en diferentes culturas.

■ En todas las culturas, el entretenimiento es parte de una vida equilibrada

ACTIVIDAD: El concepto de ocio en diferentes culturas

Enfoques del aprendizaje

■ Habilidad de colaboración: Escuchan con atención otras perspectivas e ideas

Responde las siguientes preguntas.

1 ¿Cuáles formas de entretenimiento observas en las fotos?
2 ¿En cuáles países son comunes esas actividades?
3 ¿Qué aspectos del estilo de vida de las personas reflejan esas actividades?
4 ¿Crees que estas actividades son populares debido a la globalización?

Comparte tus respuestas en equipos pequeños.

◆ Oportunidades de evaluación

◆ En esta actividad practicarás habilidades del aspecto iv del Criterio C Expresión oral: Comunicar la información requerida con claridad y eficacia.

ACTIVIDAD: Popularidad de las actividades de ocio

Enfoques del aprendizaje

■ Habilidad de colaboración: Ofrecen y reciben comentarios pertinentes
■ Habilidad de comunicación: Escriben con diferentes propósitos

Lee con atención la siguiente lista de actividades de ocio:
● **Comer en restaurantes de comida rápida**
● **Pasar tiempo con amigos**
● **Hacer deportes con amigos**
● **Practicar instrumentos con amigos**
● **Andar en bicicleta**
● **Crear arte con amigos o en solitario**
● **Salir a correr**
● **Ir al cine**
● **Jugar videojuegos**
● **Ver televisión**
● **Meditar**

De manera individual, **organiza** las actividades de acuerdo a la popularidad que tienen en tu escuela; después, escribe oraciones para expresar la frecuencia con la que suceden. Utiliza adverbios de frecuencia tales como 'siempre', 'a veces', 'nunca', etc., comparativos, y vocabulario relacionado con el ocio y el entretenimiento.

Observa el ejemplo y sigue el **patrón**:

● **Me gusta salir a comer en restaurantes de comida rápida con frecuencia.**
● **A veces voy a comer a restaurantes de comida rápida.**

Después de escribir tus oraciones, compáralas en equipos pequeños. Comparte tu punto de vista acerca de la frecuencia con la que suceden las actividades.

◆ Oportunidades de evaluación

◆ En esta actividad practicarás habilidades del aspecto ii del Criterio D Expresión escrita: Usar una amplia variedad de estructuras gramaticales correctamente.

ACTIVIDAD: Las escaramuzas

Mira el vídeo en este enlace para aprender acerca de la charrería en México: **https://youtu.be/pu9NiqYYv4s**

Toma notas acerca de las actividades que hacen las mujeres que practican este deporte.

Después escucha el testimonio de la Directora y Capitana de la escaramuza charra "El vergel" por medio de este enlace: **https://youtu.be/5hxCAa6Xymk**

Utiliza la información en los dos enlaces para escribir un artículo para la revista cultural de tu ciudad acerca de las escaramuzas charras. **Explica** por qué este deporte es una forma de entretenimiento que le gusta a muchas personas. El **propósito** de tu texto es **entretener**.

Los lectores de la revista son los expatriados que viven en la ciudad. Escribe 150 palabras.

■ La charrería es un deporte / espectáculo muy popular en México. Este deporte incluye un conjunto de destrezas y habilidades ecuestres y vaqueras. Como en otros deportes, los charros deben respetar un reglamento que incluye la práctica de su deporte y la vestimenta. La charrería tiene un riguroso protocolo para iniciar las celebraciones y competiciones entre equipos.

■ El término "charro" que se utiliza en México es sinónimo de jinete.

ACTIVIDAD: Actividades de ocio con cierto riesgo

Trabaja en equipos pequeños.

Toma turnos para expresar tu punto de vista y hacer preguntas acerca del gusto que ciertas personas tienen por actividades de riesgo tales como:

● **El bungee jumping**
● **Muros de escalada**
● **Paracaidismo**

Comparte tus ideas acerca de las personas a quienes les gustan estas actividades, por qué son entretenidas estas actividades y los riesgos que existen.

ACTIVIDAD: ¿Al cine o al teatro?

Enfoques del aprendizaje

- Habilidad de comunicación: Escuchan con actitud crítica y para comprender

Mira el vídeo en el siguiente enlace:
https://youtu.be/MZQz9X_3LfU

Responde las siguientes preguntas.

1. **¿Qué preguntas hacen sus amigos a la chica del vídeo cuando los invita al teatro?**
2. **¿Cuánto dinero considero la chica como presupuesto para su investigación?**
3. **¿Qué obra de teatro vio?**
4. **¿Cuál es el costo de la función de teatro?**
5. **¿Cuál es el género de la obra que vio?**
6. **¿Qué opina la chica de la obra?**
7. **¿Cuánto dinero gastó en el teatro?**
8. **¿Qué película vio?**
9. **¿Cuál es el género de la película que vio?**
10. **¿Cuánto dinero gastó en la película?**
11. **¿A cuánto dinero de tu país equivalen 200 pesos mexicanos?**
12. **¿Es el precio de ir al cine o al teatro en México más barato o caro que en tu país?**
13. **Explica la relación entre las opciones de entretenimiento y la economía.**

◆ Oportunidades de evaluación

En esta actividad practicarás habilidades de los aspecto i y iii del Criterio A Comprensión auditiva: Demostrar la comprensión de información oral explícita e implícita (datos, opiniones, mensajes y detalles) y analizar conexiones.

ACTIVIDAD: ¿Qué prefieres?

Enfoques del aprendizaje

- Habilidad de comunicación: Participan en diálogos breves para intercambiar información concreta

Trabaja con un compañero.

Considera la información en el vídeo "Cine vs teatro" y simula una interacción entre dos amigos. Uno de ustedes quiere ir al cine y otro al teatro. En la interacción, debes mencionar si prefieres ir al cine o al teatro y también debes **justificar** tus ideas.

Realiza comentarios acerca:

- **del tipo de actividad**
- **del costo**
- **de la ubicación del lugar**
- **de la facilidad para llegar al lugar.**

◆ Oportunidades de evaluación

En esta actividad practicarás habilidades del aspecto iv del Criterio C Expresión oral: Comunicar la información requerida con claridad y eficacia.

VOCABULARIO SUGERIDO

Las siguientes palabras pueden ayudarte en tu interacción.

barato	transporte
caro	pocas conexiones
lejos	entretenido
cerca	aburrido
tráfico	

ALGUNAS TAREAS SUMATIVAS PARA EVALUAR ESTE CAPÍTULO

Considera las siguientes actividades para poner en práctica lo que has aprendido en este capítulo.

ACTIVIDAD: ¿Qué hacen los jóvenes con su tiempo de ocio?

■ Enfoques del aprendizaje

- Habilidad de gestión de la información: Establecen conexiones entre diversas fuentes de información

La Universidad Argentina de la Empresa (UADE) realizó una muy interesante encuesta sobre tiempo libre y ocio. A continuación, el resumen de los resultados:

¿Cuántas horas diarias dedica al tiempo libre?

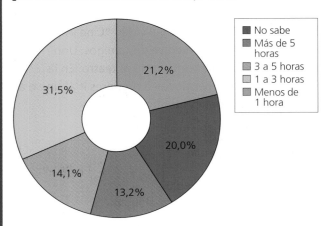

- No sabe
- Más de 5 horas
- 3 a 5 horas
- 1 a 3 horas
- Menos de 1 hora

21,2% / 31,5% / 20,0% / 14,1% / 13,2%

¿Qué prefiere hacer principalmente en su tiempo libre?

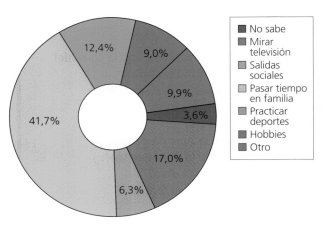

- No sabe
- Mirar televisión
- Salidas sociales
- Pasar tiempo en familia
- Practicar deportes
- Hobbies
- Otro

12,4% / 9,0% / 9,9% / 3,6% / 41,7% / 17,0% / 6,3%

En términos generales ¿qué es lo que más le gusta hacer durante sus vacaciones?

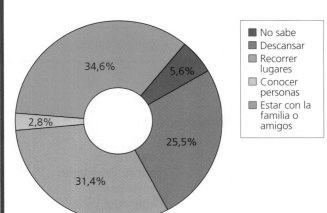

- No sabe
- Descansar
- Recorrer lugares
- Conocer personas
- Estar con la familia o amigos

34,6% / 5,6% / 2,8% / 25,5% / 31,4%

¿Cuál de los siguientes lugares prefiere usted para vacacionar?

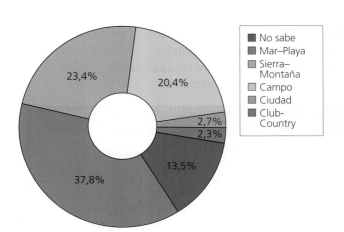

- No sabe
- Mar–Playa
- Sierra–Montaña
- Campo
- Ciudad
- Club-Country

23,4% / 20,4% / 2,7% / 2,3% / 13,5% / 37,8%

ACTIVIDAD: Los jubilados y el ocio en Japón

Enfoques del aprendizaje

■ Habilidad de comunicación: Leen con actitud crítica y para comprender

Lee el artículo sobre los jubilados y el ocio en Japón en las siguientes páginas y responde estas preguntas.

1 ¿De qué manera es el contenido de este artículo diferente a otros artículos acerca del ocio?
2 ¿Cómo ayudan las ciudades japonesas a tener variadas oportunidades de actividades de ocio?
3 Hoy en día, ¿por qué hay muchas escuelas de jardinería o de cuidado de árboles bonsái en Japón?
4 ¿Cuándo es común para los japoneses viajar en familia?
5 Según el párrafo 3, ¿cómo seleccionan los jubilados japoneses las actividades de ocio?
6 ¿Cuál es el propósito de este artículo? Menciona un ejemplo para justificar tu respuesta.
7 ¿En qué tipo de revista es posible encontrar este artículo? Justifica tu respuesta.
   a revista de ocio
   b revista de divulgación científica
   c revista de entretenimiento
8 ¿Por qué la primera imagen en la página 156 es más grande que las otras?
9 ¿Por qué el autor colocó las imágenes en esas posiciones?
10 ¿Son las actividades de ocio de jubilados en tu ciudad similares o diferentes a las de los japoneses? Explica.
11 ¿Cómo es la estructura de tu ciudad diferente a la de las ciudades en Japón?
12 ¿Recomendarías este artículo? ¿A quién? ¿Por qué o por qué no?

Oportunidades de evaluación

◆ En esta actividad practicarás habilidades de todos los aspectos del Criterio B Comprensión de lectura.

ACTIVIDAD: Los jóvenes y el tiempo libre

Tarea en el formato de evaluación interna (evaluación oral individual)

Enfoques del aprendizaje

■ Habilidad de comunicación: Utilizan una variedad de técnicas de expresión oral para comunicarse con diversos destinatarios

Estudia el texto en la página 154 durante diez minutos. Escribe oraciones acerca de la información que se presenta en las diferentes gráficas.

Prepara una presentación de uno minuto para tu profesor. En la presentación, **describe** el texto que leíste, la información que **presenta** y el mensaje que comunica.

Después, el profesor hará preguntas acerca de tu presentación y del texto por dos minutos.

Oportunidades de evaluación

◆ En esta actividad practicarás habilidades de todos los aspectos del Criterio C Expresión oral.

Lee el siguiente artículo sobre el ocio.

Los jubilados y el ocio en Japón

1. Hoy en día, es imposible negar que la tecnología y las redes sociales tienen un impacto en nuestra rutina y en nuestros hábitos. También, es difícil ignorar que estos dos elementos modificaron la forma, cantidad o variedad de actividades de ocio que pueden seleccionar las personas.

2. Es común leer sobre las opciones de ocio y entretenimiento que las ciudades ofrecen para los jóvenes y los niños, pero no es frecuente leer sobre cómo debemos prepararnos para continuar gozando de nuestro tiempo de ocio cuando tengamos más de 50 años. En Japón los jubilados son una parte de la sociedad que continúa participando en la vida social de sus ciudades de múltiples formas, y esto los hace un ejemplo para el mundo.

3. Los jubilados japoneses emplean s tiempo libre de una forma muy especi en comparación con muchos otros paíse Muchos adultos japoneses deciden disfrut de actividades que van de acuerdo con s sensibilidad y gustos específicos. Los jubilad que se interesan por temas de salud dedica su tiempo libre a jugar al tenis o al golf, correr o a divertirse realizando excursion o montañismo con amigos o con clubes q organizan estas actividades. Asimismo, l jubilados demuestran un fuerte interés aprender sobre temas de su interés duran toda la vida, y toman todo tipo de clas y seminarios que se realizan en centr culturales o universidades locales.

Muchos jubilados también viajan a diferentes destinos por muy variadas razones, ya sea por el placer de visitar lugares de gran belleza escénica o históricos o bien acudir a balnearios para disfrutar de aguas termales con el fin de mejorar su salud. Muchos japoneses también viajan al extranjero, lo que ha hecho aumentar la proporción de personas mayores entre los viajeros a otros países. En Japón hay días de vacaciones consecutivos durante las festividades del Año Nuevo, la Semana de Oro, desde finales de abril a principios de mayo, y el Obon a mediados de agosto; y muchas personas utilizan esas fechas para realizar viajes con sus familias.

Durante su edad productiva, su trabajo es el centro de la vida de los japoneses, pero cuando dejan de trabajar comienzan a apreciar el tiempo libre con los miembros de la familia. Por esta razón, cada vez son más los adultos que dedican sus días libres a actividades familiares. Así mismo, es muy común observar como muchos jubilados también están más dispuestos a tener un rol social activo a través de acciones de voluntariado en sus comunidades.

La infraestructura de las ciudades japonesas también contribuye mucho a la variedad de actividades de ocio y los jubilados pueden seleccionar una de ellas. Existen muchas oportunidades por todo Japón pensadas para el disfrute de las familias, como zoológicos, acuarios y museos. Asimismo, muchas áreas fuera de la ciudad reciben viajeros y reciben el camping, por lo que muchos grupos de jubilados salen de camping o realizan actividades de montañismo junto, con grupos de amigos o como parte de clubes.

7   No obstante, las actividades de ocio que son elementos fundamentales del estilo de vida de los jubilados son la jardinería, el cuidado de árboles bonsái y la carpintería en casa. Por esta razón, actualmente hay muchas escuelas que apoyan a los interesados a cultivar sus pasiones.

8   Japón siempre es un país que produce modas y tendencias, y en esta ocasión nos da un ejemplo para seguir en contacto con nuestras pasiones sin importar la edad.

ACTIVIDAD: ¿Qué hacer en las Fiestas de Octubre?

■ Enfoques del aprendizaje

■ Habilidad de comunicación: Escuchan con actitud crítica y para comprender

Mira el vídeo en el siguiente enlace: https://youtu.be/nvtF9fu1TvI y responde las siguientes preguntas.

1 **¿Cómo se llama la conductora?**
2 **¿Cuántos planes presenta la conductora?**
3 **¿Durante cuantos años se ha presentado Alejandro Fernández en las fiestas?**
4 **¿Cuántos juegos mecánicos hay en las fiestas?**
5 **¿Cómo se llama el lugar donde puedes comer comida típica?**
6 **¿Dónde puedes ver a los artesanos construyendo sus esculturas o pieza de arte?**
7 **La conductora menciona que los mexicanos tienen fama de "argüenderos". ¿Qué significa esta palabra en el contexto del vídeo?**
   a **problemáticos**
   b **que les gusta divertirse**
   c **difíciles de entretener**
8 **El propósito de este texto es:**
   a **informar**
   b **persuadir**
   c **entretener**
9 **Menciona tres recursos lingüísticos que el autor utilizó para comunicar su mensaje.**
10 **¿Te gustaría ir a las Fiestas de Octubre? ¿Por qué o por qué no? Menciona información del vídeo en tu respuesta.**
11 **¿Existen fiestas similares a las Fiestas de Octubre en tu ciudad? Menciona información del vídeo en tu respuesta.**
12 **En tu opinión, ¿qué aspectos de la cultura de Guadalajara se muestran en las Fiestas de Octubre?**

◆ Oportunidades de evaluación

◆ En esta actividad practicarás habilidades de todos los aspectos del Criterio A Comprensión auditiva.

ACTIVIDAD: El Festival Internacional de Teatro y Artes de Calle de Valladolid

■ Enfoques del aprendizaje

■ Habilidad de comunicación: Escriben con diferentes propósitos

Mira el vídeo en el siguiente enlace: https://youtu.be/7SPgLnLX3I8

Toma nota acerca de todas las actividades relacionadas con el entretenimiento que puedas **identificar**.

Imagina vives en Valladolid y escribes para la sección de cultura y recreación de la revista de expatriados de tu ciudad. Escribe un artículo acerca del Festival Internacional de Teatro y Artes de Calle de Valladolid. Menciona las diferentes oportunidades de entretenimiento que se pueden disfrutar. **Explica** por qué es buena idea asistir al festival y la manera en que este festival permite comprender la cultura de Valladolid.

Escribe 150 palabras.

◆ Oportunidades de evaluación

◆ En esta actividad practicarás habilidades de todos los aspectos del Criterio D Expresión escrita.

▼ Nexos con: Educación Física y para la Salud

Muchos estudios han demostrado que participar en actividades de aventura tiene un efecto positivo en la vida de una persona. La aventura motiva, aumenta la confianza y mejora el auto estima.

Reflexión

En este capítulo abordamos el ocio y participamos en actividades para compartir opiniones sobre nuestros gustos personales; también leímos y descubrimos la manera en que las opciones de actividades de ocio y entretenimiento reflejan diferentes aspectos de las culturas de diferentes países. Así, logramos apreciar diferentes puntos de visa sobre la relación entre el ocio, el bienestar y la calidad de vida.

Reflexionemos sobre nuestro aprendizaje … Usa esta tabla para reflexionar sobre tu aprendizaje personal en este capítulo.					
Preguntas que hicimos	Respuestas que encontramos	Preguntas que podemos generar ahora			
Fácticas: ¿Cuáles son algunas formas de entretenimiento populares? ¿Qué tipo de verbos se relacionan con el entretenimiento? ¿Qué tipo de adjetivos utilizamos para describir diferentes formas de expresión?					
Conceptuales: ¿Cómo refleja el entretenimiento los valores de una cultura? ¿Qué relación existe entre los recursos que utilizamos para expresar ideas y el mensaje que comunicamos?					
Debatibles: ¿Por qué las culturas tienen diferentes apreciaciones de elementos como el humor, el terror y la censura? ¿Qué relación existe entre el entretenimiento, el ocio y la cultura y la economía?					
Enfoques de aprendizaje en este capítulo:	Descripción: ¿qué destrezas nuevas adquiriste?	¿Qué tan bien has consolidado estas destrezas?			
		Novato	En proceso de aprendizaje	Practicante	Exprto
Habilidades de comunicación					
Habilidades de colaboración					
Habilidades de gestión de la información					
Habilidades de pensamiento crítico					
Habilidades de pensamiento creativo					
Habilidades de transferencia					
Atributos de la comunidad de aprendizaje	Reflexiona sobre la importancia de ser alguien de mente abierta en este capítulo. ¿Cómo demostraste tus habilidades como estudiante con mente abierta en este capítulo?				
Mente abierta					

7 ¿Qué pueden enseñarnos los viajes?

Explorar **culturas** ayuda a asimilar el **significado** de las ideas y las tendencias que producen las interacciones **globales**.

EN ESTE CAPÍTULO VAMOS A INVESTIGAR LAS SIGUIENTES PREGUNTAS:

Fácticas: ¿Qué podemos descubrir en diferentes lugares? ¿Qué palabras nos indican el uso del pretérito indefinido? ¿Cuál es el patrón de conjugación de los verbos en pretérito indefinido?

Conceptuales: ¿De qué manera nos enriquecen las diferencias que identificamos en otras culturas? ¿De qué manera ayuda la globalización a tener acceso a diferentes ideas y recursos?

Debatibles: ¿Hasta qué punto la globalización daña la identidad de los países? ¿De qué manera nos transforman los lugares que visitamos? ¿Qué responsabilidades tienen los viajeros en los lugares que visitan?

■ A muchas personas les gusta viajar a las Islas Galápagos en Ecuador para conocer más sobre las especies que describió Charles Darwin en su teoría de la evolución por la selección natural.

EN ESTE CAPÍTULO VAMOS A:

- ■ **Descubrir:**
  - ■ opiniones sobre los criterios que las personas consideran para seleccionar los lugares que visitan
  - ■ la gran diversidad de destinos turísticos donde se habla español.
- ■ **Explorar:**
  - ■ diferentes palabras y estructuras que nos permiten hablar de nuestros viajes
  - ■ el impacto del turismo masivo en diferentes destinos.
- ■ **Actuar y:**
  - ■ reflexionar sobre nuestras responsabilidades cuando viajamos

Las siguientes habilidades de los enfoques del aprendizaje serán útiles:

- Habilidades de comunicación
- Habilidades de colaboración
- Habilidades de reflexión
- Habilidades de gestión de la información
- Habilidades de alfabetización mediática
- Habilidades de pensamiento crítico
- Habilidades de pensamiento creativo

Oportunidades de evaluación en este capítulo:

- **Criterio A:** Comprensión auditiva
- **Criterio B:** Comprensión de lectura
- **Criterio C:** Expresión oral
- **Criterio D:** Expresión escrita

Reflexiona sobre el siguiente atributo de la comunidad de aprendizaje:

- **Reflexivo:** evaluamos detenidamente el mundo y nuestras propias ideas y experiencias, mediante la evaluación de las ideas que se generen en clase.

Contenido esencial

Los contenidos temáticos que se abordarán en este capítulo pertenecen a las fases 1 y 2 del continuo de aprendizaje y son:

- Los viajes y el transporte
- Las compras: transacciones e interacciones en diferentes lugares
- Las vacaciones
- El estudio y la vida en el extranjero
- Situaciones de viajeros en el extranjero
- Los viajes y el turismo
- Presente
- Pretérito indefinido
- Cláusulas relativas y referencia
- Indicadores de tiempo

VOCABULARIO SUGERIDO

Vocabulario sugerido para mejorar la experiencia de aprendizaje. **Discute** el **significado** de las siguientes palabras y **úsalas** en las actividades en este capítulo.

Sustantivos		Adjetivos	Verbos
ropa	pasaporte	barato	cambiar
aeropuerto	playa	bonito	comprar
avión	postal	caro	dar
balneario	recuerdos	cerca	disfrutar
bolso	restaurante	colorido	explorar
calle	seguro (de viajero)	congestionado	hacer (las maletas)
campo	tienda	ecológico	investigar
centro comercial	tren	grande	ir
cine	visa	histórico	llevar
dinero		largo	organizar
edificio		lejos	pagar
estación de autobús		limpio	pasear
estación de tren		organizado	planear
hospital		pequeño	preparar
hostal		precio	recibir
hotel		sucio	regalar
mochila		turístico	regresar
montaña		verde	tomar (un taxi)
monumento			vender
museo			ver
parque			viajar

¿Qué podemos descubrir en diferentes lugares?

Explora datos globales acerca de los lugares más visitados en el mundo.

La Organización Mundial de Turismo (OMT) dio a conocer las naciones que reciben más turistas. Estos son los resultados en 2019. Cifras en millones de visitantes.

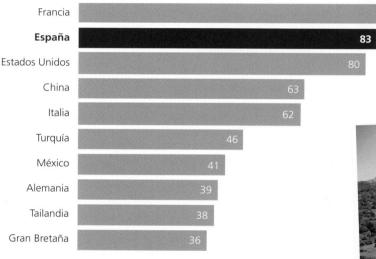

Francia	89
España	**83**
Estados Unidos	80
China	63
Italia	62
Turquía	46
México	41
Alemania	39
Tailandia	38
Gran Bretaña	36

OBSERVA–PIENSA–PREGÚNTATE

Observa las estadísticas anteriores. Individualmente, responde estas preguntas y escribe cinco preguntas más que consideras que es necesario **examinar**. Interactúa con tus compañeros.

1 ¿Qué es popular en cada uno de estos países?
2 ¿Qué atrae a los turistas a cada uno de estos países?
3 ¿Conoces alguno(s) de estos países? ¿Cuáles? ¿Qué recuerdas?
4 ¿Qué aspectos de los países que visitas consideras al viajar?
5 ¿Qué elementos influyeron para que otros países no estén en la lista?

ACTIVIDAD: Preparándonos para un viaje

Trabaja con un compañero. Realiza una lluvia de ideas para completar las siguientes tablas.

1

Ítem	La primavera	El verano	El otoño	El invierno
Ropa que necesitamos para viajar durante				

2

Ítem	la playa	una ciudad moderna	la montaña	el bosque
Ropa que necesitamos para viajar a				

3

Ítem	amigos	familia	compañeros de la escuela	un grupo de turismo masivo
¿Qué necesitamos considerar cuando viajamos con				

Compara tus ideas con otra pareja. Comparte tus opiniones sobre las similitudes y diferencias en las opiniones.

◆ Oportunidades de evaluación

◆ En esta actividad practicarás habilidades del aspecto i del Criterio D Expresión escrita: Usar una amplia variedad de vocabulario.

Sugerencia

Recuerda que algunos artículos se contraen cuando están al lado de una preposición:

Ropa que necesitamos para viajar **al** bosque.

Sugerencia

Mira el vídeo en este enlace: https://youtu.be/6c9tEidimFc para aprender acerca de las conjugaciones del pretérito indefinido en español.

Presta atención a los verbos regulares e irregulares.

ACTIVIDAD: Viajes y personalidad

Individualmente, escribe ideas sobre los siguientes temas.

Después comparte tus ideas en equipos pequeños. Intenta llegar a un consenso.

Tema 1

¿Qué tipo de personas prefieren viajar a la playa? ¿por qué?

Tema 2

¿Qué tipo de personas prefieren viajar en grupos de turismo masivo? ¿por qué?

Tema 3

¿Qué tipo de personas prefieren viajar con paquetes todo incluido? ¿por qué?

Tema 4

¿Qué tipo de personas prefieren viajar "de mochilazo"? ¿por qué?

◆ Oportunidades de evaluación

◆ En esta actividad practicarás habilidades del aspecto ii del Criterio D Expresión escrita: Usar una amplia variedad de estructuras gramaticales correctamente.

RC

Ricardo

Sábado 28 Dic. 3:35 PM

¡Hola! Ya llegué a Panamá. Tomé un taxi en el aeropuerto y voy camino al hotel. ¿Ya llegaste tú?

Sábado 28 Dic. 3:40 PM

¡Hola, Ricardo! Yo ya llegué también. Ya dejé mis cosas en la habitación y estoy comiendo algo porque no comí nada en el vuelo pues dormí todo el camino.

Sábado 28 Dic. 3:42 PM

¡Disfruta! Yo llego en un momento. Compré todas las cosas que me pediste. ¡Costaron más de lo que pensé!

Sábado 28 Dic. 4:05 PM

¿Cuánto pagaste?

Sábado 28 Dic. 4:05 PM

No importa. Tuve que pagar impuestos adicionales. No sabía que en Estados Unidos el precio que se indica en la etiqueta no es el precio final.

Sábado 28 Dic. 4:06 PM

Armando, ¡qué tonto eres! ¿No leíste la información en la guía que compraste?

Sábado 28 Dic. 4:07 PM

¡Claro que sí! Pero nunca pensé que los supermercados eran diferentes.

Sábado 28 Dic. 4:08 PM

No comprendo. ¿Acaso no compraste más regalos en otras tiendas?

Sábado 28 Dic. 4:08 PM

Sí

Sábado 28 Dic. 4:09 PM

Entonces ¿no te enteraste que en Estados Unidos debes pagar los impuestos sobre el precio en la etiqueta?

Sábado 28 Dic. 4:09 PM

No puse atención. Pagué con tarjeta de crédito todo el tiempo, entonces.

Sábado 28 Dic. 4:12 PM

Mira lo que te compré.

Sábado 28 Dic. 4:15 PM

¡Gracias! ¿Por qué compraste dos copias?

Sábado 28 Dic. 4:15 PM

Porque me dijiste que tus dos amigos quieren estudiar español y pensé que es mejor idea comprar uno para cada uno, porque no lo podrán compartir.

Sábado 28 Dic. 4:16 PM

¡Gracias! Yo busqué por todos lados hasta que encontré lo que tú querías. No fue nada fácil. Mi batería está a punto de morir. Nos vemos pronto

    Vale. Nos vemos

GRAMÁTICA

Estudia la conjugación de los verbos en pretérito indefinido en español. Utiliza este enlace: https://youtu.be/YozDsRpeK7E

ACTIVIDAD: Mensaje de texto instantáneo

■ Enfoques del aprendizaje

- Habilidad de comunicación: Leen con actitud crítica y para comprender

Responde las siguientes preguntas.

1 ¿Quiénes participan en esta conversación?
2 ¿A qué horas comenzó la conversación?
3 ¿Quién comenzó la conversación?
4 ¿Dónde está la persona que respondió los mensajes?
5 ¿Quién compró los libros?
6 ¿Qué información acerca de los supermercados en Estados Unidos no conocía uno de las personas?
7 ¿Cuáles elementos lingüísticos utilizaron en esta interacción?
8 ¿De qué manera se representaron diferentes emociones?
9 ¿Por qué hay tres íconos en un comentario?
10 ¿Qué tipo de lenguaje utilizaron las personas que interactuaron?
11 ¿Tienes un amigo que es similar a una de las dos personas que interactúan? ¿Quién es? Explica de qué manera son similares.
12 ¿Has tenido una experiencia similar? Explica.

◆ Oportunidades de evaluación

- ◆ En esta actividad practicarás habilidades de todos los aspectos del Criterio B Comprensión de lectura: Demostrar la comprensión de información oral explícita e implícita (datos, opiniones, mensajes y detalles), analizar convenciones y analizar conexiones.

Situación:

Carlos, María, Diana, Mónica y Juan son cinco amigos. Los cinco amigos están planeando unas vacaciones juntos, pero es muy complicado. Analiza las posibilidades y ayúdalos.

Información:

Carlos es muy deportista y no le gusta pasar tiempo en casa; le gusta explorar y caminar mucho; es muy práctico y relajado; le gusta comer mucho y le gusta el calor. María es muy culta y le gusta aprender y apreciar el arte; le gustan las ciudades y no le gusta la playa. Diana es muy divertida y sociable, le gustan las tendencias modernas y tomar fotografías, pero no le gusta el frío y no le gusta caminar tampoco. Mónica es muy estudiosa y le gusta la historia, la arquitectura, y tomar fotografías; en el futuro quiere ser arqueóloga; no le gusta la playa. A Juan le gustan las actividades al aire libre y practicar muchos deportes; le gusta la naturaleza y la playa; también le gusta tomar fotografías.

Los chicos tienen cinco opciones: Los Cabos, Guanajuato, San Luis Potosí, Puebla y Mérida; sin embargo, las cinco ciudades son muy diferentes. Por ejemplo, Los Cabos es una playa; Guanajuato es una ciudad histórica muy pequeña; es muy caminable, tiene muchos museos y muchos restaurantes. San Luis Potosí también es una ciudad histórica, pero es muy grande; hay lagos y bosques muy cerca. Puebla es una ciudad colonial y hay bosques y montañas cerca; la comida de Puebla es muy deliciosa y famosa. Mérida es una ciudad colonial y moderna, y está cerca de la playa; sin embargo, la comida de Mérida no es buena.

También, los chicos deben considerar algunos aspectos particulares de las ciudades. Por ejemplo, Los Cabos está muy lejos y es muy caro. Guanajuato es muy turístico y siempre hay muchos turistas; los hoteles en Guanajuato son muy caros, y además es necesario caminar mucho. Puebla es muy frío, pero es un lugar muy colorido y artístico y es posible tomar fotos increíbles; el transporte en Puebla no es muy bueno y los taxis son caros. San Luis Potosí es popular por las actividades al aire libre, pero las distancias son muy grandes y necesitan tener mucho tiempo. Mérida es muy caliente y húmeda, pero es una buena opción para caminar y está cerca de la playa; además hay muchas zonas arqueológicas cerca.

Los chicos únicamente tienen un fin de semana largo, tres días, entonces necesitan seleccionar un destino que sea apropiado para todos. En Guanajuato, San Luis Potosí, Mérida y Puebla hay muchos edificios históricos, museos galerías y cafés; en Puebla hay muchas tiendas muy exclusivas; y en Guanajuato el arte es muy popular; en Los Cabos es posible practicar deportes extremos, y deportes acuáticos, tomar un paseo en bote para ver las ballenas y los delfines. Los chicos viven en la Ciudad de México y estas son las distancias: Guanajuato está a tres horas en autobús; Puebla está a dos horas en autobús; para ir a Mérida y a Los Cabos es necesario tomar un avión; y para San Luis Potosí los chicos pueden ir en autobús (cuatro horas) o en avión. ¿Cuál es la mejor opción?

ACTIVIDAD: Cinco destinos

Enfoques del aprendizaje

- Habilidad de comunicación: Leen con actitud crítica y para comprender
- Habilidad de colaboración: Ofrecen y reciben comentarios pertinentes

Con la información del texto, el cual trata acerca de algunos destinos populares en México, dibuja una tabla en tu cuaderno y extrae la siguiente información acerca de cada destino:

◆ Oportunidades de evaluación

- ◆ En esta actividad practicarás habilidades del aspecto i del Criterio B Comprensión de lectura: Demostrar la comprensión de información explícita e implícita (datos, opiniones, mensajes y detalles).

Destino	Tipo de lugar	Actividades populares	Actividades que no es posible hacer	Desventajas	¿A quién le puede gustar?
Los Cabos					
Guanajuato					
San Luis Potosí					
Puebla					
Mérida					

Explora las oportunidades para aprender de las **culturas** de tres países diferentes.

ACTIVIDAD: Tres amigos

Enfoques del aprendizaje

- Habilidades de comunicación: Leen con actitud crítica y para comprender. Utilizan una variedad de técnicas de expresión oral para comunicarse con diversos destinatarios

Lee la siguiente tabla con atención.

Trabaja en equipos de tres. Selecciona una de los nombres en la tabla. Practica el pretérito indefinido con tus compañeros. Pregunta acerca de los estímulos en la tabla.

Sugerencia: Primero decide cuál es la pregunta correcta para cada estímulo.

◆ Oportunidades de evaluación

- En esta actividad practicarás habilidades del aspecto ii del Criterio C Expresión oral: Usar una amplia variedad de estructuras gramaticales correctamente.

Estímulo	Patricia(o)	Roberto(a)	Francisco(a)
Fecha de partida	30 de abril	13 de diciembre	5 de mayo
Destino	Cancún	Patagonia	La Habana
Duración del viaje	Una semana	Dos semanas	Dos semanas
Compañía	2 amigas y 1 amigo	Familia	Profesor y compañeros de clase
Algunas actividades	Nadar en los cenotes. Visitar Xel-Ha. Tomar fotos.	Montar a caballo. Acampar. Tomar fotos.	Bailar salsa. Caminar en la ciudad. Tomar fotos.
Compras	Un sombrero. Una guayabera. Recuerdos.	Un sombrero argentino. Mate. Recuerdos.	Un sombrero cubano. Recuerdos. Postales.
Comida	Mariscos	Carne de res	Arroz y banana
Bebida	Limonada	Mate	Jugos de frutas
Fecha de regreso	7 de mayo	28 de diciembre	20 de mayo

Convenciones de una entrada de diario

Las entradas de diario son textos personales.

El diario pertenece a la familia de textos bibliográficos y tiene las siguientes características principales:

- Es activo y personal.
- Se escribe en primera persona.
- Incluye observaciones, reflexiones y preguntas.
- Se escribe desde la perspectiva del autor, quien es el observador principal.
- Generalmente se desarrolla utilizando combinaciones del pretérito indefinido, pretérito perfecto y pretérito imperfecto, aunque puede incluir diversas estructuras.

- Implica una reflexión sobre lo que se escribe.
- Tiene un tono íntimo, aunque también pueden manifestarse tonos alegres, tristes o reflexivos.
- Tiene una estructura libre; es decir, no hay un sistema formal.
- En ocasiones las entradas hacen referencia a eventos que se describieron anteriormente en el diario.
- Requiere el uso de la imaginación.

Los receptores de las entradas de diario son el autor mismo puesto que son textos personales.

ACTIVIDAD: ¿Qué hiciste en tus vacaciones pasadas?

Enfoques del aprendizaje

■ Habilidad de comunicación: Estructuran la información utilizando diferentes tipos de oraciones para utilizar la lengua en contexto

Considera la información en la tabla de la actividad titulada "Tres amigos". Selecciona una de las tres personas que se presentan.

Escribe oraciones acerca de las actividades que hizo la persona que elegiste. Observa el ejemplo y sigue el **patrón**:

Patricio fue de vacaciones el 30 de abril.

◆ Oportunidades de evaluación

◆ En esta actividad practicarás habilidades del aspecto ii del Criterio D Expresión escrita: Usar una amplia variedad de estructuras gramaticales correctamente.

ACTIVIDAD: Paraísos perdidos

Enfoques del aprendizaje

■ Habilidad de gestión de la información: Acceden a la información para estar informados e informar a otros
■ Habilidad de comunicación: Escriben con diferentes propósitos

Realiza una búsqueda de imágenes en internet sobre uno de los siguientes lugares:

a   Isla Socotra
b   Isla Galápagos
c   Parque Nacional de Richtersveld

Considera las imágenes que encontraste en tu búsqueda. Imagina que estuviste tres días en ese lugar. Escribe tres

entradas en tu diario (50 palabras en cada una). **Describe** qué hiciste; qué cosas interesantes observaste; y qué cosas te sorprendieron.

Comparte tus textos en parejas. Haz preguntas específicas sobre las ideas de tu compañero. Utiliza el pretérito indefinido.

◆ Oportunidades de evaluación

◆ En esta actividad practicarás habilidades de todos los aspectos del Criterio D Expresión escrita: Usar una amplia variedad de vocabulario, usar una amplia variedad de estructuras gramaticales correctamente, organizar información por escrito y comunicar información teniendo en cuenta el destinatario y el propósito.

15 de diciembre, 2015

Querido tío Ricardo,

¿Cómo estás? Yo estoy muy bien. En este momento estoy en Argentina, en Buenos Aires. Llegué el viernes pasado y estoy muy contento. Tomé un avión en Madrid y llegué a Buenos Aires 12 horas después. El cambio de horario es fatal: hay una diferencia de cuatro horas entre España y Argentina. Al día siguiente, me desperté temprano, tomé un baño, desayuné frutas y jugo de naranja y salí a caminar por la ciudad.

Buenos Aires es una ciudad enorme y bonita. Ayer caminé por el malecón, al lado del río, y me gustó mucho. Hizo buen tiempo, así que no tuve problemas. En el parque al lado del río vi mucha gente y muchos niños. Tomé muchas fotos y después tomé un taxi para ir a La Boca. Cuando llegué a La Boca compré una botella de agua y un helado. La Boca es una parte muy bonita de Buenos Aires: la gente es muy feliz y las casas están pintadas de muchos colores.

Por la noche, entré a una tienda de recuerdos y compré muchas cosas: compré un reloj para mi papá; una blusa típica para mi mamá; un CD de tango para mi hermano y una película de camiseta de la selección de fútbol Argentina para ti.

Por la noche fui a Palermo. Palermo es una zona muy elegante y moderna. Caminé más de dos horas, compré y comí helado y escuché música en mi iPod. Mi amigo me dijo que hace mucho tiempo, mucha gente de Italia y Alemania se mudaron a Buenos Aires y construyeron sus casas aquí.

El domingo tomé el consejo de un amigo y visité San Telmo. En San Telmo hay casas muy antiguas; no es moderno, pero tiene mucha personalidad. En San Telmo visité el Museo de La Ciudad y la Casa del Mate, un restaurante muy famoso. Bebí Mate, una infusión típica Argentina, comí entraña de ternera, la carne típica en Argentina.

El domingo por la tarde fui al estadio Antonio Liberti. Cuando salí del metro y caminé hacia el estadio, crucé la calle. Cerca de mí estaba un coche negro muy elegante y pensé que alguien muy popular estaba dentro del coche, pero no presté mucha atención. Sin embargo, cuando la luz del semáforo cambió a verde, el conductor del coche bajó el cristal de la ventana y vi que era Juanes, el cantante de Colombia.

Pero eso no es todo, también vi a Maradona sentado al lado de Juanes. No pude creerlo y grité de emoción. Cuando entré al estadio me sorprendí más porque yo estaba sentado detrás de esas dos personalidades; ellos iban de incógnitos, pero yo soy muy buen observador y pude reconocerlos; estaba muy emocionado, saqué mi teléfono, les tomé una foto y la envié a mis amigos.

El lunes por la mañana tomé el metro y fui a la Avenida 9 de Julio. ¡Es impresionante! ¡Es enorme! El tráfico es ridículo, pero esta parte de la ciudad me fascinó. Al final de la avenida, llegué a la Plaza Principal y vi el Obelisco a la independencia. Tomé muchas fotos y hablé con unos turistas de Francia y de Canadá. Los turistas no hablaban español, así que practiqué mi francés. Creo que ellos fueron buena compañía.

Comí empañadas en un restaurante que se llama "Ché," y después tomé el autobús para ir a La Casa Rosada, el lugar donde vive el presidente de Argentina. La casa es fantástica, y muy impresionante. No había muchos turistas, entonces fue posible explorar el lugar libremente. Más o menos como a las 8 de la noche fui al centro de la ciudad y compré muchas tarjetas postales y un libro, regresé a mi hotel, leí el libro por 30 minutos y dormí.

Mañana viajaré a La Patagonia. Tomaré muchas fotos y te llamaré por teléfono.

Hasta pronto,

Roberto.

ACTIVIDAD: Carta desde Buenos Aires

Enfoques del aprendizaje

- Habilidad de comunicación: Leen con actitud crítica y para comprender

Lee la carta a la izquierda y responde las siguientes preguntas.

1 **¿Qué actividades hizo Roberto cada día? Completa la tabla. Observa el ejemplo.**

Día	Lugar que visitó	¿Cómo fue ahí?	Actividades
Viernes	Aeropuerto de Buenos Aires	Tomó un avión	Llegó de España
Sábado			
Domingo			
Lunes			

2 **¿Qué frase utilizó Roberto para decir que la diferencia de horas le afectó?**

3 **¿Cómo conoció Roberto a Maradona? Explica.**

4 **¿Aparte del español, qué idioma habla Roberto? ¿Cómo llegas a esa conclusión?**

5 **Analiza la información en el texto. ¿Cuándo escribió la carta Roberto? Explica.**

6 **Considerando la manera en que Roberto habla a su tío, ¿cómo es la relación entre ellos dos? Explica.**

7 **Utiliza las imágenes que acompañan el texto y escribe una línea del texto que presente la imagen.**

8 **Considera la información en la carta. ¿Es Roberto un chico observador? Explica.**

9 **Considera la información en la carta. ¿Qué tan diferente o similar es Buenos Aires a tu ciudad? Explica.**

10 **¿Te gustaría visitar Buenos Aires? ¿Por qué o por qué no?**

◆ Oportunidades de evaluación

- En esta actividad practicarás habilidades de todos los aspectos del Criterio B Comprensión de lectura: Demostrar la comprensión de información oral explícita e implícita (datos, opiniones, mensajes y detalles), analizar convenciones y analizar conexiones.

Redacción de una carta informal

El texto que leíste en la página anterior es una carta informal. Observas las siguientes características:

- El comienzo y el fin
- La información que se incluye en cada párrafo
- Cómo se escriben las ideas: qué información se menciona.
- Si se utiliza lenguaje formal o informal. ¿Por qué?
- Cómo se saluda al principio y cómo se despide al final.
- ¿Cómo es diferente de una postal o un correo electrónico?

ACTIVIDAD: Respuesta a la carta

Enfoques del aprendizaje

- Habilidad de comunicación: Escriben con diferentes propósitos

Imagina que eres el tío de Roberto. Responde la carta que te envió. Escribe un correo electrónico. En este momento tú estás de vacaciones también. Menciona dónde estás, las actividades que has hecho; lo que más te ha gustado y otros planes que tienes.

Utiliza el pretérito indefinido y el pretérito perfecto cuando sea necesario.

Incluye preguntas sobre su viaje a Patagonia.

Escribe entre 100 y 150 palabras.

◆ Oportunidades de evaluación

- En esta actividad practicarás habilidades de todos los aspectos del Criterio D Expresión escrita: Usar una amplia variedad de vocabulario, usar una amplia variedad de estructuras gramaticales correctamente, organizar información por escrito y comunicar información teniendo en cuenta el destinatario y el propósito.

ACTIVIDAD: Nicaragua, tierra de lagos y volcanes

Mira el video en este enlace: **http://tinyurl.com/nicarax** y responde las preguntas.

1 Considera las imágenes del vídeo, ¿qué destinos podemos visitar en Nicaragua? Menciona cinco ideas.
2 ¿Verdadero o falso? El vídeo muestra información histórica. Justifica tu respuesta.
3 ¿Verdadero o falso? El vídeo muestra y menciona información sobre las artes en Nicaragua. Justifica tu respuesta.
4 ¿Verdadero o falso? El vídeo menciona que el turismo ha provocado cambios en Nicaragua. Explica.
5 ¿Verdadero o falso? El vídeo menciona que la comida de Nicaragua no es variada. Justifica tu respuesta.
6 Con tus propias palabras, describe Nicaragua en 3 a 5 líneas. Haz referencia a la información que se menciona en el vídeo.
7 ¿Qué tan diferente es Nicaragua de tu país? Explica.
8 ¿Consideras que el vídeo logra promocionar Nicaragua positivamente? Explica.
9 ¿Qué relación puedes establecer entre la música de fondo y las imágenes en el vídeo?
10 ¿Cuál es el objetivo de este vídeo?
11 ¿Nicaragua es un destino turístico perfecto para qué tipo de personas? Justifica tu respuesta.
12 ¿Te gustaría visitar Nicaragua? ¿Por qué o por qué no? Explica.

ACTIVIDAD: Reportaje sobre Nicaragua

Imagina que tienes un vlog de turismo. Considera el contenido del vídeo de la actividad "Nicaragua, tierra de lagos y volcanes" y mira el vídeo en este enlace **https://youtu.be/XWtPm1aQJ0g** también.

Escribe el texto que producirías en un vídeo que **describe** tu viaje a Nicaragua. Menciona los lugares que visitaste, lo que viste, lo que te sorprendió, lo que más te gustó, y los cinco lugares que recomiendas a tus seguidores visitar.

El **propósito** de tu vídeo es **persuadir** a las personas a visitar Nicaragua.

ACTIVIDAD: Mi viaje a Guinea Ecuatorial

Enfoques del aprendizaje

- Habilidad de comunicación: Participan en diálogos breves para intercambiar información concreta

Primero, mira el vídeo en este enlace:
https://youtu.be/Wmtj_5xPUdk

Escribe detalles acerca de los lugares que ves.
Organiza tus ideas en una tabla como esta.

Lugares	Actividades que puedes hacer

Trabaja en parejas.

Imagina que tu compañero y tú viajaron a Malabo. Utiliza la información en la tabla anterior y el texto y participa en una interacción acerca de un verano en Guinea Ecuatorial. Observa las siguientes preguntas y sigue el **patrón** para planificar las tuyas.

1   ¿Fuiste a la playa?
2   ¿Cuándo visitaste la iglesia?
3   ¿Cuántos días pasaste en la reserva natural?

◆ Oportunidades de evaluación

En esta actividad practicarás habilidades de los aspectos i y iv del Criterio C Expresión oral: Usar una amplia variedad de vocabulario y comunicar la información requerida con claridad y eficacia.

ACTIVIDAD: Una llamada de teléfono

Enfoques del aprendizaje

- Habilidad de comunicación: Participan en diálogos breves para intercambiar información concreta

Trabaja con un compañero. Uno de ustedes viajó a Guinea Ecuatorial y se instaló en el barrio Caracolas, el otro es un amigo en tu país. Simula una conversación por teléfono acerca de tus primeras impresiones de tu barrio.

Si eres el amigo en tu país, pregunta acerca del clima, de las personas, de la apariencia de la ciudad, de la ropa que viste la gente, etc.

Si estás en Malabo, menciona qué hay, que no hay, qué similitudes ves, qué diferencias notas, etc. Utiliza el contenido en el vídeo en este enlace **https://youtu.be/MxsoBVli6TI**

◆ Oportunidades de evaluación

En esta actividad practicarás habilidades de los aspectos i y iv del Criterio C Expresión oral: Usar una amplia variedad de vocabulario y comunicar la información requerida con claridad y eficacia.

PIENSA–COMPARA–COMPARTE

Responde las siguientes preguntas:

1   ¿Por qué las personas toman fotos de diferentes cosas?
2   ¿Qué tipo de fotografías tomas cuando viajas? ¿Por qué?
3   ¿Cómo te gusta compartir tus fotografías?

Comparte tus respuestas con tus compañeros.

Escuchas sus ideas y pregunta sobre lo que consideres interesante.

¿De qué manera nos transforman los lugares que visitamos?

Explora el siguiente texto. Presta atención a todos los elementos que comunican diferentes ideas.

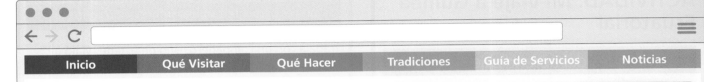

Inicio **Qué Visitar** **Qué Hacer** **Tradiciones** **Guía de Servicios** **Noticias**

Guadalajara, tierra del mariachi, del tequila y de los sabores que le gustan a todo mundo.

En Guadalajara, la Perla de Occidente, te sentirás como en casa. Disfruta de nuestro centro histórico, nuestra gastronomía internacionalmente conocida y de nuestros museos y festivales.

Fiestas de octubre

No te pierdas uno de los festivales culturales y recreativos más grandes de Latinoamérica. Agregue la fecha en su calendario para disfrutar diferentes expresiones artísticas como conciertos de artistas de renombre nacional e internacional, muestras de danza, jornadas de cine, exhibiciones de pintura, ballet, talleres y el tradicional palenque, donde además de los conciertos se pueden apreciar las peleas de gallos.

Envía una e-postal de *Guadalajara.*

Elementos de una página web

Una página web, página digital o ciberpágina es un tipo de texto electrónico que tiene la capacidad de contener texto, fotografías, sonido, vídeo, programas, enlaces y muchas otras cosas. Este tipo de textos electrónicos está adaptado para la Red Informática Mundial (comúnmente abreviada "www" por sus siglas en inglés) y se pueden acceder por medio de un navegador.

Cada uno de los elementos en una página web tiene una función específica y transporta al lector a diferentes secciones de la página donde se auspician datos adicionales acerca del tema de la página.

Utiliza el siguiente enlace para conocer los elementos de una página web de turismo:
https://youtu.be/O7RjWstGvHo

ACTIVIDAD: Visita Guadalajara

Considera el texto en la página 172 y responde las siguientes preguntas.

1 ¿Qué representan los diferentes colores en la parte superior del texto?
2 Explica la relación entre las fotos y los subtítulos.
3 ¿Cuál es el propósito de este texto?
4 ¿En qué sección puedes encontrar diferentes destinos en la ciudad?

◆ Oportunidades de evaluación

◆ En esta actividad practicarás habilidades del aspecto ii del Criterio B Comprensión de lectura: Analizar convenciones.

ACTIVIDAD: Descubre Jalisco

■ Enfoques del aprendizaje

■ Habilidad de gestión de alfabetización mediática: Demuestran conciencia de las diferentes interpretaciones que los medios hacen de los hechos y las ideas (incluidas las redes sociales)
■ Habilidad de gestión de la información: Acceden a la información para estar informados e informar a otros
■ Habilidad de comunicación: Escriben con diferentes propósitos

Visita la página web siguiente:
https://www.visitmexico.com/estados/jalisco/

Baja en la página y selecciona tres opciones. Imagina que viajaste a esas opciones. Escribe diez oraciones acerca de lo que hiciste en cada una.

Después selecciona tu opción favorita y escribe una entrada de diario. Tienes un blog acerca de turismo que es popular entre jóvenes que viajan de manera económica. **Describe** tu experiencia en el lugar que visitaste. Menciona qué hiciste, qué te gusto, por qué recomendarías visitarlo, etc.

Escribe 150 palabras.

◆ Oportunidades de evaluación

◆ En esta actividad practicarás habilidades de todos los aspectos del Criterio D Expresión escrita: Usar una amplia variedad de vocabulario, usar una amplia variedad de estructuras gramaticales correctamente, organizar información por escrito y comunicar información teniendo en cuenta el destinatario y el propósito.

▼ Nexos con: Individuos y Sociedades: Historia

1 Existen ciudades en España y Latinomérica que tienen el mismo nombre. ¿Por qué?
2 Algunas palabras en español, como Guadalajara o aceituna, provienen del árabe. ¿Por qué?

Tapatíos por adopción

1   En esta edición de Tapatíos por Adopción te traemos las historias de amigos de Francia, Rusia y Corea del Sur.

Mano Bourdet (Francia)

Evgenia Boyankova (Rusia)

2   Yo vine a Guadalajara por primera vez a finales de 1995. Llegué a la Universidad de Guadalajara como estudiante de intercambio y colaboré como asistente de los profesores de francés de la escuela de idiomas. Me quedé en Guadalajara por un año, pero me gustó tanto que regresé dos años más tarde, después de terminar la universidad.

3   Lo primero que me encantó fueron las personas; todos fueron muy amables conmigo y en general son personas muy cariñosas y amigables. Tuve la ventaja de convertirme en amigo de todos los estudiantes de francés, quienes me invitaron a salir con ellos y, cuando regresé, se convirtieron en mi familia. Ahora vivo en Lyon, Francia, pero vengo a Guadalajara todos los veranos, porque ahora me siento como un tapatío: hablo español como ellos, conozco la ciudad tan bien como ellos y cambio de la misma manera que cambia la ciudad.

4   La única diferencia que percibo entre Guadalajara y Lyon es la infraestructura de la ciudad; aquí tengo gente que quiero y que me quiere y eso es importante.

5   Mi experiencia en Guadalajara es muy interesante. Hace casi 10 años viajé a Cancún y cuando tomé el avión en la Ciudad de México para regresar a San Petersburgo, hizo mal clima y tuvo que aterrizar en Guadalajara. La aerolínea me puso en un hotel, pero no tuvieron vuelos al día siguiente. La aerolínea fue muy amable y me hospedó en un hotel cerca de la ciudad, así que tuve la oportunidad de conocer la zona metropolitana. Lo primero que me impresionó de Guadalajara fue lo mucho que el centro histórico se parece a las ciudades históricas de Europa. Hay algunas zonas que no son muy bonitas, pero en general la ciudad es una joya. Después, me encantó ver a las personas sonreír. Recuerdo que un día, cuando pregunté a las personas en la calle y todos fueron muy amables conmigo. En todos los lugares, me gustaron los colores y las decoraciones; además los chicos son muy guapos. Volví a Rusia, pero prometí volver. Curiosamente, en Rusia conocí a un chico mexicano que estudiaba ruso, y para mi sorpresa era de Guadalajara. Con esa conexión, nos volvimos pareja y después viajamos a México juntos. Ahora vivimos en Rusia, pero cuando viajamos a Guadalajara siempre recuerdo mi primera experiencia: la gente hospitalaria, y una actitud de vida que va muy de acuerdo conmigo.

Jiwoo Kim (Corea del Sur)

6   Mi papá trabaja en Samsung y nos mudamos a Guadalajara hace casi ocho años. Al principio yo no estaba muy contenta porque todos mis amigos están en Corea. Además la televisión no paraba de mostrar casos sobre la violencia y el peligro en México; entonces al principio tuve mucho miedo de ir. Cuando llegamos al aeropuerto, los colegas de mi papá estaban esperando y nos llevaron a comer a un restaurante; inmediatamente, muchos de los hijos de los colegas de mi padre comenzaron a hablar conmigo y descubrí que iríamos a la misma escuela.

7   Yo comencé a aprender español en Guadalajara y mis amigos me ayudaron mucho. El español es muy interesante, es una lengua muy feliz y es muy divertido bromear, especialmente en español mexicano. Las personas de Guadalajara son muy diferentes a las de Corea; son más abiertas, más alegres, más espontáneas y les gusta mucho la fiesta. Por lo tanto para un adolescente es lo máximo. Pasé casi cinco años en Guadalajara, hice grandes amigos y aunque sólo he vuelto una vez, tengo una conexión muy especial con la ciudad. En Guadalajara me siento feliz, con ganas de explorar diferentes experiencias y con mucha libertad. Mi mejor amigo es de Guadalajara, es como mi hermano, mi hermano de otra madre.

8   Si conoces un extranjero que sea más tapatío que muchas personas de Guadalajara, repórtalo o invítalo a compartir su historia con nosotros. Hasta siempre.

ACTIVIDAD: Tapatíos por adopción

▪ Enfoques del aprendizaje

- ▪ Habilidades de comunicación: Leen con actitud crítica y para comprender. Hacen deducciones y extraen conclusiones
- ▪ Habilidad de colaboración: Escuchan con atención otras perspectivas e ideas

Después de leer los testimonios de las personas, contesta estas preguntas.

1 **¿Cuáles son las similitudes entre las experiencias de los tres respecto a su relación con Guadalajara?**

2 **Considerando los testimonios, cuál es el elemento que hizo que estas tres personas se sintieran como tapatíos en Guadalajara. Selecciona uno y justifica tu respuesta.**
   a la comida   b la lengua   c la gente

3 **¿Cuál persona no estuvo muy feliz de venir a Guadalajara al principio? Selecciona una persona y justifica tu respuesta.**
   a Mano   b Jiwoo   c Evgenia

4 **¿Quién pasó menos tiempo en Guadalajara en su primera visita? Selecciona una persona y justifica tu respuesta con información del texto.**
   a Mano   b Jiwoo   c Evgenia

5 **Considerando las opiniones de las tres personas, ¿quién es el o la más aventuro/a en tu opinión? Justifica tu respuesta con información del texto.**
   a Mano   b Jiwoo   c Evgenia

6 **¿En qué tipo de revista aparece la sección "Tapatíos por adopción"? Selecciona una opción y justifica tu respuesta.**
   a revista de economía   b revista de música
   c revista para jóvenes

7 **¿Qué atributos del perfil de la comunidad de aprendizaje demuestra cada una de las personas? Utiliza el texto para explicar tu respuesta.**

8 **¿Las opiniones de estas personas te motivan a visitar Guadalajara? ¿Por qué sí o por qué no?**

◆ Oportunidades de evaluación

- ◆ En esta actividad practicarás habilidades de todos los aspectos del Criterio B Comprensión de lectura: Demostrar la comprensión de información oral explícita e implícita (datos, opiniones, mensajes y detalles), analizar convenciones y analizar conexiones.

ACTIVIDAD: Entrada de diario

■ Enfoques del aprendizaje

- ■ Habilidad de comunicación: Escriben con diferentes propósitos

Selecciona una de las personas en el artículo de las páginas 174 a 175.

Elige un momento en su experiencia en Guadalajara y escribe una entrada de diario. Narra la manera en que tu experiencia en Guadalajara te transformó. Menciona las diferencias que notaste al comparar Guadalajara con tu ciudad, incluye ejemplos de las vivencias que tuviste con tus amigos, y **justifica** por qué quieres regresar.

◆ Oportunidades de evaluación

- ◆ En esta actividad practicarás habilidades de todos los aspectos del Criterio D Expresión escrita: Usar una amplia variedad de vocabulario, usar una amplia variedad de estructuras gramaticales correctamente, organizar información por escrito y comunicar información teniendo en cuenta el destinatario y el propósito.

ACTIVIDAD: Conversación entre tapatíos honorarios

■ Enfoques del aprendizaje

- ■ Habilidad de comunicación: Participan en diálogos breves para intercambiar información concreta

Trabaja en equipos de tres.

Selecciona una de las personas en el artículo de las páginas 174 a 175.

Imagina que participas en un programa acerca de la manera en que los lugares que visitamos nos transforman. En este momento están en el café del estudio, esperando comenzar el programa.

Simula una conversación acerca de tu experiencia en Guadalajara. Comparte tus experiencias, tus recuerdos, y algunas situaciones curiosas. Toma turnos para preguntar y responder. Utiliza la información en el texto.

Puedes **usar** preguntas como estás:
- ¿Cuándo llegaste a Guadalajara?
- ¿Cuál fue tu primera impresión?
- ¿Cuáles lugares son tus favoritos?

En este enlace puedes ver algunos lugares famosos de Guadalajara: **https://youtu.be/CCIRICA2RI8**

◆ Oportunidades de evaluación

- ◆ En esta actividad practicarás habilidades de los aspectos ii y iv del Criterio D Expresión escrita: Usar una amplia variedad de estructuras gramaticales correctamente y comunicar la información requerida con claridad y eficacia.

ACTIVIDAD: Personas que no regresaron a su país de origen

■ Enfoques del aprendizaje

■ Habilidad de comunicación: Estructuran la información utilizando diferentes tipos de oraciones para utilizar la lengua en contexto

Utiliza tu imaginación y completa las siguientes frases para producir ideas lógicas. Utiliza el pretérito indefinido.

1 Carlos viajó a Ecuador para participar en un programa de servicio a la comunidad y decidió quedarse porque…

2 Amanda viajó a Colombia para aprender a bailar y decidió quedarse porque…

3 William viajó a España para aprender español y no regresó a los Estados Unidos porque…

4 Eva viajó a México para aprender a cocinar comida mexicana auténtica y no regresó a Noruega porque…

5 Lorna viajó a Argentina para filmar un documental y no regresó a Bélgica porque…

6 Vladimir viajó a Cuba para estudiar medicina y decidió no regresar a Rusia porque…

7 A Tomohiro le apasiona la cultura maya y viajó a Guatemala. Decidió no regresar a Japón porque…

8 Alexandra viajó a Argentina para entrenar en un club de fútbol y decidió no regresar a Finlandia porque…

9 Ahmed viajó a Barcelona para estudiar arte y decidió no regresar a Jordania porque…

10 Paul viajó a México para filmar un comercial para una cadena de restaurantes internacional y decidió no regresar a Nueva Zelanda porque…

◆ Oportunidades de evaluación

◆ En esta actividad practicarás habilidades del aspecto ii del Criterio D Expresión escrita: Usar una amplia variedad de estructuras gramaticales correctamente.

ACTIVIDAD: Autobiografías

■ Enfoques del aprendizaje

■ Habilidad de comunicación: Escriben con diferentes propósitos

Selecciona una de las personas en la actividad "Personas que no regresaron a su país de origen". Imagina que eres esa persona. Escribe tu autobiografía. Menciona los cambios que pasaron en tu vida y las decisiones que tomaste. **Explica** la manera en que un viaje te transformo.

Incluye la siguiente información:
● **Lugar de nacimiento**
● **Fecha de nacimiento**
● **Dónde fuiste a la escuela**
● **Cuándo te graduaste**
● **Cosas importantes que hiciste en tu país**
● **Cuándo saliste de tu país**
● **Por qué decidiste quedarte en otro país**

◆ Oportunidades de evaluación

◆ En esta actividad practicarás habilidades de todos los aspectos del Criterio D Expresión escrita: Usar una amplia variedad de vocabulario, usar una amplia variedad de estructuras gramaticales correctamente, organizar información por escrito y comunicar información teniendo en cuenta el destinatario y el propósito.

¿Qué responsabilidades tienen los viajeros en los lugares que visitan?

Explora algunos efectos secundarios de los viajes **globales**.

■ El Monte Everest es el punto más alto en el mundo. Muy pocas persona llegan a estas alturas, sin embargo parece que la basura no respeta lugar ni altura. ¿O son los turistas?

OBSERVA–PIENSA–PREGÚNTATE

Observa la imagen anterior. Realiza una lluvia de ideas de todas las palabras que puedes asociar con la imagen. Escribe cinco oraciones que representen diferentes opiniones sobre la situación en la imagen. Escribe cinco preguntas que es buena idea preguntarse sobre este problema. Trabaja individualmente y después comparte en equipos pequeños. Comparte las conclusiones de tu equipo con la clase entera.

¿Encontraron preguntas e ideas similares?

ACTIVIDAD: Imágenes tristes

■ Enfoques del aprendizaje

■ Habilidad de comunicación: Escriben con diferentes propósitos

Imagina que recientemente visitaste el Monte Everest y te encontraste con la vista que se presenta en la imagen a la izquierda. ¿Qué sentiste?

Escribe un texto para tu blog. **Describe** la impresión que te causó ver semejante situación; **debate** las responsabilidades de los turistas, y qué acciones debemos tomar en situaciones similares. Publica tu blog.

Escribe entre 100 y 150 palabras.

◆ Oportunidades de evaluación

◆ En esta actividad practicarás habilidades de todos los aspectos del Criterio D Expresión escrita: Usar una amplia variedad de vocabulario, usar una amplia variedad de estructuras gramaticales correctamente, organizar información por escrito y comunicar información teniendo en cuenta el destinatario y el propósito.

DESTINOS TURÍSTICOS MÁS AFECTADOS POR LA CONTAMINACIÓN

En el planeta existen una gran cantidad de destinos turísticos con paisajes espectaculares y biodiversidad impresionante. Una investigación realizada por la organización ecologista WWW/ADENA descubrió que la contaminación ha afectado desastrosamente muchos de estos sitios.

Las principales amenazas que afectan a estos lugares son el desarrollo urbano, la contaminación, la deforestación, la sobreexplotación pesquera, la sequía o el calentamiento global. Sin embargo, si consideramos que estos lugares son únicos deberíamos desarrollar sistemas para protegerlos e intentar recuperarlos.

Nexos con: Ciencias: Biología; Individuos y Sociedades: Geografía

Los diez destinos turísticos más afectados por la contaminación

■ Enfoques del aprendizaje

- Habilidad de gestión de la información: Acceden a la información para estar informados e informar a otros
- Habilidad de reflexión: Consideran las implicaciones éticas, culturales y ambientales
- Habilidad de comunicación: Escriben con diferentes propósitos

La investigación realizada por la organización ecologista WWW/ADENA descubrió que los diez destinos turísticos más afectados son:

1 el Mar Negro
2 el Parque Internacional Impenetrable de Bwindi (Uganda)
3 el Mar Muerto
4 el Death Valley National Park (EEUUA)
5 la Garganta del Diablo (Argentina)
6 los montes Drakensberg (Sudáfrica)
7 el Lago Erie (EEUUA)
8 Mariana Trench (Islas Marianas)
9 el interior semiárido de Australia
10 Transilvania (Rumania)

Individualmente, selecciona uno de los destinos turísticos más afectados y realiza una breve investigación acerca de las causas de su situación. Toma nota de datos interesantes y selecciona algunas imágenes impresionantes.

Prepara una presentación en PowerPoint o Keynote sobre el destino que seleccionaste. Utiliza las fotos y los datos que encontraste. Diseña tus diapositivas de una manera que no distraiga la atención y que invite a la reflexión.

Presenta tu trabajo en equipos pequeños. Escucha las presentaciones de tus compañeros y haz preguntas sobre la información que presenten.

◆ Oportunidades de evaluación

- En esta actividad practicarás habilidades de todos los aspectos del Criterio C Expresión oral: Usar una amplia variedad de vocabulario, usar una amplia variedad de estructuras gramaticales correctamente, usar pronunciación y entonación claras de manera comprensible y comunicar la información requerida con claridad y eficacia.

Presentaciones que comunican ideas efectivamente

Cuando diseñamos una presentación de PowerPoint o Keynote, es necesario prestar atención a detalles tales como el color del fondo de la diapositiva, el tamaño de la fuente que usamos, la posición de las imágenes, la distribución de las imágenes y el texto, etc.

Visita el recurso en este enlace:
http://tinyurl.com/ppteffex para aprender más sobre el diseño de presentaciones efectivas.

ACTIVIDAD: ¿Qué estás dispuesto a hacer para crear un *trending topic*?

■ Enfoques del aprendizaje

- Habilidad de comunicación: Escriben con diferentes propósitos

En febrero de 2016, en una playa argentina, un grupo de turistas encontró un delfín del Plata, también conocido como franciscana, uno de los delfines más pequeños del mundo. Puedes ver la noticia aquí: **https://tinyurl.com/ycx5veao**. El mamífero murió deshidratado porque un grupo de bañistas lo sacó del agua para tomarse una "*selfie*". Algunas personas gritaron que lo devolvieran al agua, pero nadie les escuchó.

Imagina que estuviste en la playa el día que sucedió el incidente mencionado en el texto. Escribe un texto para tu blog en el que menciones las falta de responsabilidad de los turistas y tu opinión. Enfatiza las cosas que muchas personas ignoran al intentar agradar a los demás o cuando quieren crear un "*trending topic*". Invita a tus lectores a ser turistas responsables.

Escribe 150 palabras.

◆ Oportunidades de evaluación

- En esta actividad practicarás habilidades de todos los aspectos del Criterio C Expresión oral: Usar una amplia variedad de vocabulario, usar una amplia variedad de estructuras gramaticales correctamente, usar pronunciación y entonación claras de manera comprensible y comunicar la información requerida con claridad y eficacia.

ALGUNAS TAREAS SUMATIVAS PARA EVALUAR ESTE CAPÍTULO

Considera las siguientes actividades para poner en práctica lo que has aprendido en este capítulo.

ACTIVIDAD: Un invento que puede devolver el azul a los mares

■ Enfoques del aprendizaje

- Habilidad de comunicación: Hacen deducciones y extraen conclusiones

Mira el vídeo en este enlace: **http://tinyurl.com/invenxaux**

Responde las preguntas:

1 ¿De dónde son Andrew Turton y Pete Ceglinski?
2 ¿Con qué tipo de materiales construyeron el cesto?
3 ¿Con qué tipo de energía opera la bomba del cesto?
4 ¿De qué materiales está hecha la malla que va en el interior del cesto?
5 Con tus propias palabras, describe la forma en que opera el cesto que Turton y Ceglinski diseñaron.
6 Considera la información en el vídeo. ¿Qué motivó a Turton y Ceglinski a diseñar este cesto?
7 Haz una inferencia. ¿Qué accidentes tuvieron estos surfistas para pensar en esta innovación? Explica.
8 ¿Qué opinas sobre las imágenes que describen las funciones del cesto? ¿Cómo te ayudaron a comprender?
9 ¿Qué relación existe entre este vídeo y las vacaciones? Explica.
10 ¿Qué atributos de la comunidad de aprendizaje del IB mostraron Turton y Pete Ceglinski? Explica.
11 ¿Qué opinas sobre esta innovación?
12 ¿Piensas que es importante informar a los turistas de innovaciones como esta? ¿Por qué o por qué no?

◆ Oportunidades de evaluación

- ◆ En esta actividad practicarás habilidades de todos los aspectos del Criterio A Comprensión auditiva.

ACTIVIDAD: No me preguntes de dónde soy, pregúntame en dónde soy nativo

■ Enfoques del aprendizaje

- Habilidades de comunicación: Leen con actitud crítica y para comprender. Hacen deducciones y extraen conclusiones

Después de leer el blog, en la página 181, responde las siguientes preguntas.

1 Realiza una deducción. Según el texto, ¿cuáles dos nacionalidades tiene Iván? Explica.
2 ¿Cuál conexión encontró Iván con la charla de TED que vio? Menciona un ejemplo con información del texto.
3 Menciona tres ejemplos que justifiquen la conexión que Luz Adela (primer comentario) siente con Iván.
4 ¿Qué te hace sentir la historia de la familia de Iván? Menciona una idea que te es particularmente interesante y explica por qué.
5 ¿Verdadero o falso? Iván vio el vídeo cuando regresó a la Ciudad de México. Justifica tu respuesta.
6 ¿Por qué es posible decir que Iván estudió en escuelas del IB? Justifica con información del texto.
7 ¿Cuál es el tono del comentario de Amanda Ponte y cómo es diferente de los otros dos comentarios?
8 Observa la estructura de los comentarios, ¿es posible decir que el blog de Iván tiene muchos seguidores y tráfico? Explica por qué.
9 ¿De qué manera la imagen es ejemplo de las ideas en el texto? Explica.
10 Menciona dos ideas que, según tú, fueron las motivaciones para que Iván escribiera este texto. Justifica tu respuesta.
11 ¿Qué opinas de la idea de Taiye Selasi: "las culturas son reales, las experiencias son reales; los países son inventados y crecen o encogen, cambian de nombre o desaparecen"? Explica tu respuesta.
12 ¿Hay estudiantes con historias similares a las de Iván y Taiye en tu escuela? Si tu respuesta es afirmativa, menciona dos ejemplos y explica. Si no, describe cómo son los estudiantes de tu escuela diferentes a Iván.

◆ Oportunidades de evaluación

- ◆ En esta actividad practicarás habilidades de todos los aspectos del Criterio B Comprensión de lectura.

Lee el siguiente blog.

www.mivozymiidentidad.wordpress.com

No me preguntes de dónde soy, pregúntame en dónde soy nativo

1   Señores, hoy quiero compartir una reflexión que tuve ayer por la tarde, en el aeropuerto, antes de tomar el avión para regresar a la Ciudad de México. La semana pasada viajé a Los Cabos, una playa en el norte del país, para hacer entrevistas para una investigación. Mientras esperaba la hora de abordar el avión, vi un TEDTalk que se llama "No me preguntes de dónde soy, pregúntame en dónde soy nativo" (*Don't Ask Where I'm From, Ask Where I'm a Local*) de la escritora Taiye Selasi. Además de ser una de las charlas más frescas e interesantes, tiene un significado personal para mí, debido a mi historia personal.

2   Como ya saben, mi mamá es hija de españoles que emigraron a México durante la época de la dictadura de Franco; mi madre nació y creció en México y hace pocos años conoció España. Mi papá es naturalizado mexicano pero es originario de Alemania, tiene dos nacionalidades, como yo. Mis padres son profesores en una escuela del IB y, por sus trabajos, vivimos tres años en Japón, cuatro años en Singapur, y tres años en Egipto. Regresamos a México hace dos años, porque yo comenzaría la universidad y quería estudiar en español.

3   Entonces, cuando Taiye comenzó a hablar sobre lo que significa tener padres que han vivido en diferentes países y de las etiquetas que los hijos de estas personas llevan por tener experiencias en varios lugares, automáticamente me sentí identificado. Cuando regresé a México, a mí también me preguntaron de dónde era muchas veces, y siempre respondía que nací en Múnich, e incluía el resto de la historia que ya escribí arriba. Igual que a Taiye, me es difícil decir cuál país es mi hogar, pues en todos los lugares donde viví tengo amigos que considero familia. Igual que Taiye, no soy un chico multinacional ni un "*mexicopolitan*", simplemente soy un tipo que vivió estas experiencias.

4   Yo me pregunto si es posible pertenecer a más de un lugar; si es posible sentir que tenemos más de un hogar porque, como dice Taiye: "las culturas son reales, las experiencias son reales; los países son inventados y crecen o encogen, cambian de nombre o desaparecen."

5   Viajar es más común en el presente que en el pasado. Muchas personas abandonan sus trabajos o toman años sabáticos en su educación para conocer otras culturas. En situaciones como estas, es imposible no desarrollar afecto y amor por las personas y otros países, así que si ustedes son como Taiye y yo, están de acuerdo que es mejor preguntar: ¿en dónde te sientes como nativo? Y no ¿de dónde eres?

6   Me muero por leer lo que tienen que decir.

Iván.

Luz Adela: Domingo 9 de junio de 2013. 9:45 p.m.

7   Iván yo no conozco tantos países como tú, pero he vivido en muchas ciudades en mi país, Colombia. Nací en Bogotá, pero nunca viví ahí, entonces no puedo decir que soy de Bogotá. Yo estudié en Medellín y aunque sólo pasé cuatro años ahí, yo siento que soy de Medellín y adoro esa ciudad. Ahora vivo en Barranquilla, pero toda mi vida está en Medellín.

8   Gracias por compartir tus experiencias.

Amanda Ponte: Lunes 10 de junio de 2013. 4:30 p.m.

9   Muy pocos jóvenes pueden viajar a tantos lugares, al menos que sean millonarios o que sus papás trabajen en el extranjero como en tu caso. Creo que tu situación es muy específica y particular. No quiero decir que tus ideas no sean interesantes, simplemente no puedo conectar con ellas. Pero gracias por compartir.

10   ¿Sientes que tienes crisis de identidad?

Susana Inés. Viernes 14 de junio de 2013. 3:30 p.m.

11   ¡Hola Iván! Me encanta tu blog, apenas tienes 20 años y tienes un montonal de experiencia en la vida. Sólo quiero decirte que cuando terminé de leer tu texto, fui a YouTube y miré el TEDTalk de Taiye y me gustó mucho. Pienso que no es fácil crecer y abandonar los lugares donde tienes personas que quieres.

12   Pero pienso que en el interior, tú eres de México, porque decidiste ir a estudiar, aunque no naciste allá.

La voz de los ciudadanos

1   No sé ustedes, pero yo estoy harta del turismo en este bello puerto. Comprendo que el turismo es la fuente principal de ingreso para muchos de nosotros y una parte muy importante de nuestra economía, pero ya no puedo con esta situación. Entiendo que hay muchos turistas respetuosos y educados, pero otros se comportan como animales y sólo vienen a hacer lo que no pueden hacer en sus países y, en el proceso, destruyen nuestro hogar. No sé si estos turistas maleducados comprenden que muchos de nosotros vivimos aquí y que no tenemos otro lugar adónde ir, como ellos.

2   Lo más preocupante de esta situación es que estos turistas basura están afectando la reputación de este bello puerto. Nuestras playas tienen una mala reputación en nuestro país y esto afecta nuestra convivencia. Muchos turistas piensan que su dinero les da permiso a hacer todo, sin límites. Estos tipos de turistas no deberían existir.

3   A todos mis conciudadanos los invito a reflexionar y a actuar cuando vean a turistas comportándose de manera inapropiada, porque es fácil limpiar la basura física que dejan cuando se van, pero es imposible limpiar la basura que dejan en nuestros recuerdos.

Atentamente,

Griselda Mora.

ACTIVIDAD: Turismo basura

■ Enfoques del aprendizaje

■ Habilidad de comunicación: Escriben con diferentes propósitos

Lee el texto a la izquierda.

Imagina que eres el lector de ese artículo de revista y que visitaste el lugar que describe el texto. Escribe una entrada para tu diario. **Describe** lo que viste en el lugar que visitaste. Incluye los hechos que menciona el artículo que leíste.

Menciona cómo te sentiste cuando viste el estado de las playas y la falta de responsabilidad de los turistas.

Escribe entre 100 y 150 palabras.

◆ Oportunidades de evaluación

◆ En esta actividad practicarás habilidades de todos los aspectos del Criterio D Expresión escrita.

▼ Nexos con: Ciencias: Biología; Individuos y Sociedades: Geografía

El concepto de turismo masivo se puede definir como el tipo de turismo que se limita a llevar grandes grupos de turistas a destinos específicos. Este tipo de turismo se aleja un tanto de los encuentros culturales y las experiencias de descubrir y apreciar lo auténtico de los destinos y se enfoca particularmente en el comercio. Este tipo de turismo es criticado negativamente porque transforma los destinos y menosprecia las tradiciones, la cultura y las necesidades de sus habitantes. Algunos sociólogos afirman que el turismo masivo es el gran destructor de las costumbres y las culturas, y el promotor de la uniformidad.

Reflexión

En este capítulo exploramos diferentes destinos turísticos, reflexionamos sobre la posibilidad de sentirnos como residente de la ciudad en los lugares que visitamos y, finalmente, tuvimos la oportunidad de hacer énfasis en las responsabilidades que tenemos como viajeros. Recordemos pues que viajar es una oportunidad para aprender sobre el mundo, sobre diferentes lugares y personas. No hay que olvidar que cuando viajamos, también tenemos responsabilidades, porque en muchos lugares no está permitido hacer cosas que generalmente hacemos en nuestro lugar de origen.

! Actúa e involúcrate

! ¿Qué medidas deben tomar los gobiernos de los países que tienen zonas turísticas en las que existen especies en peligro de extinción?

! Participa en una charla con tus compañeros y planea una asamblea con tu escuela en la que tu comunidad identifique formas de promover turismo responsable en tu país / región.

Reflexionemos sobre nuestro aprendizaje …
Usa esta tabla para reflexionar sobre tu aprendizaje personal en este capítulo.

Preguntas que hicimos	Respuestas que encontramos	Preguntas que podemos generar ahora			
Fácticas: ¿Qué podemos descubrir en diferentes lugares? ¿Qué palabras nos indican el uso del pretérito indefinido? ¿Cuál es el patrón de conjugación de los verbos en pretérito indefinido?					
Conceptuales: ¿De qué manera nos enriquecen las diferencias que identificamos en otras culturas? ¿De qué manera ayuda la globalización a tener acceso a diferentes ideas y recursos?					
Debatibles: ¿Hasta qué punto la globalización daña la identidad de los países? ¿De qué manera nos transforman los lugares que visitamos? ¿Qué responsabilidades tienen los viajeros en los lugares que visitan?					
Enfoques de aprendizaje en este capítulo:	Descripción: ¿qué destrezas nuevas adquiriste?	¿Qué tan bien has consolidado estas destrezas?			
		Novato	En proceso de aprendizaje	Practicante	Experto
Habilidades de comunicación					
Habilidades de colaboración					
Habilidades de reflexión					
Habilidades de gestión de la información					
Habilidades de alfabetización mediática					
Habilidades de pensamiento crítico					
Habilidades de pensamiento creativo					
Atributos de la comunidad de aprendizaje	Reflexiona sobre la importancia de ser reflexivo en este capítulo. ¿Cómo demostraste tus habilidades como estudiante reflexivo en este capítulo?				
Reflexivo					

¿Qué tipo de necesidades satisfacen los inventos y qué retos producen?

○ Las **innovaciones** tecnológicas crean oportunidades para **comunicar** ideas y **mensajes** de maneras diferentes.

EN ESTE CAPÍTULO VAMOS A INVESTIGAR LAS SIGUIENTES PREGUNTAS:

Fácticas: ¿Qué nuevas oportunidades y retos aparecen con los nuevos inventos? ¿Cuál es la diferencia entre el pretérito indefinido y el pretérito imperfecto?

Conceptuales: ¿Qué relación existe entre el ingenio, el talento y las oportunidades? ¿Cómo deciden las personas el nombre de nuevas palabras que nacen gracias a los inventos? ¿De qué manera cambia la manera en que expresamos ideas gracias a las innovaciones? ¿Cómo cambia la lengua con los nuevos inventos e innovaciones?

Debatibles: ¿Hasta qué punto es inevitable la evolución del idioma debido a la tecnología? ¿Debemos esperar hasta que la Real Academia de la Lengua apruebe nuevas palabras para usarlas?

la rueda   el papel   el alto horno   la imprenta   el microscopio   la máquina de vapor   las vacunas

INVENTOS QUE HAN CAMBIADO LA HISTORIA

la bombilla   el automóvil   el radio   la penicilina   la televisión   la internet   el microchip

EN ESTE CAPÍTULO VAMOS A:

■ **Descubrir:**
  ■ el origen y reto de algunos inventos.
■ **Explorar:**
  ■ la manera en que las personas utilizan su ingenio.
■ **Actuar:**
  ■ reflexionar sobre la manera en que podemos utilizar nuestra creatividad para mejorar nuestro entorno
  ■ evaluar el impacto a gran escala que tuvieron algunos inventos simples.

Las siguientes habilidades de los enfoques del aprendizaje serán útiles:

- Habilidades de comunicación
- Habilidades de colaboración
- Habilidades de organización
- Habilidades de gestión de la información
- Habilidades de alfabetización mediática
- Habilidades de pensamiento crítico
- Habilidades de pensamiento creativo
- Habilidades de transferencia

Reflexiona sobre el siguiente atributo de la comunidad de aprendizaje:

- Pensador: para cultivar y promover el pensamiento crítico y constructivo y así proceder de manera responsable ante problemas complejos.

Oportunidades de evaluación en este capítulo:

- **Criterio A:** Comprensión auditiva
- **Criterio B:** Comprensión de lectura
- **Criterio C:** Expresión oral
- **Criterio D:** Expresión escrita

Contenido esencial

Los contenidos temáticos que se abordarán en este capítulo pertenecen a las fases 1 y 2 del continuo de aprendizaje y son:
- Los asuntos de actualidad
- Los acontecimientos pasados
- La rutina
- Las responsabilidades y los estilos de vida
- Revisión del presente de infinitivo
- "Poder", "deber", "tener que" + infinitivo
- El pretérito indefinido
- Indicadores temporales
- Ejemplos con el condicional

VOCABULARIO SUGERIDO

Vocabulario sugerido para mejorar la experiencia de aprendizaje. **Discute** el **significado** de las siguientes palabras y **úsalas** en las actividades en este capítulo.

Sustantivos		Adjetivos	Verbos	
maquinas y	pasatiempos	a la moda	alterar	fomentar
aparatos	progreso	actual	aportar	funcionar
ambición	representantes	anticuado	cambiar	hacer
aparatos	riesgo	antiguo	comenzar	innovar
aptitud	sistema	avanzado	comercializar	introducir
capacidad	talento	disponible	construir	lanzar
curiosidad	tendencias	eficaz	contribuir	manifestar
dispositivos		eficiente	convertirse	mejorar
entrenamiento		innovador	corregir	optimizar
equipo		moderno	crear	perfeccionar
formas de		reciente	dejar de funcionar	producir
habilidades		semejante	descargar	propiciar
herramientas		táctil	descubrir	realizar
ingenio		viejo	destacar	requerir
invento			diseñar	revelar
invidentes			empeorar	romper
mejora			emplear	subir / colgar
pantalla			ensamblar	surgir
parteaguas			explorar	vender

¿De qué manera cambia la manera en que expresamos ideas gracias a las innovaciones?

ACTIVIDAD: Innovaciones relacionadas con la lengua

■ Enfoques del aprendizaje

- ■ Habilidad de comunicación: Hacen deducciones y extraen conclusiones

Presta atención a las siguientes **innovaciones**. **Explica** su **función**. Menciona cómo se relacionan con la lengua. Si no conoces los aparatos, investiga. Observa el ejemplo y sigue el **patrón**:

El teléfono: El teléfono favoreció la comunicación entre personas en diferentes puntos geográficos.

- La imprenta
- El telégrafo
- La cámara fotográfica
- La máquina de escribir
- La fotocopiadora
- La máquina de fax
- La impresora
- Los teléfonos celulares
- Los teléfonos inteligentes

Considera los siguientes verbos:
- favorecer
- permitir
- ayudar
- contribuir a
- hacer posible
- facilitar

◆ Oportunidades de evaluación

- ◆ En esta actividad practicarás habilidades de los aspectos i y ii del Criterio D Expresión escrita: Usar una amplia variedad de vocabulario y usar una amplia variedad de estructuras gramaticales correctamente.

Explora algunas de las **innovaciones** que están relacionadas con la lengua.

LA IMPRENTA

La invención de la imprenta es uno de los acontecimientos históricos más importantes de la humanidad. En la antigüedad, fue posible documentar y guardar conocimiento gracias a la escritura, pero la imprenta produjo un cambio importante respecto al acceso a la literatura y a la educación en todas las clases sociales.

La imprenta es el invento que propició la aceleración de los procesos de alfabetización; el interés por aprender a leer; la producción masiva de libros; el acceso a la cultura y la información; y la transmisión de conocimientos científicos.

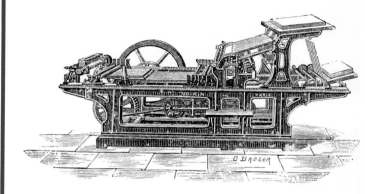

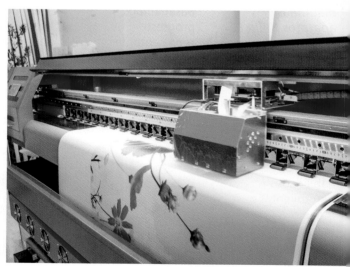

ACTIVIDAD: Antes y después de la imprenta

En una tabla como la siguiente, escribe ideas sobre los aspectos en la columna de la izquierda. En la columna del centro, describe la situación antes de la imprenta y, en la columna de la derecha, menciona las nuevas oportunidades que surgieron gracias a su invento.

Aspecto	Antes de la imprenta	Después de la imprenta
Alfabetización		
Educación		
Publicaciones		
Oportunidades de escribir		
Distribución de ideas		
Bibliotecas		
Cultura		

Después de completar la tabla, comparte tus ideas con un compañero. Escucha sus opiniones y realiza preguntas sobre la información que consideres interesantes.

◆ Oportunidades de evaluación

- En esta actividad practicarás habilidades del aspecto i del Criterio D Expresión escrita: Usar una amplia variedad de vocabulario.

ACTIVIDAD: Diario de una imprenta

Utiliza tu creatividad y tu imaginación.

Imagina que eres la imprenta. Gracias a la internet, a los documentos digitales y a los libros electrónicos, las editoriales comenzaron a producir menos libros. Ahora muchos leen en sus dispositivos móviles.

Escribe una entrada de diario. Expresa tu tristesa y frustración porque la gente no prefiere los libros impresos. Menciona las oportunidades que van a peder las personas y las experiencias que ya no van a vivir.

Utiliza verbos como "dejar de" y "comenzar a".

◆ Oportunidades de evaluación

- En esta actividad practicarás habilidades de todos los aspectos del Criterio D Expresión escrita: Usar una amplia variedad de vocabulario, usar una amplia variedad de estructuras gramaticales correctamente, organizar información por escrito y comunicar información teniendo en cuenta el destinatario y el propósito.

▼ Nexos con: Lengua y Literatura

El escritor Italiano Umberto Eco, en su novela *El Nombre de la Rosa*, presenta una historia sobre la información y el conocimiento y la manera en que estos se mantenían en secreto, o representaban un privilegio para ciertos círculos sociales.

8   ¿Qué tipo de necesidades satisfacen los inventos y qué retos producen?

187

LA CÁMARA FOTOGRÁFICA

La invención de la cámara cambió la manera en que percibimos la importancia de lo que recordamos. Mientras que en el pasado se utilizó la pintura para documentar momentos históricos en ciudades y países, y para representar perfiles de las personas, la cámara redefinió el significado del concepto de "capturar el momento" y de la pintura como disciplina artística.

La cámara incrementó las posibilidades de creación, difusión y apreciación del arte. Piensa en los trabajos de grandes artistas como el trabajo de Miguel Ángel en la Capilla Sixtina en la Ciudad del Vaticano. Anteriormente, para verlos era necesario ir a la Basílica de San Pedro, mas ahora es posible ver reproducciones suyas o incluso estudiar detalles específicos gracias a la fotografía.

GENERA–ORGANIZA–CONECTA–EXPLICA

Considera el texto anterior y las imágenes sobre la cámara fotográfica.

Genera una lista de las oportunidades que perdimos para documentar ideas o momentos históricos cuando no existía la cámara fotográfica. Comienza tus oraciones con:
- **No pudimos**
- **No fuimos capaces de**
- **Perdimos la oportunidad de**

Organiza las ideas en diferentes categorías. Por ejemplo, educación, ciencia, etc.

Encuentra conexiones entre diferentes momentos históricos e inventos y **explica** cómo nos ayudó la camará fotográfica a aprender más.

ACTIVIDAD: La fotografía y la comunicación

◼ Enfoques del aprendizaje

◼ Habilidad de comunicación: Estructuran la información utilizando diferentes tipos de oraciones para utilizar la lengua en contexto

Presta atención a las siguientes ideas y **explica** el tipo de comunicación que es posible en cada caso. Observa el ejemplo y sigue el **patrón**:

Impresión comercial de fotografías: Cuando **fue posible** imprimir fotografías comercialmente, **por fin pudimos** compartir recuerdos especiales con las personas que estimamos.

- **Las fotografías a colores**
- **Las fotografías instantáneas**
- **La edición de fotografías en Photoshop**
- **La fotografía y los teléfonos inteligentes**
- **Las fotografías en las redes sociales**
- **La fotografía y los memes**

◆ Oportunidades de evaluación

◆ En esta actividad practicarás habilidades de los aspectos i y ii del Criterio D Expresión escrita: Usar una amplia variedad de vocabulario y usar una amplia variedad de estructuras gramaticales correctamente.

❗ Actúa e involúcrate

❗ ¿Cómo podemos utilizar la fotografía para crear conciencia e invitar a las personas a actuar?

❗ Visita el sitio web de Nick Brandt en el siguiente enlace: **http://inheritthedust.nickbrandt.com**

❗ Observa su colección de fotografías titulada *"Inherit the dust"*.

❗ ¿Qué opinas de su técnica?

❗ ¿Qué opinas de su iniciativa?

❗ Charla con tu profesor de comunidad y servicio y contempla formas de utilizar la fotografía para crear conciencia sobre los problemas locales en tu comunidad.

PIENSA–COMPARA–COMPARTE

Individualmente, escribe tus diez inventos favoritos.

Explica y **justifica** por qué cada uno de esos inventos es importante para ti.

Después compara y comparte tus respuestas con tus compañeros, en equipos pequeños.

◆ Oportunidades de evaluación

◆ En esta actividad practicarás habilidades del aspecto ii del Criterio D Expresión escrita: Usar una amplia variedad de estructuras gramaticales correctamente.

PIENSA–RESPONDE–COMPARTE

Responde las siguientes preguntas.

1 **¿Qué pueden comunicar las palabras escritas que las fotos no pueden comunicar?**
2 **¿Qué pueden comunicar las fotografías que las palabras escritas no pueden comunicar?**
3 **¿Qué puede comunicar la lengua oral que los gestos no pueden comunicar?**
4 **¿Qué podemos comunicar con los gestos que no podemos comunicar con el lenguaje oral?**

8   ¿Qué tipo de necesidades satisfacen los inventos y qué retos producen?

189

Indaga y reflexiona sobre las ideas que **comunican** diferentes formas de lenguaje.

ACTIVIDAD: La lengua en la era digital

■ Enfoques del aprendizaje

■ Habilidad de comunicación: Estructuran la información utilizando diferentes tipos de oraciones para utilizar la lengua en contexto

Completa las siguientes frases. Completa las oraciones con verbos en infinitivo.

1 **Gracias a los blogs, es posible…**
2 **Gracias a YouTube, podemos…**
3 **Gracias a la internet, somos capaces de…**
4 **Gracias a los mensajes instantáneos de texto, voz y vídeo, podemos…**
5 **Gracias a los documentos en formato PDF, es posible…**
6 **Gracias a software como Photoshop o Illustrator, o aplicaciones como Canvas, somos capaces de…**

◆ Oportunidades de evaluación

◆ En esta actividad practicarás habilidades de los aspectos i y ii del Criterio D Expresión escrita: Usar una amplia variedad de vocabulario y usar una amplia variedad de estructuras gramaticales correctamente.

ACTIVIDAD: Las funciones de diferentes textos

■ Enfoques del aprendizaje

■ Habilidad de comunicación: Estructuran la información utilizando diferentes tipos de oraciones para utilizar la lengua en contexto

Presta atención a los siguientes tipos de textos. **Explica** la **función** que tiene cada uno y qué tipo de idea comunicamos por medio de ellos. Observa el ejemplo y sigue el **patrón**:

La carta: Utilizamos la carta para comunicar mensajes formales y para realizar diferentes transacciones.

- **Correo electrónico**
- **Mensaje instantáneo de texto**
- **Mensaje instantáneo de voz**
- **Mensaje instantáneo de vídeo**
- **Póster o cartel**
- **Infografía**
- **Tutorial en vídeo**
- **Meme**
- **Publicación en Instagram**
- **Publicación en Twitter**
- **Publicación en TikTok**

◆ Oportunidades de evaluación

◆ En esta actividad practicarás habilidades de los aspectos i y ii del Criterio D Expresión escrita: Usar una amplia variedad de vocabulario y usar una amplia variedad de estructuras gramaticales correctamente.

ACTIVIDAD: El lenguaje de la televisión y YouTube

■ Enfoques del aprendizaje

- ■ Habilidad de comunicación: Hacen deducciones y extraen conclusiones

En el pasado, los canales de televisión producían el contenido audiovisual que las personas consumían. En la actualidad, todo mundo puede explotar su creatividad y producir contenido para YouTube.

Dibuja una tabla como la siguiente para comparar los elementos de comunicación que utilizan la televisión y YouTube para comunicar ideas.

Elemento	La televisión	YouTube
Tipo de contenido		
Duración de los programas / vídeos		
Audiencia / público		
Equipo necesario para producir un programa / vídeo		
Distribución		
Interacción		
Censura		
Ganancias		
Publicidad		

Utiliza la información en la tabla para escribir oraciones. Observa el ejemplo y sigue el **patrón**:

La televisión produce diferente tipo contenido de acuerdo con el tipo de programa; sin embargo, en YouTube, el dueño del canal decide qué contenido producir.

◆ Oportunidades de evaluación

- ◆ En esta actividad practicarás habilidades de los aspectos i y ii del Criterio D Expresión escrita: Usar una amplia variedad de vocabulario y usar una amplia variedad de estructuras gramaticales correctamente.

ACTIVIDAD: Los *influencers*

■ Enfoques del aprendizaje

- ■ Habilidad de comunicación: Utilizan el entendimiento intercultural para interpretar la comunicación

Anteriormente, las compañías pagaban a las cadenas de televisión por la transmisión de diferentes spots de publicidad. Actualmente, gracias a las redes sociales, muchos productores de contenido, celebridades o influyentes de las redes sociales perciben un ingreso monetario o diferentes tipos de patrocinios a cambio de promover diferentes productos.

Escribe diez oraciones acerca de la manera en que los *influencers* deben producir contenido para retener y aumentar el número de seguidores, y para monetizar su contenido.

Observa el ejemplo y sigue el **patrón**:

Las celebridades de las redes sociales deben producir contenido atractivo y creativo frecuentemente para entretener a sus seguidores.

Considera los siguientes verbos:

- **producir**
- **crear**
- **utilizar**
- **fabricar**
- **mezclar**
- **diseñar**
- **inventar**
- **compartir**
- **publicar**
- **subir (a sus plataformas)**

◆ Oportunidades de evaluación

- ◆ En esta actividad practicarás habilidades de los aspectos i y ii del Criterio D Expresión escrita: Usar una amplia variedad de vocabulario y usar una amplia variedad de estructuras gramaticales correctamente.

8   ¿Qué tipo de necesidades satisfacen los inventos y qué retos producen?

191

¿Qué relación existe entre el ingenio, el talento y las oportunidades?

El ingenio humano nos permite explorar procesos y las múltiples posibilidades de transformación de ideas y productos. El ingenio humano está relacionado de una manera especial con la creatividad, con la habilidad de observar procesos y acontecimientos desde múltiples perspectivas, y con la manera en que analizamos diferentes situaciones y evaluamos su impacto en la sociedad. Si el día de hoy, miramos hacia el pasado, podemos percatarnos de la cantidad de innovaciones que son producto del ingenio humano y que han ayudado a transformar, disfrutar y mejorar la calidad de vida de todas las personas.

La investigación científica es la mejor amiga del ingenio humano y podemos comprender esta alianza cuando prestamos atención a la manera en que utilizamos nuestras ideas para:

- analizar productos / soluciones y procesos específicos derivados de la tecnología
- crear nuevos inventos para cambiar el mundo
- evaluar los factores sociales y éticos asociados a la tecnología y los avances tecnológicos
- apreciar la responsabilidad de los diseñadores
- considerar las consecuencias de los productos que diseñamos.

Gracias al ingenio humano podemos generar cambios y provocar la reflexión. En ocasiones algunas innovaciones pueden no ser tan grandes, pero su impacto, no obstante, trae muchos beneficios y es difícil de medir. En esta segunda exploración vamos a ver algunos ejemplos.

ACTIVIDAD: Impacto del invento de la rueda

■ Enfoques del aprendizaje

- Habilidad de colaboración: Delegan y comparten responsabilidades a la hora de tomar decisiones

Trabaja en parejas. Mira el vídeo en el siguiente enlace: **https://youtu.be/DML24R1x3W0**. Toma notas acerca del impacto positivo de la rueda.

Tu compañero y tú deben preparar una sesión de cuatro minutos para estudiantes de grado 3 acerca de la manera en que el invento de la rueda facilitó la creación de otros inventos.

Prepara una presentación de PowerPoint o Keynote para apoyar tu presentación.

Organiza tus intervenciones para realizar una presentación organizada y comprensible.

◆ Oportunidades de evaluación

- En esta actividad practicarás habilidades de todos los aspectos del Criterio C Expresión oral: Usar una amplia variedad de vocabulario, usar una amplia variedad de estructuras gramaticales correctamente, usar pronunciación y entonación claras de manera comprensible y comunicar la información requerida con claridad y eficacia.

ACTIVIDAD: Así sucedió

■ Enfoques del aprendizaje

- Habilidad de comunicación: Escriben con diferentes propósitos

Mira el vídeo en este enlace: **https://youtu.be/E8aHT1Yt77o**

Imagina que eres uno de los personajes en el vídeo. Escribe una entrada en tu diario. **Describe** cómo inventaste la rueda. Narra los pasos que seguiste para lograr el invento que te ayudó a lograr tus objetivos. Incluye ideas acerca de las frustraciones y motivaciones que tuviste. Utiliza el pretérito indefinido.

◆ Oportunidades de evaluación

- En esta actividad practicarás habilidades de todos los aspectos del Criterio D Expresión escrita: Usar una amplia variedad de vocabulario, usar una amplia variedad de estructuras gramaticales correctamente, organizar información por escrito y comunicar información teniendo en cuenta el destinatario y el propósito.

ACTIVIDAD: Accidentes que revolucionaron el mundo

■ Enfoques del aprendizaje

- Habilidad de comunicación: Utilizan una variedad de técnicas de expresión oral para comunicarse con diversos destinatarios

Resulta interesante notar que algunos de los grandes inventos o descubrimientos de la historia son el producto o resultado de accidentes.

Trabaja en parejas. Selecciona uno de los dos inventos siguientes:

- **El color Malva:** **https://youtu.be/wuqho2j-znU**
- **La penicilina:** **https://youtu.be/cJusFdPf6C8**

Toma turnos para ser el inventor que seleccionaste y para ser periodista. Prepara preguntas para entrevistar a tu compañero acerca de la manera en que descrubrió su innovación. Pregunta acerca de la fecha, el lugar, las circunstancias y lo que originalmente quería lograr.

Después, responde las preguntas de tu compañero.

◆ Oportunidades de evaluación

- En esta actividad practicarás habilidades de todos los aspectos del Criterio C Expresión oral: Usar una amplia variedad de vocabulario, usar una amplia variedad de estructuras gramaticales correctamente, usar pronunciación y entonación claras de manera comprensible y comunicar la información requerida con claridad y eficacia.

Filadelfia, Pensilvania, septiembre 23, 1943

Querido hermano:

Hace mucho tiempo que no te envío una carta. Te escribo con mucha emoción y espero que estés bien. Tengo muy buenas noticias. La semana pasada, mientras Richard trabajaba en su laboratorio sucedió algo impresionante. Richard trabajaba en una espiral para estabilizar y mantener el equilibrio del equipo sensible en los barcos, especialmente para las condiciones navales extremas.

Yo estaba en la cocina, preparando el almuerzo. Llamé a Richard varias veces, y como no me escuchó, decidí bajar para decirle que era hora. Cuando llegué a su laboratorio, Richard trabajaba en silencio y decidí sentarme a observarlo.

El año pasado, Richard creó muchos modelos que no funcionaron, y sé que está determinado a inventar algo que revolucionará el mundo. Hace dos semanas, pensé que había terminado este proyecto, pero no fue así.

Entonces, sentada, observé con atención y pude ver que el diseño que Richard construyó en esta ocasión tenía la forma de espiral. Richard estaba muy concentrado en su trabajo y, de repente, estornudó. Sus movimientos causaron un accidente y el espiral cayó de la mesa donde estaba. Curiosamente, para mi sorpresa y la de Richard, el espiral no paró de moverse. De hecho, el espiral giró y giró, y su forma se adaptó a sus movimientos: su cuerpo se contrajo y se extendió como un gusano.

Richard se acercó al espiral para recogerlo y me dijo: "Betty, fallé otra vez." Yo respondí: "Richard, creó que inventaste un juguete extraordinario."
Richard no comprendió al principio, pero cuando me acerqué y le demostré lo que yo noté, se convenció. Ahora quiero explicarte qué observé: cuando Richard empujó el espiral, observé que la altura desde la que cayó causó tensión en el cuerpo del espiral; en otras palabras, el cuerpo del objeto quedó suspendido durante unos instantes en el aire, hasta que se recogió del todo y cayó al suelo. En otras palabras, la tensión en el espiral anuló la gravedad y, como consecuencia, la diferencia de energía se distribuyó en todo el cuerpo y causó nuevos movimientos.

Emocionado por mis palabras, Richard tomó el espiral y lo colocó en la parte superior de las escaleras de su laboratorio y me preguntó: "¿piensas que es posible investigar el descenso la manera en que los ángulos afectan del espiral?" Yo sólo respondí, "Richard, las personas no piensan en ciencia cuando juegan con sus juguetes", y los dos reímos sin parar.

Después de unos minutos, subimos a la cocina para almorzar. Le tomé la mano y le dije que era un genio, a lo que él respondió: "bueno, ahora tú debes escoger el nombre de este juguete". Así que ahora estoy pensando en el nombre perfecto para el invento que falló y se convertirá en uno de los juguete que más personas comprarán en el mundo. Acepto tus sugerencias.

Con mucho cariño,
Betty.
Postdata: te adjunto unas fotos para que veas cómo es el espiral.

ACTIVIDAD: La invención del muelle

■ Enfoques del aprendizaje

■ Habilidad de comunicación: Leen con actitud crítica y para comprender

Después de leer la carta anterior, responde las siguientes preguntas sobre la invención del muelle.

1 ¿Verdadero o falso? La intención de Richard siempre fue crear un juguete. Justifica tu respuesta.
2 ¿Verdadero o falso? Betty interrumpió el trabajo de Richard. Justifica tu respuesta.
3 ¿Verdadero o falso? Con su invento, Richard quería ayudar a transportar objetos en barcos. Justifica tu respuesta.
4 ¿Verdadero o falso? Richard empujó el espiral antes de estornudar. Justifica tu respuesta.
5 ¿Verdadero o falso? Richard observó que es posible estudiar ciencias con el juguete. Justifica tu respuesta.
6 ¿Qué aspectos de la lengua te permiten afirmar que Betty no habla a su hermano en un tono formal? Menciona un ejemplo.
7 Considera la situación que se narra en la carta. ¿Por qué Betty escribió a su hermano? Justifica tu respuesta.
8 ¿Cuál frase del texto indica la frecuencia con la que Betty escribe a su hermano?
9 Según la información que leíste en la carta, ¿Richard es buen esposo? Explica.
10 Según la descripción de Betty, ¿qué tipo de estudiante y / o científico es Richard? Justifica tu respuesta.
11 ¿Estás de acuerdo con la idea que menciona Betty: "las personas no piensan en ciencia cuando juegan con sus juguetes"? ¿Por qué o por qué no?
12 Menciona otro ejemplo de un juguete en el que es posible observar aspectos de la ciencia.

◆ Oportunidades de evaluación

◆ En esta actividad practicarás habilidades de todos los aspectos del Criterio B Comprensión de lectura: Demostrar la comprensión de información oral explícita e implícita (datos, opiniones, mensajes y detalles), analizar convenciones y analizar conexiones.

Estructura de una carta

Observa la estructura de la carta que escribió Betty James. ¿Qué elementos puedes identificar? ¿Qué puedes mencionar acerca del estilo y del tipo de lengua utilizó?

▼ Nexos con: Ciencias: Física

Experimenta con un muelle en unas escaleras. Empújalo desde la parte más alta de las escaleras y observa la manera en que se extiende hasta tocar el próximo escalón; observa la manera en que retoma su forma original y se extiende nuevamente para continuar cayendo. ¿Qué propiedades de la física se pueden estudiar mediante el muelle y los planos inclinados?

8   ¿Qué tipo de necesidades satisfacen los inventos y qué retos producen?

195

OBSERVA – PIENSA – PREGÚNTATE

Completa la siguiente tabla con tus observaciones sobre las fotos en cada enlace.

Imagen 1: **http://tinyurl.com/zkgt57s**

Imagen 2: **http://tinyurl.com/hyh3u5z**

Imagen 3: **http://tinyurl.com/glx8r2h**

Imagen 4: **http://tinyurl.com/hl6pjy2**

Imagen	¿Qué ves?	¿En qué te hace pensar la imagen?	¿Qué preguntas te provoca la imagen?
1			
2			
3			
4			

Después de completar la tabla, comparte tus ideas con tus compañeros.

¿Qué tan similares son tus ideas y las de tus compañeros?

◆ Oportunidades de evaluación

♦ En esta actividad practicarás habilidades de los aspectos i y ii del Criterio D Expresión escrita: Usar una amplia variedad de vocabulario y usar una amplia variedad de estructuras gramaticales correctamente.

ACTIVIDAD: Servicio a la comunidad

■ Enfoques del aprendizaje

■ Habilidad de comunicación: Escriben con diferentes propósitos

Mira el vídeo en el siguiente enlace: **https://youtu.be/tsHyN9zj8_o**

Escribe un correo electrónico al coordinador de comunidad y servicio en tu escuela. Menciona que leíste algunos artículos sobre el biblioburro y que te gustaría comenzar una iniciativa similar en tu escuela. Menciona la forma en que esta actividad refleja aspectos de diferentes atributos del perfil de la comunidad y la manera en que la escuela puede contribuir a la comunidad. Incluye ideas sobre tus planes y las expectativas que estás considerando.

Escribe 150 palabras.

◆ Oportunidades de evaluación

♦ En esta actividad practicarás habilidades de todos los aspectos del Criterio D Expresión escrita: Usar una amplia variedad de vocabulario, usar una amplia variedad de estructuras gramaticales correctamente, organizar información por escrito y comunicar información teniendo en cuenta el destinatario y el propósito.

ACTIVIDAD: Entrevista con Luis Soriano

■ Enfoques del aprendizaje

■ Habilidad de comunicación: Participan en diálogos breves para intercambiar información concreta

Colabora con un compañero. Participa en una entrevista con Luis Soriano, el creador del biblioburro. Uno de ustedes será Luis y el otro será el entrevistador. En la entrevista, aborda las motivaciones que tuvo Luis para comenzar esta iniciativa; **describe** las satisfacciones que ha tenido, cómo ha ayudado a la gente y qué otras iniciativas ha inspirado. La interacción debe durar cuatro minutos.

Presenta la entrevista en clase

◆ Oportunidades de evaluación

♦ En esta actividad practicarás habilidades de todos los aspectos del Criterio C Expresión oral: Usar una amplia variedad de vocabulario, usar una amplia variedad de estructuras gramaticales correctamente, usar pronunciación y entonación claras de manera comprensible y comunicar la información requerida con claridad y eficacia.

■ Wello Water Wheel

ACTIVIDAD: Wello Water Wheel

■ Enfoques del aprendizaje

- Habilidad de gestión de la información: Acceden a la información para estar informados e informar a otros
- Habilidad de comunicación: Escriben con diferentes propósitos

Investiga sobre Wello Water Wheel. Toma notas sobre la persona que tuvo la idea, el lugar donde sucedió, los objetivos de las personas que tuvieron la idea, cómo comenzó el proyecto y el impacto de esta iniciativa.

Imagina que eres un periodista y viajaste a la India para investigar el Wello Water Wheel. Escribe un artículo para el periódico para **describir** el proyecto, dónde y quién lo comenzó, los problemas que existen en la comunidad, las dificultades que encontraron y las soluciones que esta iniciativa ofrece. Incluye preguntas contextualizadas que inviten a tus lectores a reflexionar. Utiliza el pretérito indefinido y el registro de lengua adecuado.

Escribe 150 palabras.

◆ Oportunidades de evaluación

- En esta actividad practicarás habilidades de todos los aspectos del Criterio D Expresión escrita: Usar una amplia variedad de vocabulario, usar una amplia variedad de estructuras gramaticales correctamente, organizar información por escrito y comunicar información teniendo en cuenta el destinatario y el propósito.

ACTIVIDAD: Promoción del Wello Water Wheel

■ Enfoques del aprendizaje

- Habilidad de organización: Emplean estrategias adecuadas para organizar información compleja
- Habilidad de gestión de la información: Presentan la información en diversos formatos y plataformas
- Habilidad de comunicación: Utilizan el entendimiento intercultural para interpretar la comunicación

Utiliza la información de tu investigación sobre el Wello Water Wheel para diseñar un póster para **describir** la innovación y para **presentar** los diferentes aspectos del ingenio humano que son evidentes en este instrumento.

Presenta tu póster a tus compañeros en una galería. Describe los elementos más importantes de tu trabajo; habla acerca de las imágenes y símbolos que utilizaste; las razones por las que utilizaste colores y formas específicas; cómo y por qué decidiste **organizar** información de esta manera y el impacto que quieres crear con tu póster.

◆ Oportunidades de evaluación

- En esta actividad practicarás habilidades de todos los aspectos del Criterio D Expresión escrita: Usar una amplia variedad de vocabulario, usar una amplia variedad de estructuras gramaticales correctamente, organizar información por escrito y comunicar información teniendo en cuenta el destinatario y el propósito.

ACTIVIDAD: La Bicibomba

Estudia con atención las imágenes en estos enlaces.

- **Imagen 1**: http://tinyurl.com/h85258e
- **Imagen 2**: http://tinyurl.com/jhgrpe5
- **Imagen 3**: http://tinyurl.com/jqaocs4

Con tus propias palabras, genera una descripción de la máquina en cada imagen.

Escribe tus ideas en una table como la siguiente:

Imagen 1	Imagen 2	Imagen 3

¿De qué manera están relacionadas estas imágenes?

Mira el vídeo en este enlace:
https://youtu.be/EJARkVA45-Y

Imagina que quieres comenzar un proyecto de servicio a la comunidad construyendo bicibombas. Escribe un correo electrónico a tu profesor de física. **Explica** que quieres construir una bicibomba. Menciona los objetivos y solicita su ayuda para construirla adecuadamente.

Describe los problemas que solucionaría tu iniciativa.

◆ Oportunidades de evaluación

- ◆ En esta actividad practicarás habilidades de todos los aspectos del Criterio D Expresión escrita: Usar una amplia variedad de vocabulario, usar una amplia variedad de estructuras gramaticales correctamente, organizar información por escrito y comunicar información teniendo en cuenta el destinatario y el propósito.

La bicibomba es un proyecto de sistema de bombeo de agua que intenta reemplazar la energía eléctrica con energía mecánica.

Objetivos específico:
- Crear un sistema para el abastecimiento de agua en zonas rurales.
- Diseñar un modelo que permita ahorrar energía y costos de bomba y accesorios.
- Construir un modelo de fácil manejabilidad. Proponer una herramienta de trabajo eficiente y eficaz.

Impacto social:
- Esta iniciativa representa una solución para el abastecimiento de agua destinada a las actividades productivas, agrícolas o ganaderas, así como para su uso diario.
- El proyecto impulsará el cambio y mejora de calidad de vida en comunidades sin energía eléctrica.
- En las zonas urbanas, este modelo permitirá ahorrar energía eléctrica.
- En las zonas urbanas el beneficio a la salud.

▼ Nexos con: Ciencias: Física

Artículo sobre la bicibomba

■ Enfoques del aprendizaje

- ■ Habilidad de comunicación: Escriben con diferentes propósitos

Imagina que eres escritor de una revista de ciencias para niños. Escribe un artículo acerca de la bicibomba. El **propósito** de tu texto es **informar** acerca de las ventajas de la bicibomba en comunidades donde hay problemas para extraer agua de pozos.

Incluye una foto del póster que diseñaste y otras que localices en internet. Utiliza las notas sobre los objetivos específicos e impacto social de esta innovación.

En tu artículo responde por lo menos dos de estas preguntas:

a ¿De qué forma puede esta iniciativa inspirar a la comunidad a utilizar su ingenio para buscar formas de mejorar su calidad de vida?

b ¿Cómo es la bicibomba un ejemplo del buen uso del potencial humano y las habilidades creativas de las personas?

c ¿Cómo pueden las escuelas motivar a los estudiantes a utilizar su creatividad para ayudar en la comunidad?

d ¿Qué podemos aprender de proyectos como la bicibomba?

Escribe 150 palabras.

▼ Nexos con: Ciencias: Física

Póster acerca de la bicibomba

■ Enfoques del aprendizaje

- ■ Habilidades de comunicación: Estructuran la información en diferentes tipos de textos. Usan terminología científica

Habla con tu profesor de física sobre la manera en que funciona la bicibomba. Pregunta sobre las palabras clave (vocabulario especializado de la física) que debes considerar para **describir** cómo funciona esta máquina. Toma notas y organízalas de manera que puedas comprenderlas y utilizarlas efectivamente.

Utiliza tus notas para diseñar una ilustración en un póster con las siguientes dimensiones: 594×841 mm (A1). **Indica** las partes esenciales de la bicibomba y la función que tiene cada una. Utiliza vocabulario relacionado con la física.

Presenta tu póster en clase.

◆ Oportunidades de evaluación

En esta actividad practicarás habilidades de todos los aspectos del Criterio D Expresión escrita: Usar una amplia variedad de vocabulario, usar una amplia variedad de estructuras gramaticales correctamente, organizar información por escrito y comunicar información teniendo en cuenta el destinatario y el propósito.

◆ Oportunidades de evaluación

En esta actividad practicarás habilidades de todos los aspectos del Criterio D Expresión escrita: Usar una amplia variedad de vocabulario, usar una amplia variedad de estructuras gramaticales correctamente, organizar información por escrito y comunicar información teniendo en cuenta el destinatario y el propósito.

ACTIVIDAD: Feria del emprendedor

Mira el vídeo en el siguiente enlace **http://tinyurl.com/feriaempre**. Responde las siguientes preguntas. Presta atención a la narración y las imágenes.

1 **¿Quién organiza la Feria del Emprendedor 2014?**
2 **¿Cómo define el vídeo la palabra "emprender"?**
3 **¿Cuándo se celebró esta feria?**
4 **¿Qué tipo de información necesita Persi?**
5 **¿Cuál es la ocupación de Don José y cuáles son sus objetivos?**
6 **¿Qué tipo de personas ofrecen sugerencias y ayuda en la feria?**
7 **Analiza el vídeo. ¿Por qué el realizador decidió presentar la clínica de ayuda como un hospital? Explica con detalles.**
8 **¿Qué función tuvieron los colores y los diferentes tamaños de letras?**
9 **Además de los colores y los diferentes tamaños de letras, ¿qué otros elementos de comunicación o herramientas utilizó el realizador de este vídeo para expresar sus ideas de manera efectiva? Menciona dos.**
10 **Con tus propias palabras, en tres o cuatro líneas, describe el vídeo.**
11 **¿Cuál es el objetivo del vídeo? Explica tu respuesta.**
12 **¿Es el contenido de este vídeo apropiado para tu cultura? Explica por qué o por qué no.**

ACTIVIDAD: Identifica un problema en tu escuela

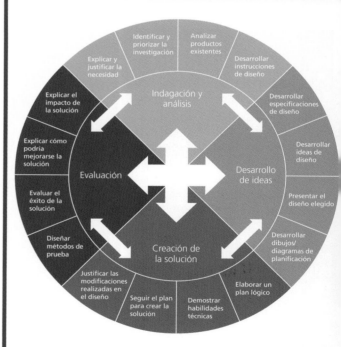

Identifica un problema en tu escuela y utiliza el ciclo de diseño para proponer una solución creativa. Toma como referencia los ejemplos que se incluyen en esta parte del capítulo. Utiliza la siguiente tabla para organizar tus ideas.

Comparte tus ideas en equipos pequeños. Escucha las ideas de tus compañeros y haz preguntas sobre ideas interesantes que escuches.

Etapa	Tarea	Información
Investigar	Problema identificado	
	Detalles básicos del diseño	
	Especificaciones del diseño	
Planificar	¿Qué producto buscas diseñar?	Sobre el producto:
	¿Qué solución propone tu diseño?	Sobre la solución:
	Etapas de planificación del producto o situación	Etapas: 1 2 3 4 5 (puedes agregar más pasos)
Crear	¿Qué técnicas consideras emplear?	
	¿Qué equipo es necesario?	
	Detalles más específicos del plan de construcción del producto	
	Descripción del producto ideal	
Evaluar	¿Qué elementos o aspectos del producto consideras evaluar?	
	Posibles soluciones para los problemas que puedes anticipar	
	Evaluación de tu ciclo de diseño	

Comparte tus ideas con tu coordinador de servicio a la comunidad e intenta identificar oportunidades de llevarlas a cabo.

◆ Oportunidades de evaluación

◆ En esta actividad practicarás habilidades de todos los aspectos del Criterio D Expresión escrita: Usar una amplia variedad de vocabulario, usar una amplia variedad de estructuras gramaticales correctamente, organizar información por escrito y comunicar información teniendo en cuenta el destinatario y el propósito.

▼ Nexos con: Artes: Artes visuales

Realiza una investigación sobre la manera en que el autor belga Andrés Vesalio (Andries van Wesel en neerlandés) utilizó técnicas de ilustración innovadoras en sus libros y la manera en que estas ayudaron a desarrollar una mejor comprensión de la anatomía humana.

! Actúa e involúcrate

! ¿Qué ideas innovadoras se generan en tu escuela?

! Realiza una encuesta y descubre cómo se emplea la creatividad en tu escuela para mejorar sistemas y productos existentes.

! Puedes trabajar con tu coordinador de servicio a la comunidad para organizar una "feria de emprendedores" para compartir el trabajo de la escuela con la comunidad.

¿Cómo cambia la lengua con los nuevos inventos e innovaciones?

Reflexiona sobre el **significado** de las palabras nuevas que aparecen debido a las **innovaciones** tecnológicas.

Generalmente las lenguas cambian muy lentamente, pero a veces occuren eventos que provocan los cambios. Existen muchas razones por las que una lengua puede cambiar. Una razón obvia es la interacción con otras lenguas, otra es debido a los inventos e innovaciones.

En los últimos diez años, tanto el español como otras lenguas del mundo han experimentado un crecimiento y evolución enormes debido a los avances tecnológicos y a las actividades que se pueden realizar con ellos.

Sugerencia

Revisa el significado de los siguientes conceptos:

- sílaba
- sujeto
- adjetivo
- artículo
- fonema
- predicado
- verbo
- preposición
- oración
- sustantivo

Recuerda que no en todos los idiomas se comprenden los mismos conceptos.

▼ Nexos con: Adquisición de Lenguas

Existen diferentes tipos de escritura. Algunos ejemplos son:

- la escritura latina: usado en la mayoría de las lenguas europeas
- el alfabeto cirílico: usado en el ruso
- el alfabeto árabe
- el alfabeto griego
- la escritura hangul: usada en el coreano
- la escritura tamil
- el alfabeto tibetano
- los silabarios japoneses: hiragana, katakana, kanji y romaji.

El japonés es particularmente interesante pues uno de sus silabarios, el katakana, se usa principalmente para escribir palabras de origen extranjero.

ACTIVIDAD: El origen de algunas palabras de moda

■ Enfoques del aprendizaje

- ■ Habilidad de gestión de la información: Establecen conexiones entre diversas fuentes de información

Considera las siguientes palabras que están de moda y especula sobre su origen. Investiga qué dio pie a su uso e introducción en el uso coloquial del idioma.

Palabra	¿Cómo, cuándo, y dónde se originó?
Selfie	
Selfie-stick	
Photobomb	
Cookies (de un sitio web)	
Wiki	
Spam	
meme	
Hashtag (en español se llama almohadilla)	

Comparte tus ideas con tus compañeros.

PIENSA–COMPARA–COMPARTE

Responde las siguientes preguntas y comparte tus respuestas.

1 ¿Quién debe decidir las palabras que utilizamos en un idioma: una academia, el gobierno o la gente?

2 ¿Qué retos imponen las innovaciones tecnológicas a las instituciones que deciden las palabras oficiales de diferentes idiomas?

3 ¿Es incorrecto utilizar palabras en inglés u otro idioma si esos conceptos no existen en tu idioma?

■ El Rey Felipe VI y la Reina Letizia sostienen el diccionario de la Real Académia Española.

OBSERVA–PIENSA–PREGÚNTATE

En 2014, la Real Academia Española (RAE) aprobó la inducción de los siguientes términos en el diccionario de la lengua española: "tableta", "gigabyte", "hacker", "hipervínculo", "dron", "intranet", "Wifi", "redes sociales", "tuit", "tuitear", "bloguero", "teletrabajo", "amigovio", "precuela".

1 ¿Puedes adivinar a qué palabras en inglés se refieren estos términos?

2 ¿Por qué es difícil encontrar equivalentes de ciertas palabras en diferentes idiomas?

3 ¿De qué depende que haya o no una forma de expresar en diferentes idiomas un concepto que está de moda?

▼ Nexos con: Lengua y Literatura

Rayuela, posiblemente la obra cumbre de Julio Cortázar, escritor argentino, presenta la historia de Horacio Oliveira. La novela es una de las más originales de la literatura latinoamericana debido a que tiene múltiples finales, pues se puede leer de diferentes maneras, leyendo sus capítulos en las secuencias que propone el autor.

En "Rayuela", Cortázar juega con la subjetividad del lector y, en el capítulo 69, nos asombra con el siguiente texto:

"Ingrata sorpresa fue leer en 'Ortográfiko' la notisia de aber fayesido en San Luis Potosí el 1º de marso último, el teniente koronel (asendido a koronel para retirarlo del serbisio), Adolfo Abila Sanhes [...] Pensador, eskribió bastante en periódikos i dejó algunas obras inéditas, entre eyas 'Máximas de kuartel' [...] Linguista, era muy afekto a tradusir sus propias produksiones al inglés, esperanto i otros idiomas".

En la novela, este texto se publicó en una revista que se llama "Ortográfiko". ¿Cuál es la ironía del título y del texto?

¿Puedes corregir los errores en este texto?

8 ¿Qué tipo de necesidades satisfacen los inventos y qué retos producen?

203

El *Ideañol*:

El lenguaje de uso para nuevas tecnologías

Por: Karina Avilés

1 El *ideañol* es rápido, abreviado y llamativo, y utiliza un poco de todo: caritas, números, signos y letras. Esta versión de la lengua española es el código que los jóvenes utilizan en la actualidad para construir ideas y formular un nuevo sistema de entendimiento, con textos que fluyen día y noche en teléfonos celulares y en el canales de comunicación masiva en internet.

2 Los profesores en las aulas de clase detestan esta versión infame del idioma, pero los jóvenes consideran que es una forma de afirmar su identidad, y de construir ideas en el presente. Así, sin importar si los lingüistas, escritores y profesores de aula están de acuerdo, los jóvenes de hoy lo utilizan con libertad.

3 El *ideañol* tiene 23 letras, su propio vocabulario y reglas gramaticales que, indudablement, representa una lengua que unifica a los jóvenes del mundo hispanohablante. De hecho, ya es posible encontrar ejemplos de "novelas en ideañol" en línea.

4 Raúl Ávila, reconocido lingüista, autor del Diccionario inicial del español de México, recuerda que "todo el mundo ha modificado el lenguaje, pero no nos gusta que otros lo modifiquen, sobre todo cuando son jovencitos".

5 El director ejecutivo de la Fundación del Español Urgente, Manuel Fuentes García, indica que estos textos han dado origen a códigos "muy bien estructurados". Por ejemplo, en España, ya hay manuales y libros sobre tales formas de expresión empleadas por los jóvenes.

6 Estos son algunos ejemplos de los mensajes que comparten los alumnos de secundaria en la red:

7 ¡k@lm@t3 n3n@! ¡k13r3$ y no? no t3 t3ngo 3nv1d1@ ¡4or qU3 t3n3rl3 3nv1d1@ @ un@ chk@ komo tu??? Mjor k2y@t3 y kom4r@t3 un@ vid@.

8 No kiero prbl3m@z ni kntigo ni kn nadie. Ez@s p@l@ brz no las puse io por k io hablo lo kreo, io no skr1bo tont3r17as.

ACTIVIDAD: Nuevas publicaciones

■ Enfoques del aprendizaje

- Habilidad de comunicación: Participan en diálogos breves para intercambiar información concreta

Trabaja con un compañero. Uno de ustedes será un autor que recientemente publicó una novela utilizando emojis y el ideañol, y el otro será un presentador de un programa de televisión matutina. Con tu compañero, prepara una entrevista.

El periodista preguntará sobre las razones por las que el autor utilizó emojis e ideañol, qué piensa de las opiniones de la sociedad, las críticas de las escuelas, etc. El autor **explicará** sus puntos de vista y **justificará** sus ideas.

Utiliza el pretérito indefinido, el presente y estructuras con "debería", "podría" + infinitivo.

La interacción debe durar tres minutos.

◆ Oportunidades de evaluación

- ◆ En esta actividad practicarás habilidades de todos los aspectos del Criterio C Expresión oral: Usar una amplia variedad de vocabulario, usar una amplia variedad de estructuras gramaticales correctamente, usar pronunciación y entonación claras de manera comprensible y comunicar la información requerida con claridad y eficacia.

ACTIVIDAD: La historia y relevancia de "los memes"

■ Enfoques del aprendizaje

■ Habilidad de comunicación: Leen con actitud crítica y para comprender

Lee el artículo de Wikipedia en el siguiente enlace: **http://tinyurl.com/memwik**

Diseña una infografía con dimensiones de un póster (60×90 cm). **Explica** la historia de los memes, su origen, cómo se volvieron populares, su relevancia cultural, lo que significan para los idiomas en la actualidad, y su posible evolución.

Presenta tu póster en clase y comparte las decisiones que tomaste respecto a las convenciones del póster y **explica** las conexiones que creaste entre los diferentes elementos de tu texto tales como los ejemplos que seleccionaste, la organización de tus ideas, los colores que empleaste y las imágenes que consideraste.

◆ Oportunidades de evaluación

◆ En esta actividad practicarás habilidades de todos los aspectos del Criterio B Comprensión de lectura: Demostrar la comprensión de información oral explícita e implícita (datos, opiniones, mensajes y detalles), analizar convenciones y analizar conexiones.

ACTIVIDAD: Los memes, emociones y mensajes

■ Enfoques del aprendizaje

■ Habilidad de pensamiento creativo: Crean obras e ideas originales; utilizan obras e ideas existentes de formas nuevas

Considera las siguientes emociones:

- angustia
- decepción
- duda
- estrés
- felicidad
- frustración
- furia
- tristeza
- venganza

Realiza una búsqueda de imágenes en internet. Localiza imágenes que demuestren las emociones mencionadas arriba.

Transforma las imágenes en memes, escribiendo fragmentos u oraciones que expresen la emoción en la imagen. Comparte tus memes con tus compañeros.

En este enlace puedes ver algunos ejemplos: **http://tinyurl.com/subconmeme**

◆ Oportunidades de evaluación

◆ En esta actividad practicarás habilidades de los aspectos i y ii del Criterio D Expresión escrita: Usar una amplia variedad de vocabulario y usar una amplia variedad de estructuras gramaticales correctamente.

Cuando nada se convirtió en todo

1. Las matemáticas no podrían funcionar sin el cero. El cero no sólo es un número, sino también un concepto que está presente en todas las nociones matemáticas de nuestro sistema numérico, en la geometría, y en el álgebra y sus funciones. Sin embargo, la historia del cero no es sencilla.

2. Es interesante preguntarse por qué los antiguos griegos y romanos, quienes fueron célebres ingenieros, no dieron un nombre a "la nada". Podríamos pensar que ellos no contemplaron el concepto de "nada". Por ejemplo, los griegos, los pensadores que desarrollaron la lógica y la geometría, nunca introdujeron el símbolo del cero.

3. Los mayas utilizaron un símbolo parecido a una semilla para representar el cero y se considera como el primer uso documentado del cero en América alrededor del Año 36 antes de nuestra era.

4. Más tarde, Ptolomeo, un astrónomo griego, quien estudió ampliamente el legado de los babilonios, utilizó un símbolo parecido al cero moderno, el cual funcionó como marcador de posición en su sistema numérico, una idea que es parecida al uso de la "coma" en el lenguaje. Gracias a la idea de Ptolomeo, es posible distinguir entre el 75 y el 705. No obstante, debemos enfatizar que los mayas y los babilonios utilizaban el cero para marcar un numeral ausente.

5. Entonces, ¿quiénes fueron los primeros en utilizar el cero para representar el concepto de la ausencia total, de la nada?

6   También podemos decir que el cero nació en la India si consideramos que la palabra "cero" proviene de la traducción de su nombre en sánscrito "*shunya*", la cual significa "vacío". Muchas investigaciones afirman que los calculistas indios definieron al cero como el resultado de la sustracción total del valor de cualquier número. Algunos investigadores incluso mencionan que Brahmagupta trató el cero como un "número", no como un mero marcador de posición, y además desarrolló ciertas reglas para operar con él.

7   Pero, ¿cómo llegó el cero a Europa si los mayas se establecieron en el territorio que ahora existe en el Continente Americano y la India se encuentra en Asia? Los responsables son los árabes. En el pasado, durante el tiempo de las invasiones, los árabes expandieron los terrenos de sus imperios, lograron llegar a la India, asimilaron el concepto del cero y, de hecho, transformaron el nombre que usaban los indios y lo llamaron "*sifr*". Posteriormente, con la continuidad de sus invasiones, cuando llegaron a España, el cero ingresó a Europa. Así, la palabra "*sifr*" se convirtió en la raíz para la palabra "cero" (*chero*) en la lengua italiana y posteriormente a la lengua castellana. Recordemos, también, que los árabes ocuparon España por más de 500 años y que con ellos trajeron una gran cantidad de conocimientos.

8   Otros datos interesantes que debemos tomar en cuenta son los siguientes:

Leonardo de Pisa, un matemático italiano, reconoció el poder del cero y usó el nuevo símbolo (0), y es el responsable de difundir el sistema indo-arábigo en Europa.

En 1202, Fibonacci incluyó el sistema de numeración indo-arábigo en su famoso Libro del Ábaco, en el cual incluyó el concepto del cero que propuso Leonardo de Pisa en la célebre idea que le dio reconocimiento universal: la secuencia de Fibonacci.

8   ¿Qué tipo de necesidades satisfacen los inventos y qué retos producen?

207

▼ Nexos con: Matemáticas

Cuando nada se convirtió en todo

■ Enfoques del aprendizaje

- Habilidad de comunicación: Leen con actitud crítica y para comprender
- Habilidad de transferencia: Indagan en diferentes contextos para obtener una perspectiva distinta

Después de leer el texto sobre la historia del cero, responde las siguientes preguntas.

Empareja las columnas. Escribe el número del concepto o idea en la columna izquierda que se relacione con la descripción en la columna en la derecha.

1	Los árabes	a	Palabra en sánscrito.
2	Los Mayas	b	Utilizó las ideas de Leonardo Pisa.
3	Leonardo Pisa	c	Astrónomo griego.
4	Sifr	d	Utilizaron un símbolo similar a una semilla.
5	Shunya	e	Introdujeron el cero en Europa.
6	Ptolomeo	f	El nombre que los árabes dieron al cero.
7	Fibonacci	g	Difundió el sistema indo-arábigo en Europa.

Responde las siguientes preguntas.

8   Menciona tres características del texto que justifiquen por qué aparece en un libro de historia.

9   ¿De qué manera las imágenes ayudan a enriquecer la idea general del texto? Explica con detalles.

10   En el párrafo 1, el autor menciona que "la historia del cero no es sencilla". Considera la información en el texto y explica esta idea con tus propias palabras.

11   ¿Es posible encontrar este texto en un libro de matemáticas? ¿Por qué o por qué no?

12   El tercer tema de este capítulo se titula: "¿Cómo cambia la lengua con los nuevos inventos e innovaciones?" ¿Qué ideas en el texto sobre la idea del cero son ejemplos que pueden responder a esta pregunta? Justifica tu respuesta.

13   En tu opinión, ¿cómo se presentan las relaciones entre las matemáticas, las ciencias y la historia en el texto? Menciona un ejemplo y justifica tu respuesta.

14   ¿Qué opinas sobre el artículo? ¿Te pareció interesante? ¿Por qué o por qué no?

◆ Oportunidades de evaluación

- En esta actividad practicarás habilidades de todos los aspectos del Criterio B Comprensión de lectura: Demostrar la comprensión de información oral explícita e implícita (datos, opiniones, mensajes y detalles), analizar convenciones y analizar conexiones.

ALGUNAS TAREAS SUMATIVAS PARA EVALUAR ESTE CAPÍTULO

Considera las siguientes actividades para poner en práctica lo que has aprendido en este capítulo.

ACTIVIDAD: Historia de las redes sociales

■ Enfoques del aprendizaje

- Habilidad de comunicación: Leen con actitud crítica y para comprender

Completa las siguiente tarea después de leer el texto en la siguiente página.

Indica *verdadero* o *falso* en cada una de las siguientes situaciones. **Justifica** tus respuestas con información del texto.

1 ¿Verdadero o falso? Las redes sociales despertaron la necesidad de "conectar" en las personas. Justifica tu respuesta.
2 ¿Verdadero o falso? A los adultos les gusta usar Snapchat más que a los jóvenes. Justifica tu respuesta.
3 ¿Verdadero o falso? Una compañía de mercadotecnia creó MySpace un año después de la creación de Friendster. Justifica tu respuesta.

Responde las siguientes preguntas.

4 ¿Qué estrategia utilizó el autor para organizar cronológicamente la información?
5 ¿Cuál oración indica que esta entrada es parte de una serie?
6 ¿Por qué el autor consideró importante mencionar información sobre las redes sociales en China? Explica.
7 En tres líneas, describe cómo cambiaron la comunicación e interacción entre personas en los últimos 40 años.
8 Selecciona tres redes sociales que se mencionan en el texto y describe cómo cambiaron la forma de utilizar el lenguaje para expresar ideas. Explica con detalles.

◆ Oportunidades de evaluación

- En esta actividad practicarás habilidades de todos los aspectos del Criterio B Comprensión de lectura.

ACTIVIDAD: Historia de la escritura

■ Enfoques del aprendizaje

- Habilidad de comunicación: Hacen deducciones y extraen conclusiones

Mira el vídeo en este enlace:
https://youtu.be/6zsOJ2PHhZE

Responde las siguientes preguntas.

1 ¿Qué son los ideogramas y los pictogramas?
2 ¿Por qué los sumerios inventaron el sistema silábico?
3 Actualmente, ¿en cuáles dos países se utilizan los ideogramas?
4 ¿Dónde escribían los romanos?
5 ¿Quiénes utilizaron un material similar al papel?
6 ¿Qué revolucionó la historia de la escritura y la lectura?
7 ¿Quiénes son la audiencia ideal para este vídeo? Explica tu respuesta.
8 Menciona tres elementos iconográficos y de comunicación que el autor utilizó para transmitir mensajes en el vídeo.
9 ¿Cuál es el propósito de este vídeo? Justifica tu respuesta.
10 ¿Qué conexiones entre la educación que recibieron tus padres y tú puedes hacer después de ver este vídeo?
11 Resume el mensaje del vídeo en cuatro a cinco líneas.

◆ Oportunidades de evaluación

- En esta actividad practicarás habilidades de todos los aspectos del Criterio A Comprensión auditiva.

Historia de las redes sociales

www.lenguaytecnologia.wordpress.com

Esta es mi segunda de la serie sobre la evolución de los inventos que definen el presente. En esta ocasión les presento la historia de las redes sociales.

1   Estar y sentirse conectado es una necesidad que los humanos hemos tenido desde hace mucho tiempo. No obstante, sentirse parte de una comunidad global y participar en la creación de la verdad y la dispersión de opiniones es mucho más fácil en el presente que en el pasado.

2   Indudablemente, la internet abrió las puertas a posibilidades de comunicación que no se utilizaron en el pasado, permitiendo compartir información y crear conexiones con personas de lugares diferentes con solo presionar un botón. Curiosamente, muchas personas piensan que las redes sociales son un invento reciente. Sin embargo, la semilla que garantizó su éxito se plantó hace unos cuantos años.

3   A continuación la historia de los social media:

1971: Se envió el primer mail. La computadora desde la que se envió estaba al lado de la que lo recibió.

1978: El sistema de tablón de anuncios, mejor conocido por su nombre en inglés: *Bulletin Board Systems* (BBS), se intercambió a través de líneas telefónicas con otros usuarios.

1978: Las primeras copias de navegadores de internet se distribuyeron a través de la plataforma Usenet.

1994: Se fundó GeoCities, una de las primeras redes sociales de internet tal como lo conocemos el día de hoy. La idea inicial fue crear páginas web independientes y auspiciarlas en espacios determinados según su contenido.

1995: TheGlobe.com dio a sus usuarios la posibilidad de personalizar sus propias experiencias en línea. Los usuarios publicaron su propio contenido e interactuaron con otras personas con intereses similares.

1997: Se lanzó AOL Instant Messenger.

1997: Se inauguró la web Sixdegrees.com, la cual permitió la creación de perfiles personales y el listado de amigos.

2000: La burbuja de internet estalló.

2002: Se lanzó el portal Friendster, pionero en la conexión de amigos reales en línea. La plataforma alcanzó los 3 millones de usuarios en sólo tres meses.

2003: La empresa de marketing online eUniverse inauguró la red MySpace. Los críticos criticaron que era un "clon" de Friendster. La primera versión de MySpace fue codificada en apenas diez días.

2004: Se lanzó Facebook. Originalmente, la plataforma fue concebida para conectar a estudiantes universitarios. Su pistoletazo de salida tuvo lugar en la Universidad de Harvard, donde más de la mitad de sus 19,500 estudiantes se suscribieron a la plataforma durante su primer mes.

2006: Se inauguró la red de microblogging llamada Twitter.

2008: Facebook superó a MySpace como red social líder en cuanto a visitantes únicos mensuales.

2010: Instagram, la red social basada en fotografías tomadas con el teléfono móvil, comenzó operaciones.

2011: Facebook alcanzó 600 millones de usuarios repartidos por todo el mundo, MySpace se conformó con 260 millones, Twitter llegó a 190 millones y Friendster se rezagó con apenas 90 millones.

2014: La aplicación Snapchat se convirtió en la aplicación favorita entre los adolescentes entre 13 y 17 años, y superó a Facebook y Twitter.

2015: Tencent QQ y WeChat se convirtieron en las aplicaciones sociales más populares en China con 483 y 829 millones de usuarios respectivamente. Estas aplicaciones, junto con Weibo, YouKu y RenRen representan el equivalente de Facebook, Twitter y YouTube en China.

2019: TikTok se convirtió en la red social que ganó más popularidad en menos tiempo.

ACTIVIDAD: La realidad aumentada

■ Enfoques del aprendizaje

■ Habilidad de comunicación: Escriben con diferentes propósitos

Presta atención al estímulo en esta página. **Analiza** el **significado** y el **mensaje** del texto.

Imagina que eres un bloguero que escribe acerca de las innovaciones tecnológicas en la educación. Tu blog tiene popularidad con los profesores y los estudiantes de secundaria. Escribe una entrada de blog acerca de la evolución de los libros y la manera en que la realidad aumentada cambió la experiencia de lectura gracias a los códigos de acceso rápido (*QR codes*). Incluye ejemplos acerca de las experiencias positivas y algunas ventajas. Comparte tu opinión acerca de la manera en que las innovaciones tecnológicas crean oportunidades para comunicar ideas de diferentes maneras.

Escribe 150 palabras.

◆ Oportunidades de evaluación

◆ En esta actividad practicarás habilidades de todos los aspectos del Criterio D Expresión escrita: Usar una amplia variedad de vocabulario, usar una amplia variedad de estructuras gramaticales correctamente, organizar información por escrito y comunicar información teniendo en cuenta el destinatario y el propósito.

La realidad aumentada cambió la experiencia de leer un libro.

ACTIVIDAD: Las innovaciones tecnológicas

■ Enfoques del aprendizaje

■ Habilidad de comunicación: Utilizan una variedad de técnicas de expresión oral para comunicarse con diversos destinatarios

Tarea en formato de evaluación interna (evaluación oral individual)

Estudia el estímulo en esta página. **Analiza** los elementos iconográficos y de comunicación. Prepara una presentación para tu profesor.

Explica el **significado** y el **mensaje** del texto y comparte tu opinión acerca de la manera en que las innovaciones tecnológicas crean oportunidades para comunicar ideas de diferentes maneras.

Tu profesor hará preguntas acerca de tu presentación.

◆ Oportunidades de evaluación

◆ En esta actividad practicarás habilidades de todos los aspectos del Criterio C Expresión oral.

La innovaciones tecnológicas nos permiten publicar, distribuir y tener acceso a información en diferentes medios y formatos.

Reflexión

En este capítulo exploramos el rol de la creatividad y el ingenio humano en el proceso de solución de problemas y de innovación. También abordamos la manera en que los esfuerzos de las personas por mejorar las condiciones de vida de sus contextos locales son el producto de la manera en que los individuos canalizan sus habilidades para actuar y crear un impacto positivo en la sociedad.

Considera las siguientes preguntas para reflexionar y concluir este capítulo.

Reflexionemos sobre nuestro aprendizaje … Usa esta tabla para reflexionar sobre tu aprendizaje personal en este capítulo.		
Preguntas que hicimos	Respuestas que encontramos	Preguntas que podemos generar ahora
Fácticas: ¿Qué nuevas oportunidades y retos aparecen con los nuevos inventos? ¿Cuál es la diferencia entre el pretérito indefinido y el pretérito imperfecto?		
Conceptuales: ¿Qué relación existe entre el ingenio, el talento y las oportunidades? ¿Cómo deciden las personas el nombre de nuevas palabras que nacen gracias a los inventos? ¿De qué manera cambia la manera en que expresamos ideas gracias a las innovaciones? ¿Cómo cambia la lengua con los nuevos inventos e innovaciones?		
Debatibles: ¿Hasta qué punto es inevitable la evolución del idioma debido a la tecnología? ¿Debemos esperar hasta que la Real Academia de la Lengua apruebe nuevas palabras para usarlas?		

Enfoques de aprendizaje en este capítulo:	Descripción: ¿qué destrezas nuevas adquiriste?	¿Qué tan bien has consolidado estas destrezas?			
		Novato	En proceso de aprendizaje	Practicante	Experto
Habilidades de comunicación					
Habilidades de colaboración					
Habilidades de organización					
Habilidades de gestión de la información					
Habilidades de alfabetización mediática					
Habilidades de pensamiento crítico					
Habilidades de pensamiento creativo					
Habilidades de transferencia					
Atributos de la comunidad de aprendizaje	Reflexiona sobre la importancia de ser un buen pensador en este capítulo. ¿Cómo demostraste tus habilidades como pensador en este capítulo?				
Pensador					

9 ¿Qué acciones podemos tomar para mejorar nuestra comunidad?

La cooperación **social** puede contribuir a **desarrollar** una **cultura** de equidad.

Solidaridad

EN ESTE CAPÍTULO VAMOS A INVESTIGAR LAS SIGUIENTES PREGUNTAS:

Fácticas: ¿Cuáles verbos y estructuras podemos utilizar para expresar sugerencias y responsabilidades? ¿Cuáles palabras se relacionan con el servico a la comunidad?

Conceptuales: ¿Qué relación existe entre las necesidades y las habilidades? ¿Por qué debemos comprender un problema para proponer soluciones efectivas?

Debatibles: ¿Hasta qué punto son las iniciativas sustentables accesibles para todas las personas? ¿Cómo podemos emplear la lengua para convocar a la sociedad a ser solidarios?

■ "Todos somos importantes. Todos tenemos un rol que desempeñar. Todos podemos hacer la diferencia. Y todos tenemos la misma opción: decidir qué tipo de diferencia queremos hacer." Jane Goodall

EN ESTE CAPÍTULO VAMOS A:

■ **Descubrir:**
  ■ ejemplos de las diferentes formas en que podemos actuar en nuestra comunidad.

■ **Explorar:**
  ■ los elementos que nos ayudan a construir una cultura solidaria.

■ **Actuar y:**
  ■ reflexionar sobre el rol que tenemos en la consolidación de actitudes sustentables en nuestra escuela
  ■ evaluar la honestidad con la que compartimos y cuidamos los recursos de nuestra comunidad.

◆ **Oportunidades de evaluación en este capítulo:**

◆ **Criterio A:** Comprensión auditiva

◆ **Criterio B:** Comprensión de lectura

◆ **Criterio C:** Expresión oral

◆ **Criterio D:** Expresión escrita

■ **Las siguientes habilidades de los enfoques del aprendizaje serán útiles:**

■ Habilidades de comunicación

■ Habilidades de colaboración

■ Habilidades de reflexión

■ Habilidades de gestión de la información

■ Habilidades de alfabetización mediática

■ Habilidades de pensamiento crítico

■ Habilidades de pensamiento creativo

■ Habilidades de transferencia

● **Reflexiona sobre el siguiente atributo de la comunidad de aprendizaje:**

● Mente abierta: desarrollamos una apreciación crítica de nuestras propias culturas e historias personales mostrando capacidades de apreciación de la manera en que cada sociedad manifiesta su creatividad.

Contenido esencial

Los contenidos temáticos que se abordarán en este capítulo pertenecen a las fases 1 y 2 del continuo de aprendizaje y son:

• Los asuntos de actualidad
• Los acontecimientos pasados
• Las conexiones culturales e interculturales
• El cuidado personal
• El cuidado de otras personas
• El presente
• El pretérito indefinido
• El pretérito imperfecto
• El pretérito perfecto
• Construcciones con "poder", "deber", "querer" + infinitivo
• Indicadores temporales
• "Ser" o "estar" + adjetivos

VOCABULARIO SUGERIDO

Vocabulario sugerido para mejorar la experiencia de aprendizaje. **Discute** el **significado** de las siguientes palabras y **úsalas** en las actividades en este capítulo.

Sustantivos	Adjetivos	Verbos	
carácter	alarmante	actuar	provocar
deterioro	altruista	apoyar	reaccionar
disposición	bondadoso	ayudar	reciclar
esfuerzo	comprometido	causar	renovar
estrato	creativo	contribuir	rescatar
iniciativa	deplorable	dedicar	reutilizar
interés	informado	depender	
preocupación	interesado	derivar	
respaldo	interesante	deteriorar	
respeto	limpio	diseñar	
reutilización	responsable	empeorar	
sociedad	solidario	emplear	
solidaridad	sustentable	involucrar	
superación	trágico	limpiar	
sustentabilidad	triste	maltratar	
voluntad	preocupado	mejorar	
	preocupante	perjudicar	

¿Qué relación existe entre las necesidades y las habilidades?

Identifica vocabulario relevante para hablar acerca del **desarrollo** de una sociedad responsable.

Ideas Dinero Sinceridad Reflexión Problema
Caridad Empatía Difícil Compromiso ONG Filantropía Voluntad Donativos
Ayuda Recíproco Contribuir Ética Bondad Pobreza
Samaritano Servicio Apoyo Aportar Sonrisas
Trabajo

■ Palabras comunes cuando hablamos de servicio a la comunidad

ACTIVIDAD: ¿En qué piensas cuando hablamos de servicio a la comunidad?

■ **Enfoques del aprendizaje**

■ Habilidad de comunicación: Hacen deducciones y extraen conclusiones

Presta atención a la nube de vocabulario anterior. ¿Cónoces el **significado** de todas las palabras en la nube?

Escribe el significado de las palabras que conoces.

Después, escribe oraciones acerca del servicio social utilizando esas palabras. Observa el ejemplo y sigue el **patron**:

La filantropía está relacionada con el servicio a la comunidad porque algunas personas orgizan eventos para apoyar diferentes causas.

◆ **Oportunidades de evaluación**

◆ En esta actividad practicarás habilidades de los aspectos i y ii del Criterio D Expresión escrita: Usar una amplia variedad de vocabulario y usar una amplia variedad de estructuras gramaticales correctamente.

ACTIVIDAD: Relaciones con el servicio social

■ **Enfoques del aprendizaje**

■ Habilidad de colaboración: Escuchan con atención otras perspectivas e ideas

Trabaja en parejas y comenta de qué manera cada una de estas palabras se relaciona con el servicio a la comunidad y la relación entre las palabras y las sociedades solidarias.

Observa el ejemplo y sigue el **patrón**:

ONG está relacionada con el servicio social porque muchas personas apoyan diferentes ONG.

Una sociedad solidaria apoya a los grupos de personas o iniciativas que necesitan ayuda.

◆ **Oportunidades de evaluación**

◆ En esta actividad practicarás habilidades de los aspectos i y ii del Criterio C Expresión oral: Usar una amplia variedad de vocabulario y usar una amplia variedad de estructuras gramaticales correctamente.

ACTIVIDAD: Oportunidades para realizar servicio a la comunidad

Presta atención a las actividades en la columna de la izquierda en la siguiente tabla. Lee las diferentes categorías en las columnas a la derecha y selecciona las que sean relevantes para ti.

Trabaja con un compañero. Toma turnos para realizar preguntas acerca de las actividades en la columna de la izquierda y compartir tus respuestas. Observa el ejemplo:

A ¿Te interesaría colaborar en una casa de asistencia para ancianos?

B Es una actividad difícil, pero me gustaría probar.

Actividad	Me interesa	No me interesa	Es fácil	Es difícil y no quiero probar	Es difícil y me gustaría probar	Me es indiferente
Colaborar en una casa de asistencia para ancianos						
Colaborar en escuelas públicas						
Practicar deportes con niños minusválidos						
Colaborar con escuelas para niños invidentes						
Rescatar animales de la calle						
Reciclar papel						
Reciclar aluminio y baterías desechables						

ACTIVIDAD: Reacciones al servicio a la comunidad

Lee con atención las siguientes frases. Utiliza tu creatividad para completar las oraciones y producir enunciados lógicos.

1 Para muchas personas, el servicio a la comunidad no es agradable porque…

2 Muchas personas no están interesadas en el servicio social porque…

3 Cuando colaboramos en iniciativas de servicio social, …

4 El servicio social puede enseñarnos a…

5 El servicio social es importante porque…

6 Ayudar a los demás no es servicio social auténtico si…

ACTIVIDAD: El servicio y las habilidades

Enfoques del aprendizaje

■ Habilidad de comunicación: Participan en diálogos breves para intercambiar información concreta

Dibuja una tabla como la siguiente en tu cuaderno. Pregunta a cuatro de tus compañeros de la clase de español acerca de las habilidades en la columna de la izquierda.

Presta atención al **significado** de los verbos "saber" y "poder", y pregunta como en el ejemplo:

¿Sabes...? / ¿Puedes...?

Toma nota de las respuestas de tus compañeros.

Habilidades	Nombres de tus compañeros			
	#1	#2	#3	#4
Podar árboles				
Pintar				
Utilizar herramientas de fontanería				
Utilizar herramientas de carpintería				
Diseñar anuncios				
Hablar más de dos idiomas				
Cantar				
Tocar un instrumento				
Cortar el cabello				
Maquillar				
Enseñar matemáticas				
Diseñar materiales didácticos				

◆ Oportunidades de evaluación

◆ En esta actividad practicarás habilidades de los aspectos ii y iv del Criterio D Expresión escrita: Usar una amplia variedad de estructuras gramaticales correctamente y comunicar la información requerida con claridad y eficacia.

ACTIVIDAD: Utiliza tus habilidades adecuadamente

Enfoques del aprendizaje

■ Habilidad de comunicación: Estructuran la información utilizando diferentes tipos de oraciones para utilizar la lengua en contexto

Utiliza las respuestas de tus compañeros en la actividad "El servicio y las habilidades". Escribe oraciones acerca de las actividades de servicio social que pueden realizar. Observa el ejemplo y sigue el **patrón**:

Paulina **puede enseñar** matemáticas y diseñar materiales didácticos, por eso yo creo que **puede realizar** servicio social en una escuela primaria, diseñando materiales para los niños.

◆ Oportunidades de evaluación

◆ En esta actividad practicarás habilidades del aspecto ii del Criterio D Expresión escrita: Usar una amplia variedad de estructuras gramaticales correctamente.

Nexos con: Matemáticas

Ejemplos de solidaridad

■ Enfoques del aprendizaje

- ■ Habilidades de transferencia: Comparan la comprensión conceptual en distintas disciplinas y grupos de asignaturas. Combinan conocimientos, comprensión y habilidades para crear productos o soluciones

Selecciona diez de los ejemplos de actividades que se mencionaron en la actividad "Oportunidades..." en la página 217 y "El servicio y las habilidades" en la página 218.

Transforma los ejemplos que seleccionaste en preguntas con "¿te gustaría...?" Por ejemplo:

¿Te gustaría donar cosas que no utilizas?

Utiliza las preguntas para crear una encuesta en tu clase. Realiza la encuesta y después **analiza** las respuestas y determina qué tan solidarias son las personas en tu clase de español. Organiza la información que recolectes y representa las opiniones en un tipo de gráfica.

Imagina que escribes en la sección de servicio de la revista escolar. Escribe un artículo acerca del espíritu solidario en las clases de español. Utiliza los datos que reuniste y la gráfica que produjiste con las respuestas a la encuesta. Responde esta pregunta:

¿Qué tan solidaria es mi escuela?

El **propósito** de tu texto es **persuadir** a tu comida a ser solidaria.

Utiliza ejemplos para **justificar** tu punto de vista.

Escribe 150 palabras.

◆ Oportunidades de evaluación

- ◆ En esta actividad practicarás habilidades de todos los aspectos del Criterio D Expresión escrita: Usar una amplia variedad de vocabulario, usar una amplia variedad de estructuras gramaticales correctamente, organizar información por escrito y comunicar información teniendo en cuenta el destinatario y el propósito.

ACTIVIDAD: La solidaridad social, un deber de todo ciudadano

■ Enfoques del aprendizaje

- ■ Habilidad de comunicación: Hacen deducciones y extraen conclusiones

Mira el vídeo en el siguiente enlace:

http://tinyurl.com/solidxvid

Contesta las siguientes preguntas.

1 ¿Cuál es la primera impresión del Profesor Súper O sobre la ciudad?
2 Las personas en el vídeo no ayudaron a las personas que tuvieron el accidente. ¿Qué hacen?
3 ¿Cuál es el eslogan del Profesor Súper O?
4 ¿Qué documento importante menciona el Profesor Súper O para hablar de la responsabilidad ciudadana?
5 ¿Qué alternativa propone Sevichica a la abuela al hablar de accidentes?
6 Cuando las personas reaccionaron, ¿cómo ayudaron? Menciona dos ejemplos.
7 Cuando Sevichica cuestiona a las personas, ¿qué sucede? ¿Es eso lo que quiere Sevichica? Explica.
8 Explica la justificación que la abuela ofrece a Profesor Súper O cuando decidió no ayudar a los choferes.
9 ¿Qué tipo de vídeo es este?
10 ¿Cómo incluyó el autor la historia de la abuela en el vídeo principal? ¿Qué opinas de esta técnica?
11 ¿Por medio de qué elementos visuales distinguimos entre la historia de la abuela y la historia principal?
12 ¿Cuál es el mensaje del vídeo?
13 ¿Estás de acuerdo con el artículo que leyó el Profesor Súper O? ¿Por qué o por qué no?
14 ¿Estás de acuerdo con la respuesta que Sevichica da a la abuela sobre la edad y la solidaridad? Explica por qué o por qué no.
15 ¿Es común en tu ciudad ver situaciones como la que viste en el vídeo? Explica.

◆ Oportunidades de evaluación

- ◆ En esta actividad practicarás habilidades de todos los aspectos del Criterio A Comprensión auditiva: Demostrar la comprensión de información oral explícita e implícita (datos, opiniones, mensajes y detalles), analizar convenciones y analizar conexiones.

ACTIVIDAD: Cadena de favores

Mira el vídeo en el siguiente enlace:
http://tinyurl.com/cadfavorx

Escribe oraciones acerca de lo que ves en el vídeo. Incluye todas las instancias que ves en el vídeo. Utiliza el pretérito indefinido. Observa el ejemplo y sigue el **patrón**:

Tres niños escribieron grafiti en un muro.

Imagina que eres un periodista y que seguiste la cadena de eventos que se muestran en el vídeo. Escribe una entrada de blog. **Describe** las situaciones que observaste, la manera en que los sucesos se relacionan, la manera en que las personas en el vídeo reaccionan y se relacionan. Escribe en pretérito indefinido. Utiliza marcadores temporales. Describe la manera en que cada gesto de solidaridad influyó positivamente a nuevas personas. El **propósito** de tu texto es **entretener**. Utiliza palabras que expresen diferentes aspectos acerca de la solidaridad, la amabilidad y la cortesía.

ACTIVIDAD: Los países más altruistas

La siguiente tabla presenta parte de la información incluida en el informe oficial del Índice Mundial de Generosidad (*World Giving Index*) para el año 2015. Este informe abarca 130 países y estudia qué tan altruistas y caritativos son.

Estudia la tabla y escribe una serie de preguntas y opiniones que te gustaría **debatir**. En equipos pequeños, toma turnos para preguntar y contestar. Toma tumos para preguntar.

País	Posición			
	General	Ayuda a niños	Donar dinero	Donar tiempo
Myanmar	1	63	1	2
Nueva Zelanda	4	22	6	4
Irán	32	69	23	55
República Dominicana	41	28	66	20
Chipre	42	42	39	52
Nigeria	43	16	79	29
Chile	49	82	20	88
Japón	102	137	83	44
China	144	144	136	144
Burundi	145	145	143	117

Fuente: World Giving Index 2015

ACTIVIDAD: Diferentes versiones de generosidad

■ Habilidad de comunicación: Leen con actitud crítica y para comprender

Utiliza los siguientes enlaces para estudiar dos listas de países.

http://tinyurl.com/paislista1

https://tinyurl.com/ybr5z4vx

Responde las siguientes preguntas:

1 ¿Qué diferencias observas en las dos tablas?
2 ¿Por qué crees que la información cambió?
3 ¿Qué factores influyeron en los cambios?
4 ¿Qué podemos aprender de estos datos?

◆ Oportunidades de evaluación

◆ En esta actividad practicarás habilidades del aspecto iii del Criterio B Comprensión de lectura: Analizar conexiones.

ACTIVIDAD: Índice Mundial de Generosidad

■ Enfoques del aprendizaje

■ Habilidad de comunicación: Escriben con diferentes propósitos

Imagina que eres un periodista y escribes en la sección de asuntos internacionales en un blog para estudiantes. Escribe una entrada para tu blog.

Utiliza la información en las tablas que leíste en la actividad "Diferentes versiones de generosidad" para formular ideas acerca de la importancia de ayudar a los demás.

El **propósito** de tu texto es **persuadir**.

Los **lectores** de tu blog son estudiantes de DP.

Escribe 150 palabras.

◆ Oportunidades de evaluación

◆ En esta actividad practicarás habilidades de todos los aspectos del Criterio D Expresión escrita: Usar una amplia variedad de vocabulario, usar una amplia variedad de estructuras gramaticales correctamente, organizar información por escrito y comunicar información teniendo en cuenta el destinatario y el propósito.

IDEAS–ENIGMAS–EXPLORACIONES

Considera las cifras en la tabla que aparece en la página 220 y en los enlaces de la actividad "Los países más altruistas".

Responde estas preguntas y comparte tus opiniones en equipos pequeños.

1 ¿Qué podemos decir acerca de algunos países y su actitud altruista? Menciona algunas **ideas**.
2 ¿Qué **enigmas** puedes identificar sobre los conceptos de solidaridad y altruismo considerando la riqueza y desarrollo de los países?
3 ¿Qué sería interesante **explorar** en este tema? ¿Por qué?

▼ Nexos con: Individuos y Sociedades

La Organización para la Cooperación y Desarrollo Económico (OCDE) es una Organización intergubernamental que reúne a 34 países comprometidos con las economías de mercado y con sistemas políticos democráticos. En conjunto, estos países representan el 80 por ciento del PIB mundial.

Esta organización realiza una variedad de estudios cuyos resultados y datos ayudan y sirven de apoyo para muchas de las investigaciones que se realizan.

▼ Nexos con: Matemáticas

La estadística es una ciencia formal y una herramienta que estudia usos y análisis provenientes de una muestra representativa de datos, busca explicar las correlaciones y dependencias entre diferentes fenómenos.

¿Por qué debemos comprender un problema para proponer soluciones efectivas?

OBSERVA–PIENSA–PREGÚNTATE

Responde estas preguntas y comparte tus ideas en equipos pequeños.

1 ¿Qué observas en las imágenes siguientes?
2 ¿Qué problemas pueden generar los objetos que se muestran?
3 ¿Qué preguntas surgen al observar esas imágenes? Menciona cinco ejemplos.

Reflexiona sobre algunos hábitos que podemos cambiar para **desarrollar** una mentalidad más responsable.

ACTIVIDAD: Comodidad que contamina

■ Enfoques del aprendizaje

■ Habilidad de comunicación: Establecen relaciones conceptuales entre diferentes términos y / o temas

Presta atención a los casos en la columna de la izquierda. Dibuja una tabla como la siguiente y completa las tres columnas a la derecha.

Utiliza la información en la tabla para escribir oraciones. Observa el ejemplo y sigue el **patrón**:

Las botellas de agua de un solo uso son un problema porque casi nadie las reutiliza después de beber el agua y por esta razón la cantidad de plástico en la basura es enorme. La solución más fácil es comprar una botella reusable.

◆ Oportunidades de evaluación

◆ En esta actividad practicarás habilidades de los aspectos i y ii del Criterio D Expresión escrita: Usar una amplia variedad de vocabulario y usar una amplia variedad de estructuras gramaticales correctamente.

Caso	¿Cuál es su función principal?	¿Qué problemas ocasiona?	Alternativa
Vasos desechables para el café			
Bolsas de plástico			
Botellas de agua de un solo uso			
Globos de helio			
Desodorantes en aerosol			
Pilas desechables			
Popotes / pajillas			
Las toallitas de bebé			
Cubiertos desechables			
Pañales de plástico			

Las Cápsulas de Café
son prohibidas en Hamburgo por contaminar demasiado

Por Raul Mannise

1. La moda no siempre es responsable. De hecho, muchos de los hábitos que están de moda son poco ecológicos. De repente, beber café se volvió sexy y una compañía transnacional, con ayuda de un actor de Hollywood, no dudó en llenar cápsulas de café y venderlas en cajas a precios elevados. Todo es precioso, colorido, elegante, lleno de sabores, y también es una amenaza para el ambiente.

2. Sin embargo, en Hamburgo, Alemania, la ciudad no ignoró la contaminación generada por las cápsulas de café y, desde febrero de 2016, quedaron prohibidas por orden del gobierno de la ciudad.

3. Las cápsulas son difíciles de reciclar porque están hechas de una mezcla de plástico con aluminio, y sólo contienen un promedio de entre 3 g de 6 g de café, por lo que la relación envase-producto es absurda. Además, si consideramos que la octava parte de todo el café que se vende en Alemania es en forma de cápsula, no es difícil observar la cantidad de basura no reciclable que se produce.

4. Esta prohibición es parte de un programa para la reducción de residuos que consiste en la prohibición de "productos contaminantes o componentes contaminantes de los mismos". La mejor parte de la historia es que las personas que compraron una máquina de café para estas cápsulas no pierden su dinero porque el gobierno recompra las maquinas cómo medida compensatoria.

ACTIVIDAD: La prohibición de las cápsulas de café

■ Enfoques del aprendizaje

- Habilidad de comunicación: Utilizan una variedad de técnicas de expresión oral para comunicarse con diversos destinatarios

Trabaja con un compañero. Uno de ustedes será el alcalde de Hamburgo y el otro será un periodista. El periodista entrevistará al alcalde sobre la decisión de prohibir las cápsulas de café. El alcalde responderá a las preguntas. Utiliza el texto anterior para generar preguntas y producir una entrevista interesante.

La interacción deberá durar tres minutos.

◆ Oportunidades de evaluación

- En esta actividad practicarás habilidades de todos los aspectos del Criterio D Expresión escrita: Usar una amplia variedad de vocabulario, usar una amplia variedad de estructuras gramaticales correctamente, organizar información por escrito y comunicar información teniendo en cuenta el destinatario y el propósito.

ACTIVIDAD: En desacuerdo con la decisión del gobierno

■ Enfoques del aprendizaje

- Habilidad de comunicación: Escriben con diferentes propósitos

Imagina que eres un ciudadano de Hamburgo y que te gusta mucho consumir el café en cápsulas. Como no estás de acuerdo con la decisión del alcalde, decides escribir un correo electrónico a "Opinión Ciudadana", una columna en una revista que publica las opiniones de los ciudadanos. Menciona por qué no estás de acuerdo con la decisión del alcalde. **Justifica** tu punto de vista con ejemplos y expresa la necesidad de respetar los gustos de las personas y buscar diferentes alternativas.

Escribe 150 palabras.

◆ Oportunidades de evaluación

- En esta actividad practicarás habilidades de todos los aspectos del Criterio D Expresión escrita: Usar una amplia variedad de vocabulario, usar una amplia variedad de estructuras gramaticales correctamente, organizar información por escrito y comunicar información teniendo en cuenta el destinatario y el propósito.

Musulmanes protegen la misa de Navidad en Francia

Por Karla Dieseldorff

1   La comunidad musulmana de la ciudad francesa de Lens, representada por la Asociación de la Unión de Ciudadanos Musulmanes de *Pas-de-Calais* (UCM62), decidió proteger la misa de Navidad que se realizó el jueves 24 de diciembre por la noche. Después de los atentados terroristas en París y las amenazas en Bruselas, se escucharon bastantes rumores sobre atentados terroristas que podrían suceder el día de Navidad;

no obstante, los musulmanes de la ciudad de Lens decidieron ayudar y proteger las iglesias donde se llevó a cabo la misa de Navidad.

2   Brahim Ait Moussa, presidente de UCM62, declaró: "Simbólicamente, queremos decir a los fieles de la iglesia católica de Saint-Léger que pueden rezar en paz y sin miedo. Obviamente, no intentamos remplazar a las fuerzas de seguridad, pero queremos estar presentes alrededor de la iglesia para dar un mensaje de solidaridad".

ACTIVIDAD: Solidaridad inter-religiosa

■ Enfoques del aprendizaje

■ Habilidad de comunicación: Escriben con diferentes propósitos

Imagina que eres un ciudadano de la ciudad de Lens. Acabas de leer el periódico y te enteraste de lo que hizo el UCM62. Escribe una entrada para tu blog para **presentar** tu punto de vista. Incluye ejemplos para ilustrar tus ideas y tres preguntas contextualizadas que inviten a tus lectores a reflexionar. Utiliza el presente y el pretérito indefinido. Escribe 150 palabras.

◆ Oportunidades de evaluación

◆ En esta actividad practicarás habilidades de todos los aspectos del Criterio D Expresión escrita: Usar una amplia variedad de vocabulario, usar una amplia variedad de estructuras gramaticales correctamente, organizar información por escrito y comunicar información teniendo en cuenta el destinatario y el propósito.

■ En 2050, habrá más plástico que peces en el océano

IDEAS–ENIGMAS–EXPLORACIONES

Observa las imágenes en la página 224 y lee el subtítulo. Responde las siguientes preguntas. Después comparte tus puntos de vista en equipos pequeños.

1 **¿Por qué existen los problemas que presentan las imágenes? Menciona algunas ideas.**
2 **¿Qué enigmas o misterios puedes mencionar sobre las razones por las que algunas personas no comprenden la importancia de la limpieza?**
3 **¿Qué otros problemas son daños colaterales de estas situaciones?**
4 **¿Qué investigaciones y exploraciones se pueden hacer al respecto?**

San Francisco es la primera ciudad en prohibir la venta de agua embotellada

1 La ciudad de San Francisco, California aprobó la moción en contra de la industria del plástico y espera controlar la adicción de las personas que consumen agua embotellada en exceso debido a que el plástico es "enemigo del medio ambiente".

2 El martes, 4 de marzo de 2014, San Francisco se convirtió en la primera ciudad en prohibir la venta de agua embotellada. La decisión tomó nueve meses y se estima que la orden afectará a vendedores en parques, camiones de comida, ferias locales y centros de convenciones.

3 La industria del agua embotellada creció en la década de los noventa y se convirtió en un problema ambiental, no necesariamente porque las personas no ponen la basura en su lugar, sino por el costo que tiene el reciclaje de los materiales. Con esta iniciativa, el gobierno espera reducir el desperdicio de botellas de plástico. "Aquellos que violen la ley deberán pagar multas de hasta mil dólares," declaró el Secretario de Cultura Ambiental de la ciudad. San Francisco busca producir "cero desperdicios" para el año 2020.

4 Por su parte voceros de Coca-Cola y Pepsi declararon que: "Esto es una solución que busca un problema. Para reducir los desperdicios, el gobierno tomó medidas erróneas en una ciudad donde todos reciclan."

5 La iniciativa busca inspirar a otros a no utilizar botellas de plástico, y llevar botellas reusables consigo, una acción simple y fácil de obedecer.

! Actúa e involúcrate

! ¿Existen reglas en tu escuela sobre el uso de toallas y vasos de papel, y botellas de plástico?

! Colabora con tus compañeros y planifica una propuesta para mejorar el uso de recursos en tu escuela.

! Colabora con tu coordinador de servicio a la comunidad.

ACTIVIDAD: Viajes que inspiran

■ Enfoques del aprendizaje

■ Habilidad de comunicación: Escriben con diferentes propósitos

Imagina que acabas de regresar de un viaje a San Francisco donde leíste sobre la decisión que tomó el gobierno. Escribe un correo electrónico a tu coordinador de servicio a la comunidad y **explica** que te gustaría comenzar una iniciativa similar en tu escuela. Incluye las ventajas de esta iniciativa y un par de ejemplos para apoyar tus opiniones. Escribe 150 palabras.

◆ Oportunidades de evaluación

◆ En esta actividad practicarás habilidades de todos los aspectos del Criterio D Expresión escrita: Usar una amplia variedad de vocabulario, usar una amplia variedad de estructuras gramaticales correctamente, organizar información por escrito y comunicar información teniendo en cuenta el destinatario y el propósito.

■ En 2015, las Patronas celebraron 25 años de ser ciudadanas altruistas y ejemplares

"Las Patronas" reciben premio de Derechos Humanos 2013

Las Patronas: héroes sin fronteras

Las Patronas: la esperanza de los migrantes

Las Patronas, amigas de los migrantes

Las Patronas: Mujeres que dominan a la bestia

PIENSA–COMPARA–COMPARTE

Observa la imagen y los encabezados.

1   ¿Qué relaciones existen entre las imágenes y los encabezados?
2   ¿Quiénes piensas que son las Patronas?
3   ¿Qué mencionan los artículos de cada uno de los encabezados?

Responde estas preguntas, y comparara y comparte tus ideas en equipos pequeños.

¿Qué similitudes encontraste?

ACTIVIDAD: Las Patronas

■ Enfoques del aprendizaje

■ Habilidad de colaboración: Ofrecen y reciben comentarios pertinentes y practican la empatía
■ Habilidad de reflexión: Consideran las implicaciones éticas, culturales y ambientales
■ Habilidad de gestión de la información: Establecen conexiones entre diversas fuentes de información

Mira el vídeo en este enlace:
https://youtu.be/YgTzjaAGDG0

Escribe oraciones que expliquen el trabajo que hacen Las Patronas. Menciona cuándo comenzaron su trabajo y por qué lo hacen.

Después, trabaja en equipos pequeños.

Participa en una actividad llamada Círculo de Opiniones

Trabaja en equipos pequeños y realiza una lluvia de ideas sobre diferentes perspectivas acerca del caso de las Patronas. En tu equipo, toma unos de los siguientes roles para representar diferentes perspectivas: madre, sacerdote, profesor, político, médico. Toma turnos para participar y utiliza el siguiente **patrón** en tu interacción.

1   Voy a expresar mi punto de vista desde la perspectiva de…
2   Una pregunta que me gustaría hacer desde la perspectiva de… es…

Para concluir, responde estas preguntas con tus compañeros:

a   ¿Qué nuevas ideas sobre el tema tienes ahora que no pensaste anteriormente?
b   ¿Qué otras preguntas puedes hacer?

◆ Oportunidades de evaluación

◆ En esta actividad practicarás habilidades de los aspectos ii y iv del Criterio C Expresión oral: Usar una amplia variedad de estructuras gramaticales correctamente y comunicar la información requerida con claridad y eficacia.

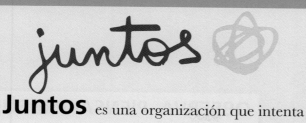

Juntos es una organización que intenta

Apoyar a las personas que deseen realizar servicio a la comunidad a encontrar la causa o iniciativa que podría beneficiarse de sus habilidades, conocimientos y experiencia.

¿Qué nos distingue?

Somos pensadores críticos

Pensamos estratégicamente

Buscamos soluciones

¡Únete ya!

¿Qué valoramos?

La colaboración auténtica

La comunicación y los acuerdos

La honestidad

¿Qué garantizamos?

Crecimiento

Conexiones

Mejor currículo

www.juntosONG.org
Tel: 0052551768924

@ONGJuntos

ACTIVIDAD: Quiero colaborar con Juntos

Enfoques del aprendizaje

- Habilidad de comunicación: Participan en diálogos breves para intercambiar información concreta

Trabaja en parejas. Con tu compañero, simula una llamada de teléfono. Uno de ustedes trabaja en Juntos y el otro quiere colaborar con la organización. Planifiquen preguntas acerca del trabajo que hace Juntos, acerca del trabajo que quiere realizar el voluntario, entre otros temas.

◆ Oportunidades de evaluación

- ◆ En esta actividad practicarás habilidades del aspecto iv del Criterio C Expresión oral: Comunicar la información requerida con claridad y eficacia.

ACTIVIDAD: ¿Quiéres colaborar con Juntos?

■ Enfoques del aprendizaje

- Habilidad de comunicación: Hacen deducciones y extraen conclusiones

Presta atención al poster acerca de la ONG llamada Juntos.

Responde las siguientes preguntas:

1 ¿Por qué crees que Juntos decidió incluir la información en "¿Qué nos distingue?"?
2 ¿Por qué crees que Juntos decidió incluir la información en "¿Qué valoramos?"?
3 ¿Por qué crees que Juntos decidió incluir la información en "¿Qué garantizamos?"?
4 ¿Es buena idea para las escuelas tener una relación con organizaciones como Juntos? ¿Por qué o por qué no?
5 ¿Con cuáles personas no les interesa colaborar a la gente en Juntos? ¿Por qué?

◆ Oportunidades de evaluación

- ◆ En esta actividad practicarás habilidades del aspecto iii del Criterio B Comprensión de lectura: Analizar conexiones.

¿Cómo podemos emplear la lengua para convocar a la sociedad a ser solidarios?

Reflexiona sobre la manera en que participamos en diferentes iniciativas para crear y **desarrollar** una sociedad equitativa.

OBSERVA–PIENSA–PREGÚNTATE

Observa las imágenes a la izquierda.

Responde las siguientes preguntas.

1 ¿Qué observas en cada una?
2 ¿Cómo se usa la lengua para comunicar ideas e invitar a actuar en cada una?
3 ¿Qué preguntas puedes hacer al respecto?
4 ¿Cómo responderían diferentes personas a tus preguntas?

Comparte tus ideas y respuestas en equipos pequeños.

PIENSA–ESCRIBE–COMPARA–COMPARTE

Individualmente, lee las siguientes citas.

Escribe qué piensas sobre ellas y cómo te sientes cuando lees cada una.

> Este es el deber de nuestra generación al entrar en el siglo XXI: la solidaridad con los débiles, los perseguidos, los abandonados, los enfermos y los desesperados. Debemos actuar con el deseo de dar un sentido noble y humanizador a una comunidad a la que todos los humanos pertenecemos.
>
> Elie Wiesel

> Las grandes oportunidades para ayudar a los demás rara vez vienen, pero las pequeñas nos rodean todos los días.
>
> Sally Koch

> Los hombres son ricos sólo en medida de lo que dan. El que da un gran servicio recibe una gran recompensa.
>
> Elbert Hubbard

> De la conducta de cada uno depende el destino de todos.
>
> Alejandro Magno

> El propósito de la vida humana es servir y mostrar compasión y voluntad de ayudar a los demás.
>
> Albert Schweitzer

Después, en equipos pequeños, comparte tus ideas y escucha las ideas de los demás. Pregunta sobre las ideas que consideres interesantes.

Lee el siguiente volante.

7 Servicios que ofrece A.Y.U.D.A

Asociación Yucateca De la Amabilidad

Apoyo a las familias de connacionales o extranjeros que necesiten asilo o alimentación.

Apoyo a los adultos o parejas de adultos que no tienen quien les ofrezca cuidados.

Consultoría legal gratuita.

Trámites legales de documentos para adultos analfabetos.

Clases gratuitas de los siguientes temas:
- Inglés
- Computación
- Conducir (chofer)
- Jardinería
- Plomería

Búsqueda de patrocinios para proyectos de servicio y becas.

Comuníquese con nosotros al:
55-6789-982
ayuda@ayuda.org
www.ayuda.mx

ACTIVIDAD: A.Y.U.D.A

■ Enfoques del aprendizaje

■ Habilidad de comunicación: Leen con actitud crítica y para comprender

Responde las siguientes preguntas:

1 ¿Qué significa A.Y.U.D.A.?
2 ¿Cómo apoya esta asociación a las personas analfabetas?
3 ¿Cuántas clases se ofrecen en esta organización?
4 ¿Cuánto deben las personas pagar por las clases?
5 ¿Cómo podemos ponernos en contacto con esta asociación?
6 Escribe tu opinión acerca de A.Y.U.D.A.
7 ¿Te gustaría realizar servicio a la comunidad en esta organización? ¿Por qué o por qué no?
8 ¿Tu ciudad necesita una organización como A.Y.U.D.A? ¿Por qué o por qué no?

◆ Oportunidades de evaluación

◆ En esta actividad practicarás habilidades de los aspectos i y iii del Criterio B Comprensión de lectura: Demostrar la comprensión de información explícita e implícita (datos, opiniones, mensajes y detalles) y analizar conexiones.

PASOS PARA ESTRUCTURAR UN DISCURSO

Considera estas dos etapas:

I Antes de la presentación

1 Define tu objetivo claramente
Preguntas guía: ¿Cuál es el objetivo de mi discurso? ¿Qué quiero lograr?

2 Selecciona un título interesante
Preguntas guía: ¿Qué palabras o frases me pueden ayudar a comunicar mis ideas de manera clara y concreta? ¿Qué preguntas o ideas puedo utilizar para despertar curiosidad en mi audiencia?

3 Prepara la conclusión
Preguntas guía: ¿Qué frases o ideas me permiten terminar mi discurso de manera efectiva? ¿Qué frase puedo utilizar para provocar que la audiencia reflexione sobre mis ideas?
Idea: Incluye 1 una solicitud y 2 una motivación.

4 Ordena tus ideas lógicamente
Idea: Considera estas fórmulas:
a Causa–efecto
b Ventaja–desventaja
c Problema–solución

5 Diseña la introducción
Informa a tu audiencia cómo ordenarás tus ideas.
Puedes utilizar estas palabras para indicar el orden de tus ideas:
a En primer lugar
b Después
c Luego
d Posteriormente
e Finalmente

6 Redacta tu discurso y ensáyalo hasta que logres decirlo con naturalidad.

7 Decide si deberás usar un tratamiento especial, es decir, palabras o frases específicas que se acostumbran usar en ciertas asambleas. Siempre es buena idea investigar qué es lo que se acostumbra, porque lo que en una situación puede parecer natural o necesario, en otra podría considerarse como falta de respeto.

II A la hora de la presentación

8 Comienza con un saludo. Considera el contexto y si tu saludo debe ser formal o familiar.
Considera aspectos como: aprecio, comprensión, interés y respeto.

9 Disfruta las miradas de la audiencia; relájate, siente tus palabras, disfruta tu momento.

10 Después de concluir, agradece y despídete.

ACTIVIDAD: Convocatoria para ayudar y actuar

Enfoques del aprendizaje

- Habilidad de reflexión: Consideran las implicaciones éticas, culturales y ambientales
- Habilidad de gestión de la información: Presentan la información en diversos formatos y plataformas
- Habilidad de pensamiento creativo: Crean soluciones novedosas para problemas auténticos

Sigue los pasos de preparación de un discurso que se presentaron en la infografía anterior y planifica un discurso en el que invites a los estudiantes y profesores de tu escuela a ser solidarios y altruistas. Motívalos a ayudar a las personas que necesitan apoyo. Incluye idea sobre las actitudes que debemos evitar cuando promovemos la solidaridad y el altruismo.

El **propósito** de tu discurso es **persuadir** a tu audiencia acerca de los beneficios de realizar servicio a la comunidad.

Tu discurso debe durar tres minutos.

Oportunidades de evaluación

- En esta actividad practicarás habilidades de todos los aspectos del Criterio C Expresión oral: Usar una amplia variedad de vocabulario, usar una amplia variedad de estructuras gramaticales correctamente, usar pronunciación y entonación claras de manera comprensible y comunicar la información requerida con claridad y eficacia.

! Actúa e involúcrate

- ! En conjunto con tu profesor de español y tu coordinador de comunidad y servicio, visita varias escuelas de escasos recursos en tu ciudad.
- ! Toma nota de los recursos que necesitan, el tipo de ayuda que tu escuela podría proveer, y las diferentes maneras en las que cada escuela y tu escuela podrían colaborar.
- ! Analiza la información con tu profesor de español y tu coordinador de comunidad y servicio.
- ! Prepara una iniciativa para que cada uno de los grados de tu escuela apadrine una escuela.
- ! Presenta tu iniciativa en una asamblea escolar.
- ! Considerando el interés que muestren tus compañeros, organiza la manera en que operarían: cuándo, por cuánto tiempo, etc.
- ! Cuando comiencen a colaborar con las escuelas, toma fotos y escribe reflexiones para documentar tu experiencia.
- ! Comparte las fotos y las reflexiones por medio de diferentes plataformas para informar a la comunidad sobre tu proyecto.

ACTIVIDAD: Ayuda en Acción

Enfoques del aprendizaje

- Habilidad de gestión de la información: Obtienen y analizan datos para identificar soluciones y tomar decisiones fundadas.

Visita la página web en el siguiente enlace: **www.ayudaenaccion.org** y responde las siguientes preguntas.

1 ¿Quiénes son "Ayuda en Acción"?
2 ¿En qué países tiene sedes "Ayuda en Acción"?
3 Escribe tu interpretación personal de la misión de "Ayuda en Acción".

4 ¿Qué relaciones puedes establecer entre los valores y principios de "Ayuda en Acción" y el perfil de la comunidad de aprendizaje?
5 ¿En qué programas se puede participar?
6 Menciona cuatro países en los que tiene programas "Ayuda en Acción".
7 ¿Te gustaría colaborar con "Ayuda en Acción"? ¿Por qué o por qué no?

Oportunidades de evaluación

- En esta actividad practicarás habilidades del aspecto i del Criterio B Comprensión de lectura: Demostrar la comprensión de información explícita e implícita (datos, opiniones, mensajes y detalles).

Lee la siguiente entrada de blog.

Hoy por ti, mañana por ti …

¡Atrévete a ser solidario!

En mi entrada de blog anterior recibí muchos comentarios acerca del concepto de solidaridad que describí. Algunas personas me pidieron ejemplos de accciones que podemos hacer todos los días para ayudar a los demás, así que de eso se trata esta entrada.

Existen distintas maneras de ejercer la solidaridad; algunos ejemplos de la vida diaria son:

1 Ceder el asiento en el tren, colectivo u otros medios de transporte a personas mayores, mujeres embarazadas o con niños.

2 Donar las cosas que no utilicemos más, por ejemplo ropa o juguetes. Es posible llevarlo a iglesias, refugios u otras instituciones, que se encargan de distribuirlos; también es posible llevarlos uno mismo a los barrios que los necesitan.

3 Ayudar a personas no videntes a cruzar las calles. Es bueno tomarlos del brazo e indicarles cuando la luz permite el paso o no hay ningún vehículo.

4 Otro ejemplo de solidaridad es enseñar o realizar actividades que sirvan como apoyo escolar a niños que así lo necesiten. Una forma es dando clases en escuelas de escasos recursos.

5 Colaborar con diversas organizaciones o instituciones que ayuden a gente que necesita apoyo con las necesidades básicas, por ejemplo: comida, orden y limpieza.

6 Visitar centros geriátricos para conversar con los ancianos y así pasar tiempo de calidad con ellos. Muchas veces las personas mayores también disfrutan de realizar otras actividades como caminatas o juegos de mesa.

7 Cuando sucede un accidente, llamar a la ambulancia u otro servicio que pueda ayudar de manera inmediata, y así tratar de ayudar a las personas afectadas.

8 Dar comida a los animales que se encuentran en la calle o llevar alimento para aquellos que se encuentran en asociaciones protectoras de animales. Colaborar con programas de adopción de animales también es una actividad solidaria.

9 Escuchar a las personas que se sienten afligidas y tratar de apoyarlas, incluso si no son nuestros amigos.

10 Visitar orfanatos o comedores o merenderos y realizar actividades como juegos, o paseos con los niños.

11 Visitar cárceles para asistir a personas con dificultades o que se encuentren en un estado de soledad. También es un acto solidario trabajar como voluntario en cárceles, motivando a las personas a continuar con su educación.

12 Realizar actividades en hospitales u otros centros de atención médica para levantarles el ánimo a los pacientes.

13 Dejar pasar primero en las colas, por ejemplo de supermercado, a personas mayores o mujeres embarazadas o con niños.

14 Participar en distintos servicios de voluntariado de manera activa, ya sea en asistencia de niños, ancianos, personas con capacidades diferentes, gente que no puede cubrir sus necesidades básicas o bien que involucren animales o al medio ambiente.

Si quieres colaborar en proyectos similares o tienes una idea para comenzar una iniciativa, ven a esta oficina e infórmate.

Grupo Solidaridad

Boulevard Adolfo López Mateos # 456

Zona Centro

León, Guanajuato

(Al lado del Museo de Arte Contemporaneo)

ACTIVIDAD: Ejemplos de solidaridad

Enfoques del aprendizaje

■ Habilidad de comunicación: Leen con actitud crítica y para comprender

Después de leer la entrada de blog sobre la solidaridad en la página anterior, responde las siguientes preguntas.

Selecciona *verdadero* o *falso* y **justifica** tu respuesta con información del texto.

1 **¿Verdadero o falso? El texto ofrece únicamente una definición de solidaridad. Justifica tu respuesta.**
2 **¿Verdadero o falso? El texto no menciona ejemplos que incluyen animales. Justifica tu respuesta.**
3 **¿Verdadero o falso? El texto menciona que escuchar es un ejemplo de solidaridad. Justifica tu respuesta.**
4 **¿Verdadero o falso? El Grupo Solidaridad está cerca del Museo de Arte Contemporaneo. Justifica tu respuesta.**
5 **¿Verdadero o falso? Grupo Solidaridad no acepta sugerencias. Justifica tu respuesta.**

Responde las siguientes preguntas.

6 **Menciona dos ejemplos de cómo ayudar en la calle.**
7 **Menciona dos ejemplos de solidaridad relacionados con la educación.**
8 **¿Cómo sabemos que este texto es una respuesta a otra entrada de blog?**
9 **¿Por qué el autor concluyó el texto con esa información?**
10 **¿Cuál es el propósito de esta entrada de blog?**
11 **¿Qué ideas del texto representan las fotos?**
12 **¿Cuáles de las actividades que menciona en el texto podrían ser buenos proyectos en tu escuela? Explica por qué.**
13 **¿Cuál ejemplo de solidaridad te parece más relevante en tu ciudad? ¿Por qué?**
14 **Considera tus habilidades, ¿en qué ejemplo o situación puedes realizar un trabajo excepcional? Explica tu respuesta.**

◆ Oportunidades de evaluación

◆ En esta actividad practicarás habilidades de todos los aspectos del Criterio B Comprensión de lectura: Demostrar la comprensión de información oral explícita e implícita (datos, opiniones, mensajes y detalles), analizar convenciones y analizar conexiones.

ACTIVIDAD: Un ejemplo a seguir

Enfoques del aprendizaje

■ Habilidad de comunicación: Escriben con diferentes propósitos
■ Habilidad de reflexión: Consideran las implicaciones éticas, culturales y ambientales

Mira el vídeo en el siguiente enlace: **http://tinyurl.com/exeplsgr** y toma notas.

Escribe la historia que presentó el vídeo.

Utiliza el pretérito indefinido y el pretérito imperfecto en tu narración.

Emplea diferentes indicadores temporales para marcar momentos específicos.

Puedes narrar la historia desde la perspectiva del hombre o del niño.

En tu narración, escribe sobre la importancia de **usar** los recursos que uno tiene para ayudar a los demás. Menciona qué deben hacer las personas para ser ejemplos a seguir.

◆ Oportunidades de evaluación

◆ En esta actividad practicarás habilidades de todos los aspectos del Criterio D Expresión escrita: Usar una amplia variedad de vocabulario, usar una amplia variedad de estructuras gramaticales correctamente, organizar información por escrito y comunicar información teniendo en cuenta el destinatario y el propósito.

! Actúa e involúcrate

! Con tu coordinador de comunidad y servicio, organiza una encuesta para descubrir el potencial que existe en tu escuela para ciertas actividades de servicio a la comunidad.

! También puedes utilizar los resultados para planificar una "Feria del potencial escolar". Puedes mostrar los resultados a los compañeros de tu escuela e invitarlos a formar parte de grupos específicos, de acuerdo a sus destrezas e intereses, para comenzar iniciativas de servicio a la comunidad empleando las habilidades que existen en la escuela.

ACTIVIDAD: Los topos

■ Habilidad de comunicación: Escriben con diferentes propósitos

Mira el vídeo en este enlace: https://youtu.be/1A1H21JuuQo y extrae los datos más importantes.

Después mira el vídeo en este enlace: https://youtu.be/qHg3ZmNORaM y conoce más sobre la historia de los topos.

Imagina que eres un blogger que escribe acerca de diferentes proyectos de ayuda social. Utiliza los datos y la información que obtuviste de los vídeos anteriores y escribe una entrada para tu blog acerca de los topos. El **propósito** de tu entrada es **persuadir** a tus lectores a realizar donativos para apoyar la misión de los topos.

En tu entrada, menciona información importante acerca de esta organización e incluye algunas razones para **justificar** por qué debemos apoyarlos.

Escribe 150 palabras.

◆ Oportunidades de evaluación

◆ En esta actividad practicarás habilidades de todos los aspectos del Criterio D Expresión escrita: Usar una amplia variedad de vocabulario, usar una amplia variedad de estructuras gramaticales correctamente, organizar información por escrito y comunicar información teniendo en cuenta el destinatario y el propósito.

ACTIVIDAD: Muestra de agradecimiento

■ Enfoques del aprendizaje

■ Habilidad de comunicación: Utilizan una variedad de técnicas de expresión oral para comunicarse con diversos destinatarios

Mira el vídeo en este enlace: https://youtu.be/sn5HAi5kYBs

Toma nota de las ideas importantes del vídeo. Presta atención a la información que comparten los topos chilenos.

Imagina que eres vives en el barrio que fue afectado por el terremoto y donde los topos chilenos ayudaron en el rescate de muchas personas.

Escribe un discurso de agradecimiento para los topos chilenos. Expresa tu gratitud por la ayuda, y reconoce la labor que hacen. En tu discurso menciona ideas relacionadas con el enunciado de indagación de este capítulo: La cooperación social puede contribuir a desarrollar una cultura de equidad.

Comparte tu discurso en clase y escucha los discursos de tus compañeros.

◆ Oportunidades de evaluación

◆ En esta actividad practicarás habilidades de los aspectos ii y iv del Criterio D Expresión escrita: Usar una amplia variedad de estructuras gramaticales correctamente y comunicar la información requerida con claridad y eficacia.

ACTIVIDAD: Adolescentes emprendedores

■ Enfoques del aprendizaje

- ■ Habilidad de comunicación: Escuchan con actitud crítica y para comprender

Mira el vídeo en este enlace: **https://youtu.be/0MunyyrA7_c**

Completa la siguiente tabla con los datos del vídeo.
Indica a qué proyecto se refiere la información en la columna de la izquierda.

◆ Oportunidades de evaluación

- ◆ En esta actividad practicarás habilidades del aspecto i del Criterio A Comprensión auditiva: Demostrar la comprensión de información oral explícita e implícita (datos, opiniones, mensajes y detalles).

Aspecto	World Changers	AGEM	Sowing Oxygen and Love
Plantan árboles			
Utilizan eco-ladrillos			
Hacen murales			
Ayudan a niños y jóvenes			
Construyen escuelas			
Apoyan escuelas			

ACTIVIDAD: Interés en un proyecto

■ Enfoques del aprendizaje

- ■ Habilidad de comunicación: Escriben con diferentes propósitos

Imagina que eres un integrante nuevo en Soy502 y acabas de ver la presentación de los tres proyectos en la actividad titulada "Adolescentes emprendedores". Selecciona el proyecto al que piensas que tienes algo que aportar.

Escribe un correo a Salomé Suárez, directora general de proyectos Soy502. Expresa tu interés en colaborar en el programa que seleccionaste. Menciona qué te interesa del proyecto. **Explica** por qué crees que puedes ser un buen miembro del equipo. Incluye ejemplos de experiencias previas en proyectos de servicio a la comunidad. Pregunta cuáles serían los próximos pasos para unirte al grupo.

◆ Oportunidades de evaluación

- ◆ En esta actividad practicarás habilidades de todos los aspectos del Criterio D Expresión escrita: Usar una amplia variedad de vocabulario, usar una amplia variedad de estructuras gramaticales correctamente, organizar información por escrito y comunicar información teniendo en cuenta el destinatario y el propósito.

COMO HACER UN VÍDEO EFECTIVO

Un vídeo es una pieza de comunicación especial. A diferencia de cuando hablamos en vivo, en público, un vídeo podemos verlo cuantas veces queramos y además podemos analizar diferentes elementos. Considera las siguientes sugerencias cuando hagas un vídeo:

1 Selecciona un tema
Sugerencia: Considera qué tanta información es necesaria, si cuentas con imágenes interesantes o si puedes filmar momentos interesantes.

2 ¿Para quién es este vídeo?
Si tienes una idea clara de la audiencia y público al que te diriges, será más fácil transmitir tu mensaje.

3 ¿Qué quieres hacer con tu vídeo?
Como autor, debes decidir si quieres persuadir, informar, enviar un mensaje o emocionar. Si tus intenciones no empatan con la información que tienes, la manera en que la organizaste y cómo la expresaste, será difícil comprender cuáles son tus intenciones.

4 Justifica tus decisiones
Si quieres incluir animación; si deseas incluir gráficas, subtítulos y estadísticas, pregúntate por qué y evalúa las razones. En un vídeo, todos los efectos y transiciones que incluyas tienen un significado. Presta atención a los colores, los sonidos incidentales y otros detalles que pueden intervenir con tu voz o con la experiencia del espectador.

5 La historia de tu vídeo
Tu vídeo es un viaje para los espectadores. Organiza tus ideas de manera lógica y congruente para que no se pierdan en el camino.
Prepara un *storyboard* para asistirte en el camino y tener una idea visual de cómo se verá.

6 Graba el material, las voces y selecciona las fotos que apoyen tu mensaje

7 Utiliza tu *storyboard* para darle secuencia a las escenas en tu programa de edición

8 Trabaja con paciencia

9 Antes de finalizar verifica si:
a el tema central de tu vídeo es claro
b tu voz es audible
c los subtítulos o gráficos que incluiste no obstruyen aspectos importantes de la imagen
d la música incidental enriquece el momento donde la introdujiste
e el vídeo concluye de manera natural.

ACTIVIDAD: Como hacer un vídeo efectivo

■ Enfoques del aprendizaje

■ Habilidad de comunicación: Hacen deducciones y extraen conclusiones

Analiza el texto en esta página y responde las siguientes preguntas.

1 **¿Por qué el autor utilizó flechas?**
2 **¿Por qué el autor utilizó diferentes colores?**
3 **¿Por qué en algunos pasos el autor utilizó dos tipos de colores?**
4 **¿Por qué son los números importantes en un texto como este?**

◆ Oportunidades de evaluación

◆ En esta actividad practicarás habilidades del aspecto ii del Criterio B Comprensión de lectura: Analizar convenciones.

ALGUNAS TAREAS SUMATIVAS PARA EVALUAR ESTE CAPÍTULO

Considera las siguientes actividades para poner en práctica lo que has aprendido en este capítulo. Las tareas se diseñaron considerando el vocabulario y estructuras que se introdujeron, así como las ideas que se presentaron. Estas tareas te permitirán valorar tu desempeño en diferentes áreas de la lengua utilizando los criterios de evaluación de Adquisición de Lenguas del PAI.

ACTIVIDAD: ¿Qué trato merecen nuestros ancianos?

■ Enfoques del aprendizaje

- Habilidad de comunicación: Escriben con diferentes propósitos

Utiliza este enlace para leer acerca de la situación de algunos ancianos cuyos hijos los abandonan:
https://tinyurl.com/v5f5qn5

Eres un blogger interesado en el servicio a la comunidad. Utiliza la información en el vídeo para escribir una entrada en tu blog acerca de las diferentes formas en que las escuelas pueden planificar iniciativas de servicio a la comunidad para apoyar a los asilos de ancianos o casas de asistencia.

El **propósito** de tu texto es **persuadir** a profesores y alumnos acerca de la responsabilidad social que tenemos con los ancianos. Menciona ejemplos para **justificar** tu punto de vista.

◆ Oportunidades de evaluación

- En esta actividad practicarás habilidades de todos los aspectos del Criterio D Expresión escrita.

ACTIVIDAD: Manos Unidas: Caso #FoodShareFilter

■ Enfoques del aprendizaje

- Habilidad de comunicación: Utilizan una variedad de técnicas de expresión oral para comunicarse con diversos destinatarios

Tarea en formato de la evaluación interna (evaluación oral individual)

Mira el vídeo en el siguiente enlace:
http://tinyurl.com/casxappk

Tienes diez minutos para estudiar el vídeo. Toma notas acerca del tema del vídeo, el mensaje y el contenido.

Prepara una presentación de uno minuto para tu profesor.

Tu profesor te hará preguntas sobre la información y el mensaje del vídeo sobre *Food Share Filter*. Responde las preguntas con tu punto de vista, incluye detalles y ejemplos cuando sea necesario.

Después participarás en una interacción con tu profesor.

◆ Oportunidades de evaluación

- En esta actividad practicarás habilidades de todos los aspectos del Criterio C Expresión oral.

ACTIVIDAD: Casa Grande

Mira el vídeo en este enlace:
https://youtu.be/oLXHjEt2P7I

Responde las siguientes preguntas.

1 **¿Cuál es el objetivo de Casa Grande?**
2 **Indica quién menciona las siguientes ideas.**

Idea	¿Quién la menciona?
La unión en el grupo es auténtica y bonita.	
Cuando los niños aplauden, los adultos vibran.	
Casa Grande nos apoya con la promoción.	
Me invitarona a Casa Grande.	
¡Estoy Feliz y contento!	

3 **De acuerdo con las imágenes que ves en el vídeo, ¿qué hace este grupo de adultos?**
4 **¿Cuál es el propósito de este vídeo?**
  a Entretener   b Persuadir   c Informar
5 **¿Qué estrategia de investigación utilizó el autor para producir este vídeo? Justifica tu respuesta.**
  a Consenso   b Encuesta   c Entrevista
6 **Explica el rol de la música en este vídeo.**
7 **¿Qué respuesta le gustaría obtener al director de este vídeo?**
8 **¿Piensas que una organización como Casa Grande es necesaria en tu ciudad? ¿Por qué o por qué no?**
9 **¿De qué manera pueden los estudiantes de tu escuela colaborar con Casa Grande para realizar actividades de servicio a la comunidad?**

ACTIVIDAD: Fundación Pies Descalzos

Visita el siguiente enlace y lee acerca de la Fundación Pies Descalzos:
https://fundacionpiesdescalzos.com/quienes-somos

Lee la página entera y navega los diferentes años de la historia de la organización y después responde las siguientes preguntas.

1 **¿Dónde comenzó el proyecto?**
2 **¿Cuándo se finalizó la construcción de la Institución Educativa en Lomas del Peyé?**
3 **En tu opinión, ¿cómo explica la primera foto (al lado de 1997 a 2002) las razones por las que Shakira comenzó la fundación?**
4 **Además de Colombia, según el texto, ¿qué otro país apoya Shakira?**
5 **¿Cuáles imágenes nos informan que Shakira está completamente involucrada y supervisa el progreso de los proyectos?**
6 **¿En qué fotos podemos ver que Shakira ha colaborado con líderes mundiales y otras personalidades en su acciones altruistas? Explica cómo.**
7 **¿Cuál es el objetivo de esta sección de la página web?**
8 **¿Qué opinas de Shakira ahora que conoces sus labores altruistas?**
9 **En tu opinión, ¿todas las celebridades tienen la responsabilidad de ayudar a la comunidad? ¿Por qué o por qué no?**
10 **¿Conoces a una celebridad que haga labores altruistas como Shakira? ¿Quién? ¿Qué actividades realiza?**
11 **La iniciativa que apoya Shakira, ¿es necesaria en tu país? Explica por qué o por qué no.**

Reflexión

En este capítulo exploramos el altruismo y la solidaridad, dos virtudes o disposiciones humanas que son ejemplos de los sentimientos de compasión, empatía y responsabilidad que deben ser parte de todo ciudadano.

Considera las situaciones que abordaste en el capítulo para reflexionar sobre cómo puedes jugar un rol esencial en la mejora de las condiciones de vida en tu contexto local: tu ciudad y tu escuela.

Reflexionemos sobre nuestro aprendizaje … Usa esta tabla para reflexionar sobre tu aprendizaje personal en este capítulo.					
Preguntas que hicimos	Respuestas que encontramos	Preguntas que podemos generar ahora			
Fácticas: ¿Cuáles verbos y estructuras podemos utilizar para expresar sugerencias y responsabilidades? ¿Cuáles palabras se relacionan con el servicio a la comunidad?					
Conceptuales: ¿Qué relación existe entre las necesidades y las habilidades? ¿Por qué debemos comprender un problema para proponer soluciones efectivas?					
Debatibles: ¿Hasta qué punto son las iniciativas sustentables accesibles para todas las personas? ¿Cómo podemos emplear la lengua para convocar a la sociedad a ser solidarios?					
Enfoques de aprendizaje en este capítulo:	Descripción: ¿qué destrezas nuevas adquiriste?	¿Qué tan bien has consolidado estas destrezas?			
		Novato	En proceso de aprendizaje	Practicante	Experto
Habilidades de comunicación					
Habilidades de colaboración					
Habilidades de reflexión					
Habilidades de gestión de la información					
Habilidades de alfabetización mediática					
Habilidades de pensamiento crítico					
Habilidades de pensamiento creativo					
Habilidades de transferencia					
Atributos de la comunidad de aprendizaje	Reflexiona sobre la importancia de ser alguien de mente abierta en este capítulo. ¿Cómo demostraste tus habilidades como estudiante con mente abierta en este capítulo?				
Mente abierta					

10 ¿Conocemos el poder de la comunicación efectiva?

○ Las innovaciones transforman la manera en que las personas se comunican, transmiten y crean información.

EN ESTE CAPÍTULO VAMOS A INVESTIGAR LAS SIGUIENTES PREGUNTAS:

Fácticas: ¿Cuáles verbos están relacionados con la comunicación? ¿Qué medios y formas de comunicación existen? ¿Cuáles verbos utilizamos para indicar que dos o más personas están interactuando? ¿Cuáles medios de comunicación tienen menor impacto en la sociedad? ¿Qué significado tienen diferentes íconos?

Conceptuales: ¿Cómo han cambiado las formas en que nos comunicamos? ¿Qué relaciones existen entre el lenguaje humano y las formas de comunicación animales? ¿Qué relación existe entre los emojis y el sesgo? ¿De qué manera pueden la entonación y la elección de palabras influir en la comunicación? ¿Cómo podemos utilizar el idioma de manera efectiva para comunicar ideas relevantes? ¿De qué manera empleamos la tecnología para apoyar a las personas con discapacidades?

Debatibles: ¿Son el lenguaje oral, el escrito, el de señas y el visual las únicas formas en que podemos comunicarnos? ¿Son las formas de comunicación animal lenguaje? ¿Por qué es importante aprender a ser comunicadores efectivos? ¿Cuáles temas de conversación son más comunes entre hombres o mujeres?

○ EN ESTE CAPÍTULO VAMOS A:

■ **Descubrir:**
  ■ nuevas estructuras para enriquecer nuestras habilidades de comunicación.

■ **Explorar:**
  ■ diferentes formas de comunicación
  ■ el impacto de los diferentes medios de comunicación.

■ **Actuar y:**
  ■ reflexionar sobre la manera en que comunicamos nuestras ideas
  ■ evaluar el impacto de la información que creamos y compartimos.

Las siguientes habilidades de los enfoques del aprendizaje serán útiles:

- Habilidades de comunicación
- Habilidades de colaboración
- Habilidades de reflexión
- Habilidades de gestión de la información
- Habilidades de pensamiento crítico
- Habilidades de pensamiento creativo

Reflexiona sobre el siguiente atributo de la comunidad de aprendizaje:

- Buen comunicador: nos expresamos con confianza y creatividad por medio de colaboración y comunicación eficaz que atienden las perspectivas de nuestros compañeros.

Oportunidades de evaluación en este capítulo:

- **Criterio A:** Comprensión auditiva
- **Criterio B:** Comprensión de lectura
- **Criterio C:** Expresión oral
- **Criterio D:** Expresión escrita

VOCABULARIO SUGERIDO

Vocabulario sugerido para mejorar la experiencia de aprendizaje. **Discute** el **significado** de las siguientes palabras y **úsalas** en las actividades en este capítulo.

Sustantivos	Adjetivos	Verbos
medios de comunicación	abstracto	argumentar
argumento	ambiguo	comunicar
comunicación	concreto	concluir
conclusión	confiable	cuestionar
contexto	confuso	debatir
controversia	controvertido	deducir
cuestionamiento	convincente	defender
debate	cuestionable	describir
deducción	decente	desprenderse
discurso	definido	dictar
escrito	enigmático	discutir
escritura	especial	entender
mensajes	exacto	enviar
mentira	falso	ignorar
noticias	impreciso	inferir
objetivo	incomprensible	interferir
obstáculo	inexplicable	intervenir
palabras	interesante	negociar
pelea	preciso	obstaculizar
relato	provocativo	obstruir
representación	retador	pelear
señales	riguroso	recibir
significado	sugerente	redactar
verdad	vago	referir
voz		relacionar
		relatar
		representar
		transmitir

Contenido esencial

Los contenidos temáticos que se abordarán en este capítulo pertenecen a las fases 1 y 2 del continuo de aprendizaje y son:

- Los medios de comunicación
- La publicidad
- Los programas de noticias
- Los asuntos de actualidad y los acontecimientos pasados
- La parcialidad en los medios de comunicación
- Diferentes formas de comunicación
- Temas de conversación
- Tendencias
- Historia de la comunicación
- Pretérito indefinido
- Pretérito imperfecto
- Pretérito perfecto

¿Son el lenguaje oral, el escrito, el de señas y el visual las únicas formas en que podemos comunicarnos?

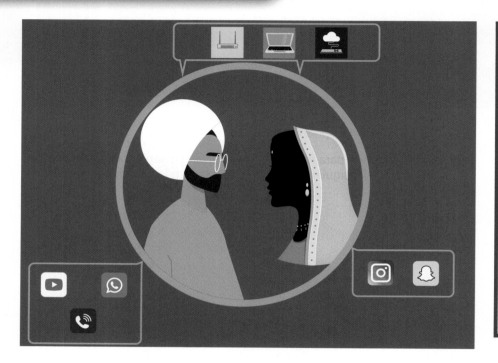

PIENSA–COMPARA–COMPARTE

Responde las siguientes preguntas.

1   ¿Qué podemos expresar por medio del lenguaje? (pista: emociones, frustraciones…)
2   ¿Por cuáles medios podemos comunicar ideas?
3   ¿Cuáles formas de lenguaje son las más comunes?
4   ¿Qué diferencias hay entre la manera de comunicarse de los niños y los adultos?

Comparte tus respuestas en equipos pequeños.

ACTIVIDAD: ¿Qué, por qué y con qué nos comunicamos?

■ Enfoques del aprendizaje

■ Habilidad de comunicación: Hacen deducciones y extraen conclusiones

Estudia el texto anterior y responde las siguientes preguntas.

1   ¿Qué signfican los íconos que aparecen en este texto?
2   ¿Cuál es el tema de la conversación que estas personas tienen?
3   ¿De cuáles temas habla el hombre?
4   ¿De cuáles temas habla la mujer?

5   ¿Qué podemos inferir acerca de sus hábitos y gustos a partir de este texto?

Trabaja con un compañero y simula la conversación que estas personas tienen.

Preséntala frente a la clase.

◆ Oportunidades de evaluación

◆ En esta actividad practicarás habilidades de los aspectos i y ii del Criterio C Expresión oral: Usar una amplia variedad de vocabulario y usar una amplia variedad de estructuras gramaticales correctamente.

Explora diferentes aspectos de la **comunicación**.

ACTIVIDAD: La comunicación y la edad

■ Enfoques del aprendizaje

- ■ Habilidad de pensamiento creativo: Utilizan la técnica de lluvia de ideas (*brainstorming*) y diagramas visuales para generar nuevas ideas e indagaciones
- ■ Habilidad de comunicación: Estructuran la información en resúmenes, ensayos e informes

Realiza una lluvia de ideas sobre las ideas esenciales que las personas comunican en cada etapa de su vida y la manera en que lo hacen. Escribe tus ideas en la siguiente tabla.

¿Qué ideas esenciales comunican? ¿Cuáles son sus prioridades?	Etapas	¿De qué manera se comunican? ¿Qué herramientas utilizan?
	Niños	
	Adolescentes	
	Adultos	

Comparte tus ideas en equipos pequeños. Presta atención a las similitudes y diferencias entre tus opiniones y las de tus compañeros.

Utiliza la información en tu tabla y algunas ideas interesantes que mencionaron tus compañeros para escribir oraciones acerca de la comunicación y las diferentes edades. Presta atención al ejemplo y sigue el **patrón**:

Los niños generalmente expresan sus necesidades por medio de gritos, llantos o palabras que solo sus padres comprenden.

◆ Oportunidades de evaluación

- ◆ En esta actividad practicarás habilidades de los aspectos i y ii del Criterio D Expresión escrita: Usar una amplia variedad de vocabulario y usar una amplia variedad de estructuras gramaticales correctamente.

ACTIVIDAD: Palabras que expresan ideas específicas

■ Enfoques del aprendizaje

- ■ Habilidad de comunicación: Estructuran la información utilizando diferentes tipos de oraciones para utilizar la lengua en contexto

Trabaja en equipos. Escribe palabras o frases que utilizamos para expresar las siguientes ideas. Presta atención al ejemplo:

Acuerdo: estoy de acuerdo

- **Felicitaciones**
- **Miedo**
- **Duda**
- **Agradecimiento**
- **Sueños**
- **Deseos**
- **Permiso**
- **Invitaciones**
- **Desacuerdo**
- **Fatiga**
- **Excusas**

◆ Oportunidades de evaluación

En esta actividad practicarás habilidades del aspecto i del Criterio D Expresión escrita: Usar una amplia variedad de vocabulario.

Lee el siguientes extracto de un artículo de revista.

La Comunicación Humana

Todos los seres vivos en este mundo se comunican entre ellos; todas las personas se comunican entre sí. Para tener comunicación necesitamos de un emisor y de un receptor, pues nos comunicamos con intención de que otras personas entiendan lo que nosotros queremos compartir o informar.

Los procesos de comunicación pueden ser simples o complejos; todo depende de lo que queramos comunicar.

Además, dado que la manera en que expresamos nuestras ideas puede incluir sentimientos, emociones, opiniones, consejos e información, siempre será necesario encontrar la mejor forma y medio para expresar lo que queremos decir.

Aunque las formas y los medios de comunicación sean distintos, no podemos negar que unos de los objetivos de la comunicación son el entendimiento y la idea de compartir y aprender de los demás.

ACTIVIDAD: La comunicación humana

◼ Enfoques del aprendizaje

■ Habilidad de comunicación: Leen con actitud crítica y para comprender

Responde las siguientes preguntas después de leer el extracto del artículo de revista acerca de la comunicación humana.

1 ¿Qué necesitamos para tener comunicación?
2 ¿Cómo pueden ser los procesos de comunicación?
3 ¿Qué pueden incluir nuetras ideas?

4 ¿Cuál es el objetivo de la comunicación?
5 Escribe una oración en la que expreses:
  a Una opinión
  b Un consejo
  c Una preocupación

◆ Oportunidades de evaluación

◆ En esta actividad practicarás habilidades del aspecto i del Criterio B Comprensión de lectura: Demostrar la comprensión de información explícita e implícita (datos, opiniones, mensajes y detalles).

ACTIVIDAD: Temas de conversación más comunes entre los chicos y las chicas

Trabaja en equipos pequeños. Asegúrate que en tu equipo incluya únicamente chicos o chicas según tu sexo.

En tu equipo realiza una lluvia de ideas sobre los temas más comunes sobre los cuales hablan los chicos o las chicas.

Escribe tus ideas en una tabla como la siguiente.

Temas más populares entre los chicos	Temas más populares entre las chicas

Cuando termines tu lluvia de ideas, intercambia tu información con un equipo del sexo opuesto.

Con tu equipo, lee las ideas del otro equipo y comparte tu opinión sobre su tabla.

1 **¿Qué tan acertadas son sus ideas?**
2 **¿En qué aspectos exageraron?**
3 **¿Cuáles ideas son erróneas?**

Comparte tus ideas con la clase entera.

Con la clase entera, intenta llegar a un consenso sobre los temas más frecuentes en las conversaciones entre los chicos y las chicas.

Finalmente, utiliza el consenso al que has llegado con tu clase.

En esta ocasión, trabaja en parejas. Trabaja con una persona de tu mismo sexo.

Los chicos simularán una conversación entre chicas y las chicas simularán una conversación entre chicos.

En tu interacción, habla sobre los temas del consenso; incluye preguntas para conocer la opinión de tu compañero/a; adapta tu voz de acuerdo al contexto y las emociones necesarias.

La interacción debe durar entre dos y tres minutos.

Presta atención a la siguiente infografía.

ACTIVIDAD: Diferentes tipos de lenguaje

■ Enfoques del aprendizaje

■ Habilidad de comunicación: Hacen deducciones y extraen conclusiones

Escribe dos oraciones acerca de cada uno de los elementos de la infografía. Observa el ejemplo y sigue el **patrón**:

1 *Este tipo de comunicación es el lenguaje de señas.*
2 *Los sordomudos utilizan el lenguaje de señas.*

◆ Oportunidades de evaluación

■ En esta actividad practicarás habilidades de los aspectos i y ii del Criterio D Expresión escrita: Usar una amplia variedad de vocabulario y usar una amplia variedad de estructuras gramaticales correctamente.

ACTIVIDAD: ¿Qué es la comunicación?

■ Enfoques del aprendizaje

■ Habilidad de comunicación: Hacen deducciones y extraen conclusiones

Mira el vídeo en el siguiente enlace: **https://youtu.be/qMgZ1N4wS6o**

Responde las siguientes preguntas de acuerdo con la información en el vídeo.

1 **Cuando hablamos, somos…**
2 **Cuando escuchamos, somos…**
3 **Una carta, una llamada de teléfono, o un mensaje de texto pueden ser…**
4 **El lenguaje escrito y el lenguaje hablado es el…**
5 **Una escuela, un hospital, un restaurante pueden ser…**

◆ Oportunidades de evaluación

■ En esta actividad practicarás habilidades del aspecto iii del Criterio A Comprensión auditiva: Analizar conexiones.

ACTIVIDAD: El arte de dejar un mensaje en el contestador automático

Antes de la existencia de los teléfonos celulares, cuando alguien llamaba a un teléfono dijo y no había quien respondiera, era común dejar un mensaje en el contestador automático.

Lee las siguientes situaciones y escribe el mensaje que necesitas grabar en el contestador automático para que el receptor comprenda todos los detalles.

● **La reunión de trabajo cambió de lugar. Ahora va a tomar lugar en el Hotel Fiesta Americana, en el área de conferencias en el piso 15, en la oficina 1501 de las 12:00 a las 16:00.**

● **El receptor es un actor. Su audición fue exitosa y ahora necesita participar en la lectura del guión. La cita es en el Teatro Revolución, en la Avenida Central No. 350, el próximo viernes a las 15:00. Tu receptor necesita llevar su portafolio de trabajo.**

● **Regresas a tu ciudad después de estudiar dos años en el extranjero. El mensaje es para tu papá o tu hermano mayor, para informarles que tu vuelo llega el sábado de la próxima semana a las 19:00.**

Xochitl Ríos   @XochitlRios   3 min

Necesitamos comenzar a compartir noticias positivas no solamente negativas. No debemos ignorar la bondad de las personas que SÍ actúan para crear un mundo más pacífico. Lean este artículo y vean un ejemplo de los actos que rompen las barreras religiosas. @Esposito_Ra ¿Estás de acuerdo? #SomosUno #BuloMediatico

Musulmanes protegen la misa de Navidad en Francia

Por Karla Dieseldorff

1 La comunidad musulmana de la ciudad francesa de Lens, representada por la Asociación de la Unión de Ciudadanos Musulmanes de *Pas-de-Calais* (UCM62), decidió proteger la misa de Navidad que se realizó el jueves 24 de diciembre por la noche. Después de los atentados terroristas en París y las amenazas en Bruselas, se escucharon bastantes rumores sobre atentados terroristas que podrían suceder el día de Navidad;

no obstante, los musulmanes de la ciudad de Lens decidieron ayudar y proteger las iglesias donde se llevó a cabo la misa de Navidad.

2 Brahim Ait Moussa, presidente de UCM62, declaró: "Simbólicamente, queremos decir a los fieles de la iglesia católica de Saint-Léger que pueden rezar en paz y sin miedo. Obviamente, no intentamos remplazar a las fuerzas de seguridad, pero queremos estar presentes alrededor de la iglesia para dar un mensaje de solidaridad".

ACTIVIDAD: Un Tuit

Lee el tuit en esta página y responde las siguientes preguntas.

1 **¿Qué significa cada uno de los símbolos / íconos en el texto?**
2 **¿Qué información comparte la autora del tuit?**
3 **¿Con quién quiere dialogar la autora del tuit?**
4 **¿Qué quiere lograr la autora de este tuit?**
5 **¿Cuál es el propósito de este tuit?**

ACTIVIDAD: La información que producimos y comunicamos en los diferentes medios

■ Enfoques del aprendizaje

- Habilidad de comunicación: Escriben con diferentes propósitos

Responde la siguiente pregunta y escribe tus ideas en una tabla como la siguiente, en la columna de la derecha.

1 **¿Qué tipo de información se transmite en cada uno de estos medios de comunicación?**

Medio de comunicación	Tipo de comunicación que se transmite
La radio	
La internet	
La televisión	
Los periódicos	
Las redes sociales	

2 **¿A través de cuáles medios se transmite más información?**
Compara tus respuestas en equipos pequeños.
3 **¿Qué diferencias encontraste?**
Considera la información en tu tabla y las ideas que escuchaste de tus compañeros.
Responde la siguiente pregunta:
4 **¿Por qué necesitamos diferentes medios de comunicación para expresar nuestras ideas?**
Escribe un artículo de revista en el que respondas la pregunta. Los lectores de tu revista tienen tu edad.

◆ Oportunidades de evaluación

◆ En esta actividad practicarás habilidades de los aspectos i y ii del Criterio D Expresión escrita: Usar una amplia variedad de vocabulario y usar una amplia variedad de estructuras gramaticales correctamente.

■ No todos los mensajes se expresan con palabras

ACTIVIDAD: El mensaje de los gestos

Enfoques del aprendizaje

- Habilidad de pensamiento creativo: Establecen conexiones inesperadas o inusuales entre objetos o ideas
- Habilidad de colaboración: Escuchan con atención otras perspectivas e ideas

Realiza una búsqueda de imágenes sobre los mensajes que se transmiten por medio del lenguaje corporal.

Identifica por lo menos diez imágenes que muestren diferentes mensajes sin decir palabras.

Utiliza las imágenes para preparar una presentación de PowerPoint o Keynote.

Utiliza únicamente imágenes.

Toma notas sobre el mensaje que la postura o gesto en cada imagen muestra.

Presenta tu trabajo de manera oral en equipos pequeños. Escucha las ideas de tus compañeros y haz preguntas sobre ideas que consideres interesantes.

Oportunidades de evaluación

- En esta actividad practicarás habilidades del aspecto iv del Criterio C Expresión oral: Comunicar la información requerida con claridad y eficacia.

ACTIVIDAD: Conflictos comunes de la comunicación

Enfoques del aprendizaje

- Habilidad de colaboración: Delegan y comparten responsabilidades
- Habilidad de reflexión: Consideran las implicaciones éticas y culturales

Mira el vídeo en el siguiente enlace:
https://youtu.be/FMSe0IyGu0M

En una tabla como la siguiente, toma notas sobre lo que pasa en cada una de las situaciones.

Situaciones			
1	2	3	4

Comparte tus observaciones con la clase entera.

Trabaja en parejas.

Con tu pareja selecciona una de las cuatro situaciones en el restaurante y prepara un diálogo en el que **expliques** la situación. En tu interacción, tus preguntas y respuestas deben **describir** el problema y sus causas. Incluye un intercambio de ideas en los que abordes una posible solución.

Presenta tu diálogo como un juego de roles frente a la clase entera.

Utiliza el pretérito indefinido para hablar de situaciones pasadas; utiliza el presente para hablar de hábitos frecuentes; utiliza construcciones con "deber", "poder", "querer" + infinitivo cuando sea necesario.

La interacción debe durar dos o tres minutos.

Oportunidades de evaluación

- En esta actividad practicarás habilidades de los aspectos ii y iv del Criterio C Expresión oral: Usar una amplia variedad de estructuras gramaticales correctamente y comunicar la información requerida con claridad y eficacia.

¿CÓMO HAN CAMBIADO LAS FORMAS EN QUE NOS COMUNICAMOS?

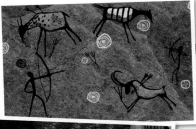

■ Las formas en que nos comunicamos han cambiado, pero el objetivo es el mismo: compartir

■ **Enfoques del aprendizaje**

■ Habilidad de pensamiento crítico: Extraen conclusiones y realizan generalizaciones razonables

Mira el vídeo en el siguiente enlace:
http://tinyurl.com/histcomcrita

Responde las siguientes preguntas:

1 **¿Quién es el autor de este vídeo?**
2 **Utiliza la información en el vídeo para mencionar tres ejemplos sobre la historia de la comunicación.**
3 **¿A qué se dedica esta empresa? ¿Qué hace?**
4 **En dos frases, explica el mensaje que el vídeo presenta sobre esta empresa o compañía.**
5 **¿Qué mencionó el vídeo sobre el contenido?**
6 **¿Qué símbolo o imagen utilizó el autor para mostrar cómo una idea era mejor que otra?**
7 **¿Cómo mostró el vídeo la importancia de organizar las ideas correctamente?**
8 **¿Por qué piensas que el autor decidió utilizar el color rojo?**
9 **Después de ver el vídeo, ¿piensas que las personas en esta compañía son expertos en comunicar ideas efectivamente? ¿Por qué o por qué no? Justifica tu respuesta utilizando información del vídeo.**
10 **Según el vídeo, ¿por qué es importante tener una historia, tener contenido de calidad y organizar las ideas apropiadamente? ¿Estás de acuerdo? ¿Por qué o por qué no?**

◆ **Oportunidades de evaluación**

◆ En esta actividad practicarás habilidades de todos los aspectos del Criterio A Comprensión auditiva: Demostrar la comprensión de información oral explícita e implícita (datos, opiniones, mensajes y detalles), analizar convenciones y analizar conexiones.

ACTIVIDAD: Lecciones del silencio

Lee el artículo en las páginas 252 a 253 y responde estas preguntas.

1 ¿Cuáles dos situaciones motivaron a Félix a crear el canal de YouTube?
2 ¿Qué generalizaciones o suposiciones negativas tienen muchas personas sobre los sordomudos, según el artículo?
3 ¿Qué situaciones no deben ignorar las personas que hablan con sordomudos, según Félix? Menciona dos ejemplos.
4 Menciona dos de las actividades que realiza Félix cuando prepara los vídeos.
5 ¿Cómo comenzó Félix a aprender lenguaje de signos?
6 ¿Por qué Félix se refiere al lenguaje de signos como una lengua silenciosa?
7 ¿Qué método para recolectar información se utilizó para escribir este artículo? Justifica tu respuesta.
8 ¿Qué ideas del texto se representan en las imágenes? Menciona dos ejemplos.
9 ¿Por qué la palabra escuchar se escribió entre comillas y en cursivas 'escuchar' en el primer párrafo? Explica.
10 ¿Por qué Néstor Olivares decidió escribir sobre Félix?
11 ¿Qué opinión tienes sobre los sordomudos después de leer este artículo?
12 Considera la información en el texto, ¿qué tipo de persona es Félix?
13 ¿Qué atributos del perfil de la comunidad de aprendizaje muestra Félix con su proyecto de YouTube?
14 ¿Qué tan similar o diferente eres a Félix? Explica.

ACTIVIDAD: Correo electrónico para Félix

Después de leer el artículo en las páginas 252 a 253, realiza las siguientes tareas.

Escribe un correo electrónico a Félix.

Menciona que leíste la entrevista que el periódico local le hizo, y que te sentiste inspirado por sus ideas. Expresa tu interés por participar en su proyecto para aprender lenguaje de señas y para cooperar con su iniciativa enseñando a otras personas a comunicarse por este medio.

Escribe 150 palabras.

Lecciones del silencio

Por: Néstor Olivares

1. "Cuando hablo sobre la libertad de expresión con mis amigos siempre me entristecía porque tengo uno de los tíos más fabulosos del mundo y, desgraciadamente, no todas las personas pueden 'escuchar' sus historias porque es sordomudo." Esta fue la respuesta que Félix Rocha compartió con nosotros cuando le preguntamos sobre su motivación para crear el canal de YouTube donde sube los vídeos donde su tío comparte sus puntos de vista sobre asuntos mundiales.

2. La relación cercana que Félix tiene con su tío le ha ayudado a ser mejor estudiante, comentó Félix: "Cuando era niño utilizaba gestos y mímica para hablar con mi tío, porque no sabía cómo usar el lenguaje de signos, aunque poco a poco comencé a imitar a mis familiares y aprendí de ellos". De esta manera, el joven de 15 años que no sólo es experto en lenguaje de señas sino también en lenguaje dactilológico es una inspiración en la ciudad al decidir grabar vídeos de su tío narrando historias en lenguaje de signos para después subtitularlos o agregar voces que expliquen las historias que su tío narra.

3. "Cuando hablamos con gestos hablamos de una forma de comunicación silenciosa, pues no podemos utilizar sonidos o ruidos para poner sentimiento y emociones en nuestras ideas. Sin embargo, este lenguaje es un medio de comunicación muy íntimo porque es necesario siempre mirar a los ojos, no desviar la mirada, y no mirar al suelo porque los sordomudos se desorientan muy fácilmente," compartió Félix al describir la manera en que se comunica con su tío y con otros sordomudos. Según Félix, poder comunicarse con sordomudos le ha dado la oportunidad de aprender cosas que las personas "normales" no aprendemos en nuestra vida diaria.

5 Cuando preguntamos a Félix qué mensaje quería enviar con la creación de su Canal de YouTube, nuestro amigo respondió que no debemos asumir que una persona sordomuda está mentalmente incapacitada, ni tampoco debemos olvidar que sus historias son importantes. Además, Félix agregó que también está pensando colaborar con algunas organizaciones no gubernamentales para enseñar lenguaje de signos y dactilológico a todas las personas interesadas.

4 Félix siente que aprender lenguaje de signos y poder hablar con sordomudos le permite estar en contacto con muchos aspectos básicos y esenciales de la vida que muchas veces ignoramos. Félix menciona que cuando hablamos con sordomudos no es buena idea cambiar el tema repentinamente, o reaccionar a interrupciones sin advertirles lo que pasa. Por ejemplo, un sordomudo no sabe cuando suena el teléfono o cuando alguien toca a la puerta y, por esta razón, si estamos hablando con ellos es necesario mostrar con los dedos qué acción realizaremos. De esta manera, si queremos beber agua o responder el teléfono, debemos usar mímica para indicar qué haremos. Félix también mencionó que ahora él habla y escribe de una forma más organizada porque la comunicación que tiene con su tío le ha enseñado a organizar sus ideas.

¿Por qué es importante aprender a ser comunicadores efectivos?

Para lograr una comunicación efectiva, los diferentes productos de los medios de comunicación emplean una serie de convenciones que apoyan el diseño y transmisión del mensaje. Estos elementos son las convenciones a las que debes poner atención al estudiar el aspecto ii del Criterio A (Comprensión auditiva) y del Criterio B (Comprensión de lectura).

Un vistazo a las convenciones de un texto

Periódicos

La imagen abajo muestra la primera página del periódico *El Capital* un día después de los bombardeos en la ciudad de Oklahoma. El periódico utilizó la primera página entera para mostrar artículos sobre el incidente.

Nota como el tamaño del texto en las columnas invita a los lectores a prestar más atención a las imágenes, porque el texto es muy pequeño.

¡31 MUERTES INDICA EL CONTEO INICIAL! SE DESCONOCEN CIFRAS EXACTAS TRAS LA EXPLOSIÓN EN OKLAHOMA CITY QUE DEVASTÓ 9 EDIFICIOS FEDERALES.

Un encabezado de cuatro líneas indica que la historia es importante. La mayoría de los encabezados sólo incluyen una o dos líneas.

La imagen de un niño herido evidentemente llama la atención de los lectores, provoca simpatía o lástima e inmediatamente indica que hubo víctimas inocentes en este incidente.

Observa como a las fotos se les ha dado la misma importancia que al texto para permitir que los lectores vean el grado de destrucción masiva que ocurrió.

Los editores toman decisiones sobre la manera en que presentarán las historias en cada diario. Así pues, el diseño que deciden presentar automáticamente indica un punto de vista específico desde el cual se narra la historia.

Noticiario

Muchos programas de televisión brindan oportunidades de mostrar materiales dramáticos de noticias e eventos. Los noticiarios nocturnos, por ejemplo, confían en los primeros planos (*close-up*) del noticiero para así crear más familiaridad con los televidentes. Esta técnica, posiblemente, incita a los televidentes a desarrollar una relación con el noticiero y así volverse fieles seguidores del programa.

Presta atención a los contrastes entre colores e imágenes. El color rojo y los detalles que denotan destrucción ilustran el impacto de la tragedia. El título de la nota invita a recordar y automáticamente transportan al televidente a ese momento.

Imposible de olvidar

Mostrar materiales en vivo, con el noticiero en escena, indica la importancia de la historia y crea la sensación de que el televidente "está ahí".

Presta atención al recuadro en la parte inferior derecha. Se pueden apreciar los esfuerzos de inclusión en un programa que cuenta con un traductor de noticias que usa lenguaje corporal.

Es importante notar que los ángulos y diferentes tipos de tomas no sólo son parte del diseño de la información, sino que también ayudan a establecer relaciones.

Sitio de internet

Esta página de internet no contiene información específica sobre el autor que promueve. Sin embargo, en su lugar, muestra una variedad de enlaces que dirigen a los visitantes del sitio a otras páginas con información más detallada. Todos y cada uno de los elementos de esta página se diseñaron para atraer la atención de los lectores e invitarlos a explorar.

El acercamiento a la cara del niño y del adulto tiene el objetivo de provocar simpatía en los visitantes de la página. También es un ejemplo de "relaciones", algo que quizás es uno de los mensajes implícitos del sitio y, por esta razón, tiene ese lugar privilegiado debajo de las secciones.

Utilizar íconos habla sobre la estética del sitio e invita a los visitantes a pensar en elementos multimedia. Además, el subtítulo que les acompaña resume la información que se encontrará en cada uno. Observa el efecto que los colores en la foto tiene sobre el fondo blanco, así cómo el mensaje escondido en el fondo de la imagen.

Las imágenes de gran tamaño que muestran emociones claras y positivas atraen la atención de los visitantes y son el gancho perfecto para motivar la exploración del resto de las secciones.

Piensa en la cantidad de información que se podrá encontrar en este sitio web, considerando cada una de las secciones que se muestran.

Diseño, gráficos y fotografías

Cuando observamos la primera pagina de un periódico o la página de inicio de un sitio web, ¿qué se puede apreciar? ¿Una foto de grandes dimensiones? ¿Un encabezado atractivo? ¿Una imagen modificada? Es muy probable que lo que se ve es el producto de un largo proceso creativo y de diseño de significado que los editores y diseñadores crearon y seleccionaron meticulosamente.

Este despliegue de dos páginas en una revista muestra una interacción entre imágenes, textos, formas y figuras. El diseño del despliegue es un ejemplo de la manera en que el equilibrio de colores, formas y posiciones se convierte en un atractivo que capta la atención de los lectores y que realiza los elementos importantes del artículo. En este caso: el artista y su nombre.

Los textos estratégicamente colocados en cuadros de diferentes tamaños combinan los colores centrales de la historia, y también, gracias a la simetría que se produce al tener dos cuadros en cada página, ayuda a que la atención fluya, sin perder de vista la imagen central y manteniendo la atención en el nombre de la artista.

Nota como el nombre de la artista ocupa la mitad del despliegue y es visible incluso cuando lees los textos.

ACTIVIDAD: ¿Qué comunican los diferentes elementos de los textos?

■ Enfoques del aprendizaje

■ Habilidad de comunicación: Escuchan con actitud crítica y para comprender

Después de leer la infografía en las páginas 254 a 255, responde las siguientes preguntas.

1 ¿Qué efecto tienen las imágenes que son más grandes que el texto?
2 ¿Qué mensaje envía un encabezado con fuentes grandes?
3 ¿Cuándo incluyen subtítulos en una transmisión en vivo en un noticiero?
4 ¿Cuál es el propósito de mostrar materiales en vivo en un noticiero?
5 ¿Para qué se utilizan los acercamientos en las fotografías de los sitios web?
6 ¿Qué elementos en un texto impreso ayudan a que la atención de los lectores fluya?

◆ Oportunidades de evaluación

◆ En esta actividad practicarás habilidades del aspecto i del Criterio B Comprensión de lectura: Demostrar la comprensión de información explícita e implícita (datos, opiniones, mensajes y detalles).

ACTIVIDAD: La comunicación efectiva

■ Enfoques del aprendizaje

■ Habilidad de comunicación: Estructuran la información utilizando diferentes tipos de oraciones para utilizar la lengua en contexto

Responde las siguientes preguntas. Utiliza vocabulario relacionado con la **comunicación**.

1 Cuando hablamos con otras personas, ¿a qué elementos de la comunicación necesitamos prestar atención? ¿Por qué?
2 Cuando escribimos un correo electrónico, ¿qué es importante recordar? ¿Por qué?
3 Cuando presentamos en un auditorio frente a una audiencia grande, ¿qué no debemos olvidar? ¿Por qué?
4 Cuando participamos en una entrevista, ¿qué necesitamos tomar en cuenta? ¿Por qué?
5 Cuando damos instrucciones, ¿qué aspectos de la comunicación debemos enfatizar?

◆ Oportunidades de evaluación

◆ En esta actividad practicarás habilidades de los aspectos i y ii del Criterio D Expresión escrita: Usar una amplia variedad de vocabulario y usar una amplia variedad de estructuras gramaticales correctamente.

ACTIVIDAD: Lengua y contextos

■ Enfoques del aprendizaje

■ **Habilidades de comunicación:** Estructuran la información utilizando diferentes tipos de oraciones para utilizar la lengua en contexto. Utilizan una variedad de técnicas de expresión oral para comunicarse con diversos destinatarios

¿Por qué es importante comunicar ideas efectivamente en las siguientes situaciones?

1 **Completa una tabla como la siguiente con tus ideas y después comparte tus opiniones en equipos pequeños.**

2 **Después de compartir tus ideas, trabaja con un compañero. Selecciona una de las situaciones indicadas en la tabla y prepara un juego de rol con tu compañero en el que representes la comunicación que tomaría lugar en esa situación de manera efectiva.**

Situación	Por qué es importante comunicar ideas efectivamente
Una entrevista de trabajo	
Un discurso de aceptación de un premio	
Un informe de investigación	
Una transacción de negocios	
Una declaración ante las autoridades	
Cuando tomamos notas en un experimento	
Cuando explicamos las instrucciones de uso de una máquina	

3 **Presenta tu interacción frente a la clase. Haz preguntas acerca de las interacciones de tus compañeros.**

◆ Oportunidades de evaluación

◆ En esta actividad practicarás habilidades de los aspectos ii y iv del Criterio D Expresión escrita: Usar una amplia variedad de estructuras gramaticales correctamente y comunicar información teniendo en cuenta el destinatario el y propósito.

ACTIVIDAD: Palabras e intenciones

¿Qué palabras utilizamos cuando queremos realizar las siguientes acciones? Realiza una lluvia de ideas y, en una tabla como la siguiente, escribe las palabras que utilizarías en cada caso.

En parejas, compara las palabras que escribiste. Agrega las palabras que no mencionaste y que consideres importantes.

Acción	Palabras
Motivar	
Persuadir	
Negociar	
Dar retroalimentación	
Quejarse	
Refutar una idea	
Pedir disculpas	
Llamar la atención de alguien	
Exagerar la verdad	

Imagina que ganas el Premio Nobel de la Paz / Literatura / Ciencia (elige uno). Escribe el discurso que declamarías. **Presenta** tus ideas sobre el tema que seleccionaste. Considera estos conceptos:
- **Propósito: motivar**
- **Tono: empático**

Considera que la audiencia que escuchará tu discurso incluye diversos tipos de personas.

Presenta tu discurso frente a la clase.

Toma notas acerca de los temas que te interesen.

Después de tu discurso, trabaja en equipos pequeños y participa en una sesión de preguntas y respuestas acerca del tema que presentaste.

ACTIVIDAD: ¿Qué comunican los periodistas en diferentes situaciones?

■ Enfoques del aprendizaje

■ Habilidad de comunicación: Estructuran la información utilizando diferentes tipos de oraciones para utilizar la lengua en contexto

Observa las imágenes a la izquierda. Presta atención al **contexto** en cada una de ellas.

Escribe oraciones acerca de las siguientes situaciones.

1 ¿Qué información comunica…?
   a un periodista que cubre conflictos
   b un periodista que cubre eventos sociales
   c un periodista que reporta a un noticiero
2 ¿Qué tipo de interacciones o textos produce…?
   a un periodista que cubre conflictos
   b un periodista que cubre eventos sociales
   c un periodista que reporta a un noticiero
3 ¿Qué sucesos son importantes para…?
   a un periodista que cubre conflictos
   b un periodista que cubre eventos sociales
   c un periodista que reporta a un noticiero
4 ¿Qué **propósitos** de comunicación son comunes para…?
   a un periodista que cubre conflictos
   b un periodista que cubre eventos sociales
   c un periodista que reporta a un noticiero
5 Describe la personalidad de:
   a un periodista que cubre conflictos
   b un periodista que cubre eventos sociales
   c un periodista que reporta a un noticiero

◆ Oportunidades de evaluación

◆ En esta actividad practicarás habilidades de los aspectos i y ii del Criterio D Expresión escrita: Usar una amplia variedad de vocabulario y usar una amplia variedad de estructuras gramaticales correctamente.

ACTIVIDAD: Comunicación responsable

■ Enfoques del aprendizaje

■ Habilidad de pensamiento crítico: Evalúan la lógica de diferentes ideas y explican las correcciones necesarias
■ Habilidad de comunicación: Estructuran la información utilizando diferentes tipos de oraciones para utilizar la lengua en contexto

Lee las siguientes situaciones. Escribe oraciones acerca de la información que los autores de textos deben tener en mente para evitar cometer errores en sus **contextos**.

Observa los ejemplos y sigue el **patrón**:

a *El autor debe conocer fechas exactas.*
b *El periodista debe hacer preguntas claras.*
1 **Un cineasta quiere realizar un documental acerca de la última persona que habla un idioma en un país de Sudamérica.**
2 **La anfitriona de un *talk show* quiere presentar la historia de una actriz que pasó de ser camarera a actriz reconocida mundialmente.**
3 **Un periodista quiere producir un programa acerca de dos líderes de religiones diferentes de manera respetuosa.**
4 **Un escritor quiere escribir la biografía de un pintor talentoso que nadie conoce.**
5 **Un presentador de televisión quiere entrevistas a unos imigrantes acerca de su nueva vida en el país para crear empatía con otras personas.**

Después menciona qué errores pueden cometer las personas que producen los textos anteriores.

Comparte tus ideas con tus compañeros en equipos pequeños.

◆ Oportunidades de evaluación

◆ En esta actividad practicarás habilidades de los aspectos i y ii del Criterio D Expresión escrita: Usar una amplia variedad de vocabulario y usar una amplia variedad de estructuras gramaticales correctamente.

ACTIVIDAD: Las barreras de la comunicación

■ Enfoques del aprendizaje

■ Habilidad de comunicación: Estructuran la información utilizando diferentes tipos de oraciones para utilizar la lengua en contexto

Trabaja en equipos pequeños. Participate en una lluvia de ideas. Escribe una lista de diferentes cosas que pueden ser barreras para la comunicación.

Después, individualmente, escribe oraciones acerca de las siguientes situaciones. Escribe por qué sucedieron estos malentendidos.

Observa el ejemplo:

Un alumno no respondió correctamente las preguntas.

Posiblemente el alumno no leyó las instrucciones correctamente.

1 **Una persona llamó a un número de teléfono equivocado.**
2 **Una persona llamó a otra persona con un nombre que no era el suyo.**
3 **Un repartidor de comida entregó cosas diferente de la que quería la persona que ordenó.**
4 **Un taxista llevó a un turista al hotel equivocado.**
5 **Un viajero no pudo documentar cuando llegó al aeropuerto para ir de vacaciones.**
6 **Un asistente de recepción en un hotel no encuentra la reserva de un turista.**
7 **Una carta llegó al destinatario equivocado.**

Comparte tus respuestas con tus compañeros.

◆ Oportunidades de evaluación

◆ En esta actividad practicarás habilidades de los aspectos i y ii del Criterio D Expresión escrita: Usar una amplia variedad de vocabulario y usar una amplia variedad de estructuras gramaticales correctamente.

ACTIVIDAD: El cosmos de los mensajes instantáneos

■ Habilidad de pensamiento crítico: Extraen conclusiones y realizan generalizaciones razonables

Mira el vídeo en el siguiente enlace:

http://tinyurl.com/malentmensg

Responde las siguientes preguntas.

1 ¿Qué medio de comunicación se describe en este vídeo?
2 ¿Qué problema se presenta en el vídeo? Menciona dos ejemplos que se compartieron en el vídeo.
3 Explica la manera en que las personas del vídeo expresan sus ideas. ¿Utilizan únicamente palabras?
4 ¿Qué diferentes opiniones se mencionan sobre los "emoticones" o caritas sonrientes?
5 ¿Por qué Alex dice: "no soy seco, soy conciso"?
6 Explica el problema que Olga vive en su trabajo. Explica su reacción.
7 Describe el vídeo en tres oraciones, con tus propias palabras.

8 ¿Qué herramientas utilizó el autor de este vídeo para enfatizar ciertos detalles del mensaje general? Menciona dos.
9 En tu opinión, ¿por qué el autor creó este vídeo? Explica.
10 ¿Has tenido o tienes estos problemas de comunicación con tus amigos o familiares? ¿Cómo es similar o diferente tu situación a la que se presenta en el vídeo?
11 Considera la situación del vídeo, ¿qué podemos hacer para evitar estos malentendidos?
12 ¿Qué ejemplos sobre la comunicación efectiva puedes identificar en el vídeo? Selecciona dos y menciona tu punto de vista. ¿Por qué es importante tenerlos en mente?

◆ Oportunidades de evaluación

◆ En esta actividad practicarás habilidades de todos los aspectos del Criterio A Comprensión auditiva: Demostrar la comprensión de información oral explícita e implícita (datos, opiniones, mensajes y detalles), analizar convenciones y analizar conexiones.

ACTIVIDAD: Diario de un adicto a los mensajes instantáneos

■ Enfoques del aprendizaje

■ Habilidad de comunicación: Escriben con diferentes propósitos

Después de responder las preguntas sobre el vídeo "El cosmos de los mensajes", mira nuevamente el vídeo (http://tinyurl.com/malentmensg) y presta atención a la situación que sucede a partir del minuto 2:50. Toma notas de lo que sucede.

Imagina que eres la chica en esta situación. Escribe una entrada en tu diario. **Describe** tu experiencia con tu pareja, tus amigos y los mensajes instantáneos. Escribe 150 palabras.

◆ Oportunidades de evaluación

◆ En esta actividad practicarás habilidades de todos los aspectos del Criterio D Expresión escrita: Usar una amplia variedad de vocabulario, usar una amplia variedad de estructuras gramaticales correctamente, organizar información por escrito y comunicar información teniendo en cuenta el destinatario y el propósito.

▼ Nexos con: Lengua y Literatura

En las lenguas del mundo existe un caso llamado polisemia: un fenómeno del lenguaje en el que una misma palabra tiene varios significados. En muchas ocasiones los aspectos polisémicos de las palabras producen malentendidos entre personas de la misma o de diferentes culturas.

¿De qué manera empleamos la tecnología para apoyar a las personas con discapacidades?

Explora diferentes **innovaciones** para ayudar a las personas con discapacidades a **comunicarse**.

ACTIVIDAD: Tecnologías que ayudan a la comunicación

■ Enfoques del aprendizaje

■ Habilidad de comunicación: Participan en diálogos breves para intercambiar información concreta

Trabaja en parejas.

Menciona las tecnologías que conoces para ayudar a las personas que tienen los retos que se mencionan a continuación.

1 **Sordomudos**
2 **Personas que no pueden caminar**
3 **Personas con problemas del corazón**
4 **Invidentes**

Después responde estás preguntas:

1 **¿Qué impide que las personas que no tienen discapacidades interactúen con las personas que sí las tienen?**
2 **¿Qué tan fácil o difícil sería para los profesores y estudiantes de tu escuela integrar a personas con las discapacidades que mencionamos arriba?**

◆ Oportunidades de evaluación

◆ En esta actividad practicarás habilidades del aspecto iv del Criterio C Expresión oral: Comunicar la información requerida con claridad y eficacia.

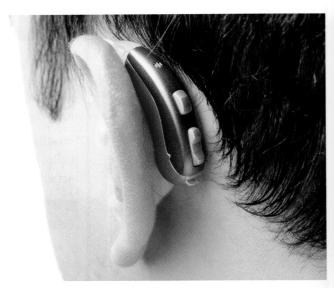

■ La ciencia y la tecnología han creado herramientas para incluir a las personas con discapacidades en el proceso de creación y difusión de información

ACTIVIDAD: Realidad virtual para personas con discapacidades

■ Enfoques del aprendizaje

- ■ Habilidad de comunicación: Estructuran la información utilizando diferentes tipos de oraciones para utilizar la lengua en contexto

Trabaja en parejas.

Mira el vídeo en este enlace: **https://youtu.be/XZir4Lh_Kk4**

Dibuja un diagrama como el siguiente en tu cuaderno.

Utiliza la información en el vídeo para comentar esta idea:

"El texto presenta las posibilidades de un software para adaptar sin modificar los controles físicos de la realidad virtual a personas con movilidad reducida".

Escribe ideas en cada una de las secciones en el diagrama. La primera sección se ha completado como ejemplo:

Generalizaciones:
- **Las personas deben tener el mismo acceso a las diferentes formas de entretenimiento.**
- **Las nuevas formas de entretenimiento deben ser inclusivas.**
- **La tecnología da oportunidades de participar en diferentes actividades de ocio a las personas con discapacidades.**

◆ Oportunidades de evaluación

- ◆ En esta actividad practicarás habilidades del aspecto ii del Criterio D Expresión escrita: Usar una amplia variedad de estructuras gramaticales correctamente.

ACTIVIDAD: Un canal de comunicación con sordomudos

■ Enfoques del aprendizaje

- ■ Habilidad de comunicación: Estructuran la información en resúmenes, ensayos e informes

Mira el vídeo en este enlace:
http://tinyurl.com/hetaherramsomu

Responde estas preguntas:

1 **¿Qué observaste?**
2 **¿Qué piensas de esta herramienta para ayudar a las personas a comunicarse con los sordomudos?**

Ahora prueba por ti mismo. Visita la página web en este enlace **http://hetah.net/es** y pincha en "Traductor a Lengua de Señas".

Considera tu experiencia con el vídeo y la plataforma y escribe un texto para tu blog sobre Hetah, la plataforma creada por el colombiano José Enrique Leal, un ingeniero en sistemas. La plataforma traduce el español al lenguaje de señas que utilizan los sordos.

Utiliza el pretérito indefinido para narrar tus experiencias:

a **ver el vídeo**
b **utilizar la plataforma.**

Menciona las ventajas que tiene esta herramienta y el apoyo que ofrecerá a las personas. Incluye tu opinión sobre el impacto del uso de la tecnología para apoyar a personas con discapacidades.

Escribe 150 palabras.

◆ Oportunidades de evaluación

- ◆ En esta actividad se han practicado las habilidades que son evaluadas por medio del Criterio C: Comunicación en respuesta a textos orales, escritos o visuales y del Criterio D: Uso de la lengua de forma oral o escrita.

Este es un método básico para escribir una reseña de cine.

Observa las tres etapas del método.

Etapa 1: Análisis

1 **Reúne los datos básicos sobre la película.**

Crear un marco de referencia; necesitas saber lo siguiente:
- El título de la película
- El año en que fue lanzada
- El nombre del director
- Los nombres de los actores principales
- El género.

2 **Toma notas sobre la película mientras la miras.**

Con anticipación, prepara un formato para organizar tus observaciones. Toma notas sobre:
- vestuario
- maquillaje
- escenografía
- música.

Presta atención especial a los detalles y a los **patrones** que observas:
- escenas largas o cortas
- colores comunes
- lugares frecuentes
- "símbolos" frecuentes.

3 **Analiza los elementos de la película.**

Considera estos puntos:
- **Dirección:** ¿Cómo y por qué decidió el director retratar o explicar los hechos en la historia? ¿Por qué la película es lenta? ¿Por qué hay tanto silencio?
- **Cinematografía:** Pregúntate ¿qué técnicas se utilizaron para filmar la película?
- **Escritura:** ¿Sentiste que la trama fue original e impredecible o aburrida y débil? ¿Las palabras de los personajes fueron creíbles?
- **Edición:** ¿La película fluyó suavemente de escena a escena? Presta atención a la luz; a los efectos de ambiente (sonidos incidentales); y a los efectos especiales.
- **Diseño de vestuario:** ¿Las elecciones de ropa reflejaron el tiempo en el que sucede la historia?
- **Escenografía:** Si la película se filmó en un lugar real, ¿fue una buena elección? Si se filmó en un set, ¿la selección de arte fue exitosa?
- **Música o banda sonora:** ¿Creó ambientes agradables?

Etapa 2: Redacción de la reseña

1 **Escribe una idea central basada en tu análisis.**

La idea de la reseña es discutir esta idea. Algunas preguntas útiles:
- ¿La película reflexiona sobre un problema real o contemporáneo?
- ¿La película tiene un mensaje?
- ¿La película se conecta contigo a un nivel personal?

2 **Resume la trama.**

No reveles demasiado. ¡No arruines la película para tus lectores! Sugerencia: Cuando nombres personajes en tu resumen de la trama, escribe el nombre de los actores justo después entre paréntesis.

3 **Escribe el análisis de la película en varios párrafos.**

Menciona elementos interesantes (Etapa 1, punto 3). Utiliza lenguaje fresco y accesible.

4 **Muestra tu personalidad.**

Tu reseña debe mostrar la persona o critico que eres. Tus ideas deben reflejar tu perspectiva.

5 **Concluye tu reseña de una manera especial y memorable.**

Tu conclusión debe motivar al lector a ver o evitar la película.

Etapa 3: Pule tu obra

1 Edita

2 Corrige

3 Publica

Redactado con ideas del blog "Sombras de Luna": **www.luisdeltell.com**

ALGUNAS TAREAS SUMATIVAS PARA EVALUAR ESTE CAPÍTULO

Considera las siguientes actividades para poner en práctica lo que has aprendido en este capítulo. Las tareas se diseñaron considerando el vocabulario y estructuras que se introdujeron, así como las ideas que se presentaron. Estas tareas te permitirán valorar tu desempeño en diferentes áreas de la lengua utilizando los criterios de evaluación de Adquisición de Lenguas del PAI.

ACTIVIDAD: Gafas para invidentes

■ Enfoques del aprendizaje

■ Habilidad: Hacen deducciones y extraen conclusiones

Mira el vídeo en este enlace: **https://youtu.be/VO2QGIV_ddA**

Después de mirar el vídeo, responde las siguientes preguntas:

1 **¿Cuál es el primer hecho que menciona Antonio Quesada?**
2 **¿Qué es Eyesynth?**
3 **Menciona los dos componentes esenciales de Eyesynth.**
4 **¿Qué dos cosas distingue el niño que prueba Eyesynth?**
5 **¿Por qué Antonio y Miguel pasean en un parque?**
6 **¿Cuáles son los tres conceptos básicos del diseño de Eyesynth?**
7 **De acuerdo con el vídeo, ¿qué opinia el autor acerca de la inclusión?**
8 **¿Qué quiere lograr el autor con este vídeo?**
9 **Menciona tres herramientas de lenguaje utilizó el autor de este vídeo para comunicar ideas.**
10 **¿Qué opinas acerca de Eyesynth?**
11 **Menciona tres ejemplos de la manera en que la vida de las personas invidentes cambiaría con Eyesynth.**
12 **¿Qué oportunidades podría crear Eyesynth en la educación?**

◆ Oportunidades de evaluación

◆ En esta actividad practicarás habilidades de todos los aspectos del Criterio A Comprensión auditiva.

ACTIVIDAD: Innovaciones para ayudar a los invidentes

■ Enfoques del aprendizaje

■ Habilidad de comunicación: Escriben con diferentes propósitos

Utiliza el siguiente enlace para leer acerca de la Blitab y la manera en que puede cambiar la vida de las personas invidentes:
https://tinyurl.com/tb6krnq

Eres un bloguero que escribe acerca de las tecnologías de la comunicación. Recientemente visitaste una muestra de innovaciones para los discapacitados y la Blitab llamó tu atención.

Escribe una entrada para tu blog y **explica** tu opinión acerca de la Blitab. **Describe** las oportunidades que esta innovación crea para las personas invidentes.

El **propósito** de tu texto es **entretener** y **crear empatía** con las personas invidentes.

◆ Oportunidades de evaluación

◆ En esta actividad practicarás habilidades de todos los aspectos del Criterio D Expresión escrita.

Los ingredientes del lenguaje humano

Por Carolina Martínez

1 ¿Alguna vez te has preguntado si el sistema de comunicación de los animales es como un idioma o si es posible aprenderlo? ¿Has imaginado decir que puedes hablar "perro" o "caballo"? ¿Sería esta habilidad algo excepcional para las personas que trabajan en los zoológicos? La semana pasada, después de visitar el zoológico con mis hijos, mis pequeños me preguntaron si los animales entendían la comunicación entre personas y si nosotros entenderíamos lo que los animales dicen. No supe qué decir, y simplemente respondí que no. Para mi mala suerte, a mi lado estaba una chica que hablaba con su perro y mi hijo menor me dijo: "mira, mamá, ese perro sí comprende.

2 Como resultado de mi ignorancia decidí investigar para estar más informada. Quizás los niños nunca me preguntarán más sobre la comunicación entre personas y animales, pero ahora soy yo quien quiere saber. En mi investigación, descubrí algo que me llamó mucho la atención. Leí que Charles Francis Hockett, un lingüista estadounidense, argumentó que la lingüística puede ser vista como un juego y como una ciencia, y que uno de sus trabajos más reconocidos es la serie de los quince rasgos que caracterizan el lenguaje.

3 De acuerdo con Hockett, el lenguaje humano es lenguaje y el sistema de comunicación de los animales no lo es gracias a estas quince características:

1 El lenguaje tiene dos canales: auditivo y vocal

2 Podemos escuchar el habla en una distancia determinada y podemos saber quién habló

3 Sólo podemos percibir el lenguaje mientras el hablante está hablando

4 Podemos tener diferentes roles cuando nos comunicamos

5 Cuando hablamos estamos conscientes de lo que decimos y de los efectos que nuestras ideas tendrán en los escuchas

6 Podemos utilizar la lengua para hablar de temas especializados como la geografía, la medicina, etc.

7 Las palabras tienen un significado particular y fijo; a cada palabra que pronunciamos le corresponde una "imagen"; y podemos agrupar las palabras en familias

8 Los usuarios de la lengua deciden el significado que tienen las palabras que usan

9 Los sonidos que pronunciamos son diferentes los unos de los otros, por ejemplo una "n" suena diferente a una "ñ"

10 Podemos producir una cantidad infinita de ideas con las palabras que existen en una lengua

11 Con los sonidos de la lengua, tenemos la capacidad de crear palabras; y con las palabras podemos crear ideas

12 Podemos transmitir la lengua de generación en generación

13 Es posible aprender las lenguas que los humanos hablan

14 Es posible utilizar la lengua para transmitir información falsa y para mentir

15 Podemos hablar de cosas que existieron en el pasado, que existen en el presente, que existirán en el futuro y que se localizan en lugares lejanos, donde no podemos verlas

4 Evidentemente, no puedo afirmar que lo que mencionó Hockett es una verdad absoluta, porque es necesario investigar más para llegar a una conclusión mejor fundamentada. Sin embargo, cuando leo los quince rasgos, es muy fácil observar que el lenguaje humano cumple con todos. Personalmente no sé si los animales pueden mentir.

5 Nunca imaginé que una visita al zoológico se convertiría en una lección de lingüística.

ACTIVIDAD: La comunicación y las innovaciones

■ Enfoques del aprendizaje

■ Habilidad de comunicación: Utilizan una variedad de técnicas de expresión oral para comunicarse con diversos destinatarios

Tarea en formato de la evaluación interna (evaluación oral individual)

Estudia el texto anterior durante diez minutos.

Prepara una presentación para tu profesor.

Después de la presentación tu profesor te hará preguntas acerca de las ideas en el texto, el tema y el mensaje.

La presentación durará uno minuto.

La interacción durará dos minutos.

◆ Oportunidades de evaluación

◆ En esta actividad practicarás habilidades de todos los aspectos del Criterio C Expresión oral.

Los ingredientes del lenguaje humano

■ Enfoques del aprendizaje

■ Habilidad de comunicación: Leen con actitud crítica y para comprender

Después de leer el artículo de Carolina en las páginas 266 a 267, responde las siguientes preguntas.

1 Menciona los dos momentos importantes que provocaron que Carolina escribiera este artículo después de su visita al zoológico.
2 En tu opinión, ¿por qué Carolina se interesó en las ideas de Hockett?
3 Selecciona tres de los rasgos del lenguaje que menciona Hockett y menciona un ejemplo sobre cada uno.
4 ¿Cuál rasgo se refiere a la experiencia de Adquisición de Lenguas en el PAI?
5 ¿Cuál rasgo se relaciona con decir o no decir la verdad?
6 ¿Qué menciona Carolina sobre la importancia de consultar muchas fuentes cuando investigamos?
7 En el primer párrafo, Carolina hace tres preguntas. ¿Cuál pregunta es importante para contextualizar la introducción? Justifica tu respuesta.
8 ¿En qué tipo de revista puedes encontrar este artículo? Justifica tu respuesta.
   a revista científica
   b revista de ocio
   c revista informativa
9 ¿Cuál es el mensaje que Carolina quiere compartir con su artículo? Justifica tu respuesta.
10 ¿Qué ideas del texto se representan en las imágenes? Menciona dos ejemplos.
11 ¿Qué tipo de madre es Carolina? Realiza una inferencia para justificar tu respuesta.
12 ¿Qué atributos de la comunidad de aprendizaje refleja Carolina con su actitud? Justifica tu respuesta.
13 Imagina que haces la misma pregunta que el hijo de Carolina, ¿tu padre, tu madre o tu tutor reaccionaría de la misma manera? Explica. Menciona las similitudes o diferencias.

◆ Oportunidades de evaluación

◆ En esta actividad practicarás habilidades de todos los aspectos del Criterio B Comprensión de lectura.

Reflexión

En este capítulo exploramos algunos medios de comunicación y la información que se transmite por medio de ellos.

Considera las siguientes preguntas para reflexionar y concluir este capítulo.

<table>
<tr><td colspan="3">

CONECTA–EXTIENDE–DESAFÍA

Conecta: ¿Cómo se conecta la información de este capítulo con las ideas que tenías sobre la comunicación?

Extiende: ¿Qué ideas en este capítulo te ayudan a desarrollar y enriquecer tus opiniones y te permiten crear conexiones entre conocimientos de dos o más asignaturas?

Desafía: ¿Qué desafíos encuentras en las ideas de este capítulo? ¿Qué preguntas tienes? ¿Qué ideas / dudas te gustaría clarificar?
</td></tr>
</table>

Reflexionemos sobre nuestro aprendizaje … Usa esta tabla para reflexionar sobre tu aprendizaje personal en este capítulo.		
Preguntas que hicimos	Respuestas que encontramos	Preguntas que podemos generar ahora
Fácticas: ¿Cuáles verbos están relacionados con la comunicación? ¿Qué medios y formas de comunicación existen? ¿Cuáles verbos utilizamos para indicar que dos o más personas están interactuando? ¿Cuáles medios de comunicación tienen menor impacto en la sociedad? ¿Qué significado tienen diferentes íconos?		
Conceptuales: ¿Cómo han cambiado las formas en que nos comunicamos? ¿Qué relaciones existen entre el lenguaje humano y las formas de comunicación animales? ¿Qué relación existe entre los emojis y el sesgo? ¿De qué manera pueden la entonación y la elección de palabras influir en la comunicación? ¿Cómo podemos utilizar el idioma de manera efectiva para comunicar ideas relevantes? ¿De qué manera empleamos la tecnología para apoyar a las personas con discapacidades?		
Debatibles: ¿Son el lenguaje oral, el escrito, el de señas y el visual las únicas formas en que podemos comunicarnos? ¿Son las formas de comunicación animal lenguaje? ¿Por qué es importante aprender a ser comunicadores efectivos? ¿Cuáles temas de conversación son más comunes entre hombres o mujeres?		

Enfoques de aprendizaje en este capítulo:	Descripción: ¿qué destrezas nuevas adquiriste?	¿Qué tan bien has consolidado estas destrezas?			
		Novato	En proceso de aprendizaje	Practicante	Experto
Habilidades de comunicación					
Habilidades de colaboración					
Habilidades de reflexión					
Habilidades de gestión de la información					
Habilidades de pensamiento crítico					
Habilidades de pensamiento creativo					
Atributos de la comunidad de aprendizaje	Reflexiona sobre la importancia de ser un buen comunicador en este capítulo. ¿Cómo demostraste tus habilidades como buen comunicador en este capítulo?				
Buen comunicador					

11 ¿Cómo nos definen nuestras relaciones?

Los individuos crean **conexiones** con varios aspectos de su **contexto** y cultura para establecer relaciones significativas.

EN ESTE CAPÍTULO VAMOS A INVESTIGAR LAS SIGUIENTES PREGUNTAS:

Fácticas: ¿Cuáles palabras y estructuras utilizamos para hablar de relaciones? ¿Cuántas y qué tipo de relaciones pueden existir? ¿Cuáles relaciones familiares en mi idioma no existen o son diferentes en español?

Conceptuales: ¿Cómo influyen las relaciones en la manera en que usamos la lengua? ¿De qué manera expresamos diferentes vínculos por medio del lenguaje? ¿Qué relación existe entre las relaciones personales y el estilo de lenguaje que usamos?

Debatibles: ¿Hasta qué punto pueden las relaciones cambiar con el tiempo? ¿Qué relaciones desarrollamos con el lugar donde vivimos?

■ ¿Cuál es la diferencia entre relaciones e interacciones?

EN ESTE CAPÍTULO VAMOS A:

■ **Descubrir:**
 ■ ejemplos de las múltiples relaciones que podemos tener.
■ **Explorar:**
 ■ el papel que nuestra cultura y experiencia juegan en las relaciones que tenemos.
■ **Actuar y:**
 ■ reflexionar sobre el impacto de nuestras relaciones en la manera en que usamos la lengua
 ■ evaluar nuestra comprensión de las relaciones entre asignaturas.

- **Criterio A:** Comprensión auditiva
- **Criterio B:** Comprensión de lectura
- **Criterio C:** Expresión oral
- **Criterio D:** Expresión escrita

● Reflexiona sobre el siguiente atributo de la comunidad de aprendizaje:

- Informado e instruido: desarrollamos y usamos nuestra comprensión conceptual mediante la exploración del conocimiento que abordamos en cuestiones de importancia local y mundial.

Contenido esencial

Los contenidos temáticos que se abordarán en este capítulo pertenecen a las fases 1 y 2 del continuo de aprendizaje y son:

- Yo, mis familiares y amigos
- Las mascotas
- La familia extensa
- Mi barrio y mi comunidad
- La lengua
- Las relaciones entre la primera lengua y las lenguas adicionales
- Diferentes asignaturas
- Presente
- Pretérito indefinido
- Pretérito perfecto
- Futuro
- "Deber", "poder", "querer" + infinitivo

■ Las siguientes habilidades de los enfoques del aprendizaje serán útiles:

- Habilidades de comunicación
- Habilidades de colaboración
- Habilidades de organización
- Habilidades de reflexión
- Habilidades de gestión de la información
- Habilidades de pensamiento crítico
- Habilidades de pensamiento creativo
- Habilidades de transferencia

VOCABULARIO SUGERIDO

Vocabulario sugerido para mejorar la experiencia de aprendizaje. **Discute** el **significado** de las siguientes palabras y **úsalas** en las actividades en este capítulo.

Sustantivos	Adjetivos	Verbos
amigo	amistosa	aceptar
barrio	creyente	apreciar
camarada	estrecha	comenzar
comunidad	falsa	construir
conocido	familiar	criticar
contacto	fiel	despreciar
derecho	genuina	entablar
interacción	incondicional	establecer
mascota	(in)estable	ignorar
relación	justa	interactuar
vecino	laboral	juzgar
	real	menospreciar
	sólida	merecer
	verdadera	rechazar
		relacionar(se)
		tener
		terminar
		valorar

¿Cuántas y qué tipo de relaciones pueden existir?

Explora la **conexión** entre las relaciones y el lenguaje que usamos.

■ Tenemos diferentes tipos de relaciones con todos y cada uno de los seres con quienes interactuamos

ACTIVIDAD: Nuestras relaciones

■ Enfoques del aprendizaje

■ Habilidad de comunicación: Estructuran la información utilizando diferentes tipos de oraciones para utilizar la lengua en contexto

Copia la siguiente table. En la columna de la derecha, escribe qué debemos mostrar o considerar para tener relaciones significativas con cada uno de los casos en la columna de la izquierda.

Relaciones de las personas	¿Qué debemos mostrar o considerar?
Con sus vecinos	amabilidad
Con sus mascotas	
Con su habitación	
Con la escuela	
Con sus amigos	
Con sus padres	
Con personas del mismo sexo	
Con personas del sexo opuesto	

Utiliza las palabras que escribiste en cada caso y escribe oraciones. Observa el ejemplo:

Para tener una buena relación con los vecinos necesitamos mostrar amabilidad.

ACTIVIDAD: Diferentes tipos de relaciones

■ Enfoques del aprendizaje

■ Habilidad de comunicación: Establecen relaciones conceptuales entre diferentes términos y / o temas

Presta atención a las palabras en las columnas.

agentes de ventas

los animales

ciudad

colegas

competencia

Dios

doctores

el mundo

esposo/a

gobernantes

hermanos

hijos

jefes

mascotas

padres

país

pareja

parientes

proveedores

servidores públicos

simpatizantes

sociedad

subordinados

trabajadores domésticos

uno mismo

vecinos

vendedores

Clasifica las palabras en las cuatro categorías que se observan en el siguiente diagrama.

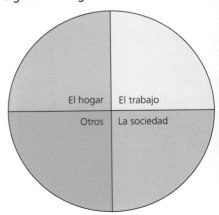

Compara tus respuestas con un compañero y **justifica** tus decisiones.

OBSERVA–PIENSA–PREGÚNTATE

Presta atención a las imágenes en la esquina superior derecha de esta página.

Responde las siguientes preguntas.

1 ¿Qué tipo de relaciones puedes **observar**?
2 ¿Qué **piensas** acerca de cada una de las relaciones que identificaste?
3 ¿Qué **preguntas** tienes sobre las relaciones que se muestran en las fotos y las posibles diferencias en otras culturas?

Comparte tus ideas en parejas o equipos pequeños.

ACTIVIDAD: Relaciones en la familia

Enfoques del aprendizaje

■ Habilidad de comunicación: Estructuran la información utilizando diferentes tipos de oraciones para utilizar la lengua en contexto

Responde las siguientes preguntas.

1 ¿De qué manera influye la personalidad de los miembros de la familia en las relaciones familiares?
2 ¿Tener gustos similares ayuda a las familias a compartir más tiempo juntos? ¿Cómo?
3 ¿Por qué es importante conocer las pasiones de cada uno de los miembros de nuestra familia?
4 ¿Por qué es importante conocer y respetas las diferentes opiniones que existen entre los miembros de la familia?
5 ¿Cuándo existen tensiones entre los diferentes miembros de la familia?

Comparte tus respuestas con tus compañeros en equipos pequeños.

◆ Oportunidades de evaluación

◆ En esta actividad practicarás habilidades del aspecto ii del Criterio D Expresión escrita: Usar una amplia variedad de estructuras gramaticales correctamente.

ACTIVIDAD: Relaciones entre hijos, madres y padres

Enfoques del aprendizaje

■ Habilidad de comunicación: Estructuran la información utilizando diferentes tipos de oraciones para utilizar la lengua en contexto

Reponde las siguientes preguntas.

1 Generalmente, ¿de qué aspectos de la educación de sus hijos se ocupan los padres?
2 Generalmente, ¿de qué aspectos de la educación de sus hijos se ocupan las madres?
3 ¿Con quién tienen mejor relación los padres, con sus hijos o con sus hijas? ¿Por qué?
4 ¿Con quién tienen mejor relación las madres, con sus hijos o con sus hijas? ¿Por qué?
5 En tu opinión, ¿quién conoce mejor a sus hijos: el padre o la madre? ¿Por qué?
6 ¿Qué necesitan los hijos para conocer mejor a sus padres?

Trabaja en parejas. Comenta tus respuestas.

◆ Oportunidades de evaluación

◆ En esta actividad practicarás habilidades de los aspectos i y ii del Criterio D Expresión escrita: Usar una amplia variedad de vocabulario y usar una amplia variedad de estructuras gramaticales correctamente.

ACTIVIDAD: Relaciones entre amigos

Responde las siguientes preguntas.

1 **¿Cómo distingues entre un amigo y un conocido?**
2 **¿Cuándo pasa un conocido a ser un amigo?**
3 **¿Tienes diferentes tipos de amigos? Explica por qué son diferentes.**
4 **En tu idioma y otros idiomas que hablas, ¿qué alternativas existen para expresar algo similar a "amigo"?**
5 **¿Qué papel juegan los justos, las personalidades, las cualidades, las habilidades y las pasiones cuando hacemos amigos?**

Trabaja en parejas. Comenta tus respuestas.

ACTIVIDAD: Relaciones entre chicos y chicas

Las relaciones entre los chicos y las chicas varían de cultura a cultura, y de persona a persona. En esta actividad vas a abordar y comparar tus suposiciones con las de tus compañeros.

ACTIVIDAD: El lenguaje y las relaciones

Utiliza las ideas acerca de las relaciones en las páginas 272 a 274.

Escribes para la sección de cultura de una revista de expatriados en tu ciudad. Escribe un artículo acerca del lenguaje y las relaciones. Intenta responder a estas preguntas:

● **¿Cómo cambia el lenguaje de acuerdo con quién hablamos o de la situación en la que estamos?**
● **¿De qué manera influyen nuestras relaciones con las personas en la manera en que usamos el lenguaje?**
● **¿Por qué en un contexto internacional es necesario prestar atención a los aspectos culturales del uso del lenguaje entre hombres, mujeres, niños y adultos?**

El **propósito** de tu artículo es **informar**.

Completa unas tablas como las siguientes con las primeras ideas que pienses. Sé espontáneo.

Los chicos son	Las chicas son

Un chico actúa "como chica" cuando ...	Una chica actúa "como chico" cuando ...

Comparte tus ideas en parejas o en equipos pequeños.

¿Qué puedes generalizar acerca de las relaciones entre chicos y chicas y las suposiciones que existen?

Julie habló de manera tranquila. "Jack, ¿piensas que las chicas son bobas, tontas y ridículas?"

"No," respondió Jack, indignado.

"Piensas que es humillante verse como una chica, porque tú piensas que es humillante ser una chica."

Julie respiró profundamente, se acercó a Jack y murmuró: "Las chicas pueden vestir pantalones de mezclilla y cortarse el pelo corto, vestir camisas vaqueras y botas, porque no hay problemas cuando una chica parece un chico; pero si un chico quiere lucir o parecerse a una chica la gente piensa que es degradante, porque todos piensan que ser una chica es degradante. Sin embargo, secretamente sé que te gustaría saber qué se siente, ¿no? ¿Qué se siente ser una chica?"

ACTIVIDAD: ¿Cómo se siente ser una chica?

■ Enfoques del aprendizaje

- Habilidades de comunicación: Utilizan el entendimiento intercultural para interpretar la comunicación. Negocian ideas y conocimientos con compañeros

El extracto a la izquierda aparece en la novela "El jardín de Cemento" de Ian McEwan y presenta un diálogo acerca de la doble moral y el rol de la mujer.

Trabaja con un compañero y comenta las ideas en el texto. Después responde estas preguntas.

1 ¿Cuál es tu opinión sobre cómo se deben de ver los chicos y las chicas?
2 ¿Realmente hay un problema si un chico se viste como una chica y una chica como un chico?

Menciona ejemplos para ilustrar tus puntos de vista. Escucha con atención y haz preguntas sobre las ideas que mencione tu compañero.

◆ Oportunidades de evaluación

- En esta actividad practicarás habilidades del aspecto iv del Criterio C Expresión oral: Comunicar la información requerida con claridad y eficacia.

! Actúa e involúcrate

! Reflexiona sobre la forma en que puedes utilizar las ideas que compartiste sobre las relaciones entre chicos y chicas para promover una campaña anti-abuso y promover el respeto a la diversidad en tu escuela.

▼ Nexos con: Individuos y Sociedades: Geografía

Relaciones que existen en las diferentes regiones del mundo

■ Enfoques del aprendizaje

- ■ Habilidad de transferencia: Comparan la comprensión conceptual en distintas disciplinas y grupos de asignaturas

Trabaja en parejas. Comenta las relaciones que se mencionan en los siguientes casos. Escribe las respuestas que tu compañero y tú formulen.

1 ¿Qué relación existe entre el tamaño de una vivienda, la economía de una familia y el tipo de familia?
2 ¿Qué relación existe entre el tipo de viviendas y la geografía del lugar donde viven las personas?
3 ¿Qué relación existe entre el clima y el tipo de ropa que lleva la gente y las reglas para vestirse de diferentes formas?
4 ¿Qué relación existe entre la región geográfica de un país y la comida que comen los locales?

Comparte tus respuestas con otros equipos.

◆ Oportunidades de evaluación

- ◆ En esta actividad practicarás habilidades del aspecto ii del Criterio D Expresión escrita: Usar una amplia variedad de estructuras gramaticales correctamente.

ACTIVIDAD: Interacciones familiares

■ Enfoques del aprendizaje

- ■ Habilidad de comunicación: Utilizan una variedad de técnicas de expresión oral para comunicarse con diversos destinatarios

Utiliza la información en las páginas 272 a 274 y la actividad "Relaciones que existen en las diferentes regiones del mundo".

Prepara una presentación acerca de la manera en que las familias interactúan y se relacionan de acuerdo con:

- ● **el número de miembros en la familia**
- ● **los diferentes géneros**
- ● **las edades de las personas en la familia**
- ● **su cultura**
- ● **el lugar dónde viven**

Utiliza PowerPoint o Keynote pare crear apoyos visuales para tu presentación. Enfatiza diferentes aspectos de las relaciones entre las personas.

◆ Oportunidades de evaluación

- ◆ En esta actividad practicarás habilidades de todos los aspectos del Criterio C Expresión oral: Usar una amplia variedad de vocabulario, usar una amplia variedad de estructuras gramaticales correctamente, usar pronunciación y entonación claras de manera comprensible y comunicar la información requerida con claridad y eficacia.

Spanish for the IB MYP 4&5: *by Concept*

¿Eres un buen vecino?

La comunicación y el respeto entre los vecinos son básicas. Para tener armonía en el lugar donde vivimos necesitamos adoptar ciertos hábitos que garantizan buenas relaciones.

¡Atención!

¡Coopera!

¡Apoya!

¡Cuida!

¡Comprende!

¡Comparte!

ACTIVIDAD: ¿Eres buen vecino?

Enfoques del aprendizaje

- Habilidad de comunicación: Hacen deducciones y extraen conclusiones

Presta atención a la infografía anterior. Responde las siguientes preguntas.

1 Explica el significado de los seis recuadros. Considera la relación entre los íconos y las palabras.
2 ¿Qué puede suceder si no prestamos atención a las reglas de convivencia que los recuadros representan?
3 ¿Qué sucede cuando sólo pocas personas siguen estos acuerdos y otros no?

Comenta tus respuestas con tus compañeros.

Oportunidades de evaluación

- En esta actividad practicarás habilidades del aspecto iv del Criterio C Expresión oral: Comunicar la información requerida con claridad y eficacia.

ACTIVIDAD: La Convivencia entre vecinos

Enfoques del aprendizaje

- Habilidad de comunicación: Hacen deducciones y extraen conclusiones

Mira el vídeo en el siguiente enlace:
https://youtu.be/h6eCekIKolE

Responde las siguientes preguntas.

1 Según el presentador, ¿qué hacen las personas que tienen una mala relación vecinal?
2 Completa esta frase de acuerdo con lo que dice la reportera: Cada casa es … y cada bloque de viviendas es ….
3 Menciona tres de las cosas que pueden causar disputas entre vecinos.
4 ¿Cuántas familias viven en el edificio que se muestra en el vídeo?
5 ¿Por qué es importante para Manuel Moreno vivir cerca del ascensor?
6 ¿Quién tiene dos perros?
7 ¿De qué tipo de programa es parte este vídeo?
8 ¿Qué técnica de investigación utilizó la periodista para crear su reportaje? Justifica tu respuesta.
   a Entrevista
   b Encuesta
9 ¿Qué intenta conseguir el presentador con este reportaje?
10 ¿Qué opinas de la opinión de Luisa Pardo acerca de la convivencia entre vecinos?
11 ¿Estás de acuerdo con la opinión final del presentador acerca de los valores claves de convivencia? ¿Por qué?
12 ¿Hasta qué punto la situación que se muestra en el vídeo es relevante en tu cultura y tu contexto?

Oportunidades de evaluación

- En esta actividad practicarás habilidades de todos los aspectos del Criterio A Comprensión auditiva: Demostrar la comprensión de información oral explícita e implícita (datos, opiniones, mensajes y detalles), analizar convenciones y analizar conexiones.

¿Qué relación existe entre las relaciones personales y el estilo de lenguaje que usamos?

ACTIVIDAD: Relaciones predeterminadas

■ Enfoques del aprendizaje

- Habilidad de comunicación: Establecen relaciones conceptuales entre diferentes términos y / o temas

Lee las palabras en la siguiente tabla y piensa en la relación más frecuente que cada palabra tiene con otros vocablos. Completa la tabla con la palabra que, en tu opinión, nos permite observar un tipo de relación. Observa el ejemplo:

Cazador	Presa	Dar	
Abrir		Dependencia	
Amigo		Dominar	
Carnívoro		Pregunta	
Cliente		Premio	
Compatibilidad		Enseñar	
Comprador		Sacrificio	
Consumidor		Salario	

Compara tus respuestas con un compañero o en equipos pequeños. Ofrece justificaciones para tus respuestas.

◆ Oportunidades de evaluación

- ◆ En esta actividad practicarás habilidades del aspecto i del Criterio D Expresión escrita: Usar una amplia variedad de vocabulario.

■ ¿Podemos tener múltiples relaciones con una persona?

GENERA–ORGANIZA–CONECTA–EXPLICA

■ Enfoques del aprendizaje

- Habilidad de pensamiento crítico: Consideran ideas desde múltiples perspectivas

Individualmente responde las siguientes preguntas. Después comparte tus respuestas en equipos pequeños.

1. ¿Cómo hablas con tus amigos? ¿Con qué tono? ¿Qué palabras usas?
2. ¿Hasta qué punto hablas de manera similar con tus amigos y tus amigas?
3. En tu lengua nativa, ¿hay una forma especial de hablar con los adultos y las personas de tu edad?
4. ¿Cómo te diriges a los desconocidos cuando tienes una pregunta?
5. ¿Qué tan diferentemente hablas con los extranjeros que hablan tu lengua?

En equipo, organiza las ideas que compartiste y que tus compañeros compartieron en un mapa conceptual.

ACTIVIDAD: Los usos de la lengua según las relaciones que tenemos con otras personas

■ Enfoques del aprendizaje

■ Habilidad de comunicación: Establecen relaciones conceptuales entre diferentes términos y / o temas

Lee con atención las situaciones en la siguiente tabla y menciona qué tipo de lengua utilizas en cada **contexto** y con cada persona. ¿Utilizas lengua formal, coloquial, familiar, académica? ¿Por qué?

Persona o situación	Tipo de lengua que usas
Con el médico	
Con personas mayores	
Con tus maestros	
Con tus abuelos	
Con extraños	
Con autoridades públicas	

Comparte tus opiniones con tus compañeros.

¿Qué tan similares son tus opiniones?

Sugerencia

Repasa el uso de "tú" y "usted". ¿Cuál es la forma correcta de los verbos con cada pronombre?

ACTIVIDAD: ¿Cómo usamos la lengua con las personas que conocemos?

■ Enfoques del aprendizaje

■ Habilidad de comunicación: Escriben con diferentes propósitos

Utiliza las ideas que escribiste en la tarea "Los usos de la lengua según las relaciones que tenemos con otras personas".

Eres un periodista que tiene un blog acerca de la **comunicación** y las interacciones sociales.

Escribe una entrada para tu blog acerca de la manera en que la relación que tenemos con las personas determina el tipo de lenguaje que utilizamos. Incluye ejemplos para apoyar tu idea central.

El **propósito** de tu texto es **informar**.

◆ Oportunidades de evaluación

◆ En esta actividad practicarás habilidades de todos los aspectos del Criterio D Expresión escrita: Usar una amplia variedad de vocabulario, usar una amplia variedad de estructuras gramaticales correctamente, organizar información por escrito y comunicar información teniendo en cuenta el destinatario y el propósito.

ACTIVIDAD: Lengua y amabilidad

■ Enfoques del aprendizaje

■ Habilidad de comunicación: Utilizan una variedad de técnicas de expresión oral para comunicarse con diversos destinatarios

Trabaja en parejas. Selecciona una de las siguientes situaciones y prepara dos versiones de un diálogo con tu compañero. La primera versión será en un ambiente formal, y la segunda en un ambiente familiar y / o coloquial. Decide qué rol tendrá cada uno. Planea preguntas relevantes y respuestas adecuadas. Cada una de las interacciones deberá durar dos minutos.

Situaciones

a **Pide información, en el kiosco de información en el aeropuerto**
b **Solicita servicios en una farmacia**
c **Pide ayuda a un agente de policía en la calle**
d **Charla con el jefe de tu papá o tu mamá sobre el trabajo que hacen en su compañía**
e **Estás en una competición nacional, charla con el presidente de la Asociación de Deportes**

◆ Oportunidades de evaluación

◆ En esta actividad practicarás habilidades del aspecto iv del Criterio C Expresión oral: Comunicar la información requerida con claridad y eficacia.

SEÑOR, SEÑORA Y SEÑORITA

1 Según el diccionario de la Real Academia Española (RAE), el término "señora" se utiliza para las mujeres casadas o viudas, y "señorita" para las mujeres solteras. No obstante, para muchas mujeres no es agradable escuchar la pregunta "¿señora o señorita?"

2 Los usos de señora y señorita no son similares. Por ejemplo, nunca se emplea "señorita" si se conoce el estado civil de una mujer; es decir, cuando una mujer se casa se le llama "señora". Curiosamente "señorita" no sólo implica que la mujer no tiene marido, porque este término no se usa con mujeres separadas o divorciadas; así que muchas personas confirman que puede tener un tono sexista.

3 En inglés no existe este problema porque tienen tres términos: *Miss* (señorita), *Mrs* (señora) y *Ms*, el que simplemente indica que se trata de una mujer. Por ello, algunos hispanohablantes piensan que "señorita" debería desaparecer y que sólo se debería usar "señora", pues con los hombres sólo se usa "señor"; o acaso ¿sería buena idea introducir "señorito" para los hombres?

ACTIVIDAD: Relaciones entre el lenguaje y las emociones

■ Enfoques del aprendizaje

■ Habilidad de comunicación: Estructuran la información utilizando diferentes tipos de oraciones para utilizar la lengua en contexto

Responde las siguientes preguntas.

1 ¿Utilizamos las mismas palabras cuando estamos contentos, enojados o deprimidos?
2 ¿Cómo identificamos en el lenguaje que usa una persona cuando está feliz, triste o enojada?
3 ¿Es posible pronunciar oraciones y expresar diferentes emociones? ¿Por qué?
4 Escribe una serie de palabras que podemos usar cuando queremos producir los siguientes tonos en nuestros textos:
    a Alegre
    b Triste
    c Agresivo

Comenta tus respuestas en parejas.

◆ Oportunidades de evaluación

◆ En esta actividad practicarás habilidades del aspecto i del Criterio D Expresión escrita: Usar una amplia variedad de vocabulario.

ACTIVIDAD: ¿Señora o señorita?

■ Enfoques del aprendizaje

■ Habilidades de comunicación: Establecen relaciones conceptuales entre diferentes términos y / o temas. Estructuran la información utilizando diferentes tipos de oraciones para utilizar la lengua en contexto

Responde las siguientes preguntas.

1 ¿Qué significan las palabras "señora" y "señorita"?
2 ¿Cómo sabes cuando debes llamar a una mujer "señora" o "señorita"?
3 ¿Cuál es el equivalente de "señora" o "señorita" para los hombres?

¡NO A LAS PALABRAS SOECES!

Las palabras tienen poder, representan nuestra imagen, son un reflejo de nuestra educación, y hablan de los valores de nuestra familia.

P@$#%*!

Utiliza palabras que reflejen la manera como quieras que te recuerde la gente.

Lee el texto acerca de los términos "señora" y "señorita" en la página 280.

a En tu opinión, ¿los términos "señora" y "señorita" son sexistas? ¿Por qué o por qué no?

b ¿Qué opinas acerca de la connotación de las palabras "señora" y "señorita"? ¿Es justo que no exista esa connotación para los hombres?

Comenta tus respuestas a las preguntas 1 a 3 y a y b en equipos pequeños.

◆ Oportunidades de evaluación

◆ En esta actividad practicarás habilidades del aspecto iv del Criterio C Expresión oral: Comunicar la información requerida con claridad y eficacia.

ACTIVIDAD: Palabras soeces

■ Enfoques del aprendizaje

■ Habilidad de comunicación: Hacen deducciones y extraen conclusiones

Presta atención al cartel acerca de la campaña contra las palabras soeces.

1 Presta atención al centro del cartel. ¿Cuál es el significado de "palabras soez"?

2 ¿De qué manera comunicó el autor este mensaje: "las palabras soeces están prohibidas"?

3 ¿Por qué la palabra "soeces" está escrita con una fuente más grande en la parte superior del texto?

4 ¿Cuál es el propósito del texto? Justifica tu respuesta.
    a Entretener
    b Informar
    c Persuadir

5 ¿Por qué el autor escribió una recomendación al final del texto?

◆ Oportunidades de evaluación

◆ En esta actividad practicarás habilidades del aspecto ii del Criterio B Comprensión de lectura: Analizar convenciones.

Lee el siguiente texto sobre la lengua y la communicación.

La lengua es más que un medio social

1 El leguaje es la facultad humana de intercambiar ideas y sentimientos por medio de una lengua. Todos nos comunicamos, primero, por la necesidad que tenemos de socializar y, después, porque tenemos la capacidad de formular pensamientos y desarrollamos el deseo de compartirlos. Así, todos los humanos utilizamos el lenguaje porque vivimos en sociedad.

2 La lengua juega un papel muy importante en nuestras vidas porque nos ayuda a realizar diferentes tareas: nos permite hablar de nuestras experiencias; nos permite crear relaciones intra e interpersonales, y nos permite interactuar con el contexto que nos rodea.

3 La lengua nos ayuda a comunicarnos en situaciones concretas. En cada situación y contexto, adaptamos la manera en que nos comunicamos dependiendo de las personas con las que hablamos; dependiendo del lugar donde estamos; tomando en cuenta la confianza que tenemos con nuestros interlocutores; y considerando los roles que jugamos en esa circunstancia.

4 Usamos el lenguaje de manera formal con adultos, con personas que ocupan rangos laborales más altos, o simplemente como señal de respeto. No obstante, en ocasiones, a pesar del contexto y la relación preferimos utilizar un tono más familiar, coloquial y cordial.

5 En pocas palabras, utilizamos el lenguaje de manera diferente, en situaciones muy variadas para alcanzar diferentes objetivos. De hecho, en muchas ocasiones un tono formal también se usa para crear distancia y diferenciar roles. También, podemos notar que muchas personas, independientemente de su estatus social o laboral, prefieren utilizar un registro más personal para fortalecer sus relaciones con los demás y para evitar sentir que "trabajan con extraños".

6 En todos los contextos, el lenguaje no es solamente el sistema de comunicación oral y escrita. En muchas ocasiones, expresamos el tipo de relaciones que les gusta mantener con los demás por medio de miradas, expresiones faciales, sonrisas, posturas corporales, gestos, distancia, proximidad e incluso la duración de sus conversaciones.

7 Por ello, la finalidad esencial del lenguaje es permitir a las personas relacionarse con los demás, pero con una definición muy clara de las relaciones que existen entre los que interactúan. Aunque la situación siempre ayuda a definir cómo debemos comunicarnos, no siempre es fácil decidir cómo debemos hacerlo porque en muchas ocasiones las relaciones que existen entre las personas pueden dar paso a comunicarse de forma diferente.

8 ¿Cómo podemos saber, entonces, cómo debemos comunicarnos? ¿Cómo podemos descifrar la relación entre la lengua y el contexto? Desafortunadamente es difícil generalizar porque a muchas personas les gusta la formalidad, mientras que a otros les gusta la cercanía a los demás. Lo único que podemos hacer es prestar atención a todos los elementos de la comunicación y seguir nuestros instintos; o, si tenemos suerte, las personas con las que hablemos nos indicarán cómo quieren que les hablemos.

ACTIVIDAD: La lengua es más que un medio social

■ Enfoques del aprendizaje

■ Habilidad de comunicación: Leen con actitud crítica y para comprender

Después de leer el texto sobre la lengua y los contextos sociales en las páginas anteriores, responde las siguientes preguntas.

1   De acuerdo con el texto, ¿cuál es la diferencia entre lenguaje y lengua?
2   ¿Verdadero o falso? El tono formal sólo tiene un uso. Justifica tu respuesta.
3   ¿Verdadero o falso? Las personas sólo se comunican utilizando la lengua escrita y oral. Justifica tu respuesta.
4   Según el texto, ¿por qué muchas personas prefieren un tono más personal cuando interactúan con otros?
5   Explica por qué el artículo menciona que no es posible generalizar cómo debemos comunicarnos.
6   Según el texto, ¿qué hacen las personas con la lengua en cada contexto y situación?
7   Toma en cuenta el tema que debate el texto. ¿En qué tipo de libro consideras que aparece este texto? Explica.
8   Toma en cuenta las ideas del texto. ¿Qué otros temas puedes encontrar en el libro donde aparece este artículo?
9   ¿Cómo se relacionan las imágenes con las ideas del texto? Selecciona dos imágenes y utiliza información del texto para establecer y explicar la relación entre ellos.
10 Considera los ejemplos que se mencionan en el texto. ¿Cómo utilizas la lengua en tu contexto social? Menciona una situación y explica.
11 En tu lengua materna, ¿existen reglas para el uso de la lengua con personas de diferentes edades y géneros? Menciona un ejemplo.
12 Considera tu contexto actual. ¿Qué otra información piensas que sería relevante incluir en este texto para que sea más significativo en tu cultura? Explica.

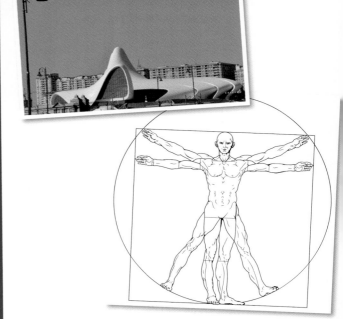

■ No existe información ni conocimiento aislado

◆ Oportunidades de evaluación

◆ En esta actividad practicarás habilidades de todos los aspectos del Criterio B Comprensión de lectura: Demostrar la comprensión de información oral explícita e implícita (datos, opiniones, mensajes y detalles), analizar convenciones y analizar conexiones.

ACTIVIDAD: Relaciones evidentes y no tan evidentes

Presta atención a las imágenes anteriores y responder las siguientes preguntas.

1   ¿Qué relaciones existen entre el juego de billar y las matemáticas?
2   ¿Qué relaciones existen entre el dibujo (arte) y la ciencia?
3   ¿Qué relaciones existen entre la arquitectura, el arte y las matemáticas?

Comenta tus respuestas en equipos pequeños.

◆ Oportunidades de evaluación

◆ En esta actividad practicarás habilidades del aspecto ii del Criterio D Expresión escrita: Usar una amplia variedad de estructuras gramaticales correctamente.

¿Qué relaciones desarrollamos con el lugar donde vivimos?

ACTIVIDAD: ¿Qué nos conecta con los lugares y las personas?

■ Enfoques del aprendizaje

- Habilidad de comunicación: Estructuran la información utilizando diferentes tipos de oraciones para utilizar la lengua en contexto

Responde las siguientes preguntas.

1 **¿Cuándo decimos que "nos sentimos en casa" en un determinado lugar?**
2 **¿Qué tipo de relaciones con las personas son necesaras para sentir que pertenecemos a cierto lugar?**
3 **¿Qué hábitos desarrollamos cuando estamos cómodos y contentos en un lugar?**
4 **¿De qué manera nos expresamos acerca de un lugar cuando tenemos una conexión fuerte con él?**

Comparte tus respuestas en equipos pequeños.

◆ Oportunidades de evaluación

- En esta actividad practicarás habilidades del aspecto ii del Criterio D Expresión escrita: Usar una amplia variedad de estructuras gramaticales correctamente.

ACTIVIDAD: Un malayo muy mexicano

■ Enfoques del aprendizaje

- Habilidad de comunicación: Estructuran la información utilizando diferentes tipos de oraciones para utilizar la lengua en contexto

Presta atención a la siguiente imagen vectorial.

La arquitectura

La lucha libre

La playa

Las fiestas

Las tradiciones

Los tacos de la calle

El arte

Este chico se llama Hilmi, es de Malasia y fue a estudiar español a México. Después de pasar cinco años allá, ahora tiene una conexión muy profunda con el país.

Imagina que eres Hilmi. Utiliza la información en la imagen vectorial y prepara una presentación acerca de tu relación con México.

Trabaja en parejas y comparte la presentación que preparaste.

◆ Oportunidades de evaluación

- En esta actividad practicarás habilidades de los aspectos i, iii y iv del Criterio C Expresión oral: Usar una amplia variedad de vocabulario, usar pronunciación y entonación claras de manera comprensible y comunicar la información requerida con claridad y eficacia.

ACTIVIDAD: ¿Qué tomamos en cuenta para decidir dónde vivir?

■ Enfoques del aprendizaje

- Habilidad de colaboración: Escuchan con atención otras perspectivas e ideas

Muchos adultos emigran de sus países después de jubilarse y deciden vivir en otro lugar.

Trabaja en parejas. Escribe oraciones acerca de las cosas que las personas consideran para elegir su nueva residencia.

Observa los ejemplos y sigue el **patrón**:

1 **Los adultos consideran el costo de las cosas.**
2 **Los adultos toman en cuenta qué tan fácil es viajar a su nueva casa.**

◆ Oportunidades de evaluación

- En esta actividad practicarás habilidades del aspecto ii del Criterio D Expresión escrita: Usar una amplia variedad de estructuras gramaticales correctamente.

ACTIVIDAD: Un santurario para el retiro

■ Enfoques del aprendizaje

- Habilidad de comunicación: Escuchan con actitud crítica y para comprender

Mira el vídeo en este enlace:
https://youtu.be/8JhERqz8COk

Responde las siguientes preguntas con la información que se menciona en el vídeo:

1 **¿Cuántos jubilados estadounidenses viven en San Miguel de Allende aproximadamente?**
2 **¿Por qué Michael Gerber decidió mudarse a San Miguel de Allende?**
3 **Según Salvador Moreno, ¿qué tipo de propiedad quieren los extranjeros que se mudan a San Miguel de Allende?**
4 **¿Cuánto puede costar una casona en San Miguel de Allende actualmente?**
5 **¿Cómo han transformado la ciudad los estadounidenses que se mudan a San Miguel de Allende?**
6 **En tus propias palabras, define qué es "el sueño mexicano".**

◆ Oportunidades de evaluación

- En esta actividad practicarás habilidades del aspecto i del Criterio A Comprensión auditiva: Demostrar la comprensión de información oral explícita e implícita (datos, opiniones, mensajes y detalles).

ACTIVIDAD: ¿Qué consideramos para elegir nuestro destino favorito?

■ Enfoques del aprendizaje

■ Habilidad de colaboración: Escuchan con atención otras perspectivas e ideas

Trabaja en parejas. Participa en una lluvia de ideas acerca de las cosas que tomamos en cuenta para decidir cuál es nuestro destino favorito cuando viajamos.

Escribe oraciones con los datos de tu lluvia de ideas. Observa el ejemplo y sigue el **patrón**:

En mi destino favorito debe haber playas porque me gusta mucho el mar.

◆ Oportunidades de evaluación

◆ En esta actividad practicarás habilidades del aspecto ii del Criterio D Expresión escrita: Usar una amplia variedad de estructuras gramaticales correctamente.

ACTIVIDAD: Mi destino favorito

■ Enfoques del aprendizaje

■ Habilidades de comunicación: Escuchan con actitud crítica y para comprender. Estructuran la información en resúmenes, ensayos e informes

Trabaja en equipos de tres personas.

Elige uno de los siguientes enlaces:
- **Persona 1: https://youtu.be/epzQCijwEHs**
- **Persona 2: https://youtu.be/BFvq-yWLiDE**
- **Persona 3: https://youtu.be/bArNQkhF93M**

Mira tu vídeo, toma notas sobre los lugares que ves y **resume** la información que presenta el vídeo.

Comparte tu resumen con tus compañeros.

Unifica los resúmenes de tus compañeros y el tuyo. Produce una entrada de blog y **explica** por qué Iquitos es tu destino favorito en Perú. El **propósito** de tu texto es **entretener**.

◆ Oportunidades de evaluación

◆ En esta actividad practicarás habilidades de todos los aspectos del Criterio D Expresión escrita: Usar una amplia variedad de vocabulario, usar una amplia variedad de estructuras gramaticales correctamente, organizar información por escrito y comunicar información teniendo en cuenta el destinatario y el propósito.

ACTIVIDAD: Mi residencia es mi musa

¿Sabes quién es Vincent van Gogh?

¿Sabes que pintó la mayoría de su obra en Auvers-sur-Oise, Francia?

Investiga el contenido de las siguientes obras de van Gogh. Escribe qué muestra cada una.

Observa el ejemplo y sigue el **patrón**:

Sembrador a la puesta del sol: Esta pintura muestra un hombre en el campo.

1   **La Casa Amarilla**
2   **Los Alyscamps**
3   **La avenida de los Alyscamps**
4   **El viñedo rojo**
5   **Mancha de hierba**
6   **Campo de trigo con cuervos**
7   **Campos en Cordeville**

Mira el vídeo en el siguiente enlace:
https://youtu.be/ux4iPn_FJqI

Imagina que eres Vincent van Gogh y acabas de llegar a Auvers-sur-Oise. Pasaste todo el día caminando por el pueblo y decidiste que este lugar es como tu musa.

Escribe una entrada de diario y **explica** qué viste en este pueblo y por qué quieres vivir aquí.

ACTIVIDAD: Mi entorno y yo

Reflexiona acerca de las conexiones y relaciones que tienes en tu ciudad, en tu escuela, y en tu casa.

Lee la siguiente frase. Escribe detalles adicionales para **justificar** el mensaje de esta idea. Escribe diez oraciones. Observa el ejemplo y sigue el **patrón**.

La relación con mi entorno refleja la relación que tengo conmigo, porque…

Ejemplo: *Si yo trato bien a las personas, los demás me tratarán de la misma manera.*

Proyecto MedioMundo

Andrés, un ingeniero de Chile, y Victoria, una artista visual de Argentina, forman el equipo de Proyecto MedioMundo. Hace unos años, emprendieron un viaje en su Volkswagen Kombi '87 y han decidido vivir viajando. Andrés y Victoria administran el sitio ProyectoMedioMundo.com y su objetivo es recorrer los diferentes países de Latinoamérica desarrollando propuestas de talleres, recolectando experiencias de diferentes lugares para finalizarlo en un trabajo editorial y audiovisual.

Victoria tiene una relación especial con Montevideo, Uruguay. Las siguientes líneas forman parte de su reflexión:

> "Montevideo tiene un universo de leyendas y mitos que desafían nuestra racionalidad y la imagen que hemos creado de una ciudad gris y monótona".
>
> Néstor Ganduglia. Historias de Montevideo Mágico.

Siempre me gusto la música rioplatense, a pesar de que no soy originaria de este lugar. Los cantautores uruguayos, el folclore nostálgico y las murgas que resurgen con cada carnaval son cosas que me gustan mucho.

Mario Benedetti es uno de mis autores favoritos y, gracias a sus libros, especialmente *Geografías*, creía conocer Montevideo como la palma de mi mano, pero sin haber estado ahí.

Quería ir sola a Montevideo. Quería conocer, reconocer, cada espacio que me había imaginado cientos de veces. Había construido una relación imaginaria con una ciudad desconocida.

Cuando por fin fui a Montevideo, por dos o tres días caminé y caminé por (casi) todos lados. En cada punto que me encontraba, sentía que ya había estado ahí o sospechaba haberlo oído o leído… Tenía todas las referencias de los libros de Benedetti en la cabeza y en los cuadernos que, por suerte, me acompañan para revisar y anotar.

Sin querer queriendo, o quizá queriendo sin querer, Montevideo paso de ser la ciudad que imaginaba a través de la música y la lectura, a recorrerla, conocerla y comprenderla, en sus historias, en su ritmo y en sus colores.

ACTIVIDAD: El relato de mi relación con Montevideo

■ Enfoques del aprendizaje

■ Habilidad de comunicación: Hacen deducciones y extraen conclusiones

Lee el texto y las citas acerca de Victoria y su relación con Montevideo. Después responde las siguientes preguntas.

1 ¿Cómo logró Victoria conocer Montevideo como la palma de su mano?
2 ¿Cuál autor y cuál libro en particular son la razón por la que Victoria se enamoró de Montevideo?
3 ¿Cuáles dos aspectos de la música rioplatense le gustan a Victoria?
4 Cuando fue a Montevideo, ¿qué sentía Victoria cuando caminaba por las calles?
5 ¿Cuáles dos cosas ayudaron a Victoria a desarrollar su relación con Montevideo?
6 En tu opinión, ¿podemos enamorarnos de una ciudada sin haber estado ahí? ¿Por qué?

◆ Oportunidades de evaluación

◆ En esta actividad practicarás habilidades del aspecto i del Criterio B Comprensión de lectura: Demostrar la comprensión de información explícita e implícita (datos, opiniones, mensajes y detalles).

ALGUNAS TAREAS SUMATIVAS PARA EVALUAR ESTE CAPÍTULO

Considera las siguientes actividades para poner en práctica lo que has aprendido en este capítulo. Las tareas se diseñaron considerando el vocabulario y estructuras que se introdujeron, así como las ideas que se presentaron. Estas tareas te permitirán valorar tu desempeño en diferentes áreas de la lengua utilizando los criterios de evaluación de Adquisición de Lenguas del PAI.

ACTIVIDAD: Terapias Asistidas con animales

■ Enfoques del aprendizaje

- Habilidad de comunicación: Escriben con diferentes propósitos

Mira el vídeo en el siguiente enlace:
https://vimeo.com/276183590

Imagina que eres María Teresa. Piensa en el día que llegaste a la residencia. Escribe una entrada de blog. Reflexiona sobre tu relación con los perros. Menciona los recuerdos que tienes de cuando eras niña y **describe** la manera en que convives con los perros ahora.

Escribe 150 palabras.

◆ Oportunidades de evaluación

- En esta actividad practicarás habilidades de todos los aspectos del Criterio D Expresión escrita.

ACTIVIDAD: La Fundación Affinity

■ Enfoques del aprendizaje

- Habilidad de comunicación: Utilizan una variedad de técnicas de expresión oral para comunicarse con diversos destinatarios

Tarea en el formato de evaluación interna (evaluación oral individual)

Mira el vídeo en el siguiente enlace:
https://vimeo.com/276183590

Toma notas acerca del **mensaje** que se presenta en el vídeo y el **propósito** de comunicación. Prepara una presentación acerca del vídeo y su contenido.

Tu presentación debe durar uno minuto. Después, tu profesor hará preguntas acerca de tu presentación.

◆ Oportunidades de evaluación

- En esta actividad practicarás habilidades de todos los aspectos del Criterio C Expresión oral.

ACTIVIDAD: Un día en Tlacotalpan

Mira el vídeo en este enlace: **https://youtu.be/r31hawBTV0I** y responde las siguientes preguntas.

1 ¿Qué es especial acerca de Tlacotalpan?
2 ¿Quién menciona las siguientes ideas?

Idea	Narrador	Homero	Ignacio
Los colores hablan de la cultura de su gente.			
Tu estancia en Tlacotalpan será agradable.			
Ciudad declarada patrimonio cultural de la humanidad.			
Yo pinto las raíces y la cultura.			

3 ¿Qué distingue a las personas de Tlacotalpan?
4 Considera la información en el vídeo y resume en dos o tres líneas la relación que la gente de Tlacotalpan tiene con su ciudad.
5 ¿Cuál es el propósito de este vídeo?
6 ¿Qué desea lograr el autor de este vídeo?
7 ¿Quiénes son los receptores de este vídeo? Justifica tu respuesta.
8 ¿Qué puedes inferir acerca de las personas de Tlacotalpan con la información del vídeo?
9 ¿Qué relación existe entre el título del vídeo y los saludos que escuchaste?
10 ¿Qué tan similar o diferente es Tlacotalpan al lugar donde vives? Utiliza información del vídeo en tu respuesta.

ACTIVIDAD: Proyecto Personal: Instagram como herramienta para tomar notas

Lee la entrada de diario de un proyecto personal en la página 292 y responde estas preguntas.

1 ¿Qué piensa Alain sobre su proyecto?
2 ¿Cómo justificó Alain su selección del contexto global?
3 ¿Cuál objetivo tiene el proyecto de Alain?
4 Menciona dos ejemplos para justificar qué tan personal es el proyecto de Alain para él mismo.
5 Según Alain, ¿por qué es importante saber tomar una foto?
6 ¿Qué descubrió Alain sobre la fotografía y la ciencia en su investigación?
7 ¿Qué elementos te permiten decir que este texto es una entrada de diario del proyecto personal del PAI?
8 Selecciona dos ideas del texto que representen la exploración del contexto global del proyecto de Alain.
9 ¿Por qué Alain utilizó el pretérito indefinido y el futuro en su texto?
10 Considera las ideas en su texto, ¿es Alain un estudiante ejemplar? Justifica tu respuesta.
11 ¿Cuál es tu opinión sobre el proyecto de Alain? Selecciona dos ideas y critícalas positiv a o negativamente. Justifica tus comentarios.
12 De acuerdo con la información que mencionó Alain, ¿cuál puede ser una contribución de su proyecto personal a su escuela? ¿Estás de acuerdo? ¿Por qué o por qué no?
13 ¿Puede el proyecto de Alain funcionar en tu escuela? ¿Por qué o por qué no?

CONECTA–EXTIENDE–DESAFÍA

- **Conecta:** ¿Cómo se conecta la información de este capítulo con las ideas que tenías?
- **Extiende:** ¿Qué ideas en este capítulo te ayudan a desarrollar y enriquecer tus opiniones y te permiten crear conexiones entre conocimientos de dos o más asignaturas?
- **Desafía:** ¿Qué desafíos encuentras en las ideas de este capítulo? ¿Qué preguntas tienes?

Proyecto personal: Instagram como herramienta para tomar notas

Cuando hablamos de fotografía muchas veces sólo pensamos en las imágenes, en los colores, y en las técnicas para hacer fotos. Sin embargo, pocas veces consideramos las relaciones que la fotografía tiene con la ciencia o los avances científicos que han sido posibles gracias a ella.

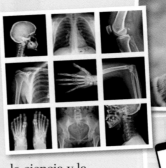

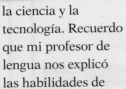

Se dice que una imagen vale más que mil palabras, y si consideramos que en ocasiones es más fácil expresar o entender una idea en una fotografía que en una descripción que puede confundirnos más, entonces podemos reconocer el valor y el poder de la fotografía. Así, por mi pasión por la fotografía y porque quiero proponer una nueva forma de utilizar la tecnología y las redes sociales para tomar notas y compartir ideas, mi proyecto personal es sobre el uso de Instagram como herramienta para tomar notas y compartir ideas.

Todos mis amigos tienen una cuenta de Instagram e interactúan con las fotos que compartimos. Muchas veces las fotos son interesantes y otras veces sólo son imágenes absurdas; sin embargo, a todos nos gusta comentar. Por eso, pienso que si tomo fotos de las notas que tomamos en clase y las comparto en una cuenta especial, podremos colaborar y aprender mejor.

El contexto global que he seleccionado para mi proyecto es innovación técnica y científica. La razón por la que pienso que este contexto es adecuado es porque mi proyecto es una exploración sobre el impacto de los ambientes virtuales en la actividad humana. Además, si consideramos que la manera en que la fotografía ayuda a documentar los procesos científicos, podemos apreciar la relación entre estas dos disciplinas.

Para determinar que este contexto global es el correcto, hice una investigación breve en internet sobre las relaciones entre la fotografía y la ciencia y descubrí que las radiografías y las holografías son formas de la fotografía que son comunes en la ciencia. Por lo tanto, mi idea de utilizar la fotografía para consolidar nuestros conocimientos es muy similar.

Dado que Instagram es una red social que apareció como un avance tecnológico, mi proyecto es un ejemplo de las relaciones entre el arte, la ciencia y la tecnología. Recuerdo que mi profesor de lengua nos explicó las habilidades de transferencia y mencionó que estas habilidades son necesarias porque nos permiten utilizar información y destrezas de las asignaturas en diferentes contextos. Entonces, para que mi proyecto sea exitoso, necesito mostrar habilidades de transferencia adecuadamente porque saber cómo tomar una foto que comunique ideas claramente y publicarlas en Instagram me ayudará a involucrar a mis compañeros. Además, si organizó las fotos correctamente podremos practicar pensamiento científico porque hablaremos de suposiciones, hipótesis, preguntas efectivas y evidencia.

Así, para resumir mi meta, quiero crear:

Una cuenta de Instagram para compartir fotos de notas de todas las asignaturas, y voy a invitar a mis compañeros a comentar. Posiblemente invite a personas de otros países. La cuenta no será pública porque quiero tener control de los seguidores para evitar comentarios indecentes y para cuidar el proyecto. Tomaré las fotos con mi teléfono móvil, pero también puedo utilizar capturas de la pantalla de mi computadora personal.

Pienso que mi proyecto también puede ayudar a mi escuela a promover diferentes maneras de colaborar y aprender porque los profesores también comparten ideas. Entonces, pienso que mi proyecto me permitirá practicar varios atributos del perfil de la comunidad de aprendizaje como indagador, comunicador instruido e informado.

Tengo confianza en que a mi supervisor le gustará mi idea y me ayudará a disfrutar mi proyecto.

Alain.

Reflexión

En este capítulo estudiamos el concepto de relaciones y abordamos no sólo los diferentes tipos de relaciones que pueden tener las personas con otras personas, sino que también incluimos elementos como el medio ambiente. De igual forma, también exploramos las relaciones que las palabras tienen dentro de la lengua, así como la forma en que utilizamos la lengua dependiendo del contexto y las emociones que sentimos.

Así, hemos descubierto que no existe información ni conocimiento aislado, que todo está relacionado y que existen conexiones entre ideas, personas y conceptos.

Reflexionemos sobre nuestro aprendizaje … Usa esta tabla para reflexionar sobre tu aprendizaje personal en este capítulo.					
Preguntas que hicimos	Respuestas que encontramos	Preguntas que podemos generar ahora			
Fácticas: ¿Cuáles palabras y estructuras utilizamos para hablar de relaciones? ¿Cuántas y qué tipo de relaciones pueden existir? ¿Cuáles relaciones familiares en mi idioma no existen o son diferentes en español?					
Conceptuales: ¿Cómo influyen las relaciones en la manera en que usamos la lengua? ¿De qué manera expresamos diferentes vínculos por medio del lenguaje? ¿Qué relación existe entre las relaciones personales y el estilo de lenguaje que usamos?					
Debatibles: ¿Hasta qué punto pueden las relaciones cambiar con el tiempo? ¿Qué relaciones desarrollamos con el lugar donde vivimos?					
Enfoques de aprendizaje en este capítulo:	Descripción: ¿qué destrezas nuevas adquiriste?	¿Qué tan bien has consolidado estas destrezas?			
		Novato	En proceso de aprendizaje	Practicante	Experto
Habilidades de comunicación					
Habilidades de colaboración					
Habilidades de organización					
Habilidades de reflexión					
Habilidades de gestión de la información					
Habilidades de pensamiento crítico					
Habilidades de pensamiento creativo					
Habilidades de transferencia					
Atributos de la comunidad de aprendizaje	Reflexiona sobre la importancia de ser alguien informado e instruido en este capítulo. ¿Cómo demostraste tus habilidades como estudiante informado e instruido en este capítulo?				
Informado e instruido					

¿Qué tan pronunciada es la brecha generacional entre mis padres y yo?

El **significado** de los valores y las **relaciones** con nuestros alrededores cambia con el **tiempo**.

■ Varias mujeres hablaban sobre el mejor consejo que sus madres les habían dado: "aprende a marchar por el camino que te haga feliz, nunca temas al cambio; un cambio prepara otro; la vida misma es cambio."

EN ESTE CAPÍTULO VAMOS A INVESTIGAR LAS SIGUIENTES PREGUNTAS:

Fácticas: ¿Cuáles tiempos verbales utilizamos para hablar acerca de las actividades que realizamos en tiempos diferentes? ¿Cuáles palabras y estructuras utilizamos para hablar de las generaciones pasadas?

Conceptuales: ¿Cómo se ve reflejada la evolución social en los cambios a lo largo de la historia? ¿De qué manera cambian con el tiempo las formas de expresar ideas?

Debatibles: ¿Cuáles diferencias son las más marcadas entre los jóvenes y los adultos del presente? ¿Por qué cambia nuestro punto de vista acerca de diferentes valores o comportamientos de generación a generación? ¿Qué actitudes y valores definen nuestro presente? ¿Qué valores se apreciarán en el futuro?

EN ESTE CAPÍTULO VAMOS A:

■ **Descubrir:**
  ■ ejemplos de las actitudes, opiniones o condiciones que han cambiado de generación a generación.

■ **Explorar:**
  ■ la manera en que los acontecimientos históricos moldean nuestra forma de ver el mundo
  ■ el impacto de los avances y cambios en las opiniones de las personas de diferentes generaciones.

■ **Actuar y:**
  ■ reflexionar sobre los valores de generaciones pasadas
  ■ evaluar la manera en que mostramos respeto y aceptación a ideas diferentes.

Las siguientes habilidades de los enfoques del aprendizaje serán útiles:

- Habilidades de comunicación
- Habilidades de colaboración
- Habilidades de gestión de la información
- Habilidades de pensamiento crítico
- Habilidades de pensamiento creativo
- Habilidades de transferencia

Contenido esencial

Los contenidos temáticos que se abordarán en este capítulo pertenecen a las fases 1 y 2 del continuo de aprendizaje y son:
- Los asuntos de actualidad
- Los acontecimientos pasados
- El presente
- El pretérito indefinido
- El pretérito imperfecto
- El pretérito perfecto
- El condicional
- Construcciones con "poder", "deber", "querer", "gustar" + infinitivo

Reflexiona sobre el siguiente atributo de la comunidad de aprendizaje:

- Equilibrado: entendemos la importancia del equilibrio físico, mental (espiritual) y emocional y la demostramos por medio de la reflexión constantemente.

Oportunidades de evaluación en este capítulo:

- **Criterio A:** Comprensión auditiva
- **Criterio B:** Comprensión de lectura
- **Criterio C:** Expresión oral
- **Criterio D:** Expresión escrita

VOCABULARIO SUGERIDO

Vocabulario sugerido para mejorar la experiencia de aprendizaje. **Discute** el **significado** de las siguientes palabras y **úsalas** en las actividades en este capítulo.

Sustantivos	Adjetivos	Verbos
accidente	amable	apoyar
acontecimiento	aparente	causar
antecedentes	atrevido	diferenciar
causa	capaz	distinguir
cautela	controvertido	enfatizar
controversia	discreto	exagerar
discreción	engreído	favorecer
moderación	exhibicionista	marcar
polémica	frívolo	omitir
privacidad	grosero	presenciar
recato	pragmático	pretender
respeto	profundo	quejarse
suceso	recatado	reclamar
testigo	respetuoso	suceder
vivencia	sensible	
	superficial	
	temeroso	
	vanidoso	

¿Cuáles palabras y estructuras utilizamos para hablar de las generaciones pasadas?

Cuando era joven en la década de los setenta, yo…

Cuando iba a la secundaria en la década de los ochenta, yo…

ACTIVIDAD: Los 70 y los 80

■ Enfoques del aprendizaje

- Habilidad de comunicación: Estructuran la información utilizando diferentes tipos de oraciones para utilizar la lengua en contexto

Utiliza el pretérito imperfecto para escribir diez oraciones acerca de las décadas de los 70 y los 80. Utiliza la información en las imágenes vectoriales anteriores. Observa los ejemplos y sigue el **patrón**:

1 *Cuando María iba a la secundaria en los 80, jugaba tetris.*
2 *Cuando Alonso era jóven en los 70, bailaba música disco.*

Compara tus oraciones con tus compañeros.

◆ Oportunidades de evaluación

- En esta actividad practicarás habilidades de los aspectos i y ii del Criterio D Expresión escrita: Usar una amplia variedad de vocabulario y usar una amplia variedad de estructuras gramaticales correctamente.

ACTIVIDAD: ¿Qué hacían María y Alonso?

■ Enfoques del aprendizaje

- Habilidad de comunicación: Participan en diálogos breves para intercambiar información concreta

Trabaja en parejas.

Utiliza la información en las imágenes vectoriales anteriores.

Toma turnos para preguntar acerca de lo que hacían María y / o Alonso.

Observa el ejemplo y sigue el **patrón**:

A ¿Qué hacía María en los 80?
B María jugaba tetris.

◆ Oportunidades de evaluación

- En esta actividad practicarás habilidades de los aspectos iii y iv del Criterio C Expresión oral: Usar pronunciación e entonación claras de manera comprensible y comunicar la información requerida con claridad y eficacia.

CUÉNTAME CÓMO PASÓ

Cuéntame cómo pasó es una serie de televisión española sobre la vida de la familia Alcántara. Antonio, Mercedes, Inés, Toni, Carlos, María, y Herminia (padre, madre, hijos, y abuela, respectivamente) viven en el barrio de San Genaro, en Madrid, España.

La trama de este programa se cuenta por medio de pequeñas historias acerca de las experiencias de los Alcántara, y toma lugar en España, en los comienzos de la Transición Española, en los años finales del franquismo. Así, Cuéntame cómo pasó relata anécdotas que realmente sucedieron en aquellos días, y las presente de diferentes maneras ya sea mediante su aparición en los medios de comunicación, o bien por la implicación directa de los miembros de la familia en ellos.

CUÉNTAME

1 Cuéntame tú qué has vivido,
2 el despertar de un tiempo que nos cambió.
3 Volverás a ser un niño, al recordar las largas tardes de sol.

CORO:

4 Háblame de lo que has encontrado en tu largo caminar.
5 (×2) Cuéntame como te ha ido, si has conocido la felicidad.
6 Sentirás el dulce abrazo de aquellos padres qué dieron todo por ti.
7 El sabor del primer beso todos los sueños que tú querías cumplir.

CORO

8 Hoy podré, junto a ti, embocar nuestro ayer,
9 cuéntame cómo fue.
10 (×3) Háblame de aquellos días,
11 Háblame …
12 (×4) Cuéntame como te ha ido si has conocido la felicidad …

ACTIVIDAD: Cuéntame

■ Enfoques del aprendizaje

■ Habilidades de pensamiento crítico: Extraen conclusiones y realizan generalizaciones razonables. Formulan preguntas fácticas, de actualidad, conceptuales y debatibles

Mira el vídeo introducción para el programa *Cuéntame cómo pasó* en el siguiente enlace:
https://youtu.be/4NsroD7R3dQ

Responde las siguientes preguntas y comparte tus respuestas en equipos pequeños.

1 Escribe dos oraciones acerca de la fotografía y el vídeo de acuerdo con lo que viste en el texto. Utiliza el pretérito imperfecto.
2 Escribe cuatro oraciones acerca de los viajes en familia de acuerdo con lo que viste en el texto. Utiliza el pretérito imperfecto.

3 Escribe tres oraciones acerca de la televisión y el entretenimiento de acuerdo con lo que viste en el texto. Utiliza el pretérito imperfecto.
4 Escribe dos oraciones acerca de la ropa que la gente usaba de acuerdo con lo que viste en el texto. Utiliza el pretérito imperfecto.

Compara tus respuestas en equipos pequeños, y pide a un compañero que responda tus preguntas.

Responde las preguntas de tu compañero.

Comparte las respuestas de las preguntas que escribiste para que tu compañero revise su trabajo.

◆ Oportunidades de evaluación

◆ En esta actividad practicarás habilidades del aspecto i del Criterio A Comprensión auditiva: Demostrar la comprensión de información oral explícita e implícita (datos, opiniones, mensajes y detalles).

12 ¿Qué tan pronunciada es la brecha generacional entre mis padres y yo?

297

ACTIVIDAD: Cuéntame cómo te ha ido

Ve a la página 297 y lee la letra de la canción "Cuéntame cómo te ha ido", interpretada por Ana Belén y David San José. Utiliza el enlace en la actividad "Cuéntame" para escuchar la canción mientras lees la letra.

Responde las preguntas.

1 ¿Qué significa "el despertar del tiempo que nos cambió"? ¿Cómo podrías transmitir esta idea de otra manera?
2 ¿Qué significa "volverás a ser un niño"?
3 ¿Por qué se asocian las largas tardes de sol con la infancia? ¿Cómo son las tardes cuando uno no es un niño?
4 ¿Qué puedes inferir sobre la idea en el verso 5: "padres que dieron todo por ti"? Explica.
5 Explica el sentido que da "querías" a la idea en el verso 6. ¿Cómo sería diferente el significado si se usara otro tiempo verbal?
6 "Embocar" significa "meterse" . ¿Qué invitación hace la cantante al escucha? ¿Qué puedes inferir sobre su relación?

ACTIVIDAD: El comienzo de la historia

Mira el vídeo en el siguiente enlace:
https://youtu.be/LmCnkHZEzCk

Responde las siguientes preguntas.

1 ¿Cuántos años tenía el narrador en 1968?
2 ¿Qué hacía en niño en la ventana? ¿Por qué?
3 Escribe una oración acerca de los hábitos de cada una de las personas en la familia: el papá, la mamá, el hermano mayor, la abuela, la hermana, el niño pequeño.
4 Según el narrador, ¿qué hacían en la mesa antes de tener televisión?
5 ¿Qué hizo la hermana antes de entrar a la casa? ¿Por qué?
6 ¿Qué aspecto de la hija criticaron el papá y la abuela?
7 Explica el rol del papá en esta familia.
8 Resume la escena de la cena en esta familia.

ACTIVIDAD: Comparación entre la familia Alcántara y mi familia

■ Enfoques del aprendizaje

■ Habilidad de comunicación: Estructuran la información utilizando diferentes tipos de oraciones para utilizar la lengua en contexto

Presta atención a la interacción de los integrantes de la familia Alcántara en el vídeo acerca de la serie "Cuéntame cómo pasó". Compara los roles y actitudes de los miembros de la familia Alcántara con los de tu familia.

Observa el ejemplo y sigue el **patrón**:

En la casa de la familia Alcántara todos cenan juntos, pero en mi familia cada quien cena a diferentes horas.

◆ Oportunidades de evaluación

◆ En esta actividad practicarás habilidades de los aspectos i y ii del Criterio D Expresión escrita: Usar una amplia variedad de vocabulario y usar una amplia variedad de estructuras gramaticales correctamente.

ACTIVIDAD: La vida familiar en la casa del futuro

■ Enfoques del aprendizaje

■ Habilidad de comunicación: Utilizan una variedad de técnicas de expresión oral para comunicarse con diversos destinatarios

Mira el vídeo en este enlace:
https://youtu.be/d36M4CCCXRw

Toma notas acerca de lo que ves e investiga el vocabulario necesario para **describir** las interacciones que toman lugar entre los miembros de la familia del vídeo, en la casa del futuro.

Trabaja en parejas. Reproduce el vídeo y utiliza tus notas para describir lo que pasa en el vídeo. Expresa tus ideas desde la perspectiva del chico o la niña.

Realiza la descripción en tiempo presente, en primera persona del singular.

◆ Oportunidades de evaluación

◆ En esta actividad practicarás habilidades del aspecto iv del Criterio C Expresión oral: Comunicar la información requerida con claridad y eficacia.

ACTIVIDAD: Cenando con la familia… En el futuro

■ Enfoques del aprendizaje

■ Habilidad de comunicación: Escriben con diferentes propósitos

Utiliza el siguiente enlace **https://tinyurl.com/u95qffq** para acceder a unas imágenes del libro de Neil Ardley titulado "*Tomorrow's Home*". Imagina que tuviste un sueño y que en tu sueño te invitaron a cenar en la casa de esta familia.

Escribe una entrada de diario. **Describe** tu experiencia en el sueño mientras cenabas con la familia. Toma en cuenta que el sueño tomó lugar en el futuro.

Considera las siguientes preguntas.

- **¿Cómo interactuaban los miembros de la familia entre ellos?**
- **¿Qué emociones pudiste apreciar?**
- **¿Crees que eran felices? ¿Por qué o por qué no?**

Comparte tu texto con tus compañeros y compara las ideas que escribiste.

◆ Oportunidades de evaluación

◆ En esta actividad practicarás habilidades de todos los aspectos del Criterio D Expresión escrita: Usar una amplia variedad de vocabulario, usar una amplia variedad de estructuras gramaticales correctamente, organizar información por escrito y comunicar información teniendo en cuenta el destinatario y el propósito.

▼ Nexos con: Individuos y Sociedades: Historia

El comienzo de la historia

■ Enfoques del aprendizaje

- Habilidad de gestión de la información: Acceden a la información para estar informados e informar a otros
- Habilidad de pensamiento crítico: Obtienen y organizan información pertinente para formular un argumento
- Habilidad de pensamiento creativo: Establecen conexiones inesperadas o inusuales entre objetos o ideas

En el vídeo del primer episodio de *Cuéntame cómo pasó* se menciona que 1968 fue un año revolucionario.

Realiza una investigación sobre algunos de los acontecimientos más relevantes y produce una cronología.

Organiza los acontecimientos de acuerdo a la fecha en que sucedieron. Resume brevemente qué sucedió y las causas e impacto de tal movimiento.

Crea conexiones con movimientos históricos previos o posteriores si es posible.

Considera estas pistas:

- Helsinki
- Ciudad de México
- Sartre
- de Beauvoir
- Ché en Cuba
- Woodstock
- Vietnam
- Praga
- China.

Presenta tu cronología en una galería en clase.

Toma turnos para apreciar el trabajo de tus compañeros y haz preguntas sobre las ideas que consideres interesantes.

◆ Oportunidades de evaluación

- En esta actividad practicarás habilidades de los aspectos i y ii del Criterio D Expresión escrita: Usar una amplia variedad de vocabulario y usar una amplia variedad de estructuras gramaticales correctamente.

ACTIVIDAD: Tus papás y tú

■ Enfoques del aprendizaje

- Habilidad de pensamiento creativo: Establecen conexiones inesperadas o inusuales entre objetos o ideas
- Habilidad de colaboración: Logran consensos

Trabaja en equipos pequeños.

Con tu equipo, realiza una lluvia de ideas en la que aborden los diferentes comportamientos o actitudes más comunes o frecuentes que surgen debido a las diferencias generacionales entre padres e hijos.

Después de la lluvia de ideas, **organiza** tus ideas un diagrama de Venn, en el que compares las actitudes y comportamientos de los hijos y sus padres (en un círculo) y los hijos y sus madres (en otro círculo).

Presenta tu trabajo en una galería. Toma turnos para apreciar las ideas de tus compañeros, y hacer preguntas sobre las ideas que consideres interesantes.

◆ Oportunidades de evaluación

- En esta actividad practicarás habilidades de los aspectos i y ii del Criterio D Expresión escrita: Usar una amplia variedad de vocabulario y usar una amplia variedad de estructuras gramaticales correctamente.

ACTIVIDAD: Interacción entre generaciones

Enfoques del aprendizaje

■ Habilidad de comunicación: Participan en diálogos breves para intercambiar información concreta

Realiza una encuesta a personas de tres generaciones distintas: la generación de tus padres, de tus abuelos y de personas entre 20 y 30 años. Concentra tu información en una tabla como esta:

Pregunta ¿Cuándo era(s) niño …	Persona 1	Persona 2	Persona 3
qué le / te gustaba hacer durante el receso?			
qué le / te gustaba ver en la televisión?			
qué le / te gustaba hacer con sus / tus amigos en los fines de semana?			
qué juguetes le / te gustaba comprar?			
qué imaginaba(s) sobre el futuro?			
qué opinaba(s) sobre el pasado?			
cuál consideraba(s) el invento más innovador?			

◆ Oportunidades de evaluación

◆ En esta actividad practicarás habilidades del aspecto iv del Criterio C Expresión oral: Comunicar la información requerida con claridad y eficacia.

ACTIVIDAD: ¿Qué te gustaba hacer cuando eras niño?

■ Enfoques del aprendizaje

■ Habilidad de comunicación: Escriben con diferentes propósitos

Eres un bloguero y escribes acerca de los valores y las interacciones sociales. Utiliza la información que obtuviste por medio de tu encuesta. Escribe un texto para tu blog. **Describe** qué tan diferentes eran los gustos de las personas en la década en que fueron niños en comparación con los gustos que tienen en la actualidad. En tu texto, menciona que utilizas los resultados de una encuesta.

Utiliza el pretérito imperfecto y el pretérito perfecto correctamente.

Reflexiona acerca de la manera en que el significado de los valores y las relaciones con nuestros alrededores cambian con el tiempo.

◆ Oportunidades de evaluación

◆ En esta actividad practicarás habilidades de todos los aspectos del Criterio D Expresión escrita: Usar una amplia variedad de vocabulario, usar una amplia variedad de estructuras gramaticales correctamente, organizar información por escrito y comunicar información teniendo en cuenta el destinatario y el propósito.

12 ¿Qué tan pronunciada es la brecha generacional entre mis padres y yo?

301

ACTIVIDAD: Cuando tus profesores eran estudiantes

■ Enfoques del aprendizaje

■ Habilidad de comunicación: Participan en diálogos breves para intercambiar información concreta

Realiza una entrevista a dos profesores diferentes: un hombre y una mujer. La edad de cada uno de los profesores debe ser diferente.

Graba la entrevista para que tengas acceso a las respuestas completas.

Utiliza las siguientes preguntas.

1 **¿Cómo eran sus profesores?**
2 **¿Cómo era la relación entre los estudiantes y los profesores?**
3 **¿Cómo eran las reglas en diferentes escuelas?**
4 **¿Qué consideraban "anticuado" o "pasado de moda"? ¿Por qué?**
5 **¿Qué pensaban sobre el estilo de música que escuchaban sus padres?**
6 **¿Qué palabras estaban de moda? ¿Qué significaban? ¿Qué pensaban las personas mayores de esas palabras?**
7 **¿Cuáles temas de conversación causaban controversia?**
8 **¿Qué actitudes y valores definieron su presente?**
9 **¿Sobre cuáles valores han cambiado el punto de vista de las personas?**

Después de la entrevista, utiliza las respuestas de tus profesores y realiza las siguientes tareas:

Tarea 1: Artículo de revista

Escribe un artículo de revista en el que **presentes** un resumen de una de tus entrevistas. **Describe** el tema general (las diferencias entre generaciones) para contextualizar la entrevista; **selecciona** tres preguntas que apoyen tu introducción y concluye con tus impresiones personales.

Utiliza el pretérito imperfecto e indefinido, y el presente correctamente.

Escribe 150 palabras.

Tarea 2

Escoge una opción.

a **Un podcast**
    Crea un podcast de tres minutos.
    Contextualiza el podcast mencionando el tema: una comparación entre dos generaciones de profesores. Utiliza las respuestas de tus profesores para **desarrollar** las ideas centrales. En tu podcast, deberás incluir las opiniones de los dos profesores y las tuyas de manera homogénea.

b **Una presentación de PowerPoint o Keynote**
    Utiliza las ideas de tus profesores para crear una PowerPoint o Keynote de por lo menos diez diapositivas. Utiliza las ideas de los profesores para describir el tema central de tu presentación: las diferencias entre generaciones e inclúyelas en las diapositivas, acompañadas de imágenes.
    Presenta tu trabajo frente a la clase entera.

◆ Oportunidades de evaluación

◆ En esta actividad practicarás habilidades de los aspectos ii y iv del Criterio D Expresión escrita: Usar una amplia variedad de estructuras gramaticales correctamente y comunicar información teniendo en cuenta el destinatario y el propósito.

¿De qué manera cambian con el tiempo las formas de expresar ideas?

■ Diferentes formatos para reproducir vídeo. ¿Cómo simboliza y comunica cada uno la esencia de la generación en la que apareció?

INFIERE–REFLEXIONA– COMPARTE

◼ Enfoques del aprendizaje

■ Habilidad de comunicación: Estructuran la información utilizando diferentes tipos de oraciones para utilizar la lengua en contexto

Presta atención a las ilustraciones anteriores y responde las siguientes preguntas. Si no conoces la respuesta, investiga.

1 ¿Cuál es el nombre de cada formato de vídeo?
2 ¿Cómo se reproducían los vídeos en cada uno de estos formatos?
3 ¿Qué ventajas tenía cada formato sobre los otros?
4 ¿Qué limitante tenía cada uno de estos formatos de vídeo en comparación con los formatos de vídeo actuales?
5 ¿Qué tipo de cuidado necesitaba cada uno de estos artículos?
6 ¿Qué inconvenientes experimentaban los usuarios de estos artículos?

ACTIVIDAD: Entre generaciones

◼ Enfoques del aprendizaje

■ Habilidad de comunicación: Leen con actitud crítica y para comprender

Después de leer las opiniones de las cuatro personas en la página 304, responde las siguientes preguntas.

1 ¿Qué piensa Paula sobre los amigos de su hija?
2 ¿Qué crítica hace Frida a algunos de los papás de sus amigos?
3 ¿Cómo era Félix cuando era joven?
4 ¿Cuáles eran dos de las actividades más frecuentes que Raquel hacía con su familia? Haz una inferencia.
5 Menciona dos ejemplos que describan los comportamientos de Frida que no les gustan a sus padres.
6 ¿Qué quiere decir Raquel cuando dice que las personas de su generación fueron "oyentes pasivos"?
7 ¿Por qué Raquel, Félix y Paula utilizaron el pretérito imperfecto para expresar sus opiniones? Explica.
8 Resume los textos. ¿Cuál es la idea central de las opiniones de las cuatro personas?
9 Después de leer el texto, ¿qué tan similares son Raquel, Félix y Paula a algunos familiares tuyos o amigos de tu familia? Utiliza información del texto para explicar.
10 ¿Qué tan similar o diferente es tu punto de vista sobre lo que tus padres piensan de tus hábitos si lo comparas con la opinión de Frida?
11 ¿Estás de acuerdo con la opinión de Paula sobre los chicos de tu edad? ¿Por qué o por qué no?
12 ¿Qué opinas sobre el punto de vista de Raquel? ¿Piensas tú de esa manera sobre las personas de su generación? Explica.

◆ Oportunidades de evaluación

◆ En esta actividad practicarás habilidades de los aspectos i y iii del Criterio B Comprensión de lectura: Demostrar la comprensión de información explícita e implícita (datos, opiniones, mensajes y detalles) y analizar conexiones.

ENTRE GENERACIONES

Lee las opiniones de cuatro personas de diferentes generaciones.

■ Paula

Recuerdo lo que mis padres decían acerca de mis modales, de mis buenos y malos hábitos, y del tiempo que pasaba frente a la televisión. Nada de eso se compara con la cantidad de detalles a los que es necesario prestar atención con los jóvenes del presente, pues son niños que esperan ser guiados para todo, pero no les gusta que los supervisen ni que los obliguen a obedecer. Muchos de los amigos de mi hija perciben el trabajo como un mal necesario y la vida, como algo que debe disfrutarse en todo momento. Para ellos, el futuro está en el presente y el pasado no interfiere o no influye decisivamente en el hoy. No sé si no saben apreciar las cosas importantes de la vida o soy yo la que no sabe ver las cosas como las ven ellos.

■ Raquel

Mi generación forma parte de un periodo en el que la familia era importante. No había televisión ni internet, y muy pocas familias tenían un radio. Yo pienso que la personas de mi generación somos buenos observadores y buenos escuchas. Tenemos una educación que nos ayudó a construir nuestras familias, a ganar dinero honradamente y a respetar. Reconozco que hubo muchos conflictos y muy pocas personas alzaron sus voces, así que no me sorprende si los chicos del presente piensan que fuimos una generación silenciosa de oyentes pasivos … pero muy educados.

Mis padres son unos tipos geniales, no estoy de acuerdo con ellos en muchas cosas, pero son fantásticos … mejores que algunos de los padres de mis amigos que nunca pasan tiempo con sus hijos y, por eso, no los entienden. Mis papás no son así, pero avanzan demasiado lento.

■ Frida

Hablan de los problemas del mundo, pero no hacen nada para solucionarlos. Por ejemplo, se quejan de la cantidad de basura, pero no reciclan. Sé que crecieron en tiempos diferentes, pero también sé que mis abuelos pensaban que ellos (mis padres) eran jóvenes difíciles de comprender y que tenían ideas raras. Las diferencias más marcadas entre mis padres y yo tienen que ver con mi teléfono, pues en ocasiones siento que les cuesta trabajo comprender que no sólo tengo amigos en la ciudad, sino en todo el país y en todo el mundo y que necesito estar en contacto con cada uno de forma distinta. Mis amigos y yo nos comunicamos de formas distintas, en ocasiones con fotos, con mensajes de audio, con vídeos cortos, con memes …

Recuerdo que mis padres siempre mencionaban que me gustaba la rebeldía, el desafío a la autoridad, la televisión y el *Rock and Roll*. En comparación con mis padres, creo que viví cambios más bruscos: la liberación femenina, la integración racial, el inicio al acceso a la alta tecnología por parte del público, y las modas. Creo que las personas de mi generación apreciamos lo pragmático y lo útil, que nos gusta comunicar lo que queremos de manera original, porque queremos que sirva de referencia por mucho tiempo. Somos la generación de los movimientos que abrieron las puertas a las posibilidades del presente.

■ Félix

ACTIVIDAD: Diferentes épocas, diferentes opiniones

■ Enfoques del aprendizaje

- Habilidad de comunicación: Hacen deducciones y extraen conclusions
- Habilidad de colaboración: Escuchan con atención otras perspectivas e ideas

Aprecia y reflexiona sobre el trabajo del fotógrafo y editor libanés Eli Rezkallah en el siguiente enlace: **https://youtu.be/PuLIlwVnSo0**

Trabaja en parejas y comparte tu opinión acerca de las imágenes. Utiliza las siguientes preguntas para guiar tu interacción:

1 **¿Qué roles tenían las mujeres en el pasado?**
2 **¿Qué roles tenían los hombres en el pasado?**
3 **¿De qué manera eran diferentes las libertades que tenían los hombres y las mujeres?**
4 **¿Qué opinaba la sociedad acerca de los hombres y mujeres que no seguían ese modelo en el pasado?**
5 **¿Qué opinas acerca de las alternativas que propone el artista?**
6 **¿Qué intenta criticar el fotógrafo con su trabajo?**
7 **¿Qué opinas acerca de los hombres y mujeres que aún conservan los roles del pasado?**

◆ Oportunidades de evaluación

◆ En esta actividad practicarás habilidades del aspecto iv del Criterio C Expresión oral: Comunicar la información requerida con claridad y eficacia.

❗ Actúa e involúcrate

❗ Considera las edades de las personas que forman parte de tu comunidad en tu escuela. Participa en una lluvia de ideas para determinar qué tipo de pósters o documentos visuales y de comunicación puedes crear para recordar a tus compañeros la importancia de comunicarnos respetuosamente con los demás.

■ De arriba hacia abajo: View-Master®, disco flexible y club de alquiler de películas

ACTIVIDAD: ¿Cómo se interactuaba con la información en el pasado?

Selecciona un ítem de cada una de las columnas.

Objetos o lugar	Acciones
View-Master®	Quemar un disco
Enciclopedia Microsoft Encarta	Grabar canciones de diferentes discos compactos (CDs) en un casete
Club de alquiler de vídeos	Rebobinar una cinta VHS
Disquete / Disco Flexible	Uso del catálogo de fichas en la biblioteca
Cámara desechables	Revelado de fotos instantáneas (Polaroid)
Tamagotchi	Ingreso de información y uso del tarjetero (Rolodex)

a **Sobre los objetos o lugares: Investiga** información sobre los usos que tenían, su forma o estructura y por qué eran divertidos o convenientes. Incluye datos sobre por qué desaparecieron.

b **Sobre las acciones: Investiga qué significa, cuándo se realizaba y por qué. Crea una lista de los pasos necesarios pare realizar la acción.**

Eres un bloguero que escribe un blog acerca de juguetes, tecnologías y curiosidades. Escribe una entrada para tu blog. **Resume** la investigación que hiciste y **explica** el uso del objeto que investigaste y el significado de la acción que elegiste.

El **propósito** de tu entrada de blog es **informar**. En tu texto, haz referencia al siguiente aspecto del enunciado de indagación: El significado de las relaciones con nuestros alrededores cambia con el tiempo.

Los lectores de tu blog son adolescentes que tienen los mismos intereses que tú.

ACTIVIDAD: Formatos de comunicación escrita

Trabaja en parejas. Toma turnos para expresar tu opinión sobre los siguientes ideas. Comenta los roles que las personas tienen en cada caso, la relevancia de cada forma de comunicación y las razones por las que algunos no son tan comunes.

a **Amigos de la escuela y amigos por correspondencia**
b **Amigos en la vida real y seguidores en Instagram u otra red social**
c **Comunicación por cartas y comunicación por correo electrónico**
d **Comunicación por medio de mensajes instantáneos y Snapchats**
e **Comunicación por medio de mensajes de texto y mensajes de voz**
f **El uso de emojis en lugar de palabras**

ACTIVIDAD: 100 años de moda

Enfoques del aprendizaje

- Habilidad de comunicación: Estructuran la información utilizando diferentes tipos de oraciones para utilizar la lengua en contexto

¿Cómo ha cambiado la moda para los hombres y para las mujeres? ¿Cuáles eran algunas tendencias comunes en décadas pasadas?

Mira los vídeos en los siguientes enlaces.

- **Hombres: https://youtu.be/FBd0lLDierM**
- **Mujeres: https://youtu.be/M4z90wlwYs8**

Escribe oraciones acerca de la ropa que los hombres y las mujeres utilizaban en diferentes décadas. Infiere acerca de la relación que tenían con otras personas y sus alrededores.

Oportunidades de evaluación

- En esta actividad practicarás habilidades de los aspectos i y ii del Criterio D Expresión escrita: Usar una amplia variedad de vocabulario y usar una amplia variedad de estructuras gramaticales correctamente.

ACTIVIDAD: La familia en las últimas décadas

Enfoques del aprendizaje

- Habilidad de comunicación: Estructuran la información utilizando diferentes tipos de oraciones para utilizar la lengua en contexto

¿Cómo ha cambiado la familia en las últimas décadas?

¿Cómo han cambiado los roles de los padres y las madres?

Estudia la información en este enlace **https://tinyurl.com/ucyvpde**

Escribe oraciones y compara el número de hijos que las familias tenían en diferentes décadas, el tipo de roles, responsabilidades y deberes que tenían los padres y las madres, diferentes aspectos de la economía y cambios notables.

Oportunidades de evaluación

- En esta actividad practicarás habilidades de los aspectos i y ii del Criterio D Expresión escrita: Usar una amplia variedad de vocabulario y usar una amplia variedad de estructuras gramaticales correctamente.

ACTIVIDAD: La evolución de la familia

Enfoques del aprendizaje

- Habilidad de comunicación: Escriben con diferentes propósitos

Eres un escritor que colabora con una revista para jóvenes. Eres responsable de la sección acerca de aspectos sociales.

Escribe un artículo acerca de la evolución de la familia en los últimos 50 años. El objetivo de tu texto es informar. Utiliza las ideas que produjiste en la actividad anterior.

Oportunidades de evaluación

- En esta actividad practicarás habilidades de todos los aspectos del Criterio D Expresión escrita: Usar una amplia variedad de vocabulario, usar una amplia variedad de estructuras gramaticales correctamente, organizar información por escrito y comunicar información teniendo en cuenta el destinatario y el propósito.

12 ¿Qué tan pronunciada es la brecha generacional entre mis padres y yo?

307

Momentos importantes capturados en las películas

■ Enfoques del aprendizaje

- ■ Habilidad de gestión de la información: Establecen conexiones entre diversas fuentes de información
- ■ Habilidad de comunicación: Estructuran la información en resúmenes, ensayos e informes

Selecciona una de las siguientes películas y realiza una investigación sobre el tema que tratan:

- Los olvidados, México
- Machuca, Chile
- La Chispa de la Vida, España
- Iluminados por el fuego, Argentina

Escribe un informe sobre la manera en que la película presentó el problema social o momento histórico. Menciona por qué el tema de la película fue importante o relevante para las personas de la década cuando se filmó. Ten cuidado en no escribir una reseña o crítica. Escribe la historia que se narra en la película.

Utiliza el pretérito indefinido e imperfecto correctamente.

Escribe 150 palabras.

Comparte tu informe con compañeros que no escribieron sobre la película que seleccionaste.

◆ Oportunidades de evaluación

- ◆ En esta actividad se han practicado las habilidades que son evaluadas por medio del Criterio C: Comunicación en respuesta a textos orales, escritos o visuales y del Criterio D: Uso de la lengua de forma oral o escrita.

EL CINE COMO MEDIO PARA CONCIENTIZAR LA SOCIEDAD

El séptimo arte, el cine, es una de las formas más fuertes y efectivas para reflejar y documentar la realidad. Además de ser una forma de entretenimiento, el cine también ha permitido a muchos realizadores contar historias sobre momentos históricos importantes.

El cine siempre ha sido un medio de expresión por el cual los artistas y pensadores han invitado a las personas a reflexionar sobre los acontecimientos mundiales.

IDEAS, ENIGMAS Y EXPLORACIONES

Responde las preguntas y comparte tus ideas.

1 ¿Qué **ideas** piensas que motivaron a los realizadores a filmarlas?
2 ¿Qué **enigmas** piensas que aún existen sobre las situaciones que presentan las películas?
3 ¿Qué **exploraciones** o indagaciones se podrían hacer con el tema y las ideas que se tratan en cada película?

Derechos de los animales

Viajar libremente

¿Qué lograremos alcanzar y mantener en el futuro?

Disminución de la brecha salarial

Gestión de desechos

Igualdad de oportunidades

Diversidad social

Paz

Inclusión

OPINA–APOYA–REFLEXIONA

Presta atención a la imagen vectorial anterior. Trabaja en parejas y toma turnos para responder las siguientes preguntas.

1   ¿Qué opinas acerca de las ideas que se presentan? ¿Son importantes o no? ¿Por qué o por qué no?
2   ¿Cuáles ideas en la imagen vectorial deben ser prioridad en la actualidad?
3   ¿Cuáles ideas en la imagen vectorial podrían cambiar en el futuro? ¿Por qué?
4   ¿En cuáles ideas en la imagen vectorial algunas personas no muestran interés? ¿Por qué?
5   ¿Cuáles ideas en la imagen vectorial debemos priorizar? ¿Por qué?
6   ¿Qué otros valores, conceptos o ideas debemos apreciar hoy en día y en el futuro?

ACTIVIDAD: Soy Activista

Selecciona uno de los valores en la imagen vectorial anterior.

Imagina que eres un activista de esa causa. Escribe el texto de un discurso que darías en tu escuela acerca del tema. El **propósito** de tu discurso es **persuadir** a los estudiantes de tu escuela a tomar cartas en el asunto y actuar para mejorar la situación que daña el valor que elegiste.

Menciona ejemplos para apoyar tu opinión.

◆ Oportunidades de evaluación

◆ En esta actividad practicarás habilidades de todos los aspectos del Criterio D Expresión escrita: Usar una amplia variedad de vocabulario, usar una amplia variedad de estructuras gramaticales correctamente, organizar información por escrito y comunicar información teniendo en cuenta el destinatario y el propósito.

ALGUNAS TAREAS SUMATIVAS PARA EVALUAR ESTE CAPÍTULO

Considera las siguientes actividades para poner en práctica lo que has aprendido en este capítulo. Las tareas se diseñaron considerando el vocabulario y estructuras que se introdujeron, así como las ideas que se presentaron. Estas tareas te permitirán valorar tu desempeño en diferentes áreas de la lengua utilizando los criterios de evaluación de Adquisición de Lenguas del PAI.

"De padres trabajadores y exitosos, hijos millonarios y nietos miserables".

Anónimo

Entre generaciones

Enfoques del aprendizaje

■ Habilidad de comunicación: Escuchan con actitud crítica y para comprender

Mira el vídeo en el siguiente enlace:

http://tinyurl.com/entregener

Completa la oración con el nombre o palabra correcta.

1 … trató de irse de su casa.
2 … peleó con sus padres para poder estudiar su profesión.
3 Irma y Abraham han estado casados por … años.
4 … piensa que todas las generaciones tiene dificultades.

Responde las siguientes preguntas.

5 Escribe dos ejemplos acerca de las diferencias generacionales que se mencionaron.
6 ¿Son Irma y Abraham buenos padres? Justifica tu respuesta.
7 ¿Por qué los nietos de Abraham pasaron mucho tiempo con él y su familia?

8 ¿Por qué el autor del vídeo utilizó un álbum de fotos? ¿Qué mensaje quiere expresar?
9 ¿Cómo describió Abraham a Darián?
10 Menciona tres ejemplos que demuestren que esta es una familia unida. Utiliza información del vídeo.
11 Este es un extracto de:
    a una película de drama
    b un documental
    c unos avances de cine.

Justifica tu respuesta.

12 Considera las opiniones de Irma y Liora. ¿Tienen buena relación? Explica.
13 ¿Qué tan diferente es tu relación con tus papás si la comparas con la relación que tienen Liora y Darián con sus padres? Explica.
14 ¿Qué tan diferente es la brecha generacional en las familias de tu país en comparación con esta familia? Explica.

Oportunidades de evaluación

◆ En esta actividad practicarás habilidades de todos los aspectos del Criterio A Comprensión auditiva.

Las escuelas de la actualidad no son para mí

Por: Mauro Cabrera

1. Comencé a enseñar cuando tenía 21 años; fui maestro de primaria durante 45 años, y aún recuerdo mi primer día de trabajo, mi primera clase, mis primeros alumnos, mis primeros éxitos, y mis primeros errores. Cuando entré a mi aula mis alumnos estaban sentados, en silencio y en cuanto dije "buenos días a todos", se levantaron y repitieron en coro, "buenos días maestro".

2. En mis clases, las manos de los alumnos, cuando participaban, se alzaban como las flores en el amanecer y, cuando escribían, sus dedos se movían como el pulso de los artistas que dibujan sueños y aventuras. Mis alumnos me mostraban respeto con sus preguntas, admiración con el tono de su voz, y admiración con su trabajo. En pocas palabras, era un placer enseñar.

3. Cuando era profesor, evaluaba la claridad de la escritura de mis estudiantes; la cantidad de texto que escribían en los resúmenes; y sus habilidades para memorizar. Aplaudía los esfuerzos de los alumnos que hacían tarea extra y siempre reconocía a los alumnos que mostraban disciplina impecable y que nunca olvidaban sus materiales.

4. Ahora que soy abuelo y veo las rutinas que mi nieta tiene en la escuela sé que las escuelas de la actualidad no son para mí. No me gustaría sacrificar el arte de la caligrafía por la escritura en teclados y procesadores de texto; no disfrutaría reemplazar los cuadernos por tabletas ni los documentales profesionales por vídeos en YouTube que sólo sirven para entretener y que producen más distracciones que interés.

5. Las escuelas de hoy en día no son para mí porque no soportaría caminar por el patio de la escuela durante el receso y ver a los estudiantes hipnotizados por sus teléfonos o tabletas, y porque sentiría una nostalgia enorme al recordar la manera en que los alumnos corrían, gritaban, inventaban juegos y utilizaban su imaginación.

6. Yo estoy viejo, mi pelo del color de la nieve cubre mi cabeza, y mi cara tiene más líneas que un mapa, pero mi corazón recuerda que la escuela era como mi segunda casa, que mis profesores eran como mis padres, y que mi cabeza vacía se llenó de conocimiento gracias a mis profesores… No sé si los chicos del presente recordarán la educación que tienen como yo recuerdo la mía; no sé si la escuela que recuerdo desaparecerá; no sé si los profesores actuales tienen los sueños que yo tuve, pero deseo que la escuela nunca deje de ser lugar donde se cultivan historias, recuerdos, sueños y amistad.

12 ¿Qué tan pronunciada es la brecha generacional entre mis padres y yo?

311

ACTIVIDAD: Las escuelas de la actualidad no son para mí

Responde las siguientes preguntas después de leer el texto en la página 311.

1 ¿Durante cuántos años fue profesor el narrador?
2 ¿Qué hicieron los alumnos cuando el narrador entró a su aula por primera vez?
3 Menciona dos cosas que el narrador no cambiaría de la manera en que enseñaba.
4 ¿Qué tipo de alumnos le gustaban al narrador?
5 ¿Qué produciría nostalgia al escritor? ¿Por qué?
6 ¿Qué representaban los profesores para el narrador?

7 ¿Cuál es el propósito de este texto? Justifica tu respuesta.
   a Persuadir   b Entretener   c Informar
8 ¿Cuál es el tono de este texto?
9 ¿Qué quiere decir el autor cuando menciona que "su pelo es del color de la nieve"?
10 ¿Por qué el narrador utilizó el pretérito imperfecto para hablar de su experiencia?
11 ¿Cómo son tus profesores diferentes a los profesores que describe este texto? Utiliza información del texto en tu respuesta.
12 ¿Te gustaría tener un profesor como el narrador? ¿Por qué o por qué no?
13 ¿Qué piensas acerca de la opinión del narrador acerca de las relaciones en el receso?

La Conciencia o Atención Plena

La conciencia plena (*mindfulness* en inglés) es un término psicológico que se refiere a la concentración de la atención y la conciencia, y se basa en conceptos de la meditación budista. Hoy en día, las prácticas de la conciencia plena son muy populares entre los adultos y en las escuelas también.

El bienestar emocional siempre ha sido importante, pero en la actualidad existe un énfasis más fuerte en este. Por ello, muchas personas piensan que la conciencia plena es "algo del momento". ¿Estás de acuerdo?

ACTIVIDAD: Nosotros eramos más ecológicos

Presta atención a la imagen vectorial en la página 313. ¿Qué están debatiendo la abuela y su nieto?

Eres un bloguero que escribe acerca de temas del medio ambiente. Escribe una entrada para tu blog. Utiliza la información en la imagen vectorial y compara los hábitos ecológicos del pasado con los del presente.

Describe los hábitos ecológicos que las generaciones del pasado tenían y los hábitos ecológicos que debemos adoptar para cuidar el ambiente.

El **propósito** de tu texto es **persuadir**.

El significado de los valores y las relaciones con nuestros alrededores cambia con el tiempo.

ACTIVIDAD: La tranquilidad y la conciencia plena

■ Enfoques del aprendizaje

■ Habilidad de comunicación: Utilizan una variedad de técnicas de expresión oral para comunicarse con diversos destinatarios

Tarea en formato de la evaluación individual (tarea oral individual)

Lee la información acerca de la conciencia plena. Toma notas acerca de las razones por las cuales esta práctica es popular en la actualidad y no era apreciada tan ampliamente en el pasado.

Tienes diez minutos para preparar una presentación acerca de este tema, utilizando el texto.

Presenta tu trabajo a tu profesor. Tu profesor te hará preguntas acerca de tu presentación y el mensaje y contenido del texto.

◆ Oportunidades de evaluación

◆ En esta actividad practicarás habilidades de todos los aspectos del Criterio C Expresión oral.

Cariño, cuando yo tenía tu edad….

Abuela, tenemos que cuidar el medio ambiente, reducir el uso del plástico y dejar de usar popotes.

CONECTA–EXTIENDE–DESAFÍA

Conecta: ¿Cómo se conecta la información de este capítulo con las ideas que tenías?

Extiende: ¿Qué ideas en este capítulo te ayudan a desarrollar y enriquecer tus opiniones y te permiten crear conexiones entre conocimientos de dos o más asignaturas?

Desafía: ¿Qué desafíos encuentras en las ideas de este capítulo? ¿Qué preguntas tienes? ¿Qué ideas / dudas te gustaría clarificar?

Reflexión

En este capítulo exploramos la manera en que las opiniones cambian de generación a generación, y el impacto que diferentes sucesos tienen en la forma en que apreciamos ciertos valores o actitudes.

También abordamos algunas de las ideas que influyen en la percepción de diferentes valores y actitudes, tales como las situaciones económicas, sociales y tecnológicas de cada periodo.

Considera las siguientes preguntas para reflexionar y concluir este capítulo.

Reflexionemos sobre nuestro aprendizaje …
Usa esta tabla para reflexionar sobre tu aprendizaje personal en este capítulo.

Preguntas que hicimos	Respuestas que encontramos	Preguntas que podemos generar ahora			
Fácticas: ¿Cuáles tiempos verbales utilizamos para hablar acerca de las actividades que realizamos en tiempos diferentes?¿Cuáles palabras y estructuras utilizamos para hablar de las generaciones pasadas?					
Conceptuales: ¿Cómo se ve reflejada la evolución social en los cambios a lo largo de la historia? ¿De qué manera cambian con el tiempo las formas de expresar ideas?					
Debatibles: ¿Cuáles diferencias son las más marcadas entre los jóvenes y los adultos del presente? ¿Por qué cambia nuestro punto de vista acerca de diferentes valores o comportamientos de generación a generación? ¿Qué actitudes y valores definen nuestro presente? ¿Qué valores se apreciarán en el futuro?					
Enfoques de aprendizaje en este capítulo:	Descripción: ¿qué destrezas nuevas adquiriste?	¿Qué tan bien has consolidado estas destrezas?			
		Novato	En proceso de aprendizaje	Practicante	Experto
Habilidades de comunicación					
Habilidades de colaboración					
Habilidades de gestión de la información					
Habilidades de pensamiento crítico					
Habilidades de pensamiento creativo					
Habilidades de transferencia					
Atributos de la comunidad de aprendizaje	Reflexiona sobre la importancia de ser un estudiante equilibrado en este capítulo. ¿Cómo demostraste tus habilidades como estudiante equilibrado en este capítulo?				
Equilibrado					

Agradecimientos

Author's acknowledgements

I would like to thank Paul Morris, So-Shan Au, and everyone at Hodder for supporting me to elevate the quality of the resources we design, for their commitment to producing relevant MYP language acquisition resources, and for their open minds and courageous attitude.

Glau Serralvo, Zoha Khan, Kasturi Bagwe, I am thankful for having thinking partners such as you. Thank you for pushing my thinking as I was refining the statements of inquiry for this edition.

Thank you Youri Van Leynseele for listening to my endless questions, for always accepting my #LetsTryThisActivityChallenge, for your images, for your ideas, and for your patience.

This second edition would not have been possible without the teachings of Dr Lynn Erickson and Dr Lois Lanning, who have embraced me as part of their team, mentored me and helped me understand the power of "relationships" – one of the most beautiful concepts. This second edition is dedicated to them, my role models.

Acknowledgements

The Publishers would like to thank the following for permission to reproduce copyright material. Every effort has been made to trace all copyright holders, but if any have been inadvertently overlooked the Publishers will be pleased to make the necessary arrangements at the first opportunity.

Photo credits

p.iv & p.2 © Aleksandr Belugin/123RF.com; **p.6** *tl* © Pictorial Press Ltd/Alamy Stock Photo; *tc* © Ulf Andersen/Hulton Archive/Getty Images; *tr* © Orlando Sierra/AFP/Getty Images; *bl* © Marc DEVILLE/Gamma-Rapho/Getty Images; *bc* © REUTERS/HENRY ROMERO/Alamy Stock Photo; *br* © Bettmann/Getty Images; **p.9** © Jay L. Clendenin/Los Angeles Times/Getty Images; **p.11** © Auremar/123RF.com; **p.12** © Zerbor/123RF.com; **p.12** *tl* © Cathy Yeulet/123RF.com; *tr* © Cathy Yeulet/123RF.com; *cl* © Brainsil/123RF.com; *cl* © Patrick Chai/123RF.com; *cr* © Cathy Yeulet/123RF.com; *cr* © Fotoluminate/123RF.com; *bl* © Andres Rodriguez/123RF.com; *bl* © Trendsetter Images/123RF.com; *bl* © Feverpitched/123RF.com; *br* © Andres Rodriguez/123RF.com; *br* © Cathy Yeulet/123RF.com; **p.14** *l* © OceanProd/stock.adobe.com; **p.14** *r* © Stockgiu/stock.adobe.com; **p.18** © Ion Chiosea/123RF.com; © Jacek Chabraszewski /123RF.com; © Andres Rodriguez/123RF.com; © Cathy Yeulet/123RF.com; © Cathy Yeulet/123RF.com; © Martin Novak/123RF.com; © Dmitrii Shironosov/123RF.com; © Wckiw/123RF.com; © Vesna Cvorovic/123RF.com; **p.20** *tr* © Bowie15/123RF.com; **p.20** *tl* © Dolgachov/123RF.com; **p.20** *cr* © Sergey Tryapitsyn/123RF.com; **p.20** *cl* © Dmitriy Shironosov/123RF.com; **p.20** *bl* © Ian Allenden/123RF.com; **p.20** *bc* © Sebastian Gauert/123RF.com; **p.20** *br* © Welcomia/123RF.com; **p.21** *l* © Yarruta/123RF.com; **p.21** *cl* © Yarruta/123RF.com; **p.21** *cr* © Evgeny Atamanenko/123RF.com; **p.21** *r* © Famveldman/123RF.com; **p.22** © Jose Luis Stephens/123RF.com; **p.23** *t* © Kasto/123RF.com; **p.23** *b* © Anuphan Sukhapinda/123RF.com; **p.24** *t* © Allen Brown/dbimages/Alamy Stock Photo; **p.24** *b* © Lucas Pablo Ponce/123RF.com; **p.26** © OceanProd/stock.adobe.com; **p.29** *t* © Kasto/123RF.com; **p.29** *tc* © Dmitry Rukhlenko/123RF.com; **p.29** *bc* © Pablo Hidalgo/123RF.com; **p.29** *b* © Mariusz Prusaczyk/123RF.com; **p.32** © Ymgerman/123RF.com; **p.35** *t* © Djembe/123RF.com; **p.35** *b* © Cathy Yeulet/123RF.com; **p.38** *t* © Atthidej Nimmanhaemin/123RF.com; **p.38** *b* © Ammit/123RF.com; **p.39** © Georgerudy/123RF.com; **p.42** © Lonely Planet/Lonely Planet Images/Getty Images; **p.52** *l* © Miguel Rojo/AFP/Getty images; **p.52** *tr* © Stefan Ember/123 RF; **p.52** *cr* © GÃ¡bor KovÃ¡cs/123 RF.com; **p.52** *br* © Daniel Ferreira-Leites Ciccarino/123RF.com; **p.56** *l* © Rafael Angel; **p.56** *r* © Rafael Angel; **p.56** *b* © Rafael Angel; **p.58** © Christian Kober/Robertharding/Alamy Stock Photo; **p.64** *tl* © Huang Yongxian/Xinhua/PhotoShot; **p.64** *tr* © Emilio Ereza/Alamy Stock Photo; **p.64** *bl* © ZUMA Press Inc/Alamy Stock Photo; **p.64** *br* © Kamila Starzycka/123rf; **p.66** *b* © Juan Barreto/AFP/Getty Images; **p.66** *t* © Carmen sedano/Alamy Stock Photo; **p.67** © Hughes Herva/Hemis.fr/Getty Images; **p.70** © Kobby Dagan/123RF.com; **p.72** *tl* © Nickolay Adamiuk/123RF.com; **p.72** *tr* © Christian Kober/Robertharding/Alamy Stock Photo; **p.72** *tc* © Fernando Quevedo de Oliveira/Alamy Stock Photo; **p.72** *bl* © Wong Sze Yuen/123RF.com; **p.72** *bc* © Armonn/123RF.com; **p.72** *br* © Wavebreak Media Ltd/123RF.com; **p.73** *tl* © Fernando Quevedo de Oliveira/Alamy Stock Photo; **p.73** © Vichaya Kiatying-Angsulee/123RF.com; **p.73** © Dinodia Photos/Alamy Stock Photo; **p.73** © Armonn/123RF.com; **p.73** © Laura Rico/NEWZULU/CrowdSpark/Alamy Stock Photo; **p.73** *tr* © Christian Kober/ robertharding/Alamy Stock Photo; **p.73** © Nito500/123RF.com; **p.73** © Patrick van Katwijk/Netherlands AND France out/dpa picture alliance/Alamy Stock Photo; **p.73** © Clodagh Kilcoyne/Getty Images News/Getty Images; **p.73** © Wong Sze Yuen/123RF.com; **p.76** © Gabriel Aponte/LatinContent WO/Getty Images; **p.78** © Dinodia Photos/Alamy Stock Photo; **p.79** © Steve Davey Photography/Alamy Stock Photo; **p.80** *l* © Tetra Images/Alamy Stock Photo; **p.80** *r* © Frikota/123RF.com; **p.80** *c* © Huhulin/123RF.com; **p.82** *c* © Javier Soriano/AFP/Getty Images; **p.82** *b* © Alejandro Ayala/Xinhua/Photoshot; **p.86** © Fazon/123RF.com; **p.88** © Tatjana Baibakova/Alamy Stock Photo; **p.91** *t* © Heinz Leitner/123RF.com; **p.91** *c* © Greg Vaughn/Alamy Stock Photo; **p.91** *b* © Markstout/123RF.com; **p.94** *tl* © Fazon/123RF.com; **p.94** *br* © Anamaria Mejia/123RF.com; **p.95** *tl* © Kittiphat Inthonprasit/123RF.com; **p.95** *cl* © Luliia Timofeeva/123RF.com; **p.95** *bl* © SURAPOL USANAKUL/123RF.com; **p.95** *tr* © Pimonpim/123RF.com; **p.95** *br* © MMG1/Alamy Stock Photo; **p.97** © Konstantin Kalishko/123RF.com; **p.103** © Kazakova Maryia/stock.adobe.com; **p.104** *l* © Heinz Leitner/Zoonar GmbH/Alamy Stock Photo; **p.104** *r* © Cokemomo/123RF.com; **p.105** © Tosca Weijers/123RF.com; **p.110** *t* © Kostic Dusan/123RF.com; **p.110** *ct* © Modfos/123RF.com; **p.110** *cb* © Stefanschurr/123RF.com; **p.110** *b* © Luis Louro/123RF.com; **p.112** *t* © Actionplus/Topfoto; **p.112** *b* © Spotpoint74/123RF.com; **p.113** *l* © Everyfinn/123RF.com; **p.113** *c* © Cathy Yeulet/123RF.com; **p.113** *r* © Nyul/123RF.com; **p.115** *l* © Sergey23/123RF.com; **p.115** *r* © Ammentorp/123RF.com; **p.116** *t* © Aleksey Boldin/123RF.com; **p.116** *c* © Lightpoet/123RF.com; **p.116** *b* © Ian Allenden/123RF.com; **p.118** © Craig

Mercer/Actionplus/Topfoto; **p119** © Aflo Editorial/Aflo Co.,Ltd. /Alamy Stock Photo; **pp.118–119** © Jeff Crow/123RF.com; **p.120** l © IS2008-12/Image Source/ Alamy Stock Photo; **p.120** r © Oleksandr Prykhodko/Alamy Stock Photo; **pp.120–121** © Fuse/Corbis/Getty Images; **p.126** l © Scott Hortop Images/Alamy Stock Photo; **p.126** r © Andres Rodriguez/123RF.com; **p.128** t © Jeffrey Blackler/Alamy Stock Photo; **p.128** b © Carlos Mora/Alamy Stock Photo; **p.130** © Modfos/123RF.com; **p.134** © Christie Goodwin/Redferns/Getty Images; **p.136** tl © Nyul/123RF.com; **p.136** tr © Anton Gvozdikov/123RF.com; **p.136** cl © Iakov Filimonov/123RF.com; **p.136** cr © Anna Yakimova/123RF.com; **p.136** bl © Antonio Guillem/123RF.com; **p.136** br © Cathy Yeulet/123RF.com; **p.140** t © Alphaspirit/123RF.com; **p.140** c © Anna Yakimova/123RF.com; **p.140** b © Anton Gvozdikov/123RF.com; **p.141** tl © Keng po leung/123RF.com; **p.141** tr © Ahmet Ihsan Ariturk/123RF.com; **p.141** bl © Prashansa Gurung/123RF.com; **p.141** br © Balthasar Thomass/Alamy Stock Photo; **p.150** tl © Hulton Archive/ Getty Images; **p.150** tr © Sebastian D'Souza/AFP/Getty Images; **p.150** bl © AF archive/Alamy Stock Photo; **p.151** t © Zhang YuanGeng/123RF.com; **p.151** bl © Purestock/Alamy Stock Photo; **p151** br © Ivan Mikhaylov/123RF.com; **p.152** t © Yaacov Dagan/Alamy Stock Photo; **p.156** © Katharine Andriotis/Alamy Stock Photo; **p.157** t © PaylessImages/123RF.com; **p.157** b © Cathy Yeulet/123RF.com; **p.160** t © 123RF.com; **p.160** c © Sergei Uriadnikov/123RF.com; **p.160** b © BlueOrange Studio/123RF.com; **p.162** t © Leonid Tit/123RF.com; **p.162** c © Quintanilla/123RF.com; **p.162** b © Anton Foltin/123RF.com; **p.168** l © Jesse Kraft/123RF.com; **p.168** c © Elnavegante/123RF.com; **p.168** r © Jorge del Prado/123RF.com; **p.172** tl © Antonio Balaguer Soler/123RF.com; **p.172** tr © Alberto Loyo/123RF.com; **p.172** bl © ZUMA Press, Inc./Alamy Stock Photo; **p.172** bc © Carlos Mora/123RF.com; **p.172** br © Greg Vaughn/Perspectives/Getty images; **p.174** l © Daniel Ernst/123RF.com; **p.174** r © Jahmaica/123RF.com; **p.175** © Hyunsu Kim/123RF.com; **p.181** © Vepar5/123RF.com; **p.186** t © Patrick Guenette/123RF.com; **p.186** b © Ubon Shinghasin/123RF.com; **p.188** t © Ferenc Ungor/123RF.com; **p.188** c © Fotosutra/123RF.com; **p.188** b © Sergey Peterman/123RF.com; **p.192** © t Tibet Saisema /123RF.com; cl © Andreykuzmin/123RF.com; bl © Abirvalg/123RF.com; r © Lightwise/123RF.com; **p.194** l © Bettmann/Getty Images; **p.194** c © Fritz Goro/Time Life Pictures/The LIFE Picture Collection/ Getty Images; **p.194** r © Chictype/E+/Getty Images; **p.197** © Per-Anders Pettersson/Corbis Documentary/Getty Images; **p.200** © Alexander Raths/123RF.com; **p.202** t © Wavebreak Media Ltd/123RF.com; **p.202** b © Nicole S. Young/Vetta/Getty Images; **p.203** © dpa picture alliance/Alamy Stock Photo; **p.203** tr © Dennis Connelly/123 RF; **p.203** br © Ulf Andersen/Getty Images; **p.206** t © Freeartist/123RF.com; **p.206** ct © Rainer Lesniewski/123RF.com; **p.206** cb © Saiko3p/123RF.com; **p.206** b © Jane Rix/123RF.com; **p.207** t © Saiko3p/123RF.com; **p.207** b © Jane Rix/123RF.com; **p.210** © Gamegfx/123RF.com; **p.214** © William Perugini/123RF.com; **p.216** © Designpics/123RF.com; **p.220** l © Petar Dojkic/123RF.com; **p.220** r © Katarzyna Białasiewicz/123RF.com; **p.222** l © Audrius Merfeldas/123RF.com; **p.222** r © Sun_rise/123RF.com; **p.224** t © Magdalena Rehova/Alamy Stock Photo; **p.224** b © Nick Moore/Alamy Stock Photo; **p.226** © Agencia el Universal GDA photo Service/Newscom; **p.227** © Illusart/stock.adobe.com; **p.228** t © Marijke Rowland/Modesto Bee/ZUMA Press Inc/Alamy Stock Photo; **p.228** b © Rafael Ben-Ari/123RF.com; **p.232** bl © Cathy Yeulet/123RF.com; br © Phanie/Alamy Stock Photo; **p.240** © Gamegfx/123RF.com; **p.242** © Lorelyn Medina/Shutterstock.com; © Nadia_snopek/ stock.adobe.com; © 4zevar/stock.adobe.com; **p.244** l © Inara Prusakova/123RF.com; **p.244** r © Ian Allenden/123RF.com; **p.245** r © Andres Rodriguez/123RF. com; **p.245** l © Lisa Young /123RF.com; **p.248** t © Melpomen/123RF.com; **p.248** b © Dmitry Rukhlenko/123RF.com; **p.250** tl © Stasyuk Stanislav/123RF.com; **p.250** tcl © Danlersk/123RF.com; **p.250** bcl © Pavel Mastepanov/123RF.com; **p.250** bl © Anyka/123RF.com; **p.250** tc © Donets/123RF.com; **p.250** cc © Sergey Rusakov/123RF.com; **p.250** bc © Droidworks/123RF.com; **p.250** cr © Kaisa Savolainen/123RF.com; **p.250** r © Gamegfx/123RF.com; **p.252** © Portokalis/123RF. com; **p.253** t © PjrNews/Alamy Stock Photo; **p.253** b © Wckiw/123RF.com; **p.257** l © Alexander Raths/123RF.com; **p.257** r © Kasto/123 RF; **p.259** t © Eddie Gerald/ Alamy Stock Photo; **p.259** c © Paul Bradbury/OJO Images/Getty Images; **p.259** b © Caro/Sorge/TopFoto; **p.262** t © Ganna Poltoratska/123RF.com; **p.262** c © Portokalis/123RF.com; **p.262** b © Oksix/123RF.com; **p.266** © Racorn/123RF.com; **p.267** t © Famveldman/123RF.com; **p.267** b © Viorel Sima/123RF. com; **p.270** © Neyro2008/123RF.com; **p.272** t © Sonya Etchison/123RF.com; **p.272** c © Martyn Evans/Alamy Stock Photo; **p.272** b © Moodboard/123RF.com; **p.273** t © Cathy Yeulet/123RF.com; **p.273** c © Piksel/123RF.com; **p.273** b © Brainsil/123RF.com; **p.274** t © Karel Joseph Noppe Brooks/123RF.com; **p.274** b © Dmitriy Shironosov/123RF.com; **p.276** © Wavebreak Media Ltd/123RF.com; **p.278** t © Sebastian Gauert/123RF.com; **p.278** c © Ferli Achirulli/123RF.com; **p.278** b © David Pereiras Villagrá/123RF.com; **p.282** t © Ian Allenden/123RF.com; **p.282** b © Alexander Raths/123RF.com; **p.283** t © Wavebreak Media Ltd/123RF.com; **p.283** b © Racorn/123RF.com; **p.284** t © Wavebreak Media Ltd/123RF.com; **p.284** c © Kasia Nowak/Alamy Stock Photo; **p.284** b © Christos Georghiou/123RF.com; **p.292** l © Itsmejust/123RF.com; **p.292** tr © Tul Chalothonrangsee/123RF.com; **p.292** br © Anton Samsonov/123RF.com; **p.294** © Blend Images/Alamy Stock Photo; **p.296** © Sonulkaster/stock.adobe.com; © Jemastock/Shutterstock.com; © Robin_ph/stock.adobe.com; © Saikorn/stock.adobe. com; © Sonulkaster/stock.adobe.com; © Christos Georghiou/stock.adobe.com; © VECTOR FUN/Shutterstock.com; © Jemastock/Shutterstock.com; © Rogatnev/stock.adobe.com; hutterstock.com; **p.297** © Jose R. Aguirre/Cover/Getty Images; **p.300** © George Marks/Retrofile/Getty Images; **p.301** © Piksel/123RF.com; **p.285** © Vectorkif/stock.adobe.com; © Sunflower/stock.adobe.com; © Grgroup/stock.adobe.com; © StockVector/stock.adobe.com; © Alfmaler/stock.adobe.com; © PlutusART/stock.adobe.com; © Tiena/stock.adobe.com; © Rogatnev/stock.adobe.com; **p.302** l © Harold M. Lambert/Archive Photos/Getty Images; **p.302** r © Pictrough/123RF.com; **p.304** t © Jahmaica/123RF.com; **p.304** l © Konstantin Sutyagin/123RF.com; **p.304** r © Hyunsu Kim/123RF.com; **p.304** b © Victor4/123RF.com; **p.305** t © Singhanart/123RF.com; **p.305** c © Claudiodivizia/123RF.com; **p.305** b © Ted Thai/The LIFE Picture Collection/Getty Images; **p.308** tl © Tornasol Films/Photos 12/Alamy Stock Photo; **p.308** tr © Alfresco Enterprises/Photos 12/Alamy Stock Photo; **p.308** bl © Ultramar Films/Photos 12/Alamy Stock Photo; **p.308** br © Archives du 7eme Art/Photos 12/Alamy Stock Photo; **p.309** © Rogatnev/stock.adobe.com; © Rogatnev/stock.adobe.com; © Olga1818/Shutterstock.com; © Rogatnev/stock.adobe.com; © Rogatnev/stock.adobe.com; © Rogatnev/stock.adobe.com; © Markovka/Shutterstock.com; © Rogatnev/stock.adobe.com; © Rogatnev/stock.adobe.com; **p.310** l © Victor4/123RF.com; **p.310** b © Piksel/123RF.com; **p.310** r © David Pereiras Villag'ra/123RF; **p.311** © Daisy Daisy/stock.adobe.com; **p.313** © Nevena Barberic/Shutterstock.com; © Natalia Zelenina/Shutterstock. com; © Pretty Vectors/Shutterstock.com; © Jemastock/Shutterstock.com; © Ivan Vukovic/Shutterstock.com; © Blan-k/Shutterstock.com; © Veronchick_84/ Shutterstock.com; © Creative icon styles/Shutterstock.com; © Narcissa Less/Shutterstock.com; © Yershov Oleksandr/Shutterstock.com.

t = top, *b* = bottom, *l* = left, *r* = right, *c* = centre

Text credits

p.17 © International Baccalaureate (IB); **p.37** © International Baccalaureate (IB); **p.82** From Tema para 2015: «La inclusión importa: acceso y empoderamiento para personas con todo tipo de capacidad», by UN © 2015 United Nations. Reprinted with the permission of the United Nations.; **p.154** © osecrettaz.com; **p.162** www.unwto.org; **p.172** Website based on http://vive.guadalajara.gob.mx; **p.200** © International Baccalaureate (IB); **p.203** Julio Cortázar, Rayuela,© 2004, Fundacion Biblioteca Ayacuch; **p.214** Jane Goodall modified from a quotation in Shadow of Man; **p.220** World Giving Index 2014, Retreived from https://www.cafonline.org/docs/default-source/about-us-publications/1555a_wgi2014_bubblemap_final.pdf; **p.225** Adapted from http://www.ecoosfera.com/2014/03/san-francisco-es-la-primera-ciudad-en-prohibir-la-venta-de-agua-embotellada/.; **p.232** © 2012-2016 EjemplosDe. Org - Ejemplos de todo lo que necesites. Fuente:http://ejemplosde.org/etica-y-moral/solidaridad/#ixzz4O77M0xSW. **p.275** "El jardín de Cemento" by Ian McEwan; **p.297** Adapted from CUÉNTAME CÓMO PASÓ, Wikipedia, https://en.wikipedia.org/wiki/Cu%C3%A9ntame_c%C3%B3mo_pas%C3%B3.; **p.297** "Cuéntame" by Ana Belén and David San Juan, BMG Music Spain, 2001.